Philosophie der Migration

Donatella Di Cesare

Philosophie der Migration

Aus dem Italienischen von
Daniel Creutz

Matthes & Seitz Berlin

Für meinen Großvater Francesco La Torre,
Anarchist und Sozialist,
aufgebrochen in Marseille,
im Jahr 1925 als illegaler Einwanderer
angelandet auf Ellis Island.

INHALT

KURZ UND BÜNDIG 7

I. DIE MIGRANTEN UND DER STAAT 11

1. Ellis Island 11 – 2. Wenn der Migrant den Staat demaskiert 17 – 3. Die staatszentrierte Ordnung 19 – 4. Grundsätzliche Feindseligkeit 21 – 5. Jenseits der Souveränität: Eine Randbemerkung 23 – 6. Philosophie und Migration 27 – 7. Schiffbruch mit Zuschauer: Zur aktuellen Debatte 31 – 8. Vom Ufer aus denken 35 – 9. Migration und Moderne 39 – 10. Kolumbus und das Bild des Globus 41 – 11. *Wir Flüchtlinge*: Der Auswurf der Menschheit 44 – 12. Welche Rechte für die Staatenlosen? 53 – 13. Die Grenze der Demokratie 56 – 14. Der Souveränismus der geschlossenen Grenzen 60 – 15. Philosophen gegen Samariter 63 – 16. Der Primat der Staatsbürger und das Dogma der Selbstbestimmung 69 – 17. Der Staat als Verein: Der Liberalismus des Ausschlusses 73 – 18. Die Verteidigung nationaler Integrität 75 – 19. Der haltlose Mythos vom Besitz des Bodens 77 – 20. Bewegungsfreiheit und das Vorrecht der Geburt 84 – 21. Migranten gegen Arme? Wohlstandschauvinismus und globale Gerechtigkeit 91 – 22. Weder Exodus noch Deportation oder Menschenhandel 100 – 23. *Jus migrandi*: Für das Recht zu migrieren 102 – 24. *Mare liberum*: Und der Einspruch des Souveräns 107 – 25. Kant, das Besuchsrecht und der verweigerte Wohnsitz 109

II. ENDE DER GASTFREUNDSCHAFT? 114

1. Der Kontinent der Migranten 114 – 2. »Wir« und »sie«: Grammatik des Hasses 118 – 3. Europa, 2015 122 – 4. Hegel, das Mittelmeer und der Meeresfriedhof 129 – 5. Fadouls Geschichte 132 – 6. »Flüchtlinge« und »Migranten«: Unmögliche Klassifizierungen 138 – 7. Metamorphosen des Exilanten 147 – 8. Asyl: Vom zweischnei-

digen Recht zum Machtdispositiv 150 – 9. »Du bist nicht von hier!«: Existenzielle Negationen 154 – 10. Die Ursünde des Migranten 156 – 11. »Illegale« und »Klandestine«: Die Verurteilung zur Unsichtbarkeit 159 – 12. Das Vokabular der Herrschaft: »Integration« und »Naturalisierung« 163 – 13. Wenn der Immigrant ein Emigrant bleibt 168 – 14. Der Fremde, der außerhalb, und derjenige, der innerhalb wohnt 170 – 15. Klandestine Überfahrten, Heterotopien, anarchische Routen 179

III. ANSÄSSIGE FREMDE 183

1. Vom Exil 183 – 2. Weder Entwurzelung noch Umherirren 187 – 3. Phänomenologie des Wohnens 188 – 4. Was heißt Migrieren? 192 – 5. Heimatlosigkeit als »Weltschicksal« 197 – 6. Athen: Die »Söhne der Erde« und der Mythos der Autochthonie 199 – 7. Rom: Die Stadt ohne Ursprung und die imperiale Bürgerschaft 209 – 8. Die theologisch-politische Charta des *ger* 216 – 9. Jerusalem: Die Stadt der Fremden 223 – 10. Von der Rückkehr 230

IV. ZUSAMMENWOHNEN IM NEUEN JAHRTAUSEND 235

1. Das neue Zeitalter der Mauern 235 – 2. Lampedusa: Für welche Grenze steht dieser Name? 240 – 3. Die Verurteilung zur Unbeweglichkeit 245 – 4. Die Welt der Lager 248 – 5. Der Reisepass: Ein paradoxes Dokument 252 – 6. »Jeder zu sich nach Hause!«: Kryptorassismus und neuer Hitlerismus 256 – 7. Gastfreundschaft: Im Engpass zwischen Ethik und Politik 260 – 8. Über die Staatsbürgerschaft hinaus 269 – 9. Die Grenzen des Kosmopolitismus 276 – 10. Gemeinschaft, Immunität, Aufnahme 278 – 11. Als Europa unterging... 285 – 12. Den Anderen Platz machen 288 – 13. Was heißt Zusammenwohnen? 293 – 14. Ansässige Fremde 300

NACHWORT ZUR DEUTSCHEN AUSGABE 305

ANMERKUNGEN 311

LITERATURVERZEICHNIS 330

Kurz und bündig

In diesem Buch wird man keine sogenannten »Lösungen« finden, etwa wie sich die Flüchtlingsströme »kanalisieren« lassen, nach welchen Kriterien zwischen »Geflüchteten« und »Wirtschaftsmigranten« unterschieden werden kann oder auf welche Weise diese gegebenenfalls »zu integrieren« wären. Solche Fragen werden hier von Grund auf in Zweifel gezogen. Denn sie stehen im Zeichen einer Politik, die sich zwar betont pragmatisch gibt, in Wirklichkeit jedoch allein der immunitären Logik des Ausschlusses gehorcht. Auf diesem Weg sind mit Sicherheit keine Lösungen zu erwarten. Denn eine solche Politik, welche die Verweigerung der Einreise als eine Form von Zuvorkommenheit und die Zurückweisung als Fürsorge für den Migranten erscheinen lassen möchte, zielt allein darauf ab, das eigene Staatsgebiet als geschlossenen Raum kollektiven Eigentums zu verteidigen. Die Nation kann sich jedoch weder auf ein Recht des Bodens noch auf eines des Blutes berufen, um anderen die Gastfreundschaft zu verweigern. Es ist keineswegs verwunderlich, dass diese alten Gespenster – Blut und Boden – unlängst wieder wie Untote aus der jüngeren europäischen Vergangenheit emporgestiegen sind. Seit jeher handelt es sich dabei um zentrale Angelpunkte jedweder Art von Diskriminierung.

Die gegenwärtige Welt ist in eine Vielzahl von Staaten unterteilt, die einander entgegen und zur Seite stehen. Den Kindern der Nation, die von Geburt an die weiterhin unerschütterliche und alles beherrschende staatszentrierte Perspektive teilen, erscheint der Staat als eine natürliche und nahezu ewige Entität. Migration ist demgegenüber als einzudämmende Abnormität, als zu beseitigende Anomalie anzusehen. Vom äußersten Rand aus erinnert der Migrant den Staat an sein geschichtliches Werden und Vergehen und bringt damit seine mythische Reinheit in Verruf. Deshalb heißt auf Migration zu reflektieren auch, den Staat neu zu denken.

Eine »Philosophie der Migration« wird auf den folgenden Seiten wahrscheinlich zum ersten Mal umrissen. Nicht einmal die Philosophie hat dem Migranten bislang Bürgerrecht gewährt. Erst seit Neuestem hat sie ihm zögerlich den Zugang in ihr Inneres zugestanden, allerdings nur, um ihn ihrerseits unter strenge Bewachung zu stellen und ihn mit dem erstbesten Passierschein wieder auszuweisen.

Im ersten Kapitel wird zunächst die im angloamerikanischen wie auch im deutschen Sprachraum hitzig geführte Debatte zwischen den Verfechtern geschlossener Grenzen und den Befürwortern von *open borders* rekonstruiert. Beide Positionen unterstehen dabei dem Liberalismus und offenbaren dessen Engpässe: Die eine vertritt die zunehmend zweifelhafte souveräne Selbstbestimmung, die andere fordert eine abstrakt bleibende Bewegungsfreiheit. Von beiden Positionen wird hier Abstand genommen. Es kann nicht das Ziel sein, dem Schiffbruch vom Ufer aus beizuwohnen.

Eine Philosophie, die von der Migration ihren Ausgang nimmt und die Aufnahme zu ihrem eröffnenden Thema wählt, macht das der *arch*é – dem die Souveränität begründenden Prinzip – entzogene Migrieren zu ihrem Antrieb und den Migranten zum Protagonisten einer erneuerten an-archischen Szenerie. Dieser Perspektivwechsel, mit dem der Gesichtspunkt des Migranten in den Fokus rückt, wird zwangsläufig Auswirkungen auf die Politik wie auch auf die Philosophie zeitigen – und beide in Bewegung versetzen müssen.

Migration ist keine biologische Tatsache, sondern ein existenzieller und politischer Akt, dessen Rechtmäßigkeit noch anzuerkennen bleibt. Dieses Buch will einen Beitrag zur konzeptionellen Unterfütterung der Forderung nach einem *jus migrandi* in einer Zeit leisten, in welcher der Zusammenbruch der Menschenrechte derart nachhaltig und irreparabel zu sein scheint, dass die Frage naheliegt, ob damit nicht bereits das Ende der Gastfreundschaft besiegelt ist.

In den Geschichtsbüchern, die nicht der herrschenden Erzählung folgen, wird darzulegen sein, dass Europa – die Geburtsstätte der Menschenrechte – jenen die Gastfreundschaft verweigerte, die vor Kriegen, Verfolgung, Gewalt, Verwüstung und Hunger geflohen sind. Mehr noch: Der potenzielle Gast wurde bereits a priori als Feind stigmatisiert. Wer jedoch in der Obhut staatlicher Grenzen vor jenen Leben und jenen Toten geschützt war, wird die Last der Verantwortung dafür zu tragen haben.

Neben dem Land kommt dem Meer auf den folgenden Seiten eine wichtige Rolle zu, als einem Dazwischen, das vereint und trennt, als einer Passage, die Grenzen unterläuft, jede Spur von Aneignung auslöscht und die Erinnerung einer anderen Art von Klandestinität – von Opposition, Widerstand und Kämpfen – bewahrt. Klandestinität nicht etwa als Stigma, sondern als existenzielle Entscheidung. Der Seeweg zeigt den Umsturz der Ordnung an, die Herausforderung des Anderen und des Anderswo.

Über allzu lange Zeit hinweg schwelgte die Philosophie im erbaulichen Gebrauch des Wortes »der Andere« und trieb die Idee einer als absolute und unmögliche Instanz verstandenen Gastfreundschaft voran, die der Politik entzogen und der religiösen Nächstenliebe oder dem ethischen Engagement überantwortet blieb. Das wiederum hatte verhängnisvolle Auswirkungen. Die Geste der Gastfreundschaft – anachronistisch, außerordentlich und stets fehl am Platz –, wie sie die »Menschenfreunde«, jene schöne Seelen, die noch immer an Gerechtigkeit glauben, ausführen, konnte zur Zielscheibe von Spott und Hohn werden. Und zwar zuallererst vonseiten einer Politik, die noch immer glaubt, im Zeichen von Wohlstandschauvinismus und sekuritärem Zynismus regieren zu müssen.

In diesem Buch durchquert der Migrant als *ansässiger Fremder* die Tore zur Stadt. Um verstehen zu können, welche Rolle ihm im Rahmen einer Politik der Gastfreundschaft zukommen kann, wird ein Rückweg in Angriff genommen, der jedoch keinem strengen chronologischen Rhythmus folgt: Athen, Rom und Jerusalem bilden seine entscheidenden Zwischenstationen. Von der athenischen Autochthonie, die etliche politische Mythen unserer Gegenwart erklären kann, unterscheidet sich die offene Bürgerschaft Roms. Souverän regiert die Fremdheit hingegen in der biblischen Stadt, in welcher der *ger*, der ansässige Fremde, das Fundament der Gemeinschaft bildet. Dem Buchstaben nach bedeutet *ger*: »derjenige, der wohnt«, was einer Logik unüberwindlicher Abzäunungen zuwiderläuft, die das Wohnen dem Autochthonen oder dem

Bürger vorbehält. Der in der Semantik von *ger* enthaltene Kurzschluss, der den Fremden mit dem Wohnen verknüpft, modifiziert zwangsläufig beide Begriffe. Denn Wohnen bedeutet nicht, sich niederzulassen, sich einzurichten, zu siedeln, mit der Erde eins zu werden. Daran entzünden sich sodann Fragen nach der Bedeutung des »Wohnens« und des »Migrierens« im gegenwärtigen Kontext des planetarischen Exils. Ohne eine etwaige Entwurzelung zu beklagen und ohne die umherirrende Wanderschaft zu verherrlichen, steht die Möglichkeit einer Rückkehr in Aussicht. Den Weg dorthin weist der ansässige Fremde, der in der Fuge der Trennung von der nicht anzueignenden Erde wohnhaft wird, und zwar in seiner Verbindung zum Bürger, der seinerseits entdeckt, ein ansässiger Fremder zu sein. In der Stadt der Fremden fällt die Bürgerschaft mit der Gastfreundschaft zusammen.

Auch im postnazistischen Zeitalter hat die Vorstellung weiterhin Bestand, dass legitim darüber zu entscheiden wäre, mit wem man zusammenwohnen will: »Jeder zu sich nach Hause!« Die populistische Fremdenfeindlichkeit findet darin ihren Anhaltspunkt, der Kryptorassismus sein Sprungbrett. Oft genug jedoch übersieht man, dass es sich dabei um eine direkte Hinterlassenschaft des Nationalsozialismus handelt, der unerbittlichsten biopolitischen Umformung des Planeten, die es sich zum Ziel setzte, die Kriterien des Zusammenwohnens zu definieren. Die diskriminierende Geste beansprucht den jeweiligen Ort in ausschließlicher Weise für sich. Wer sie ausführt, erhebt sich als ein souveränes Subjekt, das eine vermeintliche Identität seiner selbst mit jenem Ort ausspinnt und damit verbundene Eigentumsrechte einfordert. Als besäße der Andere, der ihm gerade an diesem Ort immer schon zuvorgekommen ist, keinerlei Recht, ja als hätte es ihn überhaupt nie gegeben.

Den Vorrang des Anderen an dem Ort, den man bewohnt, anzuerkennen heißt, sich nicht nur einer Ethik der Nähe, sondern zudem einer Politik des Zusammenwohnens zu öffnen. Dieses »Zusammen« ist in seinem tiefsten Sinne zu verstehen, der außer einer wechselseitigen Teilhabe auch tatsächliche Gleichzeitigkeit meint. Es kann nicht um ein starres Nebeneinander gehen. In einer vom Exil geprägten Welt bedeutet Zusammenwohnen, räumliche Nähe in zeitlicher Übereinstimmung mit Blick auf eine gemeinsame Zukunft zu teilen.

I. Die Migranten und der Staat

> In dieser Welt, Schiffskameraden, kann die Sünde, die sich
> den Weg freikaufen kann, ungehindert reisen und ohne Pass;
> wohingegen die Tugend, so sie Almosenempfängerin ist,
> an allen Grenzen angehalten wird.
>
> HERMAN MELVILLE, *Moby-Dick*[1]

1. Ellis Island

Wochenlang waren sie in den Wellen des Ozeans unterwegs, tief unten in den Laderaum verbannt, beinahe unter der Wasserlinie, in dunklen Schlafsälen eng aneinandergedrängt, wo die Luft immer verbrauchter schmeckte, auf alten Strohsäcken zusammengepfercht – Männer, Frauen, Kinder, an die zweitausend Passagiere. Nur diejenigen der dritten Klasse gingen in Ellis Island an Land. Bei allen anderen, die über genug Geld verfügten, um sich die erste oder zweite Klasse leisten zu können, wurden nur spärliche und rasche Kontrollen vonseiten eines Arztes und eines Offiziers in Zivil durchgeführt.

Stolze Dampfer und mächtige Überseeschiffe legten von Hamburg und Liverpool, von Neapel und Marseille, von Riga und Antwerpen, von Saloniki und Kopenhagen ab, um einem einzigen Ziel entgegenzusteuern: der *Golden Door*, dem Goldenen Tor zum märchenhaften Amerika. Nach einer zermürbenden Überfahrt, als das Schiff schließlich in die Gewässer des Hudson einlief und in der Ferne die Küste New Jerseys sichtbar wurde, kamen die Passagiere auf der Brücke zusammen, um endlich die Freiheitsstatue bestaunen zu können. Sie stellte den Willkommensgruß dar, den sie alle sich so lange erträumt hatten. Die Aufregung siegte über Anstrengung, Beunruhigung und Angst. Mit nahezu epischen Anklängen beschreibt Franz

Kafka die Landung Karl Roßmanns, des Protagonisten seines Romans *Amerika*:

> Als der sechzehnjährige Karl Roßmann, der von seinen armen Eltern nach Amerika geschickt worden war, weil ihn ein Dienstmädchen verführt und ein Kind von ihm bekommen hatte, in dem schon langsam gewordenen Schiff in den Hafen von New York einfuhr, erblickte er die schon längst beobachtete Statue der Freiheitsgöttin wie in einem plötzlich stärker gewordenen Sonnenlicht. Ihr Arm mit dem Schwert ragte wie neuerdings empor, und um ihre Gestalt wehten die freien Lüfte.[2]

Die Freiheitsstatue hat eine einzigartige Geschichte. Als Geschenk des französischen Volkes und Unterpfand europäischer Werte auf den neuen Kontinent verfrachtet, wurde sie mit der Zeit zum Symbol des Empfangs und der Aufnahme der Verdammten der Alten Welt – ausgebeutet und geknechtet, von Hungersnöten, Kriegen und Elend dezimiert, Opfer des Hasses. »Mutter der Migranten« nannte sie die jüdische Dichterin Emma Lazarus in dem 1883 verfassten Sonett »The New Colossus«, das sodann in das Podest der Statue eingraviert wurde:

> ›Behaltet, alte Küsten, euren Schein,‹ / ruft sie stumm. ›Gebt mir nur eure Armen, / Entwurzelten, voll Sehnsucht, frei zu sein, / die Seelen, die eure Ufer flohen. / Jener Schwachen will ich mich erbarmen. / An dem gold'nen Tor soll mein Licht lohen!‹

Der Zugang zum Boden der Vereinigten Staaten, auf dem jene Verstoßenen sich befreien können sollten, indem sie zu Pionieren eines unentdeckten Landes und zu Erbauern einer gerechten Gesellschaft wurden, zu Bürgern der Neuen Welt, stand bis etwa 1875 offen. In dieser Anfangszeit wurde Castle Garden, das an der Südspitze Manhattans gelegene alte Fort am Battery Park, als Empfangsstation genutzt. Danach traf man zunehmend restriktivere Vorkehrungen, bis schließlich am 1. Januar 1892 die Sammelstelle von Ellis Island eröffnet wurde. Die zuvor uneingeschränkte Einwanderung wurde institutionalisiert. Gleichwohl konnte das den großen Zustrom nicht bremsen, und zwischen 1892 und 1924 wurden in Ellis Island 16 Millionen Personen abgefertigt, fünf bis zehntausend täglich. Nur wenige wurden zurückgewiesen, etwa zwei Prozent der Ankommenden – beinahe nichts gegenüber den heutigen Zahlen. Immerhin aber 250.000 Menschen. Darunter waren mehr als 3000 Selbsttötungen zu verzeichnen.

Direkt hinter der Freiheitsstatue tauchte Ellis Island aus dem Nebel auf. Genau dort lag New York, das gelobte Land, nur wenige Meeresarme entfernt. Doch die Passagiere der dritten Klasse wussten, dass ihre Reise noch nicht zu Ende war. Von der Neuen Welt trennte sie noch diese kleine Insel, beinahe ein Überbleibsel des Alten Kontinents, ein Durchgangsort, an dem weiterhin alles auf dem Spiel stand, wo die Aufgebrochenen, die alles zurückgelassen hatten, noch nicht am Ziel waren und noch nichts Neues in den Händen hielten.

Die Mohegan-Indianer hatten sie Möweninsel getauft, die Holländer sie in Austerninsel umbenannt, bis sie schließlich der Kaufmann Samuel Ellis erwarb und dieser schmalen Sandbank im Hudson als Stempel des Besitzes seinen Namen verlieh. Der Name blieb, auch als die Eigentumsrechte auf die Stadt New York übergingen, und die Insel in mehreren Anläufen unter Anlegung einer Halde für den Ballast der Schiffe und die aus den Tunneln der Untergrundbahn zutage geförderte Erde vergrößert wurde.[3]

Für die Migranten war sie einfach die Insel der Tränen – und zwar in allen Sprachen der Völker, die sie durchquerten: *island of tears, île des larmes, isla de las lágrimas, isola delle lacrime, ostrov slez* und so weiter. Wer Glück hatte, blieb nur für wenige Stunden im Federal Bureau of Immigration, nur für die Zeit einer ärztlichen Kontrolluntersuchung. Mit einem Buchstaben des Alphabets wurden Symptome möglicher Krankheiten oder erneut zu kontrollierende Körperteile angezeigt: *C* für Tuberkulose, *E* für die Augen, *F* für das Gesicht, *H* für Herz, *K* für Bandscheibe, *L* für Hinken, *SC* für die Kopfhaut, *TC* für ein Trachom, *X* für »Geisteskrankheit«. Rasch zeichneten die Amtsärzte mit Kreide einen Buchstaben auf die Schultern jener Passagiere, die in Erwartung eingehenderer ärztlicher Untersuchungen für Tage, Wochen und Monate auf der Insel festgehalten wurden. Im Falle der Diagnose einer ansteckenden Krankheit – Tuberkulose, Trachom, Schorf – oder aber von »Geisteskrankheit« schritt man zur sofortigen Repatriierung.

In den verbliebenen Zeugnissen erzählen die Passagiere von den langen und beklemmenden Wartezeiten, von babylonischem Lärm, quälender Ungewissheit und der Scham ob des Schandmals auf ihren Schultern. Wer die Kontrolluntersuchung bestanden hatte, reihte sich in die Schlange vor dem *legal desk* ein, an dem er mithilfe eines Dolmetschers 29 Fragen zu beantworten hatte, die der diensthabende Inspektor unvermittelt an ihn richtete: »Wie heißen sie? Woher kommen sie? Warum sind sie in die Vereinigten Staaten eingereist? Führen sie Geld bei sich? Wo haben sie es? Zeigen sie es mir! Wer hat für ihre Überfahrt bezahlt? Haben sie hier Verwandtschaft? Familie? Freunde? Wer kann für sie bürgen? Besitzen sie einen Arbeitsvertrag? Welchen Beruf üben sie aus? Sind sie vielleicht Anarchist?« Wenn der Inspektor zufrieden war, stempelte er das Visum und wünschte dem neuen Immigranten: »Welcome to America!« Andernfalls, das heißt, wenn er Zweifel hegte, schrieb er zwei weitere Buchstaben auf ein Blatt, *SI*, die für *Special Inquiry*, Sonderuntersuchung, standen. Der Passagier wurde an eine aus drei Inspektoren, einem Stenografen und einem Dolmetscher bestehende Kommission verwiesen. Das Verhör begann von Neuem, nur härter, dringlicher und eingehender als zuvor.

Diejenigen, die alle Prüfungen und Fragen bewältigt hatten, eilten zur Fähre, die sie nach New York übersetzen sollte. Innerhalb weniger Stunden – zwei, drei Kontrollen und einige Impfungen später – wurden ein litauischer Jude, ein Sizilianer oder ein Ire so zu Amerikanern. Für sie stand das Goldene Tor offen, das Eldorado der Moderne. Ein jeder von ihnen konnte nun von vorne anfangen und die Vergangenheit, die eigene Geschichte und die seiner Vorfahren hinter sich lassen, und vor allem das Land, dem er seine Geburt schuldete, das ihm jedoch das Leben verweigert hatte. Schnell jedoch mussten sich viele eines Besseren belehren lassen. Amerika war nicht das freie Land, das sie sich erträumt hatten, und seine Straßen waren nicht mit Gold gepflastert. Diejenigen, die zuerst gekommen waren, hatten bereits alles in Besitz genommen, und es blieb nur mehr wenig zu verteilen, außer vielleicht die Arbeitsplätze in den Fabriken von Brooklyn und der Lower East Side, in denen 15 Stunden am Tag im Akkord gearbeitet wurde. Was schließlich die Straßen anbelangt, so waren sie zum großen Teil erst noch zu erbauen, ebenso wie die Eisenbahnen und die Wolkenkratzer.

Wer zu Beginn des 20. Jahrhunderts in die Vereinigten Staaten kam, hatte sich dennoch als privilegiert zu betrachten. Es waren dies die Jahre, als der zahlenmäßige Gipfelpunkt erreicht wurde. Allein im Jahr 1907 durchquerten 1.004.756 Migranten Ellis Island. Bereits der Erste Weltkrieg leistete seinen Beitrag, den großen Zustrom zu vermindern. Doch die Einwanderung wurde insbesondere durch die restriktiven Maßnahmen der föderalen Regierung gebremst. Chinesen und andere Asiaten standen schon seit 1870 auf der schwarzen Liste. Das Verbot wurde jedoch erst mit dem *Immigration Act* – oder auch *Asiatic Barred Zone Act* – von 1927 offiziell bestätigt, der das Etikett von »Unerwünschten« auch auf Anarchisten, Homosexuelle, Verrückte und sonstige Geistesgestörte ausweitete. Da vorgesehen war, dass die Einwanderer – neben dem Nachweis ihrer Lese- und Rechtschreibkompetenz in ihrer eigenen Sprache – auch Intelligenztests unterzogen wurden, wurde das Gesetz auch *Literacy Act* genannt. Einige Jahre später wurden die Einreisezahlen weiter reduziert, zunächst mit dem *Emergency Quota Act* von 1921 und sodann mit dem *National Origin Act* von 1924, der eine jährliche Kapazitätsgrenze von 150.000 Personen durchsetzte. Insbesondere die letztere Verordnung kam einer offenkundig rassistischen Maßnahme gleich, da sie darauf angelegt war, die Einwanderung aus den süd- und osteuropäischen Ländern radikal zu begrenzen. Die Quote italienischer Einwanderer, die davor sogar ein Viertel der Gesamtzahl ausmachte, wurde auf vier Prozent eingeschränkt. Es ist so gesehen nicht weiter verwunderlich, dass diese Gesetze die nationalsozialistische Politik der 1930er Jahre beeinflussen konnten.[4]

Ellis Island, wo inzwischen ein psychiatrisches Krankenhaus und eine Strafanstalt erbaut worden waren, wurde schließlich zu einem Internierungslager für irreguläre Immigranten und wandelte sich in der Zwischenkriegszeit zu einem Gefängnis für Menschen, die antiamerikanischer Aktivitäten verdächtigt wurden. Im Jahr 1954 wurde die Auffangstation von der Regierung schließlich geschlossen.[5] Die Insel und ihr Name hatten sich zu diesem Zeitpunkt bereits in die Autobiografien etlicher Kinder und Enkel jener großen Migrationsbewegung eingeschrieben. Mindestens vierzig Prozent der gegenwärtigen amerikanischen Staatsbürger besitzen einen auf Ellis Island angelandeten Vorfahren.

Amerika, das im Laufe von etwas mehr als einem Jahrhundert seine Bevölkerungszahl vervielfacht hatte, die durch größtenteils europäische Einwanderer von 188 Millionen auf 458 Millionen Einwohner anstieg, beschloss in der Folge ohne jeden Anflug von Skrupel, die Eingangszahlen drastisch zu reduzieren und die Grenzen zu schließen.

Wie aber waren die neuen Einwanderungsgesetze mit den Idealen der amerikanischen Verfassung zu vereinbaren, die universelle Geltung beanspruchten? Warum konnten manche als »unerwünscht« zurückgewiesen werden, wenn nach der Unabhängigkeitserklärung doch eigentlich alle gleich sein sollten?

Dieser Konflikt ist im Herzen von Ellis Island verortet, einem Durchgangsort der Hoffnung, aber auch einem Zentrum der Diskriminierung. Zwischen Licht und Schatten spiegelt die Insel, jener einzigartige Nicht-Ort des Exils, den Widerspruch der gesamten amerikanischen Politik. Auf die anfängliche Öffnung der Grenzen, die noch auf einem breiten Konsens beruhte, folgte die Einführung restriktiver Einreisekriterien, als die ersten auf dem Boden des Neuen Kontinents geborenen *native americans* die Überzeugung erlangt hatten, mit dieser ihrer Geburt auch das Recht erworben zu haben, darüber zu entscheiden, wem die Würde der amerikanischen Staatsbürgerschaft zuzugestehen war. Nicht alle in der Welt schienen dafür gleichermaßen geeignet zu sein – ungeachtet der in den Sockel der Freiheitsstatue eingravierten Worte der Aufnahme, die Emma Lazarus an die Entwurzelten und Schwachen gerichtet hatte. Es geschah zu dieser Zeit, dass die aus Ellis Island hervorgegangene Nation ihr eigenes Exil vergaß und es fortan vorzog, Souveränität auszuüben.

Die Überwachung der Grenzen wurde zum Schlüssel für die Stärkung und Konsolidierung der homogenen Einheit des Nationalstaats. Ellis Island kann daher als das widersprüchliche Symbol der modernen Migration gelten.

2. Wenn der Migrant den Staat demaskiert

Bei seiner Ankunft steht der Migrant dem Staat gegenüber, der sich in seiner ganzen Vormachtstellung vor ihm erhebt – damit sind die beiden Protagonisten benannt. Die Rechte des Migranten – angefangen bei seiner Bewegungsfreiheit – prallen auf die staatliche Souveränität, die sich auf die Nation und den territorialen Herrschaftsbereich erstreckt. Es handelt sich um den Konflikt zwischen den universellen Menschenrechten und der Aufteilung der Welt in Nationalstaaten.

In den Augen des Staates stellt der Migrant eine unerträgliche Anomalie dar, eine Anomie des inneren sowie des internationalen Raumes, eine Herausforderung für seine Souveränität. Doch der Migrant ist nicht nur ein Eindringling und auch nicht nur ein Gesetzloser, ein Illegaler. Allein durch seine bloße Existenz verstößt er gegen das fundamentale Prinzip, auf dem der Staat errichtet wurde: Er untergräbt den prekären Zusammenhang zwischen Nation, Boden und dem Monopol staatlicher Macht, welcher der gesamten Weltordnung zugrunde liegt. Der Migrant verkörpert die Möglichkeit einer anders eingerichteten Welt, er repräsentiert die Deterritorialisierung, den fließenden Übergang, den autonomen Übertritt, die Hybridisierung von Identität.

Um die eigene souveräne Macht zu bekräftigen, hält der Staat den Migranten an der Grenze, diesem herausragenden Ort des Sich-Begegnens und der Konfrontation, fest. Nach den vorgeschriebenen Kontrollen kann er ihm zu dem von ihm regierten Raum entweder Zutritt gewähren oder ihn zurückweisen. Zu diesem Zweck aber ist er gewillt, offenkundig gegen die Menschenrechte zu verstoßen. Die Grenze wird damit nicht nur zur Klippe, der etliche Menschenleben zum Opfer fallen, sondern auch zu einem ausdrücklichen Hindernis gegen jedwedes Recht des Migrierens.

Dieser Widerspruch fällt in Bezug auf Demokratien umso schriller aus, insofern diese geschichtlich einerseits entstanden sind, indem sie die Menschen- und Bürgerrechte proklamierten, und andererseits, indem sie die eigene Souveränität auf drei Prinzipien gründeten: auf die Vorstellung, dass das Volk selbstbestimmt und Urheber wie Adressat der Gesetze sei, auf das Kriterium nationaler Homogenität sowie auf das Postulat territorialer Zugehörigkeit. Mobilität wird insbesondere von den beiden letzteren Prinzipien behindert.

Die Migrationsbewegungen fördern demnach ein konstitutives Dilemma zutage, das die liberalen Demokratien von Grund auf untergräbt und beschädigt. Das philosophische Dilemma mündet dabei in eine offene politische Spannung zwischen staatlicher Souveränität und der Verpflichtung zu den Menschenrechten. Das Schlingen dieses doppelten Bandes bildet das Wagnis und die Herausforderung der in den Grenzen des Nationalstaats verwurzelten Demokratie. Die Unversöhnlichkeit von Menschenrechten und staatlicher Souveränität zeigt sich paradoxerweise auch in den universellen Konventionen und internationalen Rechtsdokumenten. Und daher rührt leider auch deren konstitutive Schwäche und Machtlosigkeit.

Migration ist in den Formen und Modi, in denen sie sich in diesem neuen Jahrtausend manifestiert, als ein Phänomen der Moderne zu betrachten. Denn sie ist konstitutiv mit dem modernen Staat verbunden. Mit der Absicht, die eigenen Grenzen zu schützen, das Staatsgebiet abzusichern und die Bevölkerung zu überwachen, markieren die Nationalstaaten die Schranke zwischen Staatsbürgern und Fremden. Das soll nun nicht heißen, dass Imperien, Monarchien und Republiken der Vergangenheit die eigenen Grenzen nicht verteidigt hätten; diese waren jedoch weitaus schwächer, ungewisser und durchlässiger als die juristisch festgelegten und militärisch überwachten Grenzen des modernen Staates.

Der Zusammenstoß zwischen Migrant und Staat geht daher über diese beiden Protagonisten in ihrer gegenwärtigen Form hinaus. Man erahnt, warum auf Migration zu reflektieren auch bedeuten muss, den Staat neu zu denken. Denn ohne jene bereits a priori durchgeführte Diskriminierung könnte der Staat überhaupt nicht existieren.

Die Grenzen nehmen eine nahezu sakrale Bedeutung an und verweisen auf einen geradezu mythischen Ursprung, da sie sowohl das Ergebnis als auch den Nachweis seiner diakritischen Aufgabe darstellen, seiner unterscheidenden und einhegenden Mission. Erst aufgrund dieses Definierens und Diskriminierens kann sich das Staatsgefüge herausbilden, kann es beständig und unerschütterlich bleiben, ja kann es sogar erst ein Staat – lat. *status*, also Stand, Zustand – sein: das exakte Gegenteil von Mobilität. Je dringlicher und zwingender diese Aufgabe wird – wie im Nationalstaat –, als desto hartnäckiger erweist sich das Streben nach Homogenität und Integrität. Für die Kinder der Nation besitzt der Staat eine selbstverständliche Unmittelbarkeit, stellt er doch eine scheinbar ewige Tatsache dar und trägt den verführenden Schleier von Natürlichkeit.

Der Migrant demaskiert den Staat. Vom äußeren Rand aus befragt er dessen Grundlage, veranschaulicht seine Diskriminierung, erinnert ihn an sein geschichtliches Werden, diskreditiert seine mythische Reinheit – und hält deshalb dazu an, diesen neu zu denken. In genau diesem Sinne birgt die Migration subversives Potenzial.

3. Die staatszentrierte Ordnung

Die gegenwärtige Welt ist in eine Vielzahl von Staaten unterteilt, die einander entgegen und zur Seite stehen. Diese staatszentrierte Ordnung wird allgemein als Norm akzeptiert. Alles, was geschieht, wird in den Grenzen der staatlichen Perspektive betrachtet und beurteilt. Auch die Migration wird aus dem Inneren des Staates und seiner territorialen Ortsgebundenheit heraus gesehen und daher für ein kontingentes und marginales Phänomen gehalten. Wenn der Staat den substanziellen Angelpunkt der politischen Ordnung bildet, muss Migration notwendig als Akzidens erscheinen.

Diese Weltordnung wurde von den jüngsten Migrationsbewegungen zutiefst erschüttert. Und dennoch bleibt der staatszentrierte Gesichtspunkt stabil und beherrschend. Genau deshalb nimmt man, wenn im Rahmen einer öffentlichen Debatte die Probleme der »Migrationskrise« diskutiert werden, auch stets stillschweigend den Blickpunkt desjenigen ein, der einem Staat angehört und aus dieser inneren, hinter Schranken und Grenzen verschanzten Position nach außen blickt. Nicht zufällig dreht sich ein Großteil der behandelten Fragen allein um die Art und Weise, wie die »Ströme« denn zu verwalten und zu regulieren wären. Differenzen ergeben sich allerhöchstens zwischen denen, die in den Immigranten eine nützliche Chance sehen, und den anderen, die auf ihr Gefährdungspotenzial verweisen. Der staatszentrierte Gesichtspunkt ist dabei immer auch normativ. Den einem Staat zugehörigen Bürgern wird a priori die Entscheidungsfreiheit und das Vorrecht zuerkannt, den an die Tür klopfenden Fremden aufzunehmen oder abzuweisen.

Die souveräne Macht, »Nein« sagen zu können, erscheint als völlig unzweifelhaft und unumstritten. Die Staaten beanspruchen ganz selbstverständlich die Befugnis für sich, festlegen zu können, wer in ihr Gebiet eintreten darf und wer hingegen an den Grenzen aufzuhalten ist. In einer staatszentrierten globalen Ordnung, die sich von Migrationsbewegungen bedroht wähnt, wird das Recht zur Ausschließung damit zur Bewährungsprobe und zum Signum staatlicher Souveränität, denn sie bezeugt und bemisst deren Stärke. Die Nationalstaaten erheben ferner den Anspruch, über die eigenen territorialen und politischen Grenzen auch unter Anwendung von Gewalt verfügen zu können. Wer diese überschreitet, läuft Gefahr, in Erwartung seiner Ausweisung interniert zu werden. Falls er denn zunächst geduldet werden sollte, obliegt die Entscheidung darüber, ob er als neues Mitglied der Gemeinschaft anerkannt oder aber endgültig abgewiesen wird, erneut der staatlichen Autorität.

Das internationale Recht bekräftigt und beglaubigt diesen staatlichen Anspruch mit seinen Normen. Man kann auswandern, das nationale Territorium verlassen und sich frei in seinem Inneren bewegen.[6] Nicht aber kann man frei von einem Staat in den anderen überwechseln, also das Innere eines anderen Staates betreten oder sich in ihm gar dauerhaft niederlassen. Das Prinzip der Nichtzurückweisung bildet dabei nur die Ausnahme, welche die Regel bestätigt: Es besagt, dass kein Asylsuchender in jene Länder zurückgewiesen werden darf, »in denen sein Leben oder seine Freiheit wegen seiner Rasse, Religion, Staatsangehörigkeit, seiner Zugehörigkeit zu einer bestimmten sozialen Gruppe oder wegen seiner politischen Überzeugung bedroht sein würde«.[7] Es handelt sich jedoch um einen stark eingeschränkten Grundsatz, der zudem nur auf diejenigen Anwendung findet, die sich bereits auf dem Gebiet des Landes befinden, das ihnen Asyl gewähren soll, oder das zumindest unter dessen direkter Kontrolle steht.

Die Politik der Grenzen ist eine den souveränen Staaten vorbehaltene Domäne. Die eigenen Befugnisse verbissen wahrend, dazu entschlossen, nicht nachzugeben und bestärkt von der internationalen Gesetzgebung, beanspruchen die Staaten das Recht, den Zugang zum nationalen Territorium zu beschränken. Wenn dieses Recht legal ist, kann es sich dann aber auch legitim nennen? Dürfen die Staaten Einwanderung einschränken oder gleich ganz verhindern?

4. Grundsätzliche Feindseligkeit

Unschwer ist zu erahnen, warum die restriktiven und einschränkenden Bedingungen der Gastfreundschaft in einem solchen staatszentrierten Kontext von einer impliziten und grundsätzlichen Feindseligkeit diktiert werden. Der an den Grenzen auftauchende Migrant wird zuerst als gefährlicher Fremder wahrgenommen, als verborgener, klandestiner Feind, als wilder Eindringling und potenzieller Terrorist – und gewiss nicht als Gast.

Im politisch-medialen Diskurs, in dem die Worte oftmals ihrer Inhalte entleert werden – wo sie nicht bereits derart gebeugt worden sind, dass sie am Ende ihr Gegenteil bezeichnen –, bewahrt die »Gastfreundschaft« [ospitalità] ihren Sinn nur mehr im Bereich der privaten Moral oder in dem des religiösen Glaubens. Ihrer eigentlichen politischen Bedeutung entzogen, wird sie zu einem Symptom unbedarften Gutmenschentums. Damit tritt die entgegengesetzte Komponente in den Vordergrund, die ihr seit jeher innewohnt: die Feindseligkeit [ostilità].

»Aufnahmepolitik« lautet die veruntreute Wendung, die schließlich ihr Gegenteil bezeichnet, das heißt: eine Politik der Ausschließung und der Zurückweisung, eine polizeiliche Abwicklung der Migrationsströme, eine totale Kontrolle der Grenzen, die so weit reicht, die Aufsicht über die innere Verwaltung der Bürgerschaft selbst zu führen. Wenn Öffnung als geradezu schuldhaft gutgläubig und lächerlich naiv beurteilt wird, entstellt man die tabuisierte und ihrer eigentlichen Bedeutung entfremdete Aufnahme und reduziert diese darauf, einen heuchlerischen Deckmantel, ein groteskes Korrektiv für den grassierenden sekuritären Zynismus abzugeben.

Das Gesetz wird vom Prinzip der Staatssouveränität diktiert, das die Nation zur Norm erhebt und aus der Migration eine Abnormität und Rechtswidrigkeit macht. Dieses Prinzip artikuliert sich in einer Grammatik des Possessivums, um die herum der politische Konsens zur Gerinnung kommt. Es handelt sich um die Grammatik des »Wir« und des »Unser«, des Eigenen und des Eigentums, von Identität und Zugehörigkeit. Berechnung, Kontrolle und Selektion werden zu selbstverständlichen Kriterien – genauso wie die Abschließung ein beinahe unumstößliches Postulat darstellt.

Die prinzipielle Souveränität stimmt mit der grundsätzlichen Feindseligkeit überein, da sie auf das Territorium, auf »*unser* Land« ausgeübt wird, für dessen rechtmäßige Eigentümer sich seine Bürger halten und sich daher auch berechtigt sehen, den Zugang für Fremde zu beschränken oder zu verweigern, und zwar jenen Bedingungen gemäß, die sie souverän festlegen können. Zum Eigentumsrecht auf das Territorium tritt das Privileg der Zugehörigkeit zur Gemeinschaft und das damit einhergehende Vorrecht der Überwachung der Grenzen hinzu. All das erscheint als absolut natürlich. Kein Bürger kann sich daher der Verpflichtung entziehen, mit Standfestigkeit zu antworten und die Schließung der Grenzen zu begrüßen, um den Anforderungen einer »offenen Gesellschaft« nachzukommen. Das Paradox dieser Position bleibt indessen zumeist verborgen.

Unter dem Vorwand eines pragmatischen Realismus und der politischen Ohnmacht kann die von einer Kirchturmpolitik des Eigentums und einem Wohlstandschauvinismus genährte Xenophobie des Staates ihren langen Schatten auf die Aufnahme werfen, die stets im Horizont einer unmittelbar bevorstehenden Gefährdung gelesen wird, indem der Fremde für einen Eindringling und sein Kommen für eine Invasion ausgegeben wird. Am Beispiel dieser ungebührlichen Verdrehungen, dieses hinterlistigen Abgleitens, dem zufolge im Namen einer auf die nationalen Grenzen beschränkten sozialen Gerechtigkeit die Staatsbürgerschaft dem Besitz des Bodens und die Zugehörigkeit einer Garantie auf exklusive Güter gleichkäme, zeigt die Gastfreundschaft ihre beunruhigende Verbindung mit der Feindseligkeit.

Auch dort, wo sie ein letzten Endes unwirksam bleibendes Zeichen von Toleranz anbietet, kommt die souveräne Gemeinschaft nicht umhin, vorrangig feindselig eingestellt zu sein. Die Bürger sind dazu aufgerufen, als unumstrittene Gebieter und oberste Richter zu fungieren, denen es obliegt, die Neuankömmlinge auf der Grundlage der vorgelegten Nachweise auszuschließen oder aufzunehmen: Verfolgung und gewaltsame Übergriffe für Asylbewerber, Nützlichkeitserwägungen für Wirtschaftsmigranten, unbedingter Integrationswille für alle anderen. Die Menschenrechte der Fremden werden von der administrativen Rechnungsführung ausgesetzt, während alle Privilegien, Vorteile und Immunitäten der Staatsbürger nachdrücklich untermauert werden.

5. Jenseits der Souveränität: Eine Randbemerkung

Das Haupthindernis, Migration auch nur zu denken, bildet der Staat oder vielmehr: die staatliche Souveränität, die in der Moderne zum Epizentrum der Politik aufstieg, deren Landkarten absteckte, ihre Grenzen vorzeichnete und damit den inneren, der souveränen Macht unterstellten Bereich von dem äußeren, der Anarchie überantworteten abtrennte. Was im Rahmen dieser Zweiteilung in ihrer positiven Bedeutung überwog, war stets die Souveränität.

Die souveräne Macht wird in ausschließlicher Weise von einer einzigen Autorität innerhalb eines bestimmten territorialen Raumes ausgeübt. Per Definition kann sie keine höheren Mächte als sich selbst anerkennen. Eingesetzt, um das natürliche Chaos zu überwinden, aus dem – der bekannten Erzählung Hobbes' zufolge – jederzeit ein Bürgerkrieg hervorgehen kann, stellt die souveräne Macht das Ergebnis eines einvernehmlichen Vertrages und einer gemeinsamen Unterwerfung dar. Hobbes ging sogar so weit, den Staat zu einer »Person« zu machen, zu einer quasi anthropomorphen Figur, deren absoluten inneren Souveränität eine äußere Souveränität entspricht, die jedoch von derjenigen der anderen souveränen Staaten gezügelt wird.[8] Mit einem Schachzug, der dazu bestimmt sein sollte, einschneidende und nachhaltige Wirkungen zu entfalten, projiziert Hobbes den Leviathan, das Ungeheuer des ursprünglichen Chaos, das er zum Emblem der staatlichen Macht erhob, damit jenseits der Grenzen. Im Inneren gemäßigt, reproduziert sich die wilde Regellosigkeit nunmehr in den internationalen Beziehungen. Während die Personen aus Fleisch und Blut dank des Vertrages, der sie an die Souveränität bindet, einen friedlichen Modus des Zusammenlebens finden, entfesselt sich im Äußeren ein fortwährender virtueller Krieg zwischen den künstlichen Personen, den staatlichen Wölfen und souveränen Leviathanen.[9] Es verwundert daher nicht, dass Hobbes der internationalen Bühne nur wenige Seiten widmet und seine Aufmerksamkeit voll und ganz auf die Macht richtet, die der Staat innerhalb seiner Grenzen ausübt.

In unterschiedlichen Formen und Konzeptionen durchzieht die Dichotomie zwischen Innen und Außen das gesamte moderne Denken und setzt bis heute eine Hierarchie von Problemen ein, schreibt Lösungen vor und rechtfertigt Prinzipien – allen anderen zuvor dasjenige des Gehorsams gegenüber der souveränen Macht. Es handelt sich um eine konstitutive Dichotomie, da sie mithin auch die Grenzen der politischen Philosophie absteckt, die sich größtenteils der Voraussetzung souveräner Staatlichkeit unterstellt.

Diese dichotomische Sichtweise setzt mehr oder minder explizit die Unterscheidung zwischen einer inneren Zivilisation und der Unzivilisiertheit dort draußen ein und markiert die Trennlinie zwischen Regel und Regellosigkeit, zwischen Ordnung und Chaos. Das darin enthaltene Werturteil ist unschwer auszumachen: Während das

Prinzip der Souveränität positiv besetzt ist, besitzt die Anarchie eine durchweg negative Klangfarbe.

Das Wort griechischer Herkunft »Anarchie« – gebildet aus der privativen Vorsilbe *an*- und *arché*, Prinzip, Anfang, aber auch Befehl, Herrschaft, Regierung – wird sowohl in seiner genauen Bedeutung einer politischen Form, die Prinzip und Befehl verweigert, als auch im übertragenen und abwertenden Sinne einer »Regierungslosigkeit« und daher Unordnung übernommen. Es ist jene konstitutive Dichotomie, die das Wort »Anarchie« letzterer semantischer Bedeutung annähert. Die Intention ist offensichtlich: Damit wird die Souveränität als einzige Bedingung der Ordnung legitimiert, als alleinige Alternative zu einer anderweitig drohenden Regierungslosigkeit.[10] Anarchie wird zu einer anderen Bezeichnung für das wilde Durcheinander, das im unbegrenzten Außen jenseits der staatlichen Souveränität wütet.

Auf diese Weise trennt sich der innere Raum, in dem sich ein gutes Leben anstreben lässt und in dem sich der Fortschritt mit seinen Trägern und Resultaten durchsetzt – Gerechtigkeit, Demokratie und Menschenrechte –, von dem äußeren Raum, in dem sich höchstens überleben lässt, in dem allenfalls die unbestimmten kosmopolitischen Entwürfe eines Völkerbundes möglich scheinen oder gar die Wiederaufnahme des Staatsmodells im Rahmen einer Weltrepublik.

Die Globalisierung jedoch verändert diese Landschaft tiefgreifend und unterminiert letztlich auch die Dichotomie von Souveränität und Anarchie. Und sei es auch nur, weil sie das Weltverständnis energisch in das Unbegrenzte ausweitet und alle Beschränkungen einer noch in traditionellen Grenzen verankerten Politik ans Licht zerrt. Die rasende Geschwindigkeit, mit der die *bytes* in den Telekommunikationsnetzen unterwegs sind und zuvor unüberwindbare Entfernungen annullieren, wird zum Sinnbild jener Ströme, welche die Grenzen überwinden, Kontrollen umgehen, sich von räumlichen Beschränkungen befreien und die gesamte Ordnung beeinträchtigen, die daher vermeintlich in eine »neue globale Unordnung« abzugleiten scheint. Obgleich einer der Hauptinitiatoren der Globalisierung, wird der Nationalstaat von dieser irreparabel in Mitleidenschaft gezogen, da er jene Kontrolle über das Territorium und den politischen Körper der Bürger einbüßt, aus der er einst seine Stärke bezog und mithilfe derer er über Jahrhunderte hinweg regiert hatte. Souverän ist nicht mehr, wer das Territorium beherrscht, sondern wer es schneller durchqueren kann. Geschwindigkeit ist die neue Macht.[11]

Diese Deterritorialisierung der Souveränität markiert eine Krise der Politik in ihrer modernen Form. Zudem scheint es – vor allem seit der Nachkriegszeit – immer fragwürdiger, das staatliche Modell weiterhin auch auf die internationalen Beziehungen anzuwenden. Gerade wer diesen Bereich untersucht oder in ihm tätig ist, gewinnt eine anders gelagerte Perspektive. Es tritt klar zutage, dass die Bühne dort draußen, jenseits der nationalen Grenzen, neben den Staaten von etlichen anderen Protagonisten bevölkert wird – namentlich von internationalen Institutionen, supranationalen Einrichtungen und humanitären Organisationen –, während die Macht sich vielgestaltig, gespalten, oftmals flüchtig und selten gemeinschaftlich geteilt präsentiert.

Die politische Landschaft der Gegenwart erscheint komplex wie nie zuvor, denn während die Nationalstaaten weiterhin die Hauptrolle spielen und den normativen Rahmen des Geschehens prägen, bilden sie kein homogenes System mehr. Immer ausgedehnter gestalten sich die realen und virtuellen Räume, die sich zwischen einer Grenze und der anderen eröffnen. Das aber verlangt, sich vollends von jener anachronistischen Dichotomie zu verabschieden, um genauer zu ergründen, was im Außen geschieht – um eine äußerliche Perspektive einzunehmen und von dieser aus auch die inneren Probleme neu bewerten zu können.

Um in eine weitgehend unbekannte Landschaft vorzustoßen, bräuchte es neue Karten, die heutzutage gleichwohl noch nicht existieren. Solange das System der Nationalstaaten fortbesteht, sind die sich am Horizont abzeichnenden politischen Formen noch schwer zu unterscheiden und entziffern.

Die Migration kann dabei helfen, ihrer gewahr zu werden, da sie über die Souveränität hinausführt, in jenes Offene, das seit jeher der Anarchie überantwortet war. Und hier ist die Philosophie gefordert, deren Aufgabe darin besteht, Selbstverständlichkeiten zu dekonstruieren und dasjenige auszuhebeln, was normativ zu sein beansprucht und auf die Kraft des Rechts zurückgreift, um Legitimität vorzugaukeln. Die philosophische Frage entspringt außerhalb der Grenzen, jenseits des Herrschaftsbereichs der Souveränität. Kommt den Staaten das Recht zu, den Zugang zu ihrem Territorium nach Belieben zu begrenzen oder zu untersagen?

6. Philosophie und Migration

Noch existiert keine Philosophie der Migration. Es fehlt sowohl an einer Reflexion auf die spezifische Bewegung des Migrierens als auch an einem systematischen Nachdenken über den Migranten. Im Inventar der Philosophie ist Migration bislang noch nicht verzeichnet. In den Enzyklopädien und philosophischen Wörterbüchern, die eine begriffsgeschichtliche Orientierung liefern sollen, sucht man nach ihr jedenfalls vergeblich.[12] Ob aus Desinteresse, Gleichgültigkeit oder Gedächtnisschwäche – auch die Philosophie gewährt dem Migranten bislang kein Bürgerrecht.

Das Schicksal des Migranten gleicht in dieser Hinsicht dem des Fremden: stets an den Rand gedrängt, in die Elendsviertel der Metaphysik verbannt. Auch der Migrant ist – ebenso wie der Fremde und sogar mehr noch als dieser – *átopos*, ortlos, fehl am Platz. Denn der Migrant ist mit seinem Versuch, die Grenze zu überschreiten, genau an dieser zu verorten. Er ist weder Bürger noch Fremder. Überall deplatziert und überzählig, ist er ein Eindringling, der Schranken durchbricht, Grenzen verwischt und große Verlegenheit hervorruft. Darin liegt gerade die Schwierigkeit, ihn zu denken. Es sei denn, man zieht die überkommenen Grenzen der Welt in Zweifel, revidiert die jahrtausendealten Fundamente von Stadt und Bürgerschaft und modifiziert die gefestigten Grundpfeiler von Staat, Souveränität und Nation. Undefinierbar, insofern er in seiner bedrohlichen Außer-Örtlichkeit Grenzen überwindet, bleibt der Migrant in der Philosophie, die es offensichtlich vorgezogen hat, ihn den Unterlassungen der offiziellen Anschauung folgend mit Stillschweigen zu übergehen, ungedacht.

Die Philosophie hat die Sesshaftigkeit gewählt, legitimiert diese und übernimmt deren Perspektive. Deshalb hat sie auf ihrer Suche nach Zentrierung und in ihrem Versuch, eine konzentrische Ordnung zu entwerfen, Zäune errichtet und Schranken befestigt und dabei jedes Mal von Neuem die Grenzen zwischen Innen und Außen nachgezogen. Aus diesem Blickwinkel heraus betrachtet, muss die Transversalität des Migrierens zwangsläufig bedrohlich und suspekt erscheinen. Um ihr eigenes Begriffssystem zu verteidigen, verweigerte die Philosophie die Aufnahme und versagte ihre Gastfreundschaft. Auch wenn sie mitunter das zwielichtige Privileg der Randständigkeit für sich in Anspruch nehmen konnte, geschah dies nur, um einen Überblick vom Ufer aus zu gewinnen, aus einer nie versiegenden Lust am Exotischen heraus oder um das eigene metaphysische Zentrum zu kalibrieren. Nie hat sie den Sprung vom Rand in die Ausgrenzung gewagt und ist zu keiner Zeit in das vom Migranten bewohnte Grenzgebiet vorgedrungen, das für die Philosophie eine Terra incognita bleibt.

Dabei verhält es sich keineswegs so, als wären »Migrieren« und »Migration« Begriffe, die im philosophischen Wortschatz völlig fehlten. Es genügt, an ihren Gebrauch in den Schriften Ciceros zu erinnern, in denen das lateinische *migrare* eine große semantische Breite aufweist und verschiedene Formen der Ortsveränderung bezeichnet: vom Wechsel des Wohnortes (vom griechischen *metoikesis*) bis hin zur Expatriierung, vom Überschreiten einer Grenze bis zum Übertreten einer Regel – *communa iura migrare*.[13] Das Bedeutungsfeld reicht dabei bis zum äußersten Übergang des Todes. Wie Cicero schreibt: *migrare ex hac vita*.[14]

Es handelt sich gleichwohl um liminale Verwendungsweisen, die im Hintergrund verbleiben und nicht zur stringenten Ausarbeitung eines Begriffs führen. In dem Maße, wie sich die Bedeutung des Migrierens festigt, um schließlich die Beziehung des Fremden zur Bürgerschaft und seine Bewegung des Heraustretens, *emigrare*, oder des Hinzukommens, *immigrare*, zu bezeichnen, verschwindet das Thema wieder von der philosophischen Bildfläche. Wenn die Philosophen an der Schwelle zur Moderne das Wort aufgreifen, dann um das Besitzrecht zu begründen, die Aneignung der Erde zu verteidigen und die Aufteilung der Welt in Nationalstaaten zu rechtfertigen. Allein Kant ist noch daran gelegen, auf einem immer enger werdenden Globus zumindest etwas »Gastfreundschaft« zusichern zu können. Sein Beitrag bildet einen wichtigen Bezugspunkt für das Asylrecht. Und doch bleibt auch Kant trotz seines Kosmopolitismus eurozentrisch orientiert und jener Zentrierung der Philosophie verhaftet, die jedwede Migrationsbewegung, jeden Nomadismus a priori ausschließt und verurteilt. Jedenfalls stand auch Kant der »vagabundierenden Vernunft« der »Zigeuner« keineswegs wohlwollend oder auch nur gemäßigt tolerant gegenüber.[15]

Erst in der Zeit zwischen den beiden Weltkriegen, als die Migrationsbewegungen bereits ein Massenphänomen darstellten, verlieh der Ausnahmeflüchtling Hannah Arendt den Staaten- und Heimatlosen, den vor dem Nationalsozialismus fliehenden Juden, die keinen Platz in der Welt mehr zu finden scheinen, eine Stimme. Ihr kurzer Artikel von 1943 *Wir Flüchtlinge* bezeichnet für das Nachdenken über Migration eine wichtige Wegscheide. Gleichwohl wurden ihre in den nachfolgenden Schriften weiterentwickelten Pionierideen nicht mehr im Rahmen einer umfassenden Philosophie der Migration ausgearbeitet.

In der zweiten Hälfte des 20. Jahrhunderts wird das Thema dann erneut übergangen. Die Philosophie nimmt die Zeiten nicht vorweg. Sie kam vielmehr zu spät, als sich unter den dringlichen Umständen schon eine öffentliche Meinung herausgebildet hat und eine bestimmte Moral bereits die internationalen Vereinbarungen und Abkommen beeinflusste und anleitete. Diese oftmals unkritische und unreflektierte Moral, die einem Kompromiss gleichkommt und der staatszentrierten Optik entspringt, wird schließlich über lange Zeit hinweg eine stillschweigende und unumstrittene Voraussetzung bleiben. Die Philosophie hebt diese jedenfalls nicht aus den Angeln. Nachdem sie bereits zu spät gekommen ist, fährt sie fort, die Migration aus ihrem Inventar zu verbannen, indem sie dem Thema entweder die philosophische Bedeutung abspricht oder sich der verbreiteten Moral anpasst und in die Arme wirft. Man nimmt zwar für sich in Anspruch, über die Prinzipien politischer und sozialer Gerechtigkeit zu disputieren und über Menschenrechte zu debattieren, jedoch ohne dabei je von den Rechten der Migranten zu sprechen und die Frage der Aufnahme überhaupt nur zu berühren. John Rawls, der als der bekannteste Theoretiker der Gerechtigkeit gelten kann, nimmt auf das Thema nur äußerst vereinzelt Bezug und gelangt schließlich dahin, dessen Ausschluss zu theoretisieren: In einer Gesellschaft liberaler Völker wird »das Problem der Immigration nicht einfach offen gelassen, sondern als ernstes Problem [...] aufgelöst«.[16] Der Migrant wird als ein Fremder angesehen, der eine bereits gefestigte Solidarität beeinträchtigen oder sogar zunichte machen kann. Daher kann die Philosophie in der liberalen Vorstellung eines wohlgeordneten Staatenuniversums allerhöchstens die Aufgabe übernehmen, die Migrationsbewegungen zu verwalten und zu disziplinieren.

Aus der die internationalen Verträge untergreifenden Moral ist zwischen dem Ende des 20. und dem Beginn des 21. Jahrhunderts eine Migrationsethik angelsächsischer Prägung hervorgegangen, die eine praktische Einstellung kultiviert und einen stark normativen Grundton anschlägt. Die Philosophen werden jetzt auf die Probe gestellt. Wie soll mit den Immigranten verfahren werden? Soll man sie aufnehmen? Oder besser nicht? Und wie sind sie zu definieren? Wie lässt sich zwischen einem Migranten und einem Flüchtling unterscheiden? Auf diese Weise gelangt der Eintrag »Immigration« im Jahr 2010 in die *Stanford Encyclopedia of Philosophy*.[17] Doch die Debatte beschränkt sich auf die Argumente für oder gegen Einwanderung und verbleibt innerhalb der Grenzen eines demokratischen Liberalismus, der das unbequeme Problem der Migranten mit seinen eigenen Mitteln – und nicht ohne offenkundige Widersprüche – zu lösen versucht. Die Aufnahme ist allenfalls gemäß dem Diktat einer vermeintlichen »Ethik« vorgesehen, welche die Härten einer Politik, die sich allerorten anschickt, neue Mauern zu errichten, mildern oder herunterspielen soll.

Ihrer politischen Bedeutung beraubt, hielt Migration als ein vornehmlich ethisches Problem auch in die deutsche öffentliche Debatte Einzug, und zwar unmittelbar nach den Ereignissen von September

2015, als Deutschland mit dem – durch den Krieg in Syrien ausgelösten – Flüchtlingsdrama konfrontiert, seine Grenzen geöffnet hatte. In dem von dieser Entscheidung angestoßenen hitzigen Streit wurden auch die Philosophen angehört.[18] Man reduzierte das Problem jedoch auf die »moralischen« Maßstäbe, mithilfe derer sodann die quantitativen wie qualitativen Kriterien der Aufnahme oder der Zurückweisung festgelegt werden sollten. Ende 2015 schrieb die »Gesellschaft für analytische Philosophie« die vielsagende Preisfrage aus: »Welche und wie viele Flüchtlinge sollen wir aufnehmen?«[19] In der sich daran anschließenden Diskussion, deren Echo noch immer nicht gänzlich verklungen ist, geht man von dem Erfordernis aus, zunächst die Kriterien der Selektion und des Ausschlusses auszumachen. In diesem Zusammenhang wurde auch der Ruf nach einer »angewandten Ethik« laut, und man richtete den Zeigefinger auf die abstrakten Grenzen der Theorie.[20]

Anderswo, nämlich in den verschiedenen Strömungen der kontinentalen Philosophie von Derrida bis Balibar, von Agamben bis Esposito, wurden – bisweilen deutlicher, bisweilen eher implizit – die Koordinaten einer Politik der Gastfreundschaft entworfen, ohne dass das Thema dadurch jedoch von der Peripherie ins Zentrum der Reflexion gerückt wäre. Es ist, als würden die Voraussetzungen, auf deren Grundlage sich über die Jahrhunderte hinweg die politische Philosophie herausgebildet hat, von der Aufnahme der Migranten gefährdet. Eine Philosophie der Migration wäre demnach eine Philosophie, die sich gegen sich selbst und gegen ihre über lange Zeit für unanfechtbar gehaltenen Grundlagen richtet.

7. Schiffbruch mit Zuschauer: Zur aktuellen Debatte

Wahrscheinlich ist bei keiner anderen Frage wie bei derjenigen nach der Migration die eingenommene hermeneutische Perspektive derart entscheidend, die daher sogleich expliziert werden sollte. Der Reflektierende befindet sich nämlich am Ufer und sieht von dort aus dem Kommen der Migranten zu. Doch auch wenn es das Denken stets erfordert, anzuhalten und zu verweilen, kann man sich gleichwohl auf viele – und mitunter sogar gegensätzliche – Weisen am Ufer aufhalten.

Man kann die Geschehnisse betrachten, indem man sich mit dem »Wir« derjenigen identifiziert, die sich bereits seit Langem – seit Jahrhunderten, Jahrzehnten oder Jahren – am Ufer niedergelassen haben und dessen Eigentum für sich beanspruchen. Das heißt: Man kann aus dem Inneren einer geschlossenen Gemeinschaft und von deren festgesetzten Grenzen aus auf das Meer blicken. Mehr oder minder stolz darauf, sich im Inneren zu befinden, zufrieden damit, der Stadt, der Zitadelle, der Festung anzugehören, kann man auf jene Ankunft reagieren, indem man die anlandenden Migranten zählt und sich fragt, wie viele davon aufzunehmen sind. Zu diesem Zweck versucht man Kriterien einzuführen, um – mit der größtmöglichen Unvoreingenommenheit – zu unterscheiden, wer es verdient, geduldet zu werden, und wer besser ausgeschlossen werden sollte. Dazu genügt es etwa, die Herkunft der Migranten sowie die Ursachen festzustellen, die sie zu jener gewagten, keineswegs angeratenen und für sich und die anderen verheerenden Reise getrieben haben. Die am Ufer Stehenden schütteln zum Zeichen ihrer Ablehnung und Unduldsamkeit jenen Neuankömmlingen gegenüber den Kopf, denen man kein »Willkommen«, *welcome*, zurufen will oder kann, da sie der eigenen Gemeinschaft Probleme bereiten werden, die zumindest einstweilig dazu gezwungen ist, diese zu beherbergen, wenn nicht sogar zu integrieren.

Das entspricht der bislang eingenommenen philosophischen Perspektive, die sich dem Thema der Migration offen gestellt hat. Natürlich fehlt es dabei nicht an Differenzen: Zwischen denen, die eher die Ansprüche der Gemeinschaft geltend machen, und jenen anderen, die für das Recht der Individuen auf Bewegungsfreiheit eintreten, zwischen sogenannten Kommunitariern und vorgeblichen Libertariern, zwischen Neokontraktualisten und Utilitaristen – um nur an einige der mannigfachen Schuletiketten zu erinnern, mit denen sich die politische Philosophie angelsächsischer Prägung heute präsentiert. Bei genauerer Betrachtung sind die Ähnlichkeiten jedoch zahlreicher und tiefgreifender als gedacht. Alle beobachten sie mit der gehörigen Distanz vom Ufer aus; disputieren darüber, ob die Grenzen geschlossen bleiben sollten oder ob sie geöffnet werden könnten, vielleicht nicht allzu weit, aber doch ein kleines Stück, damit sie zumindest »porös« erscheinen; diskutieren, ob und in welchem Maße der gesellschaftliche Vertrag auf die Neuankömmlinge ausgeweitet werden kann, ohne dass dabei ein Nachteil für den Sozialstaat entsteht; entwerfen mehr oder weniger einschränkende Maßnahmen und Vorkehrungen, um die Inklusion zu regeln und die öffentliche Ordnung aufrecht zu erhalten.

An dieser Debatte, die an den europäischen und insbesondere an den deutschen Hochschulen wieder aufgenommen wurde, nachdem sie sich zunächst an amerikanischen Universitäten entwickelt hatte, überrascht nicht nur die Selbstverständlichkeit, mit der all das vorausgesetzt wird, was eigentlich infrage gestellt werden müsste – angefangen bei den Begriffen von Staatsbürgerschaft, Zugehörigkeit und Territorium –, sondern auch der mehr oder minder verschleiert normative Charakter der Beiträge und die angestrengte Suche nach einer bestimmten »Objektivität« der Analysen wie auch der Resultate. Auf der einen Seite scheinen sich die Philosophen den Sozialwissenschaften anzunähern, deren Methoden und Forschungsgegenstände sie weitgehend übernehmen; auf der anderen Seite verleihen sie dem guten Gemeinsinn Ausdruck. Als ginge es für die Philosophie nicht gerade im Gegenteil darum, eingespielte Denkgewohnheiten zu dekonstruieren und Legitimität vortäuschende Handlungsweisen zu kritisieren.

Die Debatte wird darüber hinaus derart monoton und gelangweilt geführt, dass es ihr nicht gelingen kann, die Schwellen der Akademie zu überschreiten, derart steril und wirkungslos, dass sie nur wenig Interesse erregt und geringen politischen Einfluss erlangt. Wenn es tatsächlich um *governance* geht, also bloß darum, die Migrationsströme zu verwalten, stellt sich die Frage, warum man das Problem nicht gleich den »Experten« und Berufspolitikern überlässt. Wozu bräuchte es da noch Philosophen? Hinter den kleinteiligen Darlegungen, den akribischen Erhebungen und den subtilen Argumentationslinien, in deren Rahmen das Phänomen des Migrierens selbst aus dem Blickfeld zu verschwinden droht, wird eine emotionale Indifferenz, eine kühle Unbeirrbarkeit und ein unerschütterlicher Abstand spürbar, die das Drama der Migranten auf irritierende Weise konterkarieren. Wen aufnehmen? Wie und warum? Die Grenzen öffnen oder besser doch nicht? Man gewinnt den Eindruck, dass die Debatte nur eine gemäßigte Meinungsverschiedenheit darstellt, einen genügsamen Gedankenaustausch zwischen Wohlhabenden und konformistischen Wohldenkenden, die sowohl ihre feste Absicht zur Problemlösung als auch der vollkommen im Inneren verbleibende Blickpunkt verbindet, von dem aus sie das äußere Geschehen betrachten. Als ob sie das Phänomen des Migrierens in ihrer erworbenen Sesshaftigkeit und Bequemlichkeit – wenn überhaupt – nur entfernt anginge.

Um diese innere Perspektive besser zu veranschaulichen, lässt sich auf das bekannte Bild zurückgreifen, mit dem das zweite Buch von *De rerum natura* des Lukrez anhebt, dasjenige des Zuschauers, der vom Festland aus den Schiffbruch der anderen betrachtet: »Süß ist's, anderer Not beim tobenden Kampfe der Winde / Auf hochwogigem Meer vom fernen Ufer zu schauen«.[21] Hans Blumenberg hat die Bahn dieser Metapher nachgezeichnet, die in vielfältigen Variationen das gesamte abendländische Denken durchzieht.[22] Bereits an der Schwelle zur Moderne erinnert jedoch Pascal daran, dass die Erde nunmehr weder fest noch beständig, sondern unsicher und schwankend erscheine wie das Meer. Daher sei es zwecklos, sich zum Zuschauer der Weltübel erheben und stabile Ordnungen und privilegierte Standpunkte suchen zu wollen.[23] Der Zuschauer ist immer schon involviert, da die Wogen, in denen er die anderen versinken sieht, keine für immer überwundene Bedrohung darstellen und unvermittelt auch seine Küsten überfluten könnten. Besser also ist es einzusehen, dass man handeln muss. Vielleicht nur, indem man eine Hand ausstreckt.

Den Migranten vom Ufer aus zu betrachten – und sei es auch nur, um sein liberales Recht der Bewegungsfreiheit hochzuhalten –, läuft darauf hinaus, die Schranke zwischen »uns« und »denen«, die Grenze zwischen Ansässigen und Fremden zu befestigen. Vor allem aber bedeutet es, sich nicht auf die Seite des Migranten zu stellen, sich nicht in seine Lage zu versetzen, seinen Standpunkt auf gar keinen Fall zu übernehmen. Daher rührt die Gefühlskälte einer Philosophie, die sich in Normen und Definitionen erschöpft, ohne die existenzielle Nacktheit desjenigen zu berücksichtigen, der den Wellen entkommen ist, nachdem er eine Extremsituation an der Grenze zum Tod durchlebt hat. Der Kontrast zwischen dieser Grenze und den bürokratischen Grenzkontrollen, zu deren gebieterischem Aufseher sich ein der inneren Perspektive verhaftetes Denken aufschwingt, könnte nicht beißender ausfallen.

Man erahnt, warum es für eine Philosophie, die von der Migration ausgeht und die Aufnahme zu ihrem eröffnenden Thema macht, entscheidend ist, was am Übergang zum Außen geschieht. Zuzulassen, dass das Migrieren den Ausgangspunkt der Reflexion bildet, bedeutet, sich der *arché*, dem die Souveränität begründenden Prinzip zu entziehen, um das herum sich der politische Körper immunisiert. Es impliziert ferner, nicht nur den unerwartet eintreffenden Migranten in seiner existenziellen Verletzlichkeit und mit seinem ganzen Gepäck aus Leid, Verlust und Verzweiflung aufzunehmen, sondern auch, dafür Sorge zu tragen, dass er zum Protagonisten einer neuen anarchischen Szenerie wird. Der Gesichtspunkt des Migranten muss Auswirkungen sowohl auf die Politik als auch auf die Philosophie zeitigen – und beide in Bewegung versetzen.

8. Vom Ufer aus denken

Eine Philosophie der Migration ist zuallererst eine *Philosophie des Migranten*. Der Genitiv ist hier im höchsten Maße subjektiv zu lesen. Der Grund dafür wurde bereits genannt: Der Migrant ist Protagonist, Akteur und Interpret des epochalen Dramas. Wer wird dieses Drama jedoch erzählen, wer seine historische Bedeutung erfassen, wer ein Urteil darüber abgeben können?

Der Migrant ist auf einen anderen am Ufer angewiesen, der ihm nicht nur seine Hand ausstreckt, sondern der von diesem äußeren Rand aus beobachtet, nachdenkt und Zeugnis ablegt – bevor alles in den Untiefen des Meeres oder denen des Vergessens einer ungeschriebenen Geschichte endet. Der Migrant vertraut sich mit seinem Drama einem »Zuschauer« an. Aber welchem Zuschauer? Mit Sicherheit nicht demjenigen, der an der Grenze selbstgewiss das Banner der eigenen Zugehörigkeit schwenkt, die Fahne der eigenen Gemeinschaft hisst und die Machtstellung hervorkehrt, die ihm aufgrund seines Innenseins zukommt; innerhalb jener Grenzen, die er verfestigt, indem er stets von Neuem das Innen vom Außen abhebt. Es ist diese metaphysische Dichotomie zwischen Innen und Außen – *die* Grundlage aller politischen Trennung –, die zuallererst infrage gestellt werden muss.

Eine Philosophie des Migranten erfordert einen Zuschauer, der vom Innen in das Außen überzuwechseln vermag und umgekehrt; der in der Lage ist, den Schiffbruch nicht nur zu erzählen und zu erinnern, sondern auch zu beurteilen. Hannah Arendt hat wichtige Hinweise gegeben, um die Figur des Zuschauers zu überdenken. Ihre Vorschläge sind in dem unvollendet gebliebenen, postum veröffentlichten Werk *Vom Leben des Geistes* enthalten. Arendt starb, bevor sie die ersten beiden Teile des Werkes, »Denken« und »Wollen«, durch den abschließenden dritten Teil über das »Urteilen« ergänzen konnte. Diese Vollendung blieb ihr versagt. Gleichwohl gibt es einige Texte, die die Richtung ihrer Untersuchung anzeigen: ein *Postscriptum* sowie die *Lectures*, die Vorlesungen über die politische Philosophie Kants, die sie 1970 an der New School in New York hielt.

Der Zusammenhang zwischen Denken und Handeln ist das Thema, auf das Arendt in ihren letzten Lebensjahren – zunehmend darum besorgt, die politische Berufung der Philosophie zu akzentuieren – reflektiert. Es überrascht nicht, dass darin vor allem auch die große Frage Heideggers *Was heißt Denken?* nachklingt. Während der Gemeinsinn die Menschen in Einklang mit der Welt bringt, in der sie sich unbeschwert zu Hause fühlen können, erzeugt das Denken Heimatlosigkeit. Wer denkt, fühlt sich an dem von ihm bewohnten Ort nicht mehr zu Hause. Inmitten der Verbundenheit mit dem Gemeinsinn entsteht ein Riss. Denken heißt, »sich von der Welt zurückzuziehen«.[24] Daher rührt die Einsamkeit des Philosophen sowie all das, was für die anderen seine Absonderlichkeit und Skurrilität ausmacht. Es kann gar nicht anders sein: Denken entfremdet, macht die Denkenden zu Fremden. Schon Aristoteles spricht in der *Politik* mit Blick auf den Philosophen, der sich – weit entfernt von jeder aktiven Teilnahme – allein dem Denken widmet, von einem *bíos xenikós*, einem sich entfremdenden Leben, dem Leben eines Fremden.[25] Auch wenn er nie vollständig und endgültig ausfällt, ist der Abschied des Philosophen von der Welt doch radikal: Er verlässt seine Mitmenschen und weicht vom irritierenden Gemeinsinn ab, der ein Hindernis für seine Bewegung der Dezentrierung, der Entfremdung, der Emigration in ein Außen darstellt, von dem aus er versucht, die Ordnung zu durchbrechen. Daher kann Arendt schreiben, dass »Denken stets außer der Ordnung«[26] ist.

Wo bleibt dabei jedoch die Politik? Und was wird aus dem Zusammenhang von Philosophie und Politik, mithin aus einem der Knoten, die Heidegger ungelöst gelassen hatte? Die Antwort darauf liegt im »Urteilen«, in jenem politischen Vermögen schlechthin, das dem Denken – zumindest an seinem Beginn, der dem Rückzug von der Welt entspricht – verwandt ist, dann jedoch einen anderen, auf ein abweichendes Ziel zuführenden Weg einschlägt. An dieser Stelle zeichnet sich bei Arendt die Figur des Zuschauers ab, ein Ausdruck, der das griechische *theatés* übersetzt, von dem sich in der Folge auch das Wort »Theorie« herleitet. Als Zeuge und Zuhörer wohnt der *theatés* einem Drama bei. Seine Rolle unterscheidet sich von derjenigen des Schauspielers, der nur seinen Part spielt. Weder vollkommen abwesend wie einer, der schlechthin anderswo weilt, noch völlig anwesend wie jemand, der in die Handlung involviert ist, nimmt der Zuschauer auf den Rängen eine besondere Position ein: Er ist gerade so weit von der Bühne entfernt, dass er einen Überblick über sie besitzt. Was nicht heißen soll, dass er einen höheren Bereich besetzte, von dem aus er *die* dem Gemeinsinn unzugängliche Wahrheit erfassen könnte. Der Platz des Zuschauers befindet sich innerhalb des Welttheaters. Was ihn aber auszeichnet, ist jene Grenzposition, von der aus er – gerade weil er nicht direkt handelt – den Sinn des Dramas verstehen und sich ein Urteil bilden kann.

Kurzum, der Zuschauer gesellt sich dem Philosophen zur Seite, so wie das Urteilen dem Denken zur Seite steht. Die Unterschiede sind jedoch wenigstens zwei: Im Gegensatz zum Philosophen zieht sich der Zuschauer nur zeitweise von der aktiven Beteiligung zurück, um eine privilegierte Position einzunehmen, von der aus er das Ganze betrachtet; daher ist er auch kein Einzelgänger, sondern Teil eines Publikums. Es genügt, an die Zuschauer auf den aufsteigenden Reihen eines Theaters oder eines Stadions zu denken. Daraus wird ersichtlich, warum der Zuschauer in den Reflexionen Arendts zur Schlüsselfigur werden kann, um das Verhältnis zwischen Philosophie und Politik zu klären und eine neue politische Philosophie zu entwerfen. Sodann wird Kant das Wort erteilt, denn dieser »war der erste und blieb der letzte große Philosoph, der sich mit dem Urteilen als einer der geistigen Grundfunktionen beschäftigte«.[27] Arendt zufolge besteht das Verdienst Kants jedoch auch darin, die Pluralität der Zuschauer nicht außer Acht gelassen zu haben.

Die Fremdheit des Zuschauers ist nicht die tiefreichende und abgründige Fremdheit des Philosophen; es handelt sich vielmehr um eine horizontale Fremdheit, die es gebietet, anzuhalten und die Welt wie von außen zu betrachten, obgleich man doch im Inneren verbleibt. Weder völlig außen vor noch vollkommen innerhalb gebunden, ist der Ort des Zuschauers randständig wie der des Fremden; er setzt jedoch weder einen Ausschluss in Kraft noch handelt es sich um eine exklusive Position. Im Gegenteil, sie kann geteilt werden. Die Katharsis des Denkens eröffnet den Weg für das Vermögen des Urteilens. Die Ränge sind der Ort des öffentlichen Horizonts, vor dem der Zuschauer, der nicht vorgibt, *die* Wahrheit jenseits des Scheins zu erfassen, seinen Standpunkt mit dem eines anderen vergleichen, andere Perspektiven einnehmen und neue Gemeinurteile formulieren kann. Arendt besteht in ihren *Lectures* auf dieser »gemeinsamen« Dimension, in der sich die öffentliche Praxis des Denkens artikuliert. Die Verbindung mit den anderen ist jedoch auch nicht misszuverstehen und etwa als eine »erweiterte Empathie« zu interpretieren, beinahe so, als wäre jeder in der Lage zu wissen, was im Kopf seines Nachbarn vorgeht. Es geht vielmehr darum, das Denken in verschiedene Richtungen zu erweitern – wie etwa auf Reisen –, indem man dank der grenzüberwindenden Einbildungskraft die Standpunkte eines anderen besucht. Das geschieht bereits, wenn der Zuschauer die Ereignisse schließlich nahezu unbemerkt vom Standpunkt des Handelnden aus betrachtet. Dieser Übergang zu anderen Formen der Anwesenheit in der Welt ist das, was Kants »Weltbetrachter« auszeichnet.[28] Ein jeder ist dazu aufgerufen, ein »Welt-Zuschauer« in den beiden Bedeutungen zu sein, die diese Figur in der politischen Philosophie Arendts auszuzeichnen scheint. Zuallererst, weil die Weltereignisse nur im Urteil des Betrachters Bedeutung annehmen und die Welt nur darin zur Geschichte wird. Was wäre aus der Französischen Revolution geworden, wenn es nur Akteure, aber keine Zuschauer gegeben hätte? Arendt denkt jedoch auch an den Weltbetrachter, der die Heimatlosigkeit auf sich nimmt, sich von einer politischen oder besser: kosmopolitischen Berufung leiten lässt und sich dadurch, dass er die Perspektiven anderer einnimmt, in die Lage versetzt, Urteile zu artikulieren, die nur gemeinsam geteilte sein können.

Der Zuschauer ist hier der Bürger, der sich zu einem Fremden zu wandeln vermag, indem er seine Starrheit aufgibt und damit jene Dezentrierung begünstigt, die es erlaubt, dort zu sein, wo man sich nicht tatsächlich befindet – in jenem Durchgang vom Innen zum Außen und umgekehrt, der bewirkt, dass man sich an jenem Ufer nicht mehr zu Hause fühlt.

9. Migration und Moderne

So sehr man sich auch bemüht haben mag, eine weitgehend lineare Geschichte der Migrationen nachzuzeichnen, ist es doch unzweifelhaft, dass die Kontinuität dabei von Einschnitten durchbrochen wird und die Unterschiede in einem Maße überwiegen, dass sich die Homogenität des Phänomens insgesamt infrage stellen lässt. Eine allgemeine Mobilität reicht nämlich nicht aus, um begründet von »Migration« sprechen zu können. Sowohl statistisch-quantitative Maßstäbe als auch sozioökonomische Kriterien sind irreführend, insofern beide vorgeben, »objektiv« zu sein, sich aber schließlich als der Komplexität der historischen Ereignisse unangemessen erweisen. Die politisch-existenzielle Perspektive hingegen könnte wesentlich geeigneter sein.

Während Migrationsbewegungen bis in die Anfänge der Menschheitsgeschichte zurückreichen, sind es nicht einfach die Intensität, Häufigkeit und Vielfalt des Phänomens, die das neue Zeitalter von den vorangehenden unterscheiden. Aus philosophischer Sicht erscheint die Migration, wie sie heute verstanden wird, als ein genuin modernes Phänomen. Es ist demnach durchaus zulässig, zwischen antiker und moderner Migration zu unterscheiden, und zwar gemäß einem bereits erprobten Kriterium, für das sich jedoch weitere Anhaltspunkte und Argumente finden lassen.

Auch in der Vergangenheit mangelte es nicht an verschiedensten Formen von Ortsveränderungen, vom Nomadismus bis zu militärischen Eroberungen, von Invasionen sowie kühnen und abenteuerlichen Reisen bis hin zu den ersten wirklichen Neugründungen von Kolonien. Bei all diesen Formen des Ortswechsels dominierte jedoch die Kollektivität: Es bewegte sich eine Gruppe, die ihre Herrschaft über ein bestimmtes Territorium zu etablieren oder zu erweitern beabsichtigte. Der Einzelne partizipierte an einer kollektiven, wenn auch nicht notwendig einmütig beschlossenen Handlung, im Rahmen derer sein Ziel dem der anderen oder vielmehr dem eines anerkannten politischen oder militärischen Führers entsprach. Das Modell par excellence stellt die griechische Kolonie dar, die – den von Platon in den *Gesetzen* dargelegten Kriterien zufolge – als eine *pólis* zweiten Grades verstanden wird. Diese ist das Resultat eines Ausschlusses, einer Ausweisung der Verstoßenen und Unerwünschten, für die angesichts ihrer Verbundenheit mit der Mutterstadt dennoch Anforderungen von Zusammengehörigkeit, Einheitlichkeit und Geschlossenheit geltend gemacht werden.[29]

Wie aber lassen sich dann die großen Persönlichkeiten aus der Stadt verbannter, politischer Exilanten erklären, angefangen bei Alkibiades? Es handelt sich um außergewöhnliche Figuren, die – wie im exemplarischen Fall von Sokrates – bereits die Moderne ankündigen.[30] Das gilt ebenso für den heroischen Reisenden, der in Odysseus seinen prägnantesten Ausdruck findet. Es handelt sich demnach um aristokratische Vorwegnahmen der modernen Kondition.

Die antike Migrationsbewegung, der noch kein Beigeschmack von Heimweh oder Aufspaltung anhaftet, stellte die bisherige Lebensform in einem Anderswo wieder her, ohne dass die Ortsveränderung dabei nennenswerte Auswirkungen auf das jeweilige Selbst und Selbstbild gehabt hätte. Deshalb setzte sich der kollektive Charakter auch dann noch durch, wenn es der Einzelne war, der seinen Ort wechselte – und dabei dennoch geschützt blieb und nicht der schwindelerregenden Räumlichkeit der modernen Migration ausgesetzt war.

In diesem Sinne bilden die Bezeichnungen »antik« und »modern« nicht nur das Kriterium für eine chronologische Gliederung, sondern stellen auch zwei verschiedene Paradigmen von Migration dar, die mitunter sogar in hybriden und gemischten Konfigurationen auftreten können.

10. Kolumbus und das Bild des Globus

Die moderne Migration hebt mit einer neuen Raumauffassung an, mit einem unerwarteten Bild der Erde. Dafür lässt sich ein genaues Datum angeben: 1492. Man denkt sogleich – und das völlig zu Recht – an die erste Reise des Christoph Kolumbus, der von Palos de Frontera aus in See stach. Auf das Jahr 1492 geht jedoch auch der erste, mehr oder weniger fantastische Globus zurück, den der deutsche Kartograf und Seefahrer Martin Behaim anfertigte. Worin besteht die große Entdeckung, die man bei der ersten Erdumsegelung machte? Darin, dass die Erde ein runder Planet ist, der alles andere als gastfreundlich anmutet, und zwar sowohl, da er nicht vom festen Himmelsgewölbe behütet wird, als auch, weil er keine Nischen, Hohlräume und inneren Abgeschlossenheiten mehr zu bieten scheint, in denen es sich noch geschützt leben ließe. Der Erdball, die in Wahrheit vorwiegend aus Wasser bestehende Erdkugel, auf der die großen Wassermassen die sogenannten »Kontinente« weitaus stärker voneinander trennen als man sich das bislang vorgestellt hatte, empfängt, birgt und schützt die Menschen nicht mehr. Das Innen wird auf einmal vom Außen verdrängt. Das wiederum hat unermessliche Auswirkungen auf die Verortung des menschlichen Selbst. Die Katastrophe trifft nicht nur das Zentrum der Welt, sondern auch ihre Peripherie.

Es zeigt sich, dass die äußersten Grenzen keine Grenzen sind, dass sich dort draußen ein grenzenloser, eisiger Raum eröffnet. Mit dem Abgrund des Himmels öffnet sich der atmosphärische Schlund einer absoluten Äußerlichkeit. Die Welt bietet kein Zuhause mehr. Schutzlos ausgesetzt, werden sich die Menschen bewusst, die eigene Existenz auf dem äußeren Rand eines im Universum verlorenen Erdballs zu führen, von dem aus ihr Blick in jenem frostigen und endlosen Außen umherirrt.

Das Zeitalter des »Weltbildes« ist angebrochen, wie Heidegger die Moderne bezeichnen wird.[31] Und der Globus steigt zur Ikone dieser neuen Epoche auf. Es wird zunehmend unmöglich, die seit jeher bestehende Innerlichkeit und Intimität der Geburtsorte, der historischen Asyle, der zurückliegenden Zufluchtsstätten zu bewahren. Seefahrten, Erkundungen und Entdeckungen setzen die Globalisierung in Gang, die auch eine neue Modalität des In-der-Welt-Seins bedeutet, da sie mit dem Zusammenbruch der lokalen Ontologien zusammenfällt. Eine nach der anderen kommen die imaginären Hüllen des autochthonen Lebens abhanden. Die Globalisierung richtet den Sinn für den Raum nach und nach auf das Äußere aus und stellt in dieser Hinsicht die Geschichte einer Entäußerung dar.[32] Das Beben, das die traditionelle Verortung des Menschen trifft, sollte entscheidende Auswirkungen auch auf die Migrationen haben.

Erneut eine Zeit- und Ortsangabe: Sevilla, 1522. Im Hafen der Stadt, Sanlúcar de Barrameda, legten zu dieser Zeit die achtzehn Matrosen an, die von der 1519 begonnenen Reise von Magellan zurückgekehrt waren. Sie waren die Ersten, die den Globus umsegelten, nachdem sie die südwestliche Spitze Amerikas umschifft hatten und in jene ozeanische Weite vorgedrungen waren, die sie Pazifik nannten, da »sich dort nicht ein einziges Unwetter ereignete«.[33] Ihre Rückkehr aber glich nicht derjenigen des Odysseus nach Ithaka. Die alte Heimat verwandelte sich in den Augen derer, die nicht nur vom anderen Ende der Welt zurückkehrten, sondern die darüber hinaus eine andere Raumvorstellung gewonnen hatten: die des modernen Zeitalters. Sevilla war nun nicht mehr Sevilla. Diese Stadt bildete nicht mehr das Zentrum, um das herum sich die Welt anordnete – sie war zu einem von außen beobachteten Punkt auf der Oberfläche des Globus geworden. Die Erdumsegelung hatte eine Entzauberung zur Folge, die sich auf die Art und Weise auswirkte, sowohl die alte Heimat als auch sich selbst wahrzunehmen. Die heimkehrenden Seefahrer konnten sich selbst nicht wiederfinden, da sie gezwungen waren, sich nunmehr anders in der Welt verortet zu erfahren.

Bei ihrer Rückkehr überbrachten jene ersten Augenzeugen der Kugelförmigkeit des Planeten eine gute und eine schlechte Nachricht: Es existierten unbekannte Landstriche, unerforschte Kontinente, die man besetzen konnte, aber die Erde war endlich. Die gute Nachricht sollte Eroberer, Geografen, Händler, Missionare, Kolonisatoren, Goldsucher und Abenteuer dazu bewegen, der Spur der ersten Weltumsegler zu folgen und damit das große Kapitel moderner Migrationen zu eröffnen. Es sollte jedoch der schlechten Nachricht vorbehalten bleiben, Auswirkungen nicht nur auf das Weltbild zu zeitigen, sondern auch auf die Möglichkeit, diese Welt zu bewohnen, wenn sie denn tatsächlich ein klar umgrenzter Globus war. Es war Kant, der das Problem pointiert formulierte. Immer verdichteter, immer einsamer: Darin sollte fortan die paradoxe politisch-existenzielle Verfassung der Bewohner des irdischen Planeten bestehen.

Nachdem der Mythos der Säulen des Herakles – die es noch verwehrten, den Blick über jene magische Hindernisse hinaus zu richten – entzaubert war, verursachten und bekräftigten die Reisen des Kolumbus die europäische Des-Orientierung, aus der die Neue Welt, der amerikanische Doppelkontinent, hervorging. Indem er dem Osten irrtümlich den Rücken zukehrte, lenkte Kolumbus seinen Kurs gen Westen und eröffnete die okzidentale Moderne. Auch Europa verwestlichte sich. Die Legende des fernen, wilden Westens sollte über Jahrhunderte hinweg den Horizont einer neuen Ordnung des globalen Raumes bilden. Obgleich Kolumbus noch zwischen 1502 und 1504, und damit auf seiner vierten Reise, nicht zugeben wollte, irrtümlich das gefunden zu haben, was er nicht gesucht hatte, war er doch sicher – wie er in seinem *Buch der Prophezeiungen* offen zugab –, mit einer eschatologischen Aufgabe betraut worden zu sein und zeigte sich immer überzeugter von der quasi-messianischen Bedeutung, die jenem Sprung über die Abgründe des atlantischen Ozeans zukommen sollte.

Das Studium und die Untersuchung des Globus, die es einem jeden ermöglichten, jeweils die eigene geografische Lage zu bestimmen, wurde zum Instrument einer epochalen Expansion. Der Abschied von den alten Herkunftsländern war endgültig – auch für diejenigen, die blieben. Das Außen sprengte überall alles auf, was noch vom inneren Raum geblieben war. Kein Punkt des Globus, der nicht mit den anderen verbunden worden wäre. Der nach außen gerichtete Weg bedeutete daher auch Entfremdung und Dezentrierung. Niemand, der nicht um jeden Preis die Augen verschließen wollte, konnte sich mehr als im Zentrum der Welt beheimatet fühlen. Aber die Entfremdung stellte auch eine Befreiung dar. Der Sprung über den Ozean eröffnete einen neuen und zuvor ungeahnten Weg der Erlösung. Für die Verzweifelten, Geknechteten, Enttäuschten und Verrückten, für Vagabunden, Verstoßene und Verfolgte wurde das Meer zu einer Alternative zum Tod. Der Traum von einem besseren Leben richtete sich auf die Welt in Übersee, auf ein Jenseits, das nicht mehr himmelblau, sondern ganz irdisch war und doch einer anderen Erde gleichkam.

Darin ist der utopische Charakter der Migration zu sehen, die in der Moderne von Anfang an auch ein Synonym von Emanzipation war. Ein vom Meer aus angepeilter Sozialismus. Beunruhigte und Ruhelose aller Länder schifften in der Hoffnung ein, ihre Ketten abzuwerfen und endlich Zugang zu bislang verschlossenen Möglichkeiten zu erhalten. Und es schifften auch all diejenigen ein, die im Leben nicht dazu bereit waren, auszuscheren und einen neuen Kurs einzuschlagen.

11. *Wir Flüchtlinge*: Der Auswurf der Menschheit

Hannah Arendt war die Erste, die über Migration als globales Phänomen nachdachte, als sie im Flüchtling eine Ausnahmegestalt erblickte, die in der territorialen Ordnung der Nationalstaaten fehl am Platz sein musste und mit ihrer irreduziblen Atopie dazu in der Lage war, auf eine zukünftige Weltordnung und eine kommende Gemeinschaft vorauszudeuten. Aus einem äußeren Blickwinkel – also von jenem Rand aus, an dem der Flüchtling der staatlichen Souveränität gegenübertritt – warf Arendt das Problem der Staatenlosen auf und erkannte in der Staatenlosigkeit das große politische Thema des 20. Jahrhunderts. Ihre Prophezeiung konnte sich indes insbesondere im neuen Jahrtausend in ihrer ganzen Tragweite bewahrheiten.

Es muss daher überraschen, dass Arendt in der gegenwärtigen Debatte über eine »Ethik der Migration« nahezu vollkommen abwesend ist und ihre Ideen nicht wiederaufgenommen werden, um eine politische Philosophie der Aufnahme zu entwickeln. Auch dort, wo eine Bezugnahme verpflichtend scheint wie etwa bei Seyla Benhabib, wird ihr Denken – dem zur Last gelegt wird, keine Lösungen beizubringen – von einem normativen Standpunkt aus beurteilt, der stark von dem kritischen Anspruch abweicht, den die Philosophie für Arendt verkörpert.[34] Anders, ja sogar gegenteilig, liegt der Fall von Giorgio Agamben, der die Figur des Flüchtlings in seinem Buch *Homo sacer*, einer weiterführenden und umfassenden Reflexion auf das »nackte Leben« in Bezug auf die souveräne Macht, überdacht hat, darüber jedoch das Motiv des Migrierens verwässert und aus dem Blick verliert.[35] Zwar werden die Schlüsselideen und mahnenden Vorahnungen Arendts hier und dort neu lanciert, jedoch konnte ihr politisch-existenzieller Ansatz bislang keine systematische Anknüpfung finden.

Der kurze, erklärtermaßen autobiografische Artikel *We Refugees*, *Wir Flüchtlinge*, wurde im Januar 1943 in der englischsprachigen jüdischen Zeitschrift *The Menorah Journal* veröffentlicht. Dieser kleine Essay markiert für die Philosophie der Migration einen Wendepunkt. Erst vor kurzer Zeit in den Vereinigten Staaten angelangt – nachdem sie 1933 aus Deutschland geflohen war und zuerst in Prag und Genf und sodann über Jahre hinweg in Paris ein langes Exil durchlebt hatte –, spricht Arendt von sich, in der ersten Person, und darüber hinaus auch im Plural, indem sie sich selbst in das unbequeme »Wir« derjenigen einschließt, die gegen ihren Willen *refugees*, »Flüchtlinge«, genannt werden.[36] Die Phänomenologie dieser neuen Gestalt, die in einem überwiegend narrativen Tonfall entworfen wird, besitzt mindestens drei sie auszeichnende Merkmale: Da sie sich selbst als Flüchtling betrachtet, blickt Arendt von Anfang an von der Seite der Flüchtlinge aus, von außerhalb des Staates, von der äußeren Grenze des Rechts auf das Problem. Emotional betroffen, umgeht sie die Fallstricke des Selbstmitleids, distanziert und trennt sich sodann wieder vom »Wir«, um auf die geteilte existenzielle Bedingung reflektieren zu können, die sie im Rückgriff auf den Erfahrungsschatz der europäischen Philosophie ergründet: Es schreibt die Schülerin Heideggers, die die Heimatlosigkeit nicht vergessen hat, die sich von Beginn des Zeitalters der planetarischen Technik an auf dem Grund der menschlichen Existenz befindet. Und schließlich kennzeichnet eine bittere und beißende Ironie den politischen Gipfelpunkt des Essays, wenn Arendt sich wieder in das erzählende »Wir« einfügt und sich auf eine »verborgene Tradition« im Judentum – von Rahel Varnhagen bis Heinrich Heine, von Bernard Lazare bis Franz Kafka – bezieht, in der sie den »bewussten Paria« Gestalt annehmen sieht, den Flüchtling, der sein Exil, seine Atopie, seine Marginalität nicht ablehnt, sondern diese zulässt, auf sich nimmt und sich offen zum Status des Staatenlosen, des Gesetz- und Heimatlosen bekennt. Hierbei ist hervorzuheben, dass Arendt den Beginn dieser »verborgenen Tradition« seltsamerweise und womöglich auch aufgrund ihrer aschkenasisch-mitteleuropäischen Perspektive nicht in den als religiöse Flüchtlinge angesehenen Marranen – den ersten Verfemten, die sich in die Lage versetzten, den Sinn der Verbannung und des Ausschlusses in sein Gegenteil zu verkehren – ausmachte. Es sind einige wenige, schreibt Arendt, die »von einem Land ins andere vertrieben«, eine Avantgarde repräsentieren können – und zwar nicht nur des jüdischen Volkes, sondern aller Völker. Dieser Avantgarde fühlt Arendt sich zugehörig; auch in ihrem Namen ergreift sie das Wort. Daher der anprangernde Akzent und die stark politische Klangfarbe des kurzen Essays.

Die Lage des Flüchtlings ist eine Schmach. So empfinden es zumindest jene europäischen Juden, die in Übersee ihre Rettung gefunden haben. Sie würden es indes vorziehen, einfach »Einwanderer« genannt zu werden. Wie aber lässt sich das Unbehagen bezüglich jener

Etikettierung erklären: »Flüchtlinge«? Die Bedeutung des Begriffs, bemerkt Arendt, hat sich »mit uns« gewandelt. Zuvor bezeichnete er diejenigen, die aufgrund bestimmter Taten oder politischer Auffassungen gezwungen waren, zu fliehen oder in der Fremde Zuflucht zu suchen. Gleiches gilt jedoch nicht für die Juden, die weder vor sich selbst noch vor den anderen anzugeben wissen, worin die Schuld bestehen soll, für die sie sich zu verantworten hätten, und die nicht erklären können, warum sie auf einmal alles verloren haben – ihr Zuhause, den Arbeitsplatz, ihre Sprache – und auch nicht, warum sie Freunde und Verwandte in den Ghettos oder Konzentrationslagern zurücklassen mussten. Gewiss, *sie* wurden gerettet. Also haben sie ein neues Leben angefangen, eilends die Vergangenheit vergessen und die Vorstellung kultiviert, dass ihr gesamtes vorheriges Leben nur ein langes Exil gewesen sei und sie sich erst in dem neuen Land endlich zu Hause fühlen könnten. Jedoch stimmt etwas nicht mit jenen »seltsamen Optimisten«, die »nach Hause gehen und das Gas aufdrehen oder auf unerwartete Weise von einem Wolkenkratzer Gebrauch machen«.[37] Es ist merkwürdig, dass die Selbstmordrate unter den Geretteten steigt, und zwar nicht nur in Berlin oder Wien, sondern auch in New York, Los Angeles, Montevideo und Buenos Aires. Diesen europäischen Juden, die weder ein Verbrechen begangen noch jemals im Traum daran gedacht haben, eine radikale politische Meinung zu vertreten, gelingt es nicht, jenen Zustand der Ausgeschlossenheit in den Griff zu bekommen, der sie sogar in der »einheimischen jüdischen Gesellschaft« fremd und verdächtig macht, in die sie auf der Flucht vor der nationalsozialistischen Verfolgung schließlich geführt wurden. Der von Arendt gebrauchte englische Ausdruck lautet *outlawing*, »Ächtung«: Sie wurden ausgestoßen, weil sie unerwünscht waren und waren unerwünscht, weil sie Juden waren. Jetzt suchen sie Zuflucht, ohne zu wissen wovor. Diese Schmach, sich ausgeschlossen zu fühlen, keinen Platz und Standort mehr in der Welt zu haben, ist für viele unerträglich.

Arendt nimmt aber auch die Assimilation ins Visier, jenen unentwegten Anpassungsprozess, wie er beispielhaft von einem gewissen Herrn Cohn verkörpert wird, einem Berliner Juden und »deutschen

Superpatriot«, der nach 1933 dazu bereit war, rasch ein 150-prozentiger tschechischer Patriot, sodann ein 150-prozentiger Wiener und schließlich ein überzeugter Franzose zu werden.[38] Herr Cohn ist der »ideale Einwanderer«, der – wohin auch immer sein Schicksal ihn verschlagen haben mag – »sofort die einheimischen Berge entdeckt und liebt«.[39] Trotz aller seiner Anstrengungen, sein Judentum auszulöschen, bleibt er in den Augen der anderen aber dennoch: ein Jude. Sein Porträt fasst die dramatische Geschichte der Assimilation zusammen, die das deutsche Judentum durchzog. Herr Cohn denkt, dass er alleine einen Ausweg finden kann und ist deshalb dazu bereit, sich jedes Mal im Gewand einer neuen nationalen Identität zu präsentieren. Auf groteske Weise windet er sich zwischen einem Optimismus der Assimilation und einer verworrenen, selbstmörderischen Verzweiflung. Wie andere Einwanderer auch ist er davon überzeugt, dass die politischen Ereignisse nichts mit seinem persönlichen Schicksal zu tun haben.

Die Geschichte der jüdischen Flüchtlinge nimmt klarere Umrisse an, als Arendt im Schatten der Shoah die wahrscheinlich meist gelesenen und diskutierten Seiten ihres 1951 veröffentlichten (und 1955 sodann auch auf Deutsch erschienenen) Buches *Elemente und Ursprünge totaler Herrschaft* schrieb, die den Flüchtlingen in aller Welt gewidmet sind. Für sie greift Arendt auf ein unauslöschliches Bild zurück. Seitdem die Nationalstaaten den Planeten unter sich aufgeteilt hatten, entstand zwischen der einen Grenze und der nächsten ein »Auswurf der Menschheit«, den man ungestraft mit Füßen treten darf und der ungeachtet dessen nicht aufhört, umher zu wallen und stetig weiter anzuwachsen.[40] Der Auswurf ist das, was von der aufgeteilten Erde übrig bleibt: die Heimatlosen, die Staatenlosen und die Flüchtlinge, die im Niemandsland zwischen den nationalen Grenzen eingekeilt sind und sperriger Abhub, fremde Körper, unerwünschte Wesen zu sein scheinen. Ihnen ist in der Weltordnung keinerlei Platz vorbehalten. Damit wird eine neue Gattung von Menschen an die Oberfläche gespült: die »Überflüssigen«.

Arendt war die Erste, die das Auftauchen der Flüchtlinge in seiner ganzen Komplexität als ein Massenphänomen erkannte. Sie rekonstruierte dessen historischen Koordinaten, verdeutlichte seine philosophischen Zusammenhänge und warf die entscheidenden diesbezüglichen politischen Fragen auf. Innerhalb des von ihr entworfenen Szenariums wird es heute, da der Niedergang des Nationalstaats noch nicht vollendet ist, möglich, auf das epochale Thema der Migration zu reflektieren.

Alles begann mit dem Ersten Weltkrieg, als die großen Imperien zerfielen, die in ihrem Inneren viele verschiedene Nationen zusammengehalten hatten: die Österreichisch-Ungarische Monarchie, das Russische Kaiserreich sowie das Osmanische Reich. Die demografische und territoriale Ordnung Europas wurde davon erschüttert; aus den Friedensverträgen ging sodann eine neue Ordnung hervor, die aus Nationalstaaten bestand, denen es an Homogenität mangelte und die sich daher umso unerbittlicher zu behaupten hatten. Gewaltige Menschenmassen wurden in Bewegung gesetzt und wechselten binnen kurzer Zeit den Ort: 1,5 Millionen Weißrussen, 1 Million Griechen, 700.000 Armenier, 500.000 Bulgaren, Hunderttausende Ungarn, Rumänen und Deutsche. Das unvorhergesehene Problem waren jedoch die sogenannten »nationalen Minderheiten«, die in dieser neuen Ordnung keinen Platz mehr finden konnten. Die *minorities treaties*, die sie hätten schützen sollen, erwiesen sich als wirkungslos. Es war das Warnsignal eines Problems, das sich im Laufe der Jahre und Jahrzehnte noch verschärfen sollte, als der Spanische Bürgerkrieg und der Nationalsozialismus in Deutschland ihren Teil dazu beitrugen, die Reihen der Flüchtlinge weiter anwachsen zu lassen.

Der Versuch, die Grenzen der europäischen Staaten den Nationen anzugleichen, ließ einen tiefreichenden Widerspruch zutage treten: die Unmöglichkeit, denjenigen Rechte zuzusichern, die nicht als Bürger einer Nation gelten. Das wiederum war eine paradoxe Konsequenz, insofern die zur Staatenlosigkeit Verurteilten, die der durch die Staatsbürgerschaft garantierten Rechte beraubt waren, es ja allenfalls nötig gehabt hätten, stärker verteidigt und geschützt zu werden.

Die Staatenlosigkeit, die der Nationalstaat zugleich hervorruft und zurückweist, wird für Arendt zu *dem* großen politischen Problem der Moderne. Wie es im Übrigen auch die Herkunft des Wortes nahelegt, das aus dem Alpha privativum *a-* und aus *pólis*, Stadt, gebildet ist und denjenigen bezeichnet, der keine Bürgerschaft besitzt, soll das nun nicht etwa heißen, dass der Staatenlose eine vollkommen neue Gestalt wäre. Im Gegenteil, diese ist mindestens seit den griechischen Tragödiendichtern wohlbekannt. Es ließen sich unzählige bekannte Beispiele anführen, an die hier zu erinnern wäre. Es handelt sich jedoch um elitäre Einzelfälle, die sich nach der Zeit des Exils mit dem Eintritt in eine andere *pólis* auflösten, mithin in einer Welt, die noch offen und grenzenlos schien. Arendt hingegen behandelt jene massenhafte Staatenlosigkeit, die in einer in Nationalstaaten aufgeteilten Welt der Gefahr unterlag, keine Übergangsphase mehr darzustellen, sondern sich in einen endgültigen und irreparablen Zustand zu verwandeln. Und das umso mehr, als jeder Krieg, jede Revolution, jedes politische Ereignis weitere Staatenlose hervorbrachten und so verhinderten, dass sich dieses Phänomen endgültig auflösen ließ.

Während der »Heimatlose« in den imperialen Gefügen zuvor noch toleriert werden konnten, überließ diese noch immer von einer romantischen Aura umgebene Gestalt mit der Organisation der Menschheit in Nationenfamilien in der Folge dem Staatenlosen, dem *stateless*, ihren Platz, der zudem auch *rightless*, rechtlos, ist. Der Staatenlose ist nicht *national*, er gehört der Nation nicht kraft seiner Geburt an – zwei Worte, die wechselseitig aufeinander verweisen, da *natio* seiner Etymologie zufolge »Geburt« bedeutet.[41]

Als sich die Nationalstaaten durchsetzten, indem sie sich auf die Homogenität der Bevölkerung und auf deren territoriale Verwurzelung berufen – mithin auf zwei statische und restriktive Kriterien –, gewinnt die Nation die Oberhand über das Recht und macht den Staat zu ihrem Instrument. In eben dieser Fiktion, aufgrund derer die Geburt zum Fundament der Souveränität wird, macht Arendt zu Recht den unumgänglichen Niedergang des Nationalstaats aus. Dieser wird nämlich gerade von jenen Anomalien destabilisiert, die von Anfang an mit ihm zusammen auftreten: von den Minderheiten und den Staatenlosen. Nur halb staatenlos, da sie juristisch ja dem staatlichen Organismus angehören, werden die Minderheiten der

Nachsicht der Regierungen überantwortet und dem Hass der Mehrheiten ausgesetzt. Während die Verträge, die sie eigentlich schützen sollten, toter Buchstabe bleiben, werden die Minderheiten – anstatt eingegliedert zu werden – zu einer dauerhaften Institution.

Noch zugespitzter stellt sich das Problem der Staatenlosen. Als Gipfelpunkt der Anomalie und abnorme Figur, die inmitten des Netzes gefangen ist, das die Nationalstaaten um die Welt spinnen, entdeckt der Staatenlose, dass er nicht nur des staatlichen Schutzes entbehrt, sondern auch die zuvor als unveräußerlich betrachteten Menschenrechte verloren hat. In der politischen Ordnung fehl am Platz, wird er nur so lange toleriert, wie sein Zustand noch ein vorübergehender zu sein scheint: Ihn erwartet entweder die Repatriierung oder die Naturalisierung. Wenn jedoch klar wird, dass man ihn nur weitaus schwerer wieder loswird, als zuvor gedacht, scheint der Staatenlose die Kriterien und Normen des Staates herauszufordern, der ihn nicht mehr zu normalisieren vermag. Seine Position verschlechtert sich und wird gravierender als die des ausländischen Feindes, der immerhin noch von seiner jeweiligen Regierung verteidigt und unterstützt wird. Es stellt sich nun heraus, dass der Staatenlose weder ausweisbar noch »deportationsfähig«[42] ist, da ihn niemand aufnimmt oder ihm eine Aufenthaltsgenehmigung erteilt. Er ist der schlechthin *Unerwünschte*. Das geht so weit, dass sogar das Asylrecht auf dem Spiel steht, mithin das einzige Residuum der Menschenrechte innerhalb der internationalen Beziehungen.

Der Zustand des Staatenlosen erweist sich als alles andere als vorübergehend; er ist dauerhaft geworden und dehnt sich weiter aus. Die Staatenlosigkeit verbreitet sich allerorts. Der Auswurf der Menschheit scheint aus dem Sturzbach einer unerschöpflichen Quelle hervorzusprudeln und verwischt schließlich die klaren Unterscheidungen zwischen naturalisierten Bürgern, Staatenlosen, Flüchtlingen und Migranten. Die »aus der alten Dreieinigkeit von Volk-Territorium-Staat«[43] Verstoßenen rufen eine anwachsende Bewegung ins Leben:

> Historisch beispiellos ist nicht der Verlust der Heimat, wohl aber die Unmöglichkeit, eine neue zu finden. Jählings gab es auf der Erde keinen Platz mehr, wohin Wanderer gehen konnten, ohne den schärfsten Einschränkungen unterworfen zu sein, kein Land, das sie assimilierte, kein Territorium, auf dem sie eine neue Gemeinschaft errichten konnten. Dabei hatte diese Unmöglichkeit keineswegs ihren Grund in Bevölkerungsproblemen; menschenleere Länder benahmen sich nicht anders als übervölkerte; es war kein Raumproblem, sondern eine Frage politischer Organisation. Was sich herausstellt, war, dass das Menschengeschlecht, das man sich so lange unter dem Bilde einer Familie von Nationen vorgestellt hatte, dieses Stadium wirklich erreicht hatte – mit dem Resultat, dass jeder, der aus einer dieser geschlossenen politischen Gemeinschaften ausgeschlossen wurde, sich aus der gesamten Familie der Nationen und damit aus der Menschheit selbst ausgeschlossen fand.[44]

Die Neuartigkeit des Phänomens besteht demnach nicht darin, ausgewiesen zu werden, sondern keinerlei Zuflucht in der Welt mehr zu finden. Arendt hebt die Nacktheit des Flüchtlings hervor, die eigentlich zusätzlichen Schutz erfordert, stattdessen jedoch zu einem unannehmbaren Skandal wird. Der Staat übt auf den Flüchtling seine Souveränität aus, die nirgendwo anders so absolut auftritt wie im Fall von Emigration und Ausweisung. Das wird umso deutlicher, wenn der totalitäre Staat eingreift, der einer Repatriierung oder Naturalisierung die Politik der Entnationalisierung und Deportation vorzieht. Doch Arendt stellt fest, dass zwischen dem totalitären Staat und dem demokratischen in dieser Hinsicht nur ein Gradunterschied besteht. Hervorbringung und Zurückweisung von Unerwünschten bilden kein Charakteristikum totaler Herrschaft, sondern eines des Nationalstaats, der zunächst darauf abzielt, diese Abnormität zu normalisieren und, wo ihm dies nicht gelingt, jene Parias der Menschheit sodann den Übergangszonen und Internierungslagern zu überantworten, »der einzige[n] *patria*, die die Welt dem Apatriden anzubieten hat«.[45]

Die Staatenlosen, die an die Orte der Ächtung verbannt werden, in die Bannmeilen und Randgebiete der großen Staaten und Metropolen, sind demnach per definitionem »Gesetzlose«, Illegale. Ohne Bewilligung in einem Gebiet ansässig zu sein, wird zu einem Verbrechen – wie als Bestätigung dafür, dass das Gesetz des Staates stärker verwurzelt ist als die Menschenrechte. Wenn die Politik auf die Staatenlosigkeit trifft, auf jene Illegalität, die nur einen Mangel an Schutz bedeutet, berührt sie ihre äußere Grenze, und der Staat liefert die Flüchtlinge der Behandlung durch die mit einer außerordentlichen Souveränität ausgestattete Polizei aus.

Arendt wirft die Frage der Aufnahme auf: Wie lässt sich denen Platz einräumen und ein Recht verleihen, die in einer immer stärker organisierten globalen Menschheit an den Rand gedrängt und der Möglichkeit beraubt werden, an der gemeinsamen Welt teilzuhaben?

12. Welche Rechte für die Staatenlosen?

Indem sie den Standpunkt der Staatenlosen, der Flüchtlinge und Heimatlosen einnimmt, gelingt es Arendt, jenes Paradox offenzulegen, das die Französische Revolution den folgenden Jahrhunderten vermacht hat: die Menschen- und Bürgerrechte. Während sie die Aufnahme gewährleisten sollten, wird eine solche gerade von diesen Rechten verhindert. Für Arendt markieren sie zudem die Grenzen der Politik. Die Revolutionäre, die sie formulierten, hatten sich selbst als Bürger vor Augen. Daher entsprechen die dem Menschen als solchen eingeräumten Rechte den Privilegien des Bürgers. Wer keine Staatsbürgerschaft besitzt, wer keine Dokumente vorweisen kann, die diese bezeugen, steht weder unter dem Schutz des Gesetzes noch gehört er irgendeiner Gemeinschaft an. Kurz, wer nur die eigene nackte Menschlichkeit besitzt, dem kommen jene Rechte nicht zu. Der Mensch setzt den Bürger voraus. Jene unveräußerlichen und unabdingbaren Rechte, die sich von keiner Autorität herleiten, sind natürlich nur aufgrund der Naturalisation, welche die Staatsbürgerschaft mit sich bringt. Wer zum Bürger wird, naturalisiert sich. Auch hier ist wieder der verhängnisvolle Zusammenhang von Geburt und Nation am Werk. Erneut ist es der souveräne Staat, der das Gesetz diktiert und die Bürgerrechte nur den Mitgliedern der Nation, den Bürgern, zuerkennt.

Als im 20. Jahrhundert die Masse der »Fremden« ohne Staatsbürgerschaft und juristischen Schutz auf die Bühne der Geschichte stürmt, tritt das Paradox in seiner ganzen Schwere und mit all seiner Sprengkraft zutage. Die Nationalstaaten blickten beunruhigt auf jene Massen und waren gleichwohl davon überzeugt, diese assimilieren zu können. Alles wäre dann wieder der staatszentrierten Ordnung unterstellt. Die geschichtlichen Ereignisse sollten diese Erwartung jedoch Lügen strafen – und die Masse an »Fremden« immer zahlreicher werden lassen.

Arendt besitzt davon eine direkte Erfahrung, der sie in ihrem Denken eine Stimme verleiht. Sie sah eine nackte Menschheit Schiffbruch erleiden, die nichts anderes geltend machen konnte als das eigene Menschsein. Ihrer Herkunftsnation entrissen fanden diese Fremden keine andere Nation mehr, die ihnen eine Zuflucht hätte bieten können. So überließ man gerade die wehrlosesten Menschen ihrem Schicksal. Denn es ist das Recht, das schützt, nicht die bloße Tatsache des Menschseins. Das Recht aber macht an den Grenzen der jeweiligen Nation halt. Und außerhalb? Dort fehlt es an einer kosmopolitischen Instanz, die für die Menschenrechte einstehen könnte. In einem der bekanntesten Abschnitte ihres Werkes schreibt Arendt:

> Dass es so etwas gibt wie ein Recht, Rechte zu haben – und dies ist gleichbedeutend damit, in einem Beziehungssystem zu leben, in dem man auf Grund von Handlungen und Meinungen beurteilt wird –, wissen wir erst, seitdem Millionen von Menschen aufgetaucht sind, die dieses Recht verloren haben und zufolge der neuen globalen Organisation der Welt nicht imstand sind, es wiederzugewinnen. Dieses Übel hat so wenig etwas mit den uns aus der Geschichte bekannten Übeln von Unterdrückung, Tyrannei oder Barbarei zu tun (und widersteht daher auch allen humanitären Heilungsmethoden), dass es sogar nur möglich war, weil es

keinen »unzivilisierten« Flecken Erde mehr gibt, weil wir, ob wir wollen oder nicht, in der Tat in »einer Welt« leben. Nur weil die Völker der Erde trotz aller bestehenden Konflikte sich bereits als ein Menschengeschlecht etabliert haben, konnte der Verlust der Heimat und des politischen Status identisch werden mit der Ausstoßung aus der Menschheit überhaupt.[46]

In Ermangelung eines »Rechts, Rechte zu haben« werden diejenigen, die eigentlich am stärksten geschützt werden müssten – einmal mit dem Stigma der Überflüssigkeit versehen –, der weltweiten Polizeigewalt ausgeliefert, um abgewiesen, deportiert und interniert zu werden. Ihre Lage ist sogar schlechter als die eines Verbrechers. Denn diesem kann, insofern er einen juristischen Status genießt, niemand den Prozess verweigern. Der Fremde hingegen kann willkürlich verhaftet und weggesperrt, kann in ein Internierungslager verbannt werden, ohne dass es ihm gestattet wäre, sich dagegen auf irgendein Recht zu berufen.[47] Es reicht sogar aus, dass er nur einen Fuß auf das Gebiet eines souveränen Staates setzt – als ob das ein Verbrechen darstellen könnte.

Arendt prangert die irritierende Unbedarftheit jener Liberalen an, die an die Rechte des einzelnen Individuums geglaubt haben und weiterhin glauben, sodass sie in hochtrabenden Tönen dessen abstrakte Freiheit verkünden. Das Unglück der Staatenlosen, der Heimatlosen und der Fremden ist nicht der Mangel an Freiheit oder an Gleichheit vor dem Gesetz, sondern die Abwesenheit einer Gemeinschaft. Ohne eine Gemeinschaft sind sie auch jedweden Rechts beraubt. Entscheidend ist das Recht auf Zugehörigkeit. Wer an die gefährlichen äußeren Ränder, in die furchteinflößenden Verbannungszonen zurückgedrängt wurde, in denen die Untermenschheit ihren Platz hat, bittet darum, aufgenommen zu werden, bittet um einen Platz in einer Gemeinschaft. Aber für Arendt heißt Gemeinschaft nicht automatisch Nation. Die implizit aufgeworfene Frage ist vielmehr, ob es politische Gemeinschaften geben kann, die sich nicht durch nationale Grenzen definieren, ob es möglich wäre, dem Fremden im Rahmen einer Politik der Aufnahme Platz zu machen, in der sich das Gemeinsame nicht auf nationale Immunität und Exklusivität beschränkt.

Das »Recht, Rechte zu haben« oder, wenn man so will, das Recht auf Zugehörigkeit bezeichnet das Dilemma, das uns Arendt – höchst skeptisch, dass es innerhalb der staatszentrierten Weltordnung garantiert werden könne – hinterlassen hat. Und dieses Dilemma ist geblieben, während sich das Paradox der Menschenrechte zunehmend als das Paradox der Demokratie selbst erwiesen hat.

13. Die Grenze der Demokratie

Ungeachtet des Konsenses, der sie zu umgeben scheint, ist Demokratie ein äußerst problematischer, umkämpfter und umstrittener Begriff. Die Umrisse sind schwankend, die Essenz flüchtig, das Fundament unbestimmt, während seine Definition auf eine unauslöschliche Kontroverse verweist. Was ist Demokratie? Um darauf antworten zu können, muss man sich logischen Widersprüchen stellen, politische Antinomien und ethische Dilemmata durchqueren. Chantal Mouffe hat zu Recht von einem »demokratische[n] Paradox«[48] gesprochen. Jenseits ihres halbmythischen Ursprungs in der griechischen *agorá*, bezieht die Demokratie ihre Legitimität aus zwei unterschiedlichen philosophischen Quellen.[49]

Daher rührt die ins Innerste der liberalen Demokratie eingeschriebene Spannung, die sich mit aller Gewalt auf das Problem der Grenze auswirkt. Auch hier ist es die Migration, die dieses zutage fördert. Man könnte sogar sagen, dass die Grenze den Ort des demokratischen Paradoxes bezeichnet: Einerseits begrenzt sie das Territorium, auf das die demokratische Souveränität ausgeübt wird, und andererseits sondert sie die Bürger, die Mitglieder der Gemeinschaft, von den Fremden ab, die Einlass begehren; einerseits schützt sie den *demos* und seine Macht, andererseits diskriminiert sie, schließt aus und verstößt damit gegen jedes Prinzip der Gleichheit. Die Grenze ist – wie Étienne Balibar bemerkt hat – »die absolut undemokratische oder ›willkürliche‹ Bedingung«[50] der Demokratie. Als Demarkationslinie, die entscheidend dazu beiträgt, den politischen Körper zu konstituieren, scheint die Grenze die notwendige und gleichwohl beunruhigende Bedingung der demokratischen Souveränität zu bilden, welche die diskriminierende Geste der Abschließung weder vor sich selbst noch vor den Ausgeschlossenen theoretisch zu rechtfertigen vermag. Dieses peinliche Schweigen ist jedoch überaus vielsagend. Beinahe euphemistisch wird jener tote Winkel der Demokratietheorie auf Englisch *boundary problem* genannt.[51] Bei genauerem Hinsehen erscheint das Paradox als ein regelrechter Teufelskreis, insofern jede Entscheidung über die Grenze eine begrenzte Gemeinschaft voraussetzt, deren Existenz von einer eben solchen Demarkation ermöglicht wird. Man geht demnach von einer Voraussetzung aus, die eigentlich überprüft werden sollte. Konkreter gesagt: Die De-facto-Situation geht der De-jure-Situation voraus. Die Migranten, die an die unüberschreitbare Schwelle der Grenze gelangen, haben in den Augen der Bürger nicht nur die Ursünde begangen, sich überhaupt erst in Bewegung gesetzt zu haben, sondern zudem die unverzeihliche Schuld auf sich geladen, das demokratische Paradox ans Licht zu bringen, also das konstitutive Dilemma zwischen dem Anspruch auf Souveränität und der Anerkennung der Menschenrechte. Die Grenze der Demokratie bildet damit nicht nur deren unabdingbaren äußeren Rand, sondern auch und vor allem ihre ruinöse innere Schranke.

Die beiden unterschiedlichen und in bestimmten Hinsichten gegensätzlichen Quellen, aus denen die Demokratie entspringt, haben sich mit der Zeit vermischt, um sich schließlich beinahe vollständig zu durchdringen. Deshalb ist an dieser Stelle rasch ihr Verlauf zurückzuverfolgen. Den entscheidenden Übergang bildet die Französische Revolution. Die erste Quelle, die dank des bedeutenden Vorläufers Jean-Jacques Rousseau bereits vorher zu fließen begann, ist diejenige der Selbstgesetzgebung, der Volkssouveränität, oder – seiner berühmten Formulierung nach – des »Gemeinwillens«.[52] Das Volk wird in den Rang des Gesetzgebers erhoben: Das ist Demokratie. Auf den Spuren Rousseaus versteht sie auch Kant in analoger Weise: Die Volkssouveränität bedeutet die Transformation der Macht, die nun selbstgesetzgebend wird. Im Gegensatz zur allgemein vorherrschenden Vorstellung handelt es sich jedoch für beide Denker weder um eine Umkehrung der königlichen Souveränität noch um das Resultat einer Aufteilung, eines Abkommens oder einer Vereinbarung. Der »Gesellschaftsvertrag« ist – so irreführend der Ausdruck auch sein mag – vielmehr das Modell einer politischen Macht, die sich durch demokratische Selbstgesetzgebung legitimiert. Das stellt Kant deutlich heraus, wenn er schreibt, dass »nur der übereinstimmende und vereinigte Wille aller, so fern ein jeder über alle und alle über einen jeden ebendasselbe beschließen«,[53] gesetzgebend sein kann. Dieser souveränen Macht entstammen »alle Rechte«. Wenn eine politische Entscheidung getroffen wird, lauert stets – so argumentiert Kant – die Gefahr der Ungerechtigkeit; diese Gefahr schwindet, wenn die Entscheidung den Entscheidenden selbst direkt betrifft. Selbstgesetzgebung heißt, dass das Volk zugleich Subjekt wie Objekt der von ihm erlassenen Gesetze ist.

Aus den Worten Kants lässt sich bereits ein Warnzeichen, die einer Besorgnis entspringende Mahnung heraushören: Was wird dabei aus den individuellen Rechten? Werden sich diese mit dem Gemeinwillen versöhnen lassen? Zumal Letzterer von Partikularinteressen absehen muss, wenn er allgemeinen Gesetzen Geltung verschaffen will. Dieselbe Ausübung der Volkssouveränität, welche die Rechte garantiert, droht diese schließlich mit Füßen zu treten. Rousseau hatte das Problem umschifft, indem er in der Herausbildung des souveränen Volkes beinahe einen politisch-existenziellen Akt sah, mit dem sich atomisierte Individuen in solidarische Bürger verwandeln und einen kollektiven Körper schaffen, ein *moi commun*, ein »gemeinschaftliches Ich«,[54] ein neues Subjekt mithin, das für eine beispiellose gesetzgebende Praxis bereit, von einer durchdringenden moralischen Tugend gestärkt und von jeder privaten Fessel frei ist. Der Gemeinwille würde über absolute Souveränität verfügen. Rousseau hatte – sich der Gefahren bewusst, die über dem zersetzenden Kräften und schädlichen Einflüssen ausgesetzten Willen schwebten – Verteidigungsmechanismen wie insbesondere eine streng egalitäre politische Teilhabe vorgesehen.

Sehr schnell jedoch zeigten sich die verhängnisvollen Fallstricke, die schließlich im Autoritarismus des 20. Jahrhunderts alle Mängel einer so konzipierten Demokratie zutage fördern sollten. Der Gemeinwille entlarvt sich als Fiktion, die sich durchsetzt, indem sie die heterogenen individuellen Willen unterdrückt. Die beanspruchte Autonomie lässt deutlich sichtbare Spuren von Heteronomie hervortreten.

Die zweite Quelle ist die des Liberalismus in seinen vielfältigen Strömungen. Der Akzent fällt hier auf die individuellen Rechte, während die Volkssouveränität als ein Prinzip interpretiert wird, das Einschränkungen erfordert. In diesem Zusammenhang ist es zweckmäßig, das Bild des Vertrages wieder aufzunehmen. Als Terrain des vertraglichen Disputs, auf dem jeder die eigenen Rechte geltend macht und seine Privatinteressen verteidigt, wird die Demokratie entleert, bis sie schließlich einem Instrument gleicht, das umso legitimer erscheint, je neutraler es sich zeigt. Das geht so weit, dass sie sich auf die bloßen Bedingungen reduziert, die friedlich koexistierende Pluralität unterschiedlicher Lebensentwürfe vermittels eines vernünftigen Konsenses zu ermöglichen. In der freien Aushandlung, die ebenso eine Fiktion darstellt wie der Gemeinwille, werden sich jedoch nur schwerlich die Schwächsten oder die Minderheiten durchsetzen. In dieser Deklination des Begriffs von Demokratie werden die individuellen Rechte – gerade weil sie ein Abschreckungsmittel, ein antinomisches Potenzial verkörpern – aus der Politik herausgedrängt und in eine aleatorische Moral verschoben.[55]

Die liberale Demokratie beseitigt das Paradox damit nicht, sondern verschärft es noch. Der Diskurs über die Menschenrechte erscheint von dem Moment an schließlich als ein paroxysmaler Widerspruch, da insbesondere jene Bewegungsfreiheit verweigert wird, die seit jeher als ein ursprüngliches Recht betrachtet wurde. Die Freiheit wird im Inneren geschützt, nicht außerhalb. Dasselbe ließe sich von der Gleichheit sagen.[56] Es gibt keine universelle Idee, die Grenzen überschreitet – ohne dass dies jedoch demokratisch begründet werden könnte.

Ob radikal oder liberal – die Demokratie bricht sich an den Grenzen und kehrt sich, wie eine rückläufige Welle, gegen sich selbst. Um sich zu affirmieren, negiert sie sich selbst.[57] Die demokratische Inklusion erweist sich zugleich als nicht-demokratische Exklusion. Die Grenzen, welche die Bürger von den Fremden trennen, können nur von den Bürgern verändert werden, während sie von den Fremden vorbehaltlos anzuerkennen sind. Damit erscheint es nur schwer möglich, eine politische Praxis demokratisch legitimieren zu können, die dieselben Individuen unterwirft, die zugleich als Nicht-Bürger diskriminiert und ausgeschlossen werden. Die unilaterale Kontrolle der Grenze bedeutet die Ausübung einer Zwangsgewalt durch den demokratischen Souverän, um das Repräsentationssystem territorial zu umgrenzen. Anstatt den Grenzfall der Staatsgrenze als eine fortwährende Aufforderung zu betrachten, kritisch auf die Voraussetzungen der Demokratie und ihre Grenzen zu reflektieren, verstärken alle Versuche, die Schließung der Grenzen zu begründen, auf mehr oder minder unbedarfte, mehr oder minder vorsätzliche Weise das demokratische Paradox. Von Beginn an werden sie daher von diesem angefochten und entkräftet.

14. Der Souveränismus der geschlossenen Grenzen

Das Erfordernis und die Pflicht der Gemeinschaft, sich vor Einwanderung zu schützen, diejenigen abzuweisen, die von außen kommen, und eine klare Linie zwischen Bürgern und Fremden zu ziehen, hat Michael Walzer zum ersten Mal in aller Deutlichkeit dargelegt. Als Vertreter der heterogenen Strömung, die womöglich zu Unrecht »Kommunitarismus« genannt wird, da sie auf die Theorien reagiert, die das Individuum und seine Freiheiten in den Mittelpunkt stellen, bewegt sich Walzer seinerseits in der Fahrrinne einer liberalen und normativen Politik. Mit dem einzigen Unterschied, dass er das Kaleidoskop der Gemeinschaft wählt, um die entscheidenden Fragestellungen ins Auge zu fassen: diejenigen von Gerechtigkeit, Gleichheit und Demokratie. Die dem Thema der Einwanderung gewidmeten einschlägigen Seiten sind in seinem breit rezipierten Buch *Sphären der Gerechtigkeit* von 1983 enthalten.[58] Obwohl sie eigentlich veraltet genannt werden können, insofern sie auf die Anfangszeiten der Globalisierung zurückgehen, als die Migrationsbewegungen noch nicht die gegenwärtigen Ausmaße angenommen hatten, bilden sie einen unumgänglichen Bezugspunkt – und zwar sowohl in theoretischer Hinsicht, da sie eine systematisch begründete souveränistische Perspektive anbieten, als auch in praktischer Hinsicht, da sie, oft nur zwischen den Zeilen, die Leitlinien für die aktuelle Politik des Ausschlusses vorzeichnen. Seither ist Walzer in mehreren Anläufen auf das Thema zurückgekommen, um seine anfänglichen Thesen weiter zu erhärten.[59]

Auffällig an seinen Reflexionen ist zunächst die unerklärliche Abwesenheit jedweden Bezugs auf Arendt. Zumal Walzer die Kritik an jenem abstrakten und vereinfachenden Konzept von Gleichheit, das die konkreten historischen Bedingungen vernachlässigt, von ihr zu übernehmen scheint. Arendt hatte davor gewarnt, dass die Menschenrechte zu Makulatur werden, wenn sie für ein isoliertes Individuum außerhalb jeder Gemeinschaft geltend gemacht werden. Welchen Sinn hätte es, sich auf das Recht auf Bewegungsfreiheit oder Flucht zu berufen, wenn man nicht zuvor Zugehörigkeit einfordert? Der im Zentrum des Einwanderungsproblems liegende Knotenpunkt ist die Zugehörigkeit zur Gemeinschaft. Um ihn aufzulösen, schlägt Walzer jedoch den entgegengesetzten Weg zu dem von Arendt ein.

Sein Ausgangspunkt ist die politische Gemeinschaft, verstanden als die geteilte Welt von Sprache, Geschichte und Kultur, aus der auch ähnliche Empfindungs- und Denkweisen hervorgehen. Die Gemeinschaft ist jedoch nicht reiner Kontext; sie stellt vielmehr ein Gut dar, ja sogar das wichtigste Gut überhaupt. Die Zugehörigkeit zur Gemeinschaft bildet die Grundlage des Lebens, da sie die Bedingung jedes anderen zu verteilenden Guts darstellt. Wer außerhalb der Gemeinschaft verbleibt, ist dazu verdammt, nichts zu haben, während ihre Mitglieder, an der Verteilungsgerechtigkeit teilhaben können. Walzer beschreibt eine mit Gemeinschaften getüpfelte Landschaft, jenseits derer sich die reine politische Leere eröffnet. Dort zieht das Gespenst einer Weltregierung umher, die als Resultat einer fiktiven universellen Übereinkunft die Macht in sich vereinigt, um sich schließlich als bürokratische Tyrannei zu erweisen.

»Innen« und »Außen« markieren eine unüberbrückbare politisch-ontologische Trennung, von der Walzer auch in der Folge nicht mehr abweichen wird. Die Mitgliedschaft (*membership*) bildet die tragende Säule der Gemeinschaft und stellt daher ein kostbares Gut dar, dessen Vergabe keiner äußerlichen Instanz zukommen kann, sondern das wohlüberlegte Verdikt einer internen Entscheidung zu sein hat. Schließlich hängt von dieser Entscheidung die Zukunft und die Widerstandsfähigkeit der Gemeinschaft ab. Wie lässt sich dieses Gut also gleichmäßig verteilen? Das ist die entscheidende Frage, die Walzer aufwirft. Auf diese Weise wird das Thema der Einwanderung zu Recht in den weiteren Rahmen der Verteilungsgerechtigkeit eingerückt.

Aber schon der nächste Schritt bedeutet eine enttäuschende Abschließung: Denn die Idee der Verteilungsgerechtigkeit setzt wiederum eine begrenzte Welt voraus. Wer im Inneren ist, kommt in ihren Genuss, wer außen vor bleibt, kann zwar an einem Austausch – insbesondere dem des Marktes – teilhaben, bleibt in seiner Verwundbarkeit jedoch von allen Gütern ausgeschlossen, die die Gemeinschaft verteilt. Wer keinen »festverbürgten angestammten Platz« hat, wer außen vor bleibt, das sind die Staatenlosen. Walzer kommentiert gütig: »Staatenlosigkeit ist ein Zustand ständiger Bedrohung«.[60]

Das aber führt ihn keineswegs dazu, sich dem Problem der ins planetarische Außen verbannten Staatenlosen zu stellen. Im Gegenteil wird sogleich die Frage nach den Migranten verfolgt, die Frage nach denjenigen mithin, die aus den armen und autoritär regierten Ländern in die wohlhabenderen und freieren ziehen und versuchen, ihren Wohnsitz und ihre Staatsbürgerschaft zu ändern. Auch wenn Walzer die sozialen und politischen Gründe für Migration verständlich erscheinen müssen, wird das Phänomen implizit verurteilt, ohne dass jene Ungleichheit Anlass zu weiteren Fragen geben würde. Die für Walzer gewöhnliche und notwendige Geste ist die der absoluten Souveränität, die Arendt so scharf hinterfragt hatte.

Die politische Gemeinschaft ist zur Entscheidung aufgerufen. Walzer erhebt sich zum Wortführer des auserwählten Landes, in das alle Menschen gerne übersiedeln würden, er spricht als Bürger der amerikanischen Gemeinschaft, in die alle gerne aufgenommen werden würden, und geht sodann zur ersten Person Plural über, um sich zur Entscheidung des »Wir« zu bekennen: »[W]ir, die wir bereits Mitglieder sind, nehmen die Auswahl vor, und zwar gemäß unserem Verständnis davon, was Mitgliedschaft in unserer Gemeinschaft bedeutet und welche Art von Gemeinschaft wir zu haben wünschen.«[61] Nur das souveräne »Wir« der Bürger kann darüber entscheiden, wer nach den eigenen Kriterien aufgenommen oder ausgeschlossen werden soll. Die anderen, die »Fremden«, diejenigen, die »sind wie wir, aber sie sind keiner oder keine von uns«, besitzen keinerlei Recht einzugreifen, keinerlei Einfluss, außer vielleicht den, für die eigene »Zulassung« zu plädieren. Häufig wird in diesem Zusammenhang auf den beunruhigenden Terminus des »Bewerbers« zurückgegriffen. Migranten sind wie jene Bewerber, die in die Eliteuniversitäten aufgenommen werden wollen, an denen jedoch bekanntlich ein strikter Numerus clausus herrscht. Dieser befremdliche und unangemessene Vergleich ist dazu angetan, tiefgehende Wirkungen zu zeitigen. Er vermittelt die Vorstellung, dass Einwanderung eine Art von Prüfung voraussetzt, die man bestehen, bei der man aber auch durchfallen kann. Damit werden jedoch auch weitere Voraussetzungen selbstverständlich, die bei genauerem Hinsehen keinerlei Selbstverständlichkeit für sich beanspruchen können: dass die Bürger die souveräne Macht der Auswahl auszuüben hätten; dass das Gefüge der eigenen Gemeinschaft am Planungstisch entworfen werden könne; und schließlich, dass man darüber entscheiden könne, mit wem man zusammenwohnen will. Die innere Perspektive und der souveränistische Gesichtspunkt setzen sich durch. Nach Walzer wird die Demokratie dadurch mit der Politik des Ausschlusses kompatibel.

15. Philosophen gegen Samariter

Die Grenzlinie zwischen Bürgern und Fremden kann in diesem Modell nicht überwunden werden – außer im Ausnahmefall der »wechselseitigen Hilfeleistung«, auf deren Bedingungen die Gastfreundschaft reduziert wird. Mit der gebotenen Vorsicht erinnert Walzer an die Parabel des barmherzigen Samariters und die zufällige Begegnung – auf See, in der Wüste oder am Wegesrand – mit einem Fremden, der Hilfe benötigt. Sollte dies keinerlei Risiken mit sich bringen, ist Hilfeleistung geboten. Es ist »unsere Moral«, die uns in diesem Fall die Verpflichtung auferlegt, den verletzten oder in Lebensgefahr schwebenden Fremden zu retten. Diese Verpflichtung ist keine rein individuelle; sie gilt auch für eine Gruppe. In diesem Fall ist die Hilfeleistung, gerade weil sie eine politische Färbung annimmt, jedoch klar definiert: Gastfreundschaft und Fürsorge sind vorübergehend und zeitlich begrenzt. Es ist nicht notwendig, dass man sich an den verletzten Gast bindet, denn das eigene Leben kann nicht von zufälligen Begegnungen bestimmt werden, womit erneut der Anspruch untermauert wird, souverän über das Zusammenwohnen beschließen zu können.

Im Hintergrund dieser Überlegungen ist unschwer das klassische Argument des Asylrechts auszumachen, wie es von Kant formuliert wurde. Demnach ist zwar die als zeitweiliges Besuchsrecht verstandene Hospitalität zulässig, nicht aber kann ein dauerhaftes Wohnrecht zugestanden werden. Die Hilfeleistung kann daher nicht der Aufnahme gleichkommen. Sie so zu interpretieren, liefe darauf hinaus, die Grenze zwischen Innerem und Äußerem auszuheben. Die Begegnung mit dem hilfsbedürftigen Fremden vollzieht sich am Rand, gewissermaßen an der Schwelle zur planetarischen Leere; von dort aber gilt es, sich schnellstmöglich zurückzuziehen, wenn man die Gemeinschaft nicht gefährden möchte, die, um als solche weiterhin bestehen zu können, einer Zulassungspolitik bedarf. Die Mitgliedschaft kann nicht mit vollen Händen verteilt werden.

Wer weiß, vielleicht könnten wir alle eines Tages Mitglieder eines Weltstaates sein, den Walzer sich nur als einen sozialistischen Totalitarismus vorstellen kann, oder aber – und das wäre die gegenteilige Hypothese des Libertarianismus – die Welt würde zu einem Ort des Umherirrens völlig entwurzelter Fremder. In einem Fall wäre die Mitgliedschaft bereits gleichmäßig verteilt, im anderen gäbe es überhaupt nichts zu verteilen. Solange die Welt aber in politische Gemeinschaften unterteilt ist, muss Einwanderung reguliert werden.

Walzer verteidigt offen den souveränen Staat, dessen Mauern die Kohärenz und die Existenz der Gemeinschaft schützen. Diese Mauern niederzureißen, hieße jedoch, Tausende kleine Festungen zu erschaffen. Als Garant dafür, dass *démos* und *éthnos* übereinstimmen und die demokratische Souveränität mit der »politischen Schicksalsgemeinschaft« zusammenfällt, die sich nach dem Modell eines regelrechten ökologischen Schutzes der Nation ausgeformt hat, besitzt der Staat die Machtbefugnis, die Aufnahmepolitik zu überwachen und »den Zuwandererstrom zu kontrollieren«.[62] Es kann nicht überraschen, dass Walzer in dieser staatszentrierten Perspektive das dem internationalen Recht eingeschrieben Paradox weiter unterfüttert, wonach die Emigration zwar jedem freistehen soll, die Immigration jedoch beschränkt oder ganz untersagt werden muss. Das Recht, das Land zu verlassen, und das Recht auf Einwanderung seien »moralisch« asymmetrisch, da das eine rein individuell sei, während das andere mit der unabdingbaren Selbstbestimmung der Gemeinschaft kollidiere.

Im Unterschied zur Nachbarschaft als einem Raum, in dem es relativ gleichgültig ist, wer kommt und wer geht, und insbesondere, wer sich entschließen mag, sich darin niederzulassen, wäre die Gemeinschaft eher wie ein Verein, dessen Gründungsmitglieder eine »Auswahl« unter den Mitgliedsaspiranten zu treffen haben. Der skurrile Vergleich, der schon im Begriff *member* mitschwingt – als ob der Bürgerstatus mit dem eines Geschäftspartners oder Abonnenten gleichgestellt werden könnte –, dient nicht so sehr dazu, das Erfordernis der Abschließung zu unterstreichen, als vielmehr die Notwendigkeit der »Zulassung« hervorzuheben. Walzer ist sich durchaus der Gefahr bewusst, die sich in seiner Position verbirgt: der des Rassismus. Wie könnte man Ellis Island vergessen? Und die Gesetze, die eingeführt wurden, um die Homogenität eines Landes zu garantieren, das weiß und angelsächsisch sein sollte? Walzer macht daraus jedoch nur eine Frage des Kriteriums, während er an der Vorstellung festhält, dass die Auswahl prinzipiell rechtmäßig sei. Der Staat besitze eine souveräne Macht, die er mit der politischen – vielleicht müsste man eher sagen: biopolitischen – Wahl der Neuankömmlinge ausübt, die zugelassen werden, wenn sie den Bedingungen und Eigenschaften des Gastlandes entsprechen.

Wenn diese Beschreibung »in Bezug auf Recht und Gesetz« auch zutreffend sein mag, könnte sie es hingegen in moralischer Hinsicht nicht sein. Es geschieht nicht selten, dass sich die Bürger »moralisch verpflichtet« fühlen, die Türen ihres Landes für eine Gruppe von Menschen zu öffnen, »die als nationale oder ethnische ›Verwandte‹ angesehen werden«.[63] Dann scheint der Staat eher einer Familie als einem Verein zu gleichen, deren Angehörige sich nicht denjenigen verbunden fühlen, die ausgewählt wurden, sondern denjenigen, die zwar weit entfernt leben, aber dennoch Verwandte bleiben. Hier gilt die Beziehung der »Blutsverwandtschaft«. Walzer unterstreicht deren Nutzen und Stichhaltigkeit sowohl bei der sogenannten Familienzusammenführung, das heißt wenn einem Arbeiter das Recht zuerkannt wird, seine Verwandten zu sich zu holen, als auch in dem Fall, in dem der Staat zur Zuflucht für Mitglieder der Nation wird, die aus historischen Gründen außerhalb der juridischen Grenzen verblieben sind und sich nun mit legitimen Erwartungen an ihr »Heimatland« wenden. Als politischer Ausdruck des Gemeinschaftslebens, das die territorialen Grenzen überschreitet, sei der Nationalstaat eine große Familie, die ihre Kinder nach den Kriterien von Geburt, Blut und Abstammung wieder aufnimmt.

Ein Beispiel dafür ist das der zu Beginn des 20. Jahrhunderts aus der Türkei vertriebenen Griechen und der aus Griechenland vertriebenen Türken, denen zugestanden wurde, in den Schoß ihrer jeweiligen nationalen Familien zurückzukehren. Der 1923 unterzeichnete Vertrag von Lausanne, mit dem sich die griechische und die türkische Regierung zum Bevölkerungsaustausch ihrer jeweiligen Minderheiten verpflichteten, wird auch von Carl Schmitt erwähnt, der in diesem Instrument die Chance sah, die kulturelle Integrität der Gebiete wiederherzustellen. Bei der Kontrolle der Einwanderung sei auf »moderne Methoden« wie Ausbürgerung und Denaturalisation zurückzugreifen, um »das Fremde und Ungleiche, die Homogenität Bedrohende, zu beseitigen oder fernzuhalten« und schließlich auch die »Ausscheidung und Vernichtung des Heterogenen« ins Auge zu fassen.[64] Denkt man an die Auswirkungen dieser schmittschen Theorien auf die jüdische Bevölkerung im nationalsozialistischen Deutschland, lässt sich die Gefahr von Vergleichen wie demjenigen zwischen Staat und Familie ermessen, wie ihn Walzer in vorschneller Vergessenheit der jüngeren Geschichte vorschlägt.

Es ist jedoch nicht nur das Blut, sondern zudem auch der Boden, der in der Argumentation Walzers zu neuer Legitimität gelangt, insofern mit Nachdruck behauptet wird, dass sich der Nationalstaat auf das Territorium gründe. Die Zugehörigkeit bildet eine standfeste und sesshafte Beziehung. Das »Wir« der politischen Gemeinschaft ist ein niedergelassenes und verwurzeltes. Walzer verteidigt die territoriale Gerichtsbarkeit des Staates, indem er das klassische Argument von Hobbes wiederaufnimmt, wonach ein jeder ein individuelles Recht auf einen »Wohnplatz« besitzt. Ein solches Recht hat auch nach dem Gesellschaftsvertrag Bestand und könnte daher auch gegen den Staat geltend gemacht werden. Der Staat beansprucht die Gerichtsbarkeit auf den Boden jedoch gerade deshalb, um den Platz zu schützen, an dem jeder Einzelne wohnt. Damit hat das territoriale Recht eine sowohl individuelle als auch kollektive Form, auch wenn letztere abgeleitet und nur als Schutzfunktion rechtmäßig ist. Auch wenn er einräumt, dass der Platz, an dem man lebt, keinen bestimmten Ort betrifft – es handelt sich um einen beliebigen Platz auf der Erde –, zögert Walzer nicht, ihn dennoch genauer einzugrenzen: Es handelt sich um den Platz, an dem die Einwohner seit jeher gelebt haben. Und diejenigen, die den Ort gewechselt haben? Sesshaftigkeit ist die Norm, Bewegung deren nicht vorgesehene Verzerrung: »[D]ie Verbindung zwischen Volk und Land ist ein entscheidender Bestandteil nationaler Identität«,[65] behauptet Walzer und kritisiert damit alle politischen Entwürfe – wie etwa den des österreichischen Sozialisten Otto Bauer –, die darauf ausgerichtet sind, politische Gemeinschaften zu deterritorialisieren. Auf den territorialen Staat zu verzichten hieße, auf alle wirkliche Selbstbestimmung zu verzichten.

An eben diesem entscheidenden Punkt entzündet sich das Problem der Einwanderung. Wer entscheidet über die Zulassungspolitik? Es kann keinen Zweifel geben: diejenigen, »die sich bereits an Ort und Stelle befinden«.[66] Es würde damit die Vorrangstellung der Zuerstgekommenen bekräftigt, wenn nicht auch – und zwar gerade im

Fall der Vereinigten Staaten – »die alten Bewohner des Landes«, die amerikanischen Ureinwohner berücksichtigt werden müssten. Das Problem ist für Walzer jedoch leicht lösbar, da es mithin ausreicht, diese friedlich zu regieren. Zwischen den Zeilen lässt sich im Ungesagten das alte Sprichwort herauslesen, demzufolge ein Volk nichts ausrichten kann, das sich keine staatliche Form zu geben vermochte.

Es ist das »Wir« der Gemeinschaft, das die Einwanderungspolitik im Rahmen einer Wahl verwaltet, die politisch ist. Können Fremde zugelassen werden, nur weil sie Hilfsbedürftige, Staatenlose, Hungernde sind? Natürlich nicht. Das souveräne, demokratische Volk kann an den Grenzen jeden zurückweisen, der auf sein Territorium gelangen möchte. Auch Flüchtlinge und Opfer von Verfolgung. Diese fallen nicht weiter ins Gewicht, solange ihre Zahl gering bleibt. Sollte diese aber ansteigen, liefe man jedoch Gefahr, überrollt zu werden. Das Recht, an einem bestimmten Platz zu wohnen, lässt sich nicht gegen den Gaststaat geltend machen. Deswegen können nur die wenigen zugelassen werden, die eine Verwandtschaft zum »Wir« der Gemeinschaft aufweisen und deren Kohäsion und ethno-kulturelle Homogenität nicht beschädigen. Also bleibt nur, den Flüchtlingen gutes Gelingen bei der Aufnahmeprüfung zu wünschen! Mehr kann die liberale Demokratie mit all ihren humanitären Grenzen, die keinerlei Verpflichtung gegenüber dem Elend anderer kennt, nicht tun. Hochherzig und vornehm klingen die Worte der Emma Lazarus: »Gebt mir nur eure Armen, / Entwurzelten, voll Sehnsucht, frei zu sein...«. Walzer zitiert sie nur, um zu unterstreichen, dass die realistische Einwanderungspolitik etwas ganz anderes ist, und um darauf hinzuweisen, dass die Samariter aller Zeiten, wenn schon nicht eine handfeste Gefahr, so doch zumindest eine ganz schöne Belästigung darstellen. Daher darf die wechselseitige Hilfeleistung in keiner Weise die souveräne Selbstbestimmung antasten.

Die Mitglieder einer Gemeinschaft besitzen »ein kollektives Recht darauf zu bestimmen, wie ihre Wohnbevölkerung aussehen soll«.[67] Das Kriterium der Homogenität sieht vor, dass der Fremde schrittweise eingebürgert wird. In genau diesem Sinne unterscheidet Walzer zwischen Zulassung und Aufnahme. Zugelassen zu sein, bedeutet noch nicht dazuzugehören, das heißt als Bürger anerkannt zu werden. Der Zustand eines ansässigen Fremden kann demzufolge nur ein vorübergehender sein. Denn der Wohnsitz zieht früher oder später die Staatsbürgerschaft nach sich. Das soll verhindern, dass sich innerhalb der Gemeinschaft eine Schicht ohne politische Rechte ausbildet – wie diejenige der Metöken im alten Athen – oder eine Masse von Gastarbeitern, die jeder Art von Ausbeutung ausgeliefert sind.

Diese Vorsätze sozialdemokratischer Angemessenheit und Verträglichkeit, denen einst große Bedeutung zukam und die auch heute noch mit Erfolg verkündet werden, stützen sich auf eine nicht exportfähige Zugehörigkeit und auf eine territoriale Gerechtigkeit, die allein die Interessen derjenigen verteidigt, die das Privileg genießen, bereits im Inneren zu sein, und überantwortet all diejenigen der Isolation und dem Elend, die dort draußen in planetarische Unwetter geraten.

16. Der Primat der Staatsbürger und das Dogma der Selbstbestimmung

Die wegbereitenden Seiten Walzers zur Einwanderung enthalten *in nuce* Motive, Aspekte und Themen, die in der Folge herangezogen werden, um die Schließung der Grenzen zu rechtfertigen. Der Angelpunkt, um den sich seine These dreht, ist das Recht auf Selbstbestimmung, das es der auf einem staatlichen Territorium niedergelassenen Gemeinschaft erlaubt, die Migranten zurückzuweisen. Damit ist keine generelle Abschottung oder ein systematischer Ausschluss gemeint, sondern die Macht, den Zugang zu kontrollieren und das Wohnrecht zu verwalten.

Die Skala der entsprechenden Positionen ist breit und reicht von betont »humanitären«, die dazu bereit sind, von Mal zu Mal elastische Kriterien einzuführen, bis hin zu äußerst rigiden, die darauf abzielen, nur die eigenen Bürger zu verteidigen und Fremde in allen Fällen auszuschließen. Kommunitaristen, Nationalisten, Liberale und moderate Kosmopoliten stimmen – wenn auch mit unterschiedlichen

Argumentationen – hinsichtlich des Souveränismus überein, den bereits Walzer zu seinem zentralen Anliegen erklärt hatte: »Auf einer bestimmten Stufe der Organisation muss so etwas wie der souveräne Staat Gestalt gewinnen und muss dieser Staat sich die Machtbefugnisse ausbedingen, seine eigene spezielle Aufnahmepolitik zu betreiben«.[68] Ungeachtet der unterschiedlichen Akzentuierungen und theoretischen Nuancen, lassen sich in den Positionen derjenigen, die eine Zurückweisung befürworten, drei Hauptargumente ausmachen: Selbstbestimmung, identitäre Integrität und territoriales Eigentum. Es handelt sich dabei um eng miteinander verzahnte Argumente, die wechselseitig aufeinander verweisen. Selbstbestimmung kann dann geltend gemacht werden, wenn man ein Territorium beanspruchen und eine zu schützende Identität vorweisen kann. Ohne diese Zusammenhänge zu vernachlässigen, ist es jedoch zunächst geboten, jedes einzelne Argument für sich zu prüfen.

Selbstbestimmung ist nichts anderes als die modernere und pragmatischere Variante der von Rousseau und Kant vertretenen »Selbstgesetzgebung«, die sich auf das Souveränitätsprinzip gründet. Der Staat macht das Recht geltend, seine Grenzen, wo nötig auch mit Gewalt, zu verteidigen und beruft sich dabei auf die eigene unabdingbare Souveränität, auch wenn das jene Bewegungsfreiheit verletzen sollte, die unmissverständlich von der – mit dem Gemeinwillen gleichursprünglichen – Französischen Verfassung von 1791 zugestanden wird. Obgleich die Selbstbestimmung unterschiedlich ausbuchstabiert wird, ist das souveränistische Argument theoretisch äußerst schwach und kann, trotz aller rhetorischen Anstrengungen, einen tautologischen Zug nicht verbergen, im Zuge dessen die jeweilige Antwort als eine Wiederholung der Voraussetzungen erscheint. Denn es kann in keinerlei Weise rechtfertigen, warum die Rechte derjenigen, die einer staatlichen Gemeinschaft zugehören, über den von den Jakobinern anerkannten universellen Rechte stehen sollten.[69] In diesem Sinne entspricht der Anspruch auf Selbstbestimmung vielmehr der performativen, souveränen Geste, mit der die staatszentrierte Ordnung historischer und willkürlicher Grenzen, die jedoch als natürlich ausgegeben werden, umgrenzt oder besser: nachgezogen wird. »Stillgestanden, jetzt wird begrenzt!« – so könnte man diese diskriminierende Geste umschreiben.

Je nach der Art und Weise, wie sie interpretiert wird, bedeutet Selbstbestimmung entweder autonome Bestimmung, Wahlfreiheit oder Beschlussautonomie – das wäre das liberale Verständnis – oder aber im kommunitaristischen Sinne kollektive Bestimmung des eigenen Selbst und damit die Möglichkeit, jenes identitäre Selbst in Gegenwart und Zukunft zu definieren, zu organisieren und zu bewahren. Nicht selten vermischen sich diese beiden Sinngehalte. Man muss nicht eigens betonen, dass Selbstbestimmung insbesondere in der letzteren Bedeutung zu einer der tragenden Säulen von identitärer Integrität wird.

Indem er die Themenschwerpunkte Walzers in einer noch konservativeren Tonlage wieder aufnimmt, erklärt David Leslie Miller in seinem jüngst erschienenen Buch mit dem vielsagenden Titel *Fremde in unserer Mitte*, dass Selbstbestimmung die von der politischen Gemeinschaft ausgeübte Kontrolle bedeute, um zu verhindern, dass sich ihr »Selbst« mit der Zeit verändere und Einwanderung auf die »Zusammensetzung der Staatsbevölkerung« einwirke. Selbstbestimmung impliziert demzufolge die in einem Selbst kristallisierte Existenz einer Gruppe, die »so einheitlich strukturiert« ist, um Werte zu teilen und gemeinsame Ziele zu verfolgen, sodass die Mitglieder jenes einheitlichen und harmonischen Ganzen »spüren, dass sie ihr Schicksal selbst in der Hand haben«.[70] Je einheitlicher strukturiert das Selbst ist, desto besser ist es zur Selbstbestimmung befähigt: Es setzt mit seiner demokratischen Souveränität eine Migrationsregelung in Kraft, die – um Menschenrechte sowie jede andere ethisch-politische Erwägung unbekümmert – den Zugang zum Territorium derart beschränkt, wie es der Identität der Nation, der Geschichte, der Kultur, den Interessen und Absichten der »Einheimischen« am ehesten entspricht.[71]

Die im letzten Jahrzehnt auf unterschiedlichste Weise vorgebrachte These, die Selbstbestimmung und Schicksalsgemeinschaft miteinander verknüpft und den unangefochtenen Vorrang der Bürger vor den Einwanderern verfügt, hat nicht nur gewaltige Verbreitung gefunden, sondern ist geradezu zum Dogma der jüngeren

Migrationspolitiken aufgestiegen. Die Schließung der Grenzen ist nicht zuletzt auf diese These zurückzuführen, die den Ausschluss des Nicht-Bürgers argumentativ untermauert. Den Versuchen, die diskriminierende Geste moralisch zu bemänteln, indem der Rückgriff auf selektive Kriterien wie Geschlecht, Hautfarbe und Religion angeprangert wird, ist kein Erfolg beschert. Denn es handelt sich um einen ethnozentrischen Ausschluss, der mit den Prinzipien einer Demokratie unvereinbar ist. Niemand weiß oder vermöchte zu sagen, warum die Staatsraison den Rechten der Staatenlosen überlegen sein und warum die Sesshaftigkeit der Bürger über die Mobilität der Migranten obsiegen sollte.

Mit demselben strategischen Ziel, Schranken zu befestigen und Grenzen zu schließen, wird Selbstbestimmung von liberaler Seite als Beschlussautonomie interpretiert. Richtungsweisend wirkt hier erneut Walzer mit seinem Vergleich zwischen einem Staat und einem privaten Verein: Die Vereinigungsfreiheit legitimiere die Macht des Ein- oder Ausschließens. Auch wenn Walzer, nachdem er ihn behutsam eingeführt hatte, den Vergleich sodann wieder fallen lässt, um stattdessen die Analogie zur Familie hervorzuheben, führen andere diesen wieder ein und verstehen ihn in einem noch engeren Sinne. Der Staat ist wie ein Verein oder besser: der Staat *ist* ein Verein, der seine Mitglieder autonom aufnehmen oder abweisen kann. Hier ist noch nicht einmal die Annahme eines identitären und harmonischen Selbst nötig, um die Zurückweisung zu begründen. Im Gegenteil, es braucht überhaupt keine genauere Begründung; im Recht auf freie Wahl liegt deshalb nichts Verborgenes, Geheimnisvolles und Kompliziertes. Dem Modell des klassischen Liberalismus zufolge wird Souveränität im Vertrag ausgeübt. Dieses kann sogar eine gewisse universelle Rationalität geltend machen und gemäßigt kosmopolitische Ansinnen hervorbringen. Was im Übrigen beweist, dass die liberalen Prinzipien des Universalismus – im Gegensatz dazu, was für gewöhnlich angenommen wird – mit Diskriminierung in keinster Weise unvereinbar sind.

17. Der Staat als Verein: Der Liberalismus des Ausschlusses

All das tritt mit kühler Evidenz in einem reinen und radikalen Kontraktualismus zutage, wie ihn etwa Christopher H. Wellman vertritt. Da ein Staat wie ein Verein funktioniert, können die Bürger Einwanderer ebenso zulassen oder zurückweisen, wie in einem Verein neue Mitgliedsaspiranten ausgeschlossen werden können. In beiden Fällen ist das Prinzip der Vereinigungsfreiheit maßgebend.[72] Die Mitglieder eines Vereins sind nicht dazu verpflichtet, ihre Wahl zu rechtfertigen und genauer anzugeben, warum ihnen die Anwärter kulturell zu fremd scheinen. Es ist *ihr* Verein – und das verleiht ihnen das Recht der Selbstbestimmung: »Rechtmäßige Staaten können die Wahl treffen, sich nicht mit Fremden, darin eingeschlossen potenzielle Einwanderer, zu vereinigen, und zwar in der Weise, die sie für am angemessensten halten.«[73] Im entgegengesetzten Fall würde ein Recht verletzt werden, das auch für die Einzelnen gilt. Das herangezogene Beispiel ist das einer Heirat: Jeder Frau etwa muss es freistehen, den Antrag eines Bewerbers abzulehnen, mit dem sie nicht ihr Leben teilen will. Auch die Ehefreiheit fällt unter die Selbstbestimmung. Gleiches könnte man von der Religionsfreiheit sagen. Für Wellman handelt es sich um persönliche Angelegenheiten (*self-regarding affairs*), bei denen ein jeder autonome Wahl beanspruchen können muss – was natürlich auch die Zurückweisung beinhaltet. Das Argument wird sodann vom Einzelnen auf die Kollektivität übertragen: »Wie jede Person entscheiden kann, wen sie heiratet (und ob sie heiratet), kann auch eine Gruppe von Landsleuten entscheiden, wen sie in die eigene politische Gemeinschaft aufnimmt (und ob sie überhaupt jemanden aufnimmt)«.[74] Dass Wellman, sich von der klassischen Souveränitätsdoktrin distanzierend, dieses Vorrecht sodann nur auf die legitimen Staaten einschränkt, ändert nichts am Kern des Diskurses.[75] Kurzum: Das Recht, die Neuankömmlinge auszuschließen, ist legitim, da die Bürger in ihrer Autonomie und ohne sich dabei auf kulturelle Vorbedingungen zu berufen frei sind, das eigene »Selbst« zu bestimmen und zu kontrollieren und auszuwählen, mit wem sie zusammenwohnen wollen.

Die Abwegigkeiten einer solchen Argumentation sind zahlreich: das unrechtmäßige Oszillieren zwischen Individuum und Gemeinschaft, die Gleichsetzung der Ablehnung ehelicher Intimität mit der Verweigerung des Wohnsitzes, die groteske Analogie zwischen Staat und Verein, der die Aufnahmepolitik darauf reduziert, an einer Spielrunde Golf teilzunehmen – Analogien, die heftig mit den Bildern derjenigen kollidieren, die an der Grenze gewaltsam zurückgewiesen werden, die vor politischer Verfolgung fliehen oder desaströsen wirtschaftlichen Bedingungen zu entkommen suchen. Hier handelt es sich nicht um die freie Wahl des Heiratsanwärters oder des Bewerbers um Mitgliedschaft, sondern um das Hilfsgesuch desjenigen, der dazu gezwungen ist, sein Leben aufs Spiel zu setzen. Die Analogie zwischen Staat und Verein ist allein schon aus dem Grund nicht haltbar, dass die Staatsbürger nicht ein- oder austreten, indem sie eine Mitgliedskarte unterschreiben und den Neugeborenen – wie es für Kinder von Mitgliedern durchaus statthaft wäre – auch nicht die Staatsbürgerschaft verweigert wird. Die Liste der Widersprüchlichkeiten ließe sich beliebig weit fortführen. Und all das wegen jenes nachdrücklichen Insistierens auf der individuellen Freiheit, die jedoch für die Fremden nicht zu gelten hat, da der Staat seinen Verpflichtungen ihnen gegenüber auch nachkommen könne, indem er Flüchtlingen und Verfolgten den Zugang verweigere. Humanitäre Hilfe in den Herkunftsländern sei da vollkommen ausreichend.[76]

Anstatt weitere Absurditäten aufzulisten, ist jedoch der Kern dieses Arguments herauszuschälen, der im Übrigen vollständig auf der Linie der liberalen Tradition liegt: die Fiktion des Vertrages. Man ist ebenso frei, sich zu vereinigen oder sich loszusagen, aufzunehmen oder zurückzuweisen wie beim Abschluss eines Vertrages, wie bei der Unterschrift unter eine Vereinbarung. Selbst die Forderung nach Selbstbestimmung, nach einer autonomen Entscheidung des Selbst, gründet sich auf diese Fiktion. Bei der Geburt wählt man keinen Staat aus, dem man angehören möchte und wird auch gar nicht danach gefragt. Ebenso, wie er die Autonomie des Selbst fordert, dieses stolzen Gesetzgebers, der stets dazu bereit ist, sich selbst das Gesetz zu diktieren, fasst dieser pathetische Liberalismus auch die Gesellschaft als ein Agglomerat autarker Selbste auf, von Wölfen, die sich gegenseitig beschnüffeln, in Schach halten und den eigenen Handlungsraum abstecken, sodass der Kampf aller gegen alle zu Austausch und Handel werden kann. Hier herrscht das freie Einverständnis – sogar noch hinsichtlich der Verantwortung. Als käme die Verpflichtung dem anderen gegenüber nicht jedem Vertrag zuvor. Aus dieser machtvollen politischen Fiktion, dieser ethischen Sackgasse, ergeben sich verhängnisvolle Konsequenzen. Allen voran die Vorstellung, dass es zulässig sei auszuwählen, mit wem man zusammenwohnen will.

18. Die Verteidigung nationaler Integrität

Ein weiterer Vorwand, der angeführt wird, um das Recht der Ausschließung zu rechtfertigen, ist die identitäre Integrität. In der Argumentation der Kommunitaristen nimmt dieses zweite Argument eine zentrale Rolle ein. Man beschwört die Selbstbestimmung, um die Gemeinschaft, ihre Traditionen und ihre Kultur zu schützen. Dies wiederum rechtfertige eine Selektion der Einwanderer an der Grenze, wenn nicht gar eine totale Abschottung. Trotz der unterschiedlichen Ansätze kommen die normativen Vorgaben von Kommunitaristen, Liberalen und Nationalisten darin größtenteils zur Deckung.

Dieses zweite Argument erfreut sich großer Beliebtheit und übt ebenso durchdringenden wie unheilvollen Einfluss aus. Vor allem nährt es die Überzeugung, der Migrant stelle eine Bedrohung für die Identität eines Volkes und dessen demokratische Prinzipien dar. Daraus gehen alle mit einer Form von »Kontaminierung« verbundenen Metaphern, das Vorurteil der Unvereinbarkeit von Werten sowie die ständige Forderung hervor, die nationale Kultur zu verteidigen – und zwar auch zu dem Preis, Migranten, die Kriegen, Konflikten, Übergriffen und Gewalttaten entkommen sind, den Zugang zum eigenen Territorium zu verweigern. Die Staatsbürger sind dazu aufgerufen, Mauern zu errichten, um ihre vermeintliche ethno-kulturelle Homogenität zu verteidigen. Denn es geht dabei um die »historische Schicksalsgemeinschaft«, deren Kontinuität zu sichern ist, damit es den

Bürgern ermöglicht wird, sich in diesem kollektiven, unveränderlichen, einheitlichen und leicht identifizierbaren Selbst wiedererkennen zu können. Es ist jedoch nur ein kleiner Schritt von der Verteidigung der Grenzen zur Aussonderung fremder, unreiner und kontaminierter Elemente. Es genügt, dafür an die von Schmitt geltend gemachten Forderungen zu denken, um die kulturelle Integrität der Territorien etwa durch einen Austausch von Minderheiten wiederherzustellen. Sein nächster Vorschlag einer »Ausscheidung und Vernichtung des Heterogenen« wurde bekanntlich von der nationalsozialistischen Politik dankend aufgenommen.

Die Stärke dieses Arguments, das den Primat der Staatsbürger auf anmaßende Weise bekräftigt, liegt in der Überlagerung von *démos* und *éthnos*. Die Grenzen der Volksgemeinschaft entsprechen den nationalen. Mit dem Auftauchen der Nation auf der Bühne der Souveränität entscheiden nicht mehr einfach die Bürger über die Aufnahmepolitik, sondern die Mitglieder der Nation. Jürgen Habermas hat dieses seit der Französischen Revolution stattfindende Abgleiten der politischen Staatsbürgerschaft hin zur nationalen Identität klar dargelegt. Als vorpolitisches Gefüge, das sich durch ethnische oder zumindest sprachliche, historische und kulturelle Identität auszeichnet, bietet die Nation eine tragfähige Grundlage für die Demokratie, von der sie wiederum die Legitimierung einer staatlichen Souveränität empfängt. Die Nation, die dazu fähig ist, ein Band der Solidarität zwischen einander sonst fremden Individuen zu knüpfen, repräsentiert schließlich die politische Identität in einem Maße, dass die nationale Zugehörigkeit zum Synonym von Staatsbürgerschaft wird.[77] Die Kritik, die Habermas an Walzer und Miller adressiert, kann auf all diejenigen ausgeweitet werden, die die Identität der eigenen Kultur und die Integrität der eigenen Lebensform verteidigen. Die Staatsbürgerschaft muss von der nationalen Identität, das heißt von deren Zuweisung bei der Geburt, von den Gesetzen von Blut und Boden, entkoppelt werden. Der Anwärter auf Staatsbürgerschaft ist daher nicht dazu verpflichtet, zum Mitglied einer – im Übrigen zum Großteil fiktiven, auf Mythen basierenden und sakralisierten – nationalen Gemeinschaft zu werden. Genau deshalb kann kulturelle Identität nur einen Vorwand darstellen. Dem neu eingewanderten Bürger sollte nicht auferlegt werden, sich zu integrieren, indem er die nationale Kultur des Gastlandes übernimmt und auf seine eigene Lebensform verzichtet. Diese beizubehalten stellt vielmehr eine Bereicherung für alle dar, bedeutet die Möglichkeit, die Perspektiven zu weiten und zu mehren, die eigene Kultur im Dialog mit anderen zu erneuern. Kultur ist im Übrigen nicht monolithisch, sie ist niemals frei von Meinungsverschiedenheiten und Brüchen und auch keine starre und tote Hinterlassenschaft. Was man vom neuen Bürger verlangen kann, ist das Teilen der demokratischen *politischen Kultur*. Diese zu bewahren bedeutet jedoch nicht, ihm die eigene Lebensform aufzuerlegen.[78] Der Staat ist keine homogene ethnisch-nationale Gemeinschaft mehr. Und Kultur lässt sich nicht als identitäres Eigentum verstehen.

19. Der haltlose Mythos vom Besitz des Bodens

»Das ist unser Land!« – so klingt das letzte und entscheidende Argument, das die wankende Grenze noch stützen und vor dem eintrittswilligen Einwanderer schützen könnte. »Das ist unser Land, unser Boden. Wir haben ihn von unseren Vätern und Müttern ererbt, die bereits hier ansässig waren. Und der Teil, den wir nicht geerbt haben, ist schließlich doch in unser Eigentum übergegangen, weil wir ihn mit dem Schweiß unserer Stirn benetzt, ihn kultiviert und seine Früchte geteilt haben, und mit unserer harten Arbeit haben wir aus ihm gemacht, was er heute ist.« Am Grund dieses Arguments verbirgt sich die Vorstellung, dass die Zurückweisung des Fremden nicht nur legal, sondern auch legitim sei, da die Bürger als solche Eigentümer des von den staatlichen Grenzen eingefassten Bodens seien. Kurzum: Das Territorium des Staates befinde sich im Privatbesitz der Staatsbürger, die auf ihm wohnhaft sind; so als ob einem jedem ein Teil dieses kollektiven Eigentums zukäme. Zusammengenommen bildeten die Teile jenen territorialen Grund, jene Grundlage, die das Recht des Staates auf Ausschluss der von außen Kommenden rechtfertigt. Es handelte sich nicht nur um ein nationales, sondern um ein staatliches Recht auf Selbstbestimmung.

Hierbei ist die enge Verbindung zwischen staatlicher Souveränität und Privatbesitz hervorzuheben, wobei Letzterer vor allem Besitz des Bodens bedeutet. Dieser Zusammenhang durchzieht die gesamte liberale Tradition der Moderne. Bei genauerem Hinsehen jedoch geht er auch weit darüber hinaus und findet sein Paradigma im alten Athen.[79] Zuletzt ist das Argument des territorialen Eigentums in unterschiedlicher, mehr oder minder expliziter Form auch in der Debatte über Migration wieder aufgetaucht. Ryan Pevnick etwa hat es wiederholt lanciert, um der Argumentation für offene Grenzen entgegenzutreten. Hinter ihm steht eine lange Reihe von Philosophen und Politologen, vor allem aus dem amerikanischen Kontext, die diese Verbindung immer wieder hervorgehoben und bekräftigt haben.[80] Signifikant dabei ist, dass sich Pevnick direkt auf John Locke beruft, der als der Stammvater dieser liberalen Tradition gelten kann.[81]

Es lohnt sich also, sogleich einen Mythos zu entzaubern: den Privatbesitz des Bodens. So viele Anstrengungen auch unternommen wurden, ihn zu rechtfertigen und zu begründen, keine entsprechende Argumentation konnte je standhalten. Der Privatbesitz des Bodens entbehrt jeder Grundlage. Daraus folgt aber, dass auch die Souveränität des Staates haltlos ist, die sich über Jahrhunderte gerade durch diesen Besitz konstituiert und legitimiert hat. Wenn es sich so verhält und ein Recht auf einen exklusiven Besitz des Bodens nicht zu begründen ist, dann wird damit auch jedes Recht auf einen Ausschluss des anderen diskreditiert und dementiert. Da ich auf der Grundlage meiner Staatsbürgerschaft nicht nachweisen kann, dass der Ort des staatlichen Territoriums, auf den ich meine Füße stelle, meiner ist, mein Eigentum, dass er mir gehört, kann ich auch keinen Anspruch darauf erheben und kann ferner denjenigen nicht ausschließen, der an diesem Ort an meiner statt wohnen möchte.

»[U]rsprünglich aber niemand an einem Orte der Erde zu sein mehr Recht hat, als der andere«,[82] schreibt Kant im dritten Definitivartikel seines berühmten Entwurfs *Zum ewigen Frieden* von 1795. Kant gebraucht die Worte Ort und Recht; keiner besitzt mehr Recht auf einen bestimmten Ort als ein anderer.

Das ist eine ganz entscheidende Feststellung, die eine geschlossene Linie im politischen Denken von Bodin zu Rousseau aufbricht, welche darauf ausgerichtet ist, den unauflösbaren Zusammenhang von Souveränität und Eigentum zu festigen. Der Souverän ist der Eigentümer. Und umgekehrt ist der Eigentümer souverän. Da sich die Souveränität des Staates auf den Besitz gründet, besteht der höchste Zweck des Staates darin, den Privatbesitz zu verteidigen. Der Bürger ist per definitionem immer auch Eigentümer. Das geht so weit, dass, wer sich als unfähig erweist, Eigentum zu besitzen, aus der bürgerlichen Gesellschaft ausgeschlossen wäre. Der Hauptgrund, der die Menschen dahin geführt hat, sich vom Naturrecht zu verabschieden und einen Vertrag zu schließen, indem sie sich im Rahmen einer staatlichen Ordnung vereinigten, bestünde in der Erhaltung des Eigentums. Darin läge folglich auch das Ziel jedweder politischen Regierung. Rousseau gelangt zu der Feststellung, dass das Recht auf Besitz das heiligste aller Bürgerrechte sei.[83] Auf unterschiedliche Art und Weise und mit mehr oder minder pragmatischen Akzenten versuchen die Philosophen des modernen Liberalismus zu zeigen, dass es möglich war, Besitz über den Boden zu erlangen; dass dieser Besitz von einer vertraglichen Übereinkunft bestätigt wurde; dass die Geschichte dieser Anfänge notwendig von Kämpfen um Aneignung und Besitznahme durchzogen sein musste.

Es ist die souveräne Macht, die gebietet, was mein, was dein, was sein ist, die einem jedem den Boden zuweist. Und mit dem Besitz konstituiert sie auch sich selbst. So lässt sich die These von Hobbes in einem klassischen Abschnitt des *Leviathan* zusammenfassen, in dem der Naturzustand, als ein jeder noch das Recht auf alle Dinge geltend machen konnte, in den düsteren Farben des Krieges gezeichnet wird. Das Besitzrecht erweist sich sodann als »Akt dieser [souveränen] Macht für den öffentlichen Frieden«.[84] Davon unterschieden ist hingegen der von Locke beschrittene Weg, der darauf zugeschnitten ist, die individuellen Rechte zu rechtfertigen. Sowohl Hobbes' Souverän, der seine Macht ausübt, indem er den Besitz verteilt, als auch das biblische Bild der im Psalm Davids verherrlichten nicht anzueignenden Gemeinschaftlichkeit der Erde werden von Locke in einen mythischen Grund verwiesen.[85] Er fragt vielmehr danach, wie man zum Privatbesitz gelangt sei – nicht etwa um diesen abzuschaffen, sondern um ihn mit philosophischen Argumenten zu befestigen. Nicht zufällig bleiben diese Argumente der Bezugspunkt für alle diejenigen, die sich fortan auf das Besitzrecht beziehen, um das Recht des Staates zu verteidigen, Migranten zurückzuweisen.

In der zweiten der *Zwei Abhandlungen über die Regierung*, die 1690 erstmals anonym veröffentlicht wurden, schreibt Locke, dass Gott den Menschen die Welt zwar in Gemeinschaft gab, jedoch um von ihr den vorteilhaftesten Gebrauch zu machen. Reichlich sind die Früchte und Erzeugnisse, welche die Natur spontan und von sich aus darbietet und jedem steht es frei, sich davon etwas zu nehmen. Es muss aber ein Mittel geben, sich diese individuell anzueignen. Dieses Mittel ist für Locke die Arbeit. Es ist die mit dem eigenen Körper, den eigenen Händen – deren Eigentum niemand in Zweifel ziehen kann – verrichtete Arbeit, mit der jeder Mensch seinen Anspruch auf die Dinge erhebt und sie damit jener Gemeinschaftlichkeit entzieht, in der sie die Natur zunächst belässt. Dank der Arbeit eignet er sich die Dinge an. Entscheidend ist die Tätigkeit, mit der die Frucht geerntet, das Wasser aus der Quelle geschöpft wird. Es handelt sich keinesfalls um Raub! Auch ohne die Einwilligung anderer ist jene Handlung nicht mit einem räuberischen Akt gleichzusetzen. Ganz im Gegenteil: Denn wer sie ausführt, fügt arbeitend etwa hinzu. Das rechtfertigt seinen Eingriff, mit dem er die Dinge dem gemeinschaftlichen Naturzustand entzieht und damit Privatbesitz generiert. Das der Natur entnommene Ding wird mit jener Zugabe von Arbeit zum Besitz, das Erzeugnis empfängt das Siegel des Eigentums. Keiner kann es ihm dann noch wegnehmen, denn dies wäre nun unrecht. Kurz gefasst: Locke rechtfertigt das Recht der Aneignung. Wenn auch in bestimmten Grenzen, nämlich denen der eigenen Konsumtion. So soll Locke zufolge verhindert werden, dass Aneignung in Hortung und Anhäufung ausartet. Was aber für die Früchte der Erde gilt, das gilt auch für die Erde und den Boden selbst, die den Besitz schlechthin darstellen. Selbstverständlich ist es zulässig, sie sich durch Arbeit anzueignen. Wer pflügt, bepflanzt und kultiviert, grenzt die Erde ab und ersetzt das gemeinsame Land durch den privaten Besitz.[86] Als Gott den Menschenkindern die Welt gemeinschaftlich gab, befahl er da nicht auch, die Erde zu bearbeiten? *Kultivierter* Boden ist *angeeigneter* Boden. Es ist nun beinahe überflüssig, dem noch hinzuzufügen, dass Locke diese Gleichsetzung zu einem doppelten Zweck nutzt. Vor allem, um den Übergang vom Privatbesitz des Einzelnen zum Privatbesitz eines Landes, zum Beispiel Englands zu vollziehen, von der privaten Eingrenzung zur staatlichen. Auch wenn das Gebiet im Fall des Staates sehr viel weiter gefasst ist und mehrere untergeordnete Eingrenzungen zulässt, bleibt das politische und ethische Prinzip, das am Argument der Kultivierung hängt, dasselbe. Es berechtigt zudem zur Aneignung verlassener Landstriche, etwa in Amerika.[87]

Vielleicht ist es kein Zufall, dass das lateinische Wort *colonia* vom Verb *colere*, also bebauen, bestellen, kultivieren, abstammt und auch nicht, dass »Kultur« und »Kolonisation« dieselbe Wortherkunft aufweisen. Folgt man Locke, ist die Einwilligung unerheblich und eine Vereinbarung unnötig. Aneignung und Besiedelung seien im Zeichen von Kultivierung und Akkulturation rechtmäßig. Die Territorien in Übersee seien zum Großteil entvölkert und unbestellt. Für Locke spielte es offensichtlich keine Rolle, dass dort andere wohnten. Wer dorthin gelangte, die zukünftigen Kolonisten, war durch seine Profit und Wohlstand bringende Arbeit dazu berechtigt, jenen Boden sein Eigentum zu nennen. Im Übrigen kannte die Ideologie der Kolonisierung bedeutende Präzedenzfälle. Im zweiten Buch seines 1516 veröffentlichten *Utopia* hatte bereits Thomas Morus die Gründung von Kolonien gepriesen. Durch ihre Arbeit und Anbaumethoden ermöglichen es die Kolonisten, dass »dieselbe Bodenfläche für beide reichlich Raum bietet, die vorher dem einen knapp und unzureichend erschien«. Und sie halten es für »sehr gerechten Grund zum Kriege«, wenn die Ureinwohner Widerstand leisten und sich weigern, »die Nutzung und den Besitz [des Bodens] anderen zu überlassen«.[88] Gegen dieses »Gesetz der Eroberung« erhoben sich nur wenige, vereinzelte Stimmen.[89]

Kant hingegen teilt die Thesen Lockes nicht. Seine Reflexion nimmt von der Kugelgestalt des Globus ihren Ausgang. Das Motiv durchzieht sowohl die Abhandlung *Zum ewigen Frieden* als auch die in der *Metaphysik der Sitten* enthaltene Rechtslehre. Alle Menschen sind ursprünglich im rechtmäßigen Besitz des Bodens, auf dem sie sich befinden, und zwar aufgrund des gemeinschaftlichen Besitzes der Erde, den auch Kant anerkennt. Es entstünde keinerlei Problem, wenn die Erde »eine unendliche Fläche wäre«.[90] Alle könnten sich auf ihr zerstreuen, ohne einander zu begegnen oder vielmehr: ohne miteinander in Konflikt zu geraten. Aber die Erde hat die Form einer Kugelfläche. Deshalb ist es auf diesem beschränkten Raum notwendig, »einander dulden zu müssen«.[91] Daraus erwächst das Erfordernis eines Weltbürgerrechts, das sowohl die Beziehungen zwischen den Völkern – die die Natur despotisch in die Grenzen des Globus eingeschlossen hat – zu regeln als auch den wechselseitigen »Verkehr«, den weiterhin notwendigen Austausch zwischen Fremden zu gewährleisten hat, der nicht in einem Krieg zwischen Feinden enden soll.[92]

Kant ahnt bereits die Probleme der Globalisierung voraus. In diesem Kontext, in dem ein Rechtsbruch in einem Teil der Welt sich auch auf alle anderen Teile auswirkt, ist eine Besitznahme des Bodens nicht rechtmäßig – es sei denn diejenigen, die diesen bereits bewohnen, erklären ihre Einwilligung. Mit äußerster Beunruhigung betrachtete Kant die Taten der europäischen Kolonialherren, die das Besuchsrecht dazu missbrauchten, die anderen Völker zu unterwerfen, auszubeuten und zu versklaven. Deshalb kann er dem Argument Lockes nicht folgen: Besitz wird nicht von der Bearbeitung des Bodens legitimiert. Es handelt sich dabei um eine alte Vorstellung, die auf der Täuschung basiert, »Sachen zu personifizieren und [...] *unmittelbar* gegen sie ein Recht zu denken«.[93] Es gibt jedoch andere Arten, das Siegel des Besitzes aufzuprägen. Kant gibt den Besitz und den Versuch, ihn zu rechtfertigen, nicht auf. Was aber ist dann Besitz? »Das *Rechtlich-Meine (meum iuris)* ist dasjenige, womit ich so verbunden bin, dass der Gebrauch, den ein anderer ohne meine Einwilligung von ihm machen möchte, mich lädieren würde [...].«[94] Der rechtmäßige Besitz ist sozusagen derjenige, der durch eine Vereinbarung legitimiert wird.

Die »uranfängliche« Gemeinschaft des Bodens ist für Kant eine »Erdichtung«, womöglich sogar eine gefährliche, da sie eine Art von Kommunismus in Kraft setzte. Eine solche Gemeinschaft könnte nur dort gestiftet werden, wo alle ihren Privatbesitz in Gesamtbesitz verwandelt hätten. Kant spricht wohlweislich im Konjunktiv und fügt nicht ohne Sarkasmus hinzu: »und davon müsste uns die Geschichte einen Beweis geben«.[95] Anders verhält es sich mit der »ursprünglichen« Gemeinschaft des Bodens, die sich im Recht eines jeden zusammenfasst, einen Platz auf dem Globus zu haben. Dieses Recht auf einen Platz erstreckt sich jedoch auch auf eine etwaige Aneignung. Kant gesteht eine ursprüngliche Besitznahme zu, die Aneignung eines Teils des Bodens nämlich, der noch frei ist, was allein aufgrund des Vorteils der »Priorität der Zeit vor jedem anderen«[96] geschieht. Es handelt sich um den Anspruch desjenigen, der zuerst kommt. Deshalb kann Kant sagen: »[W]ohl dem, der im Besitz ist (beati possidentes)!«[97] Es handelt sich um einen Akt der Willkür, der dennoch einen rechtmäßigen – wenn auch noch provisorisch bleibenden – Besitz bedingt; um »peremtorisch«, gesichert und verbindlich zu werden, muss dieser allerdings durch die freie Vereinbarung aller ratifiziert werden, die in einem rechtlichen Akt ihren Ausdruck findet. Was zuvor eine einfache Aneignung war, wird nun zu einer gültigen Bemächtigung. Hier vollzieht sich der Übergang vom Naturzustand zum bürgerlichen Zustand: der »rechtlichen« Gemeinschaft des Besitzes.

Wenn die bürgerliche Gesellschaft jedem das Seine garantieren kann, dann deshalb, weil sie dieses »Seine« schon voraussetzt und eine Aufteilung in das »Mein und Dein« impliziert.[98] Kant hat demnach nichts gegen die Aufteilung des Bodens, die – einmal vertraglich reguliert – jenen besonderen Besitz ermöglicht, der Konflikte vermeiden soll. In diesem rationalen und irenischen Rahmen aber bleibt die große Frage nach der ursprünglichen Erwerbung bestehen, von der es keinen Beweis geben kann. Wer hat was erworben und von wem? Eher als von einer ursprünglichen Erwerbung müsste von einer ursprünglichen Besitznahme gesprochen werden, von einem Akt also, der – wie Kant eingesteht – nicht unproblematisch ist. Die Vorläufigkeit von Besitz unterminiert damit jeden Erwerb, der – es sei denn, der Vertrag erstreckte sich auf die gesamte Menschheit – dazu bestimmt ist, provisorisch zu bleiben wie schließlich aller Besitz.[99] Und Gleiches gilt letztendlich auch für das Territorium eines Staates.

Auch Kant gelingt es nicht, das ausschließliche Besitzrecht des Bodens überzeugend zu rechtfertigen. Der Versuch, das von Locke vorgeschlagene pragmatische Kriterium der Arbeit zu ersetzen, eröffnet zunächst eine liberale und mitunter gastfreundliche Perspektive. Die Vereinbarung einer rechtlichen Gemeinschaft des Besitzes, die es erlauben würde, die Grenzen zu schließen, ist jedoch brüchig und wird von der ursprünglichen Gemeinschaft des Bodens bedroht, die hingegen offene Türen verlangte. Wenn sich kein ausschließliches Recht auf den Boden geltend machen lässt, ist damit auch die Forderung illegitim, die anderen von einem bestimmten Territorium auszuschließen. Auch nach Kant – so ambitioniert die unternommenen Anstrengungen auch gewesen sein mögen – ist es nicht gelungen, ein ausschließliches Recht auf den Boden philosophisch zu begründen.

20. Bewegungsfreiheit und das Privileg der Geburt

Staatliche Grenzen, nationale Schranken und willkürliche Einzäunungen, für die sich unmöglich eine natürliche Rechtfertigung finden lassen, verhindern, dass man sich auf der Erdoberfläche frei bewegen kann. Und doch stellt Bewegungsfreiheit ein fundamentales Recht des Individuums dar. Wer würde das bestreiten? In gewisser Hinsicht könnte man sagen, dass es sich um ein noch grundlegenderes Recht als alle übrigen Menschenrechte handelt. Es gibt niemanden, der sich nicht prinzipiell bewegen können möchte. Es handelt sich also um ein konstitutives Recht, das die individuelle Freiheit auch körperlich berührt. Jedem scharfsinnigen Philosophen noch zuvor, weiß auch der kleine Prinz sehr gut, dass niemand der Besitzer des Planeten ist und dass ein jeder – wie die Wildvögel auf ihren Wanderzügen – frei dazu sein sollte, fortzugehen, umherzuziehen, wiederzukommen.[100]

Es ist demnach unverständlich, warum dieses Recht der Willkür staatlicher Souveränität ausgeliefert wird, die es beeinflussen, beschränken und widerrufen kann. Das stellt sich insbesondere für das liberale politische Denken als problematisch heraus, das sich damit in eine regelrechte Sackgasse manövriert. Individuelle Freiheit, die seit jeher das Herzstück des Liberalismus ausmacht, kann sich weder an die Gemeinschaft ausliefern noch auch sich der Selbstbestimmung des souveränen Staates unterstellen. Dieser Engpass lässt eine innere Frontlinie zutage treten, die die souveränistischen Liberalen – stärker darauf bedacht, die staatszentrierte Ordnung aufrecht zu erhalten und deren Grenzen zu schützen – von den weltbürgerlichen Liberalen trennt, die sich durchaus der Gefahr bewusst sind, dass die universelle Vernunft vor Nationalgefühlen kapitulieren könnte.[101] Es sind natürlich Letztere, die für eine Abschaffung der Grenzen eintreten.

Ebenso wie die Verteidiger geschlossener Grenzen bekannt sind, hat auch der Befürworter offener Grenzen einen Namen. Nur vier Jahre nach der Veröffentlichung von Michael Walzers *Sphären der Gerechtigkeit* meldete sich 1987 Joseph Carens zu Wort, um mit seinem Beitrag *Fremde und Bürger* die souveränistische These einer harschen Kritik zu unterziehen.[102] Carens argumentiert gegen jene Einschränkungen, welche die für eine liberale Demokratie unabdingbaren Werte von Freiheit und Gleichheit gefährden. Das Etikett *liberal*, das im angelsächsischen Bereich ein breites Spektrum von Ideen und Perspektiven bezeichnet, offenbart hier seine ganze Mehrdeutigkeit, insofern es sowohl auf Walzer als auch auf Carens Anwendung finden kann. Carens ergreift das Wort, da er von einer liberalen Berufung sowie dem Bedürfnis angetrieben wird, die Freiheit des Individuums gegen den Staat zu verteidigen. Anstatt entgegengesetzt, fällt seine Position vielmehr spiegelbildlich zu der Walzers aus. Denn sie macht nur die andere Seite des Januskopfes liberalen Denkens geltend, die schließlich Gefahr läuft, den Schikanen und Fesseln des Souveränismus zum Opfer zu fallen.

Diejenigen, die – wenn auch mit ganz unterschiedlichen Akzenten – eine Schließung der Grenzen fordern, berufen sich, wie bereits gesehen, auf drei Argumente: auf Selbstbestimmung, auf kulturelle und nationale Integrität sowie auf den Besitz des Territoriums. Auf ebenso viele Argumente lässt sich die gegenteilige Annahme derjenigen zurückführen, die die Idee offener Grenzen verteidigen: auf Bewegungsfreiheit, auf egalitäre Güterverteilung sowie auf die Gemeinschaftlichkeit des Bodens. Carens kann die Urheberschaft auf die ersten beiden Argumente beanspruchen; das dritte hingegen verbleibt im Hintergrund – und es ist durchaus symptomatisch, dass Carens es nicht eingehender behandelt.

»Grenzen haben Wächter, und die Wächter sind bewaffnet [...].«[103] Mit dieser Anklage hebt der Diskurs von Carens an, dessen erklärtes Ziel es ist, kritisch darauf zu reflektieren, was gemeinhin als selbstverständlich vorausgesetzt wird – allem voran bewehrte Grenzen. Denn eigentlich müsste doch das Gegenteil selbstverständlich sein: die Bewegungsfreiheit. Wer verleiht das Recht, die Waffen auf diejenigen zu richten, die Grenzen überschreiten wollen? Diese Gewalt könnte gerechtfertigt werden, wenn es sich um Kriminelle, ihrerseits bewaffnete Invasoren und Staatsfeinde handelte. Warum aber wird ein Mexikaner festgenommen und mit großer Wahrscheinlichkeit auch abgewiesen, der in Kalifornien Arbeit sucht, um seiner Familie ein annehmbares Leben zu ermöglichen? Der Vorwand der Souveränität des Staates, das heißt das Argument der Selbstbestimmung, ist Carens zufolge nicht haltbar, da die Verletzung einer unverzichtbaren individuellen Freiheit nur allzu offenkundig ist. Darunter wird die Freiheit der Einreise und der Ausreise, der Einwanderung und der Auswanderung verstanden, deren Divergenz jedoch ohne Umschweife behauptet wird. Jeder muss seinen Wohnort verlassen können, um sich anderswo einen Wohnsitz zu suchen. Und das gilt umso mehr für Migranten aus der Dritten Welt, die sich in die Erste begeben wollen. Denn: »Die Staatsbürgerschaft in einer liberalen Demokratie des Westens ist das moderne Äquivalent feudaler Privilegien – ein vererbter Status, der die Lebenschancen massiv verbessert.«[104] Dieser Satz ist dazu bestimmt, wichtige Effekte zu zeitigen: Zum ersten Mal wird die Staatsbürgerschaft als ein Privileg definiert, das den alten Standes- und Klassenprivilegien entspricht.

Carens kommt das Verdienst zu, seine zwei Hauptargumente in aller Klarheit miteinander zu verbinden und das umstrittenere von beiden – die Ungleichheit, die zwischen einer Staatsbürgerschaft und der anderen herrscht – zur Untermauerung der Auswanderungsfreiheit fruchtbar zu machen. Diesem Argument zufolge hat der jeweilige

Geburtsort, den sich niemand freiwillig ausgesucht hat, nicht weniger Einfluss auf die menschliche Existenz als andere zufällige Faktoren wie Vermögen, Hautfarbe, Familie oder Geschlecht.[105] Der Nachteil des Wohnsitzes hat Auswirkungen auf die globale Gerechtigkeit, der man in einer grenzübergreifenden Perspektive Rechnung tragen muss. Im Konflikt zwischen staatlicher Souveränität und individuellen Rechten scheint Carens also Partei für Letztere zu ergreifen, und zwar im Namen einer moralischen Gleichheit der Individuen, die vor jedweder Verletzung und Ungerechtigkeit zu wahren ist. Sein Egalitarismus, der den Einzelnen gegenüber der Gemeinschaft schützt, fügt sich perfekt in die liberale Tradition ein. Im Übrigen setzt Carens selbst bei drei normativen Theorien dieser Traditionslinie an: bei Robert Nozicks libertärem Denken, bei der Gerechtigkeitstheorie von John Rawls sowie beim Utilitarismus.

Es gibt viele Arten und Weisen, ein Libertarier zu sein. Nicht immer ist diese Strömung, wie man vielleicht annehmen mag, im linken politischen Spektrum zu verorten. Im Gegenteil hat man zwischen *left-libertarians*, deren Position von einem bestimmten Anspruch auf Gleichheit gemildert wird, und *right-libertarians* zu unterscheiden, als deren emblematischster Vertreter Nozick gelten kann.[106] Womöglich hat auch der Titel seines bekanntesten Buchs *Anarchie, Staat, Utopia* zu diesen Missverständnissen beigetragen. Für diesen rechten Libertarier und unnachgiebigen Anwalt des Privatbesitzes, der sich an dem von Locke beschriebenen Naturzustand orientiert und die Rückkehr zu einem ursprünglichen Liberalismus anstrebt, muss die Tätigkeit des Staates eingeschränkt werden. Nozick spricht in diesem Sinne von einem »Minimalstaat« oder sogar einem »Ultraminimalstaat«, dem ein jeder vertraglich seine individuellen Rechte über den eigenen Körper und die eigenen Güter übertragen hat.[107] Der beste Staat ist dabei derjenige, der hinter den Kulissen bleibt und dafür Sorge trägt, dass die Einzelnen ohne Hindernisse miteinander interagieren können. Andernfalls käme er nicht seiner Aufgabe nach. Ein solcher Staat kann das Recht, sich frei zu bewegen, gerade nicht im Namen seiner Souveränität verletzen, da sich in diesem Fall noch mehr als in anderen der Vorrang des Individuums durchsetzt. Auch wenn Nozick nicht explizit auf diesen Punkt eingeht, dürfte es in seiner Welt keinerlei Beschränkungen für Einwanderung geben. Es ist vielmehr anzunehmen, dass diejenigen, die in ein bestimmtes Territorium gelangen, mit dessen Mitgliedern, die Nozick nicht zufällig auch »Kunden« nennt, in eine Gemeinschaft eintreten wollen. Der Erfolg dieses Austausches, von Interaktion und Integration, hängt von den Einzelnen ab – von den Bürgern und vor allem von den Fremden, ihren Interesse und Fähigkeiten. Der Staat kann die Kriterien der Staatsbürgerschaft festlegen, er kann jedoch in keinerlei Weise die Gesellschaft abschließen und den Zugang zu ihr verwehren. Es sei denn, es werden die individuellen Eigentumsrechte verletzt – das aber gilt für die Fremden nicht weniger als für die Bürger.

Bedeutsamer ist die Bezugnahme auf Rawls' Theorie der Gerechtigkeit. Jenseits der Absichten ihres Autors unterzieht Carens eines ihrer mächtigsten begrifflichen Instrumente einer Neuinterpretation: den »Schleier des Nichtwissens«.[108] Es handelt sich um jenes Gedankenexperiment, mit dem der Gerechtigkeit neues Leben eingehaucht werden könne. Der Schleier entzieht dabei den Teilnehmenden alle vorherige Kenntnis und erzeugt eine Art von plötzlicher und künstlicher Amnesie. Diese zwingt die Beteiligten, den Standpunkt der Benachteiligten einzunehmen, und zwar nicht aus etwaigem Altruismus heraus, sondern allein aufgrund der rationalen Verfolgung ihrer (potenziellen) eigenen Interessen. Das bedeutet so viel wie blind zu werden, um deutlicher zu sehen; nicht zu wissen, um besser zu verstehen. Der Schleier des Nichtwissens, der einen hypothetischen Urzustand des Zusammenlebens herstellt, soll im Hinblick auf die Gerechtigkeit jene egalitären Prinzipien absichern, die sodann in der Lage sind, Willkür und Diskriminierung zu verhindern. Für Rawls müssen sich die Teilnehmer auf zwei Prinzipien der Gerechtigkeit einigen: auf die Grundfreiheiten sowie die Verteilungsgerechtigkeit. Carens versetzt – mit und gegen Rawls – dieses Experiment in einen globalen Maßstab. Wenn ein jeder hinter dem Schleier des Nichtwissens und ohne den eigenen Geburtsort zu kennen das Thema der Migration betrachten würde, sähe er schließlich im jeweiligen Wohnsitz eine willkürliche Ungleichheit und in der Staatsbürgerschaft ein unannehmbares Privileg – der Liste der Grundfreiheiten wäre sodann das Recht auf freien Verkehr und das Zugangsrecht zu jedem Land hinzuzufügen.[109]

Wahrscheinlich würde Rawls einer solchen Ausweitung seines Experiments nicht zustimmen. Es ist im Übrigen kein Zufall, dass er dem Problem der Grenze gewissenhaft aus dem Weg geht. Die Ursünde seiner Argumentation besteht – wie Charles Beitz beobachtet hat – gerade darin, die Gerechtigkeit in die Grenzen des Nationalstaats eingeschlossen zu haben.[110] Doch die Globalisierung hat der staatszentrierten Ordnung Risse zugefügt und die internationale Landschaft bereits radikal verändert.

Die Absicht von Carens – sowie anderer nach ihm – richtet sich darauf, den Schleier des Nichtwissens global auszuweiten und das Schema der souveränistischen Liberalen umzustürzen, um das egalitäre Anliegen neu zur Geltung zu bringen. Wollen sie konsequent handeln, können liberale Demokratien – und das umso mehr, wo sie sich auf das utilitaristische Kalkül im Hinblick auf den »größten Nutzen« stützen – den Zugang von Fremden nicht per Gesetz verhindern und sind vielmehr dazu angehalten, die Grenzen zu öffnen. Das soll nicht heißen, dass man der Einwanderungsfreiheit unter bestimmten Umständen keine Grenze setzen könnte. Auch für Rawls können Grundfreiheiten im Namen der Freiheit beschränkt werden. So ist es auch für Carens zulässig, den Zugang zu beschränken oder vorübergehend die Grenzen zu schließen, wenn eine reale Gefahr für die öffentliche Ordnung besteht, wenn die nationale Sicherheit bedroht ist oder wenn destabilisierende Auswirkungen für die demokratischen Institutionen zu erwarten sind.

Die von Carens vorgebrachten Forderungen bestechen durch ihre abstrakte Einfachheit. Alles läuft auf den Versuch hinaus, auf dem Grund des liberalen Denkens einen verblichenen Kosmopolitismus wiederzugewinnen, der es den Menschen erlaubt, sich frei auf der Erdoberfläche zu bewegen und sich wechselseitig als gleich anzuerkennen. Das bedeutet größtmögliche Öffnung und universell ausgeweitete Freiheiten. Dieser Egalitarismus nimmt sich in einer Welt, die jeden Tag das Ideal der Unabhängigkeit, die Verteilungsgerechtigkeit und individuelle Freiheit dementiert, umso beißender aus. Als wäre jedes ökonomische, politische und soziale Problem – von der Ausbeutung bis hin zur Gewalt, von der Korruption bis zur Armut – stets und allein auf einen Mangel an Freiheit zurückzuführen. Kurzgefasst: Anstatt die Asymmetrien zu hinterfragen, geht man von einer idealen Symmetrie zwischen gleichen und freien Individuen aus. Damit wird gerade das vorausgesetzt, was Gegenstand einer kritischen Reflexion zu sein hätte.

Carens bildet dabei keine Ausnahme. Und hier tritt seine eigentliche Position zutage, die sich nicht entgegengesetzt, sondern eben nur spiegelverkehrt zu jener verhält, die – sich ihrerseits auf den Liberalismus berufend – die Schließung der Grenzen vorantreibt. Mit dem Unterschied, dass Carens die Reichweite der Gemeinschaft beschränken und aus dem Staat eine Art von Agentur im Dienste der Bürger machen möchte, die nicht weiter in deren Austausch eingreift. Bei näherer Betrachtung überwiegen jedoch die Gemeinsamkeiten. Auch Carens führt die soziale Beziehung auf das Modell des Vertrages zurück, der zwischen freien Individuen geschlossen wird, welche von jedweder Gemeinschaft entbunden, von jeder Verantwortung frei und vor dem Hintergrund einer neutralen und sterilen Symmetrie agieren, aufgrund derer sie eine bewusste und interessenbasierte rationale Übereinkunft erzielen können. Jede Beziehung erscheint als eine Transaktion. Als wäre der ankommende Migrant ein neuer Geschäftspartner, der seine Beteiligung ebenbürtig aushandeln könne, als besäße er bereits alles, was ihm tatsächlich fehlt, angefangen bei der Freiheit des Aushandelns selbst. Doch über den Kontraktualismus hinaus teilt Carens sowohl die Art und Weise, das Problem zu entpolitisieren, weshalb stets und ausschließlich von einem »moralischen Recht« die Rede ist, als auch den internen und normativen Ansatz, der dazu verleitet, das Phänomen der Migration ausschließlich vom Standpunkt der Bürger aus zu betrachten.

Bewegungsfreiheit in einer solch abstrakten Form einzufordern – wie es Carens und all diejenigen tun, die in seine Spuren treten – bedeutet nicht nur, die Komplexität des Migrationsphänomens auf die gewöhnliche Banalität freien Verkehrs herabzusetzen, sondern auch, das alles entscheidende Thema der Aufnahme vollkommen außer Acht zu lassen. Denn in dieser Perspektive würde es bereits genügen, die Schranken derart zu beseitigen, dass jeder in der Lage wäre, sich auf dem Planeten frei zu bewegen, der als ein einfacher Raum des Austauschs, als ein riesiger Markt allen zugänglicher Wahlmöglichkeiten und Chancen verstanden wird.

21. Migranten gegen Arme? Wohlstandschauvinismus und globale Gerechtigkeit

Die Verteidigung einer solchen abstrakten Bewegungsfreiheit hat nicht nur einigen Anlass für Kritik geboten, sondern paradoxerweise letztendlich auch jene Argumente befeuert, die Migration als eine Gefahr für die wirtschaftliche Stabilität betrachten. Damit haben all jene Populisten einen ausgezeichneten Vorwand und ein unerwartetes Alibi gefunden, die Hass und Angst gegen die Migrationsströme schüren und sich als Opfer einer Invasion inszenieren. Die kleinliche und krämerische »Überlegung« lautet folgendermaßen: Wenn der Markt, jene okkulte Macht, deren verlängerter Arm die Politik geworden ist, globale Mobilität einfordert, wenn das Kapital den freien Verkehr durchsetzt, dann kann man nur gegen Migration, gegen Migranten und für Grenzen und die Nation sein. Und immer weiter auf diesen patriotischen Abwegen, die nicht selten in einen Souveränismus mit rassistischem Hintergrund ausarten.

Die Tatsache, dass einige dieser Argumente auch auf Seiten der Linken Gehör finden konnten, hat nicht nur zu Verwirrung und Verunsicherung geführt, sondern macht das Problem auch umso beunruhigender. Einer alten Sozialdemokratie, die dem aggressiven Nationalismus bereits vor den großen Weltkonflikten Zugeständnisse machte, gesellte sich die souveränistische Linke neuerer Prägung hinzu, die bei genauerem Hinsehen einen mickrigen Gegengesang zur reaktionären Rechten darstellt. Richtiger und zutreffender müsste man einfach von »Souveränismus« sprechen, um jene politische Front zu bezeichnen, welche die Souveränität der Nation bis zum Äußersten verteidigt. Es handelt sich jedoch nicht – wie mitunter behauptet wurde – um eine Art Querfront, da sich schlechterdings nicht »links« nennen kann, wer sich gegen die Migranten auf die Seite des Staates schlägt.

Die Grundlinien des Problems wurden bereits von Walzer abgesteckt, wenn er die von Gastarbeitern – einer letzten Spielart von Metöken – ausgehende Gefahr unterstreicht, die zwar temporär toleriert werden können, nicht jedoch dauerhaft aufgenommen werden dürfen, da sie ansonsten zur internen Arbeitskraft zählen und in einen Wettbewerb mit den lokalen Arbeitern treten, deren Arbeitsplatz streitig machen und zudem von den Sozialeinrichtungen profitieren würden. Die Gerechtigkeit kennt Grenzen – nämlich diejenigen der Nation. Was außerhalb dieser geschieht, ist weder die Sache der Bürger noch die des Staates.

Ähnliche Thesen wurden im Laufe der letzten Jahre stetig weiterentwickelt. Eher noch als die Beschäftigung, deren Zahlen variieren und das Argument damit schwächen können, bildet der Sozialstaat deren Angelpunkt. Wirtschaftlich motivierte Einwanderung müsse drastisch reduziert oder besser noch ganz gestoppt werden, da sie den Einheimischen die Arbeit wegnehme, die Löhne drücke, die Anreize zur Produktivität mindere, den Staatshaushalt belaste und Fremden Sozialhilfe und Gesundheitsfürsorge biete, die diese in Anspruch nehmen könnten, auch ohne den geringsten Beitrag zu den öffentlichen Kassen geleistet zu haben. Kurzum, es handele sich um zu Lasten der Armen verteilte Almosen, die gegen ihren Willen dafür zur Kasse gebeten würden. Der Unterhalt des Sozialstaats sei in Gefahr. So gesehen ist es kein Zufall, dass sich gerade diejenigen europäischen Länder, in denen der Sozialstaat am stärksten ausgeprägt ist und in denen nicht nur die Standards des individuellen, sondern auch die des kollektiven Lebens als heilig angesehen werden, in diesen Themen am härtesten und unnachgiebigsten zeigen. An dieser Stelle kommt man nicht umhin, an das vom dänischen Parlament am 26. Januar 2016 verabschiedete Gesetz zu erinnern, das eine Beschlagnahmung der Schmuck- und Geldwerte von Einwanderern vorsieht, um damit ihren Unterhalt zu finanzieren. Ähnliche Verfügungen sind bereits in der Schweiz und auch in einigen deutschen Bundesländern in Kraft, und zwar gerade in den reichsten, nämlich in Bayern und Baden-Württemberg. Goldschmuck für Sozialleistungen.

Zahl- und einflussreich waren die Stimmen deutscher Philosophen, die nach 2015 für die Schließung der Grenzen Partei ergriffen und sich dabei vor allem auf wirtschaftliche Argumente berufen haben. Julian Nida-Rümelin etwa behauptet in seinem Buch zur Migrationsethik nachdrücklich die Unmöglichkeit eines Sozialstaates außerhalb der nationalen Grenzen. Einwanderung führe zum Zusammenbruch des öffentlichen Systems und füge den Bürgern schweren Schaden zu, denen gegenüber sich die Regierenden verantwortlich zeigen, ohne deshalb auch den Fremden helfen zu müssen. Nida-Rümelin greift zudem auf das kontroverse Thema des *brain drain* zurück, die Flucht des sogenannten »Humankapitals« oder auch Talentabwanderung, welche die Auswanderungsländer letztlich verarmen lasse. Dies geschehe umso mehr, als gerade diejenigen migrierten, die über mehr Mittel verfügten, die Jüngeren und Widerstandsfähigen der Bevölkerung, während alle anderen dem Elend überlassen würden. Da wäre es doch besser, ihnen mit spezifischen und gezielten Programmen bei sich zu Hause zu helfen.[111]

Das sozialstaatliche Argument kennt viele Verteidiger, wenn diese auch auf unterschiedliche politische Positionen verteilt sind, die von der Sozialdemokratie über den moderaten Liberalismus bis hin zur extremen Rechten reichen. Der Grund dafür ist nicht schwer auszumachen: Darin gerinnt die gesamte immunitäre Logik der Nation, jene Ökonomie des »Wir zuerst!«, die zunächst nicht nur pragmatisch, sondern sogar verantwortungsvoll und solidarisch erscheinen mag. Was zählt, ist – wie es Paul Collier auf den Punkt bringt – »das wirtschaftliche Wohlergehen einheimischer Haushalte«.[112] Es ist also höchste Vorsicht geboten, um das wirtschaftliche und soziale System der demokratischen Länder nicht zu kontaminieren und es nicht durch Einwanderer zu verderben, zu verunreinigen und zu verunstalten. Das ist natürlich Musik in den Ohren der Bürger und Wähler, die mit ihrer Stimme in der Lage sind, jene Politiker abzustrafen, die es wagen, öffentlich andere Thesen zu vertreten. Und tatsächlich, auch wenn die Fakten in vielen Fällen das Gegenteil belegen – und zwar, dass die Einwanderer den Einheimischen keine Arbeitsplätze streitig machen, da sie andere Berufe ausüben, dass sie nicht nur notwendig sind, sondern auch das Bruttoinlandsprodukt anheben, dass sie die Einnahmen des eigenen Landes mehren und damit ihren Beitrag leisten, die Armut zu bekämpfen –, sind alle »utilitaristischen« Gründe dazu bestimmt, ins Leere zu laufen.[113]

All diejenigen, die wie Carens die Bewegungsfreiheit verteidigen, verbleiben dennoch innerhalb der staatszentrierten Perspektive, und scheinen mithin nur über stumpfe Waffen zu verfügen. Die Diskussion verkommt zu einem Krieg der Zahlen, zu einem Streit über Statistiken, bei dem schließlich derjenige triumphiert, der dafür eintritt, dass Migration kein wirksames Gegenmittel darstelle und die Lebensbedingungen in den Ländern der Dritten Welt nicht verbessere. Wozu also Barmherzigkeit? Die Bürger verarmen, da sie zu weiteren Opfern gezwungen werden, ohne dass dies denjenigen helfen würde, die unter Bedingungen extremen Elends leben. Man könne sich doch nicht alles Leid der Welt aufbürden! In der Atmosphäre nüchterner Buchführung auf der Basis einer breiten Palette von Argumenten Pro und Contra sowie der Auflistung möglicher Auswirkungen biegt sich die von Moralphilosophen der analytischen Strömung entfachte Debatte, die in ihren Hörsälen auf der Basis eines »Als ob« räsonieren, auf sich selbst zurück, wird verwickelt und verworren, bis die Ethik selbst schließlich Schaden nimmt.

Richtungsweisend hierfür ist der Bestseller von Peter Singer *Praktische Ethik*, in dessen Unterkapitel »Arm und Reich« eine befremdliche Analogie eingeführt wird. Diejenigen, die in den reichen Ländern Geld zur Verfügung stellen könnten, um die von Hungersnöten, Krankheiten und Armut Bedrohten zu retten, sind wie der Professor, der auf seinem Weg von der Bibliothek in den Hörsaal den Park durchquert und im dortigen Zierteich ein Kind sieht, das in den flachen Wassern zu ertrinken droht. Natürlich sollte das Kind gerettet werden, auch wenn das bedeutet, »dass ich mir die Kleidung beschmutze und meine Vorlesung entweder absagen oder verschieben muss«.[114] Außer dem Unbehagen, das dieses Beispiel notwendig hervorruft, ist nicht ersichtlich, worin die Analogie bestehen soll, die im

Übrigen durchgehend im Singular formuliert ist. Und doch wird von diesen Seiten noch immer eifrig Gebrauch gemacht. Als ob sich auf diese Weise eine Lösung des Problems finden ließe. Singers Strategie ist jedoch allzu offensichtlich: Armut wird als eine Naturkatastrophe ausgegeben, für die niemand verantwortlich zu machen ist. Indem das Thema der Einwanderung so dekontextualisiert und von allen historischen Inhalten befreit erscheint, wird es auf eine einzige zufällige Rettungsaktion in einer Parkanlage reduziert. Ganz im Sinne: Gelegentlich kann man zwar Hilfe leisten, gewiss aber keine Aufnahme anbieten. Entlang dieser abschüssigen Linie sind in jüngerer Vergangenheit nicht nur die Beiträge derer zu verorten, die in der Einwanderung einen Faktor weiteren Ungleichgewichts ausmachen, sondern auch jene Interpretationshypothesen, die einige Schlüsselbegriffe wie etwa den der Armut selbst in Frage stellen. Das geschieht etwa bei Thomas Pogge, der – dem Gegenmittel der Einwanderung gegenüber grundsätzlich skeptisch – in der Armut keine Ungerechtigkeit zu erkennen vermag, für die sich ein konkretes Verschulden ausmachen ließe, sondern das Resultat von in die wirtschaftliche Weltordnung eingeschriebenen systemischen Faktoren. Demnach sei es zunächst notwendig, ein Bewusstsein von deren Unhaltbarkeit zu schaffen.[115]

Ist von Globalisierung die Rede, lässt sich das Thema der »globalen Verantwortung« nicht umschiffen, das auch in der Philosophie auf die Tagesordnung gerückt ist. Wie immer man es angehen mag – in normativer Absicht oder mit kritischer Zielsetzung, um den Begriff der Verantwortung zu revidieren oder den Prozess der Globalisierung in seiner Gesamtheit neu zu überdenken –, eine nationalstaatlich beschränkte Gerechtigkeit ist schlechterdings nicht mehr denkbar. Das verbreitete und erschütternde Phänomen einer Zersplitterung der Verantwortung, wie es von vielen Beobachtern bereits namhaft gemacht wurde, kann kein Alibi mehr darstellen. Die Auswirkungen der eigenen Handlungen nicht sehen zu wollen, macht einen nicht weniger mitschuldig. So ist es nicht mehr legitim, leichten Herzens auf Billigprodukte zurückzugreifen, die auf Kosten unmenschlicher Ausbeutung, wenn nicht sogar von Menschenleben gehen. Ebenso ist es nicht mehr legitim, die Augen vor Waffenhandel und anderen von der eigenen nationalen Regierung mehr oder weniger unter der Hand betriebenen Geschäften zu verschließen. Das Thema besitzt jedoch noch eine größere Reichweite und betrifft auch die historische Verantwortung der westlichen Länder: Wer über globale Verantwortung diskutiert, muss sich dem Problem des Hungers stellen. Im Jahr 2015 litten weltweit circa 795 Millionen Menschen an Unterernährung. Jenseits der nackten Zahlen und der Versuche, die unterschiedlichen Armutsniveaus zu definieren und zu klassifizieren, erstreckt sich das eigentliche Problem auch auf das Unverständnis der Bürger, die in den reichen Ländern leben.[116] Wer den Hunger nicht durchlebt und erfahren hat, kann sich ihn nur schwer vorstellen. Martín Caparrós schreibt:

> Wir kennen den Hunger, verspüren ihn zwei- bis dreimal am Tag. Doch zwischen diesem alltäglichen Hunger, der jeden Tag aufs Neue befriedigt wird, und dem verzweifelten Hunger derjenigen, die ihm ohnmächtig ausgeliefert sind, liegen Welten. Der Hunger war seit je die Triebfeder für gesellschaftlichen Wandel, technischen Fortschritt, Revolutionen, Konterrevolutionen. Nichts hat die Geschichte der Menschheit stärker beeinflusst. Keine Krankheit, kein Krieg hat mehr Opfer gefordert. Keine Seuche ist so tödlich und dabei so vermeidbar wie der Hunger.[117]

Gerade die Möglichkeit ihn abzuschaffen, macht den Hunger umso unerträglicher. Wenn es die Globalisierung auch vielen Bewohnern des Planeten erlaubt, eine breite Palette an Gütern zu geringerem Preis zu erwerben, wenn sie es Hunderten von Millionen an Armen gestattet, Zugang zu einem höheren Lebensstandard zu gewinnen, wenn sie die »extreme Armut« auch drastisch reduziert, ja nahezu halbiert hat, gelang es ihr gleichwohl nicht, den Hunger zu besiegen. In vielen Teilen der Welt bleiben abgrundtiefe Ungleichheiten bestehen. Und man würde die heutigen Ereignisse nicht ansatzweise verstehen, wenn man nicht darauf hinweise, dass diese Ungleichheiten von einem weltumspannenden medialen Netz noch verschärft werden, das auch in den entlegensten Landstrichen die verführerischen und berauschenden Bilder der Werbung verbreitet. Während die Reklame in den westlichen Ländern, wo sie ihren Ursprung hat, in ihren performativen und dennoch realitätsfernen Signalen entschlüsselt wird, gilt sie in der Zweiten und Dritten Welt als getreue und glaubwürdige Beschreibung des legendären Komforts der Ersten Welt und des westlichen Lebensstils, den alle gerne teilen würden. Es nützt nichts zu verkünden, dass sich die Dinge nicht ganz so verhalten und dass auch in den Peripherien westlicher Städte Armut herrscht. Der Mythos der Neuen Welt, der jetzt in umgekehrter Richtung funktioniert, sowie die Sage eines Eldorado lassen heftiger träumen als zuvor und treiben Massen von Armen dazu, dieses Glück auch für sich selbst zu suchen. Mit welchem Recht sollte man sie aufhalten?

In einer kurzen Fußnote zum Nachwort seines umfangreichen Buches *Faktizität und Geltung* ist Jürgen Habermas beiläufig auf das Thema der Migration eingegangen, dem er ansonsten, wie ihm des Öfteren angelastet wurde, eher ausgewichen ist. Obgleich er sich für »politisches Asyl« unter bestimmten Bedingungen ausspricht, macht er geltend, dass »kein individueller Rechtsanspruch auf Immigration schlechthin [besteht], obwohl die westlichen Gesellschaften zu einer liberalen Einwanderungspolitik sehr wohl moralisch verpflichtet sind«.[118] Habermas verweist sodann auf seinen Beitrag, den er als Antwort auf Charles Taylor in einer Debatte über den Multikulturalismus veröffentlicht hat. Auch wenn seine Position ambivalent bleibt und sich in vielerlei Hinsicht der liberalen stark annähert, enthält dieser kürzere Text von 1993 entscheidende und äußerst klar formulierte Argumente. Schon damals sah Habermas eine »Politik der Abschottung gegen Immigranten«[119] am Horizont aufziehen, die bei den Bürgern der Europäischen Gemeinschaft, unter denen sich Ausländerfeindlichkeit immer stärker auszubreiten begann, durchaus auf Wohlwollen zu stoßen schien. Die verschiedenen Mitgliedsstaaten hätten mit allen Mitteln versucht, den »Zustrom« einzudämmen, was zwar nicht zu einer vollkommenen Abschließung, wohl aber zu einer restriktiven und selektiven Eintrittspolitik geführt habe.

Die Frage der Selbstbestimmung, die von der Aufnahmegesellschaft dabei geltend gemacht wird, lässt Habermas zunächst offen.

Doch er hebt hervor, dass es aufgrund »moralischer« Motive und Ansprüche nicht möglich sei, das Problem allein aus der Perspektive der wohlhabenden Gesellschaften zu betrachten. Es müsse auch die Perspektive der Migranten eingenommen werden – und zwar nicht nur die der Flüchtlinge, die Asyl beantragen, sondern ebenso jene der Massen von Armutsmigranten, die in fremden Kontinenten ein »menschenwürdiges Dasein« suchen. An Arbeitsmigranten hingegen hat es nie gefehlt; mit ihnen ist Europa bestens vertraut. Aus der Arbeitsmigration hat es – in der einen Richtung wie in der anderen – stets seinen Vorteil gezogen. Auch deshalb stünde Europa in der Verantwortung, die über die Verpflichtung zu Hilfestellung hinausgeht und sich »aus den wachsenden Interdependenzen einer Weltgesellschaft« ergibt. Um gar nicht erst von der Schuld der Ersten Welt zu reden, die »aus der Geschichte der Kolonialisierung«[120] resultiert. Aufgrund dessen erscheint das Kriterium einer strengen Unterscheidung von Flüchtlingen und Migranten als ein Vorwand:

> Wer das Junktim zwischen Fragen des politischen Asyls und der Armutsimmigration auflöst, erklärt nämlich implizit, dass er sich der moralischen Verpflichtung Europas gegenüber Flüchtlingen aus den verelendeten Regionen dieser Welt entwinden will. Er nimmt stattdessen eine außer Kontrolle geratene illegale Einwanderung in Kauf, die auch noch jederzeit zu innenpolitischen Zwecken als »Asylmissbrauch« instrumentalisiert werden kann.[121]

Habermas prangert hier an, was er den »europäische[n] Wohlstandschauvinismus«[122] nennt. Ohne einen »individuellen Rechtsanspruch auf Einwanderung« zugestehen zu können, legt er den Akzent auf die moralische Verpflichtung zu einer »liberalen Einwanderungspolitik«, welche die Kontingente nicht auf die »wirtschaftlichen Bedürfnisse« des aufnehmenden Landes beschränkt, sondern sie nach Kriterien festlegt, die auch für die Migranten akzeptabel sind.

Hier wird Habermas' gewohnte versöhnliche Tonlage erkenntlich: der stete Wunsch, dass die Rechte beider Seiten gewahrt bleiben mögen. Wenn man auch mit diesem seinem rechtsphilosophischen

Gesamtansatz nicht übereinstimmen mag, ist doch sein Widerspruch gegen den Wohlstandschauvinismus hervorzuheben, der im Laufe der Zeit sogar noch eine schärfere Klangfarbe angenommen hat. Bedeutsam ist ferner die Art und Weise, in der Habermas eine Eintrittspolitik kritisiert, die sich einfach den Anforderungen des Marktes unterwirft. So öffnen sich die Schranken jedes Mal, um denjenigen Durchlass zu gewähren, die über bestimmte vom Kapitalismus hochgeschätzte Qualitäten verfügen. Folglich geht es nicht darum, für oder gegen *open borders* zu sein, wie auch Slavoj Žižek zu glauben scheint,[123] sondern darum, das Dispositiv der Einwanderung im Rahmen der Logik des neoliberalen Marktes zu lesen, der sich die Gesellschaft vollständig eingegliedert hat und im Menschen nichts anderes als einen *homo oeconomicus* sieht. Das wiederum rechtfertigt jedoch keine ökonomistische Lesart der Einwanderung, die es darauf anlegt, die Arbeiter-Bürger in nützliche Humanressourcen zu verwandeln. Jede reduktive Lesart ist dazu bestimmt, mit der Komplexität des Phänomens zu kollidieren. Natürlich ist auch Mobilität dem Spiel des Kapitals unterworfen. Darauf beruht das Dispositiv der Einwanderung, das einerseits anzieht und andererseits zurückweist – es handelt sich um die zwei Seiten ein und derselben politischen Strategie, die darauf ausgerichtet ist, die Migrationsströme zu neutralisieren und Kapital aus ihnen zu schlagen. Die Abkommen, die »die Nachfrage nach fremdländischer Arbeitskraft« begünstigen, können sich daher ohne Weiteres mit repressiven Maßnahmen verbinden, die auf den »Kampf gegen illegale Einwanderung« abzielen. Der Migrant ist stets *wanted but not welcome* – als Arbeiter gefragt, als Fremder jedoch unerwünscht. Ohne irgendeine Verantwortung für das Leben der betroffenen Personen zu übernehmen, ist die Migrationspolitik allein darauf ausgerichtet, zu filtern, auszuwählen und zu selektieren.

Dadurch lassen sich die Formen neuen Sklaventums, die ethnische Segmentierung des Arbeitsmarktes sowie die materielle und existenzielle Prekarisierung der Migranten erklären, die dazu gezwungen sind, den ihnen zugewiesenen Bahnen und Rhythmen zu folgen. Die Macht wird auf gefügige Körper ausgeübt, die zeitweise zugelassen und sodann wieder ausgeschlossen werden. Das Dispositiv der Migration erscheint somit als eine Unterart des umfassenderen Dispositivs der vom Markt auferlegten Flexibilität. Auf der einen Seite wird unter Beschwörung eines als Freiheit verkauften wirtschaftlichen Ideals der »freien Zirkulation« von Arbeitskraft nicht weniger als von Waren keinerlei Hindernis in den Weg gestellt; auf der anderen Seite wird die Freiheit des Emigranten – Sandro Mezzadra hat sie ein »Recht auf Flucht« genannt – enteignet, gebändigt, in Mobilität übersetzt und zu bloßer Anpassungsfähigkeit herabgesetzt.[124] Indem es die gnadenlose Konkurrenz weiter befeuert, erweist sich das Dispositiv der Einwanderung als funktional zur geforderten Flexibilität.

Auch von einem als homogene Entität verstandenen »Markt« zu sprechen, ist in diesem Kontext irreführend. Wie Étienne Balibar veranschaulicht hat, ist die angekündigte Vereinheitlichung des Marktes nicht abgeschlossen. In der »Welt-Wirtschaft« nimmt die Nation, in der Konflikte leichter lösbar sind, auch weiterhin die Rolle des Protagonisten ein. Deshalb hat sich jener »Sozial-Nationalstaat«, Wohlfahrtstaat oder »État-providence«, herausgebildet, innerhalb dessen sich die Klassen, die sich im Kampf gegeneinander befinden müssten, als verschiedene Teile einer Besatzung betrachten, die auf derselben Galeere eingeschifft wurden.[125] Am Kreuzungspunkt zweier Diskriminierungen, die heutzutage in bislang ungeahnter Weise miteinander verschmelzen, befindet sich der Körper des Migranten.

22. Weder Exodus noch Deportation oder Menschenhandel

Um den Akt des Migrierens oder das Phänomen der Migration zu bezeichnen, wird häufig auf Worte oder Umschreibungen zurückgegriffen, die als dessen Synonyme gelten sollen, jedoch bereits eine einseitige Interpretation enthalten. Bevor man nach der Bedeutung des »Migrierens« und seinem politischen Potenzial fragen kann, ist zunächst hervorzuheben, dass sich eine Gleichsetzung mit Flucht oder gar Exodus höchst beschränkend auswirkt.

Flüchten ist eine weitere Bestimmung des Migrierens und verweist auf die Geste des Exilanten, des Dissidenten, des Flüchtigen, der auf diese Weise auf Gewalt, Ungerechtigkeit und Verfolgung reagiert. Die Flucht wird damit zu einer Form sichtbaren Kampfes. Und der Akzent fällt auf die Freiheit und Entscheidung – sich in Bewegung zu setzen, fortzugehen –, während die Aufnahme vollkommen im Hintergrund verbleibt. Wenn die Flucht auch nur scheinbar spontan ist, läuft man andererseits Gefahr, aus dem Migranten, der passiv seinen Zustand erleidet, einen politischen Exilanten zu machen.[126] Das gilt umso mehr für die Analogie von Exodus und Migration, die womöglich noch in »biblischen Ausmaßen« gedeutet wird und sich auch in der skurrilen Wortverbindung eines »Massenexodus« niederschlägt. Gegenwärtige Migrationen hingegen vollziehen sich voll und ganz im Zeichen der Individualität. Weder emigriert eine ganze Gemeinschaft noch konstituiert sich bei der Überfahrt über das Meer ein Volk. Das soll nicht heißen, dass es nicht einige bedeutsame Ähnlichkeiten gibt, gleichwohl darf man dabei jedoch auch die maßgeblichen Unterschiede nicht unterschlagen.[127]

Mit der offenkundigen Absicht, Migranten zu stigmatisieren, wird mitunter auch von »Deportation« gesprochen, ein in mehreren Hinsichten äußerst unglückliches Wort. Vor allem, weil es bereits stark konnotiert ist und die von den Nationalsozialisten durchgeführten Deportationen ins Gedächtnis zurückruft. Es wird indes nicht ersichtlich, in welchem Sinne das Migrieren als eine erzwungene Überführung von Verurteilten verstanden werden kann. Die angelegte Interpretationshypothese stellt hier das Gegenteil der Flucht oder des Exodus dar. Während Migranten jedoch nicht in absoluter und ungebundener Freiheit handeln, sind sie auch nicht rein passiv. Auch in Extremfällen, in Situationen an der Grenze zur Erpressung, wenn nicht des handfesten Betrugs, muss den Auswanderungswilligen, die sich – um einem zukunftslosen Zustand zu entgehen – großer Gefahr unterziehen und sich in der Gewissheit, dass es keinen anderen Ausweg gibt, für eine gewisse Zeit einer »freiwilligen Knechtschaft«[128] unterwerfen, ein Spielraum der Wahl zugestanden werden.

Noch irreführender ist es, auf die verachtenswerte Formel vom »Menschenhandel« zurückzugreifen. Es handelt sich dabei um ein bequemes Alibi, um jedwede Verantwortung zu unterlaufen oder abzustreiten, indem diese auf ein paar skrupellose »Schleuser«, »Sklavenhändler« oder »Schlepper« abgewälzt wird, denen alle Schuld zugeschrieben und in denen mitunter sogar die einzige wahre Ursache von Migration gesehen wird. Das ermöglicht es, die Politik des Ausschlusses als einen »Krieg gegen die Menschenhändler« zu inszenieren und Zurückweisungen und Abschiebungen als einen »Kampf gegen illegale Einwanderung« auszugeben. Die diesbezügliche Heuchelei geht so weit, sich zu Befreiern der Migranten aufzuschwingen, die auf der einen Seite kriminalisiert und auf der anderen Seite als unmündige Individuen betrachtet werden.

23. *Jus migrandi*: Für das Recht zu migrieren

Das intransitive Verb »migrieren« ist kein Synonym von »sich bewegen«, wie es des Öfteren verstanden wird. In den romanischen Sprachen – *migrare, migrar, migrer* – sowie auch im Englischen – *to migrate* – anzutreffen und durch Lehnwörter verbreitet, stammt es vom lateinischen *migrare* ab. Es wird vermutet, dass die lateinische Wurzel *mig-*, die ein Sich-Wegbewegen von einem Ort im Sinne eines Fortgehens und Wegzugs bezeichnet, von der Sanskrit-Wurzel *miv-* abstammt. Diese wiederum soll vom Nomen oder Adjektiv *migros* bezeugt werden, das seinerseits aus dem Suffix **-ro* und der indoeuropäischen Wurzel **h2mei-gw* gebildet wird. Auch wenn das Indoeuropäische wohl kein spezifisches Wort für »migrieren« kannte, ist diese Wurzel in ihrer basalen Form **h2mei-* in die abgeleiteten Sprachen eingegangen. Was aber ist ihre Bedeutung? In allen möglichen Verbindungen bedeutet sie: sich bewegen, den Ort wechseln, den Ort austauschen, so wie man die Gaben der Gastfreundschaft austauscht, die den Fremden nicht als Feind, sondern als Gast zur Aufnahme berechtigen. Im Lateinischen hat diese Wurzel unter anderem die Wörter *mutare, mutuus* und *munus* hervorgebracht. Kurzum: Von Beginn an bezeichnete »migrieren« keine einfache Ortsbewegung, sondern verweist auf einen komplexen Wechsel und Tausch – des Ortes – und vollzieht sich in derjenigen Landschaft, in der man dem Fremden begegnet und in der die ethisch-politische Praxis der Gastfreundschaft ihren Ursprung hat.

Es gibt kein Migrieren ohne Wechsel oder besser Austausch des Ortes, ohne den Anderen und ohne die Begegnung mit ihm, die jederzeit auch in Konfrontation umschlagen könnte. Migrieren ist demnach kein ausschließlich biologischer Prozess, Migration ist nicht gleichbedeutend mit Evolution.[129] Es reicht nicht aus, daran zu erinnern, dass die Menschen – seit dem *Homo sapiens* – schon immer vom afrikanischen Kontinent stammende Migranten waren, um Anspruch auf eine allgemeine Mobilität zu erheben. Die evolutionistische Annahme verfehlt die Bedeutung des Migrierens von Grund auf, insofern sie von der Geschichte, vom Anderen und von den Schwierigkeiten einer Begegnung mit ihm abstrahiert. Migrieren ist ein politischer Akt.

Das erklärt, warum das *jus migrandi*, das Recht zu migrieren, keineswegs selbstverständlich ist und über die Jahrhunderte hinweg zu erbitterten Konflikten führen konnte. Auch heute noch wird es nur teilweise anerkannt, nämlich als Recht auf Auswanderung, auf Verlassen des Territoriums eines Staates, nicht aber als Recht auf Einwanderung, auf Eintritt innerhalb der Grenzen eines anderen Staates. Während ersteres Recht inzwischen universal geworden ist, obgleich es noch vor einigen Jahrzehnten ungesichert war, hängt das letztere noch immer von der Souveränität der Staaten ab, die, wie es scheint, äußerst abgeneigt sind, es zuzugestehen. In diesem Sinne stellt das *jus migrandi* eine der großen Herausforderungen des 21. Jahrhunderts dar. Von 2007 an versucht das von der UNO initiierte »Global Forum on Migration and Development«, das Projekt einer weltweiten *governance* von Migrationen voranzutreiben, wobei es auf zahlreiche, zumeist vonseiten staatlicher Souveränitäten errichtete Hindernisse stößt. Sein Ziel bleibt es dennoch, die von den aktuellen Kräfteverhältnissen diktierte und allgemein anerkannte Logik umzukehren, dem Migranten – und nicht dem Staat – Vorrang zu gewähren und ein Recht des Einzelnen einzufordern, das weder beschränkt noch von den wirtschaftlichen Erfordernissen oder dem demografischen Bedarf der Staaten negiert werden kann.[130] Das *jus migrandi* ist das Menschenrecht des neuen Jahrhunderts, das – vom aktivistischen

Vereinswesen, internationalen Bewegungen und einer immer breiter informierten und aufmerksameren Öffentlichkeit unterstützt – einen politischen Kampf erfordern wird, der dem für die Abschaffung der Sklaverei in nichts nachsteht.

War aber in der Vergangenheit je von einem *jus migrandi* die Rede? Und wenn ja, wann? Die Diskussion nahm sogleich nach den Reisen des Kolumbus Fahrt auf, als es notwendig wurde, die Eroberung Amerikas auf irgendeine Weise zu legitimieren. In diesem Kontext nahm auch das internationale Recht Gestalt an. Das *jus migrandi* wurde lanciert, um die gewaltsame Usurpation durch die europäischen Kolonisatoren zu rechtfertigen, mitunter dieselben, die heute, nachdem sie die Welt zuerst mit ihren Raubzügen und sodann mit ihren Versprechungen überzogen und verwüstet haben, das Schreckgespinst einer Invasion an die Wand malen.

Die Eroberung des Anderen ging bekanntlich nicht gewaltfrei und schmerzlos vonstatten. Der Zusammenstoß mit den »Barbaren« Westindiens, der Zusammenprall mit dieser so abgründigen Alterität, sollte epochale Effekte nach sich ziehen. Der größte Genozid, von dem wir ein geschichtliches Gedächtnis besitzen, bleibt sowohl in seinen Dimensionen als auch in seinen Modalitäten rätselhaft. Man weiß nicht genau, wie viele Einwohner jene Gebiete gegen Ende des 15. Jahrhunderts aufwiesen. Noch unermesslicher war jedoch die demografische Katastrophe, die von einem Zusammenspiel unterschiedlicher Ursachen hervorgerufen wurde: nicht nur von der unmittelbaren Gewalt der *conquistadores*, den Morden und anderen Gräueltaten, sondern auch von Versklavung, unbekannten Krankheiten sowie dem Zusammenbruch ökologischer und kommunitärer Gleichgewichte. Die Unterwerfung der Körper ging mit der kulturellen Zerstörung Hand in Hand. Die Indios erlagen den Europäern sehr rasch. Noch immer ist schwer zu verstehen, wie wenige Hundert Europäer einen derart schnellen Sieg davontragen konnten. Die These Tzvetan Todorovs ist bekannt, der zufolge Mayas und Azteken die Ereignisse nicht verstehen und »plötzlich die Kommunikation nicht mehr meistern konnten«.[131] Sowohl Kolumbus als auch insbesondere Cortés verfügten nicht nur über eine militärisch-technologische Vorherrschaft, sondern verfolgten desgleichen eine kohärente politisch-kommunikative Strategie, die nicht auf die Anerkennung der anderen, sondern auf ihre systematische Vernichtung ausgerichtet war.

Bereits 1493 legte Rodrigo Borgia, Papst Alexander VI., mit der Bulle *Inter caetera divinae* die erste globale Hypergrenze fest, indem er den Königen von Kastilien »alle entdeckten und noch zu entdeckenden Inseln und Länder westlich und südlich zu der genannten Linie«, die am Längengrad westlich der Azoren beginnt, »gibt, gewährt und überträgt«, und zwar im Namen »Apostolischer Machtvollkommenheit«. Die Rechtmäßigkeit dieser Schenkung rief jedoch nicht unerhebliche Zweifel hervor. Die katholischen Souveräne selbst stellten Fragen nach den versklavten Indios. War es zulässig, diese so zu behandeln? Waren sie nicht vielleicht auch Menschen? Die *conquistadores* hatten ein widersprüchliches Bild gezeichnet und die Indios bisweilen als blutdürstige Wilde, bisweilen aber auch als sanftmütiges Volk porträtiert, das durchaus bereit war, das Wort Gottes zu empfangen. Bei seiner dritten Reise war Kolumbus zum System der *encomiendas*, mit dem die Ländereien zugeteilt wurden, sowie zu dem der *repartimientos*, innerhalb dessen die Arbeit kein Sklavendienst mehr war, sondern mit einem Lohn vergolten wurde, übergegangen. Die Auswirkungen waren dennoch desaströs: Allerorten war die Bevölkerung vom Aussterben bedroht. Es waren die Dominikaner, die dieses Monitum zuerst verlauten ließen. Der Dominikanerbruder Antonio de Montesinos, der das Evangelium auf der Insel Hispaniola predigte, startete am 12. Dezember 1511 einen harten Angriff gegen die Conquista. Vom König nach Spanien zurückbeordert, berichtete er vor einer Junta aus Theologen und Philosophen, die schließlich am 27. Januar 1512 in Burgos einberufen wurde, von den Verbrechen, deren Zeuge er geworden war. Damit wurde ein Disput eröffnet, der lange andauern sollte.

Wie war es möglich, die christliche Moral der Gleichheit mit der effektiv stattfindenden Versklavung in Einklang zu bringen? Es fehlte nicht an extremistischen Stimmen wie der von John Major, eines an der Sorbonne lehrenden schottischen Philosophen, der sich auf die aristotelische Theorie der natürlichen Sklaverei berief, um seine These zu untermauern, dass die Völker Westindiens *ferini*, wilde Tiere seien, die *bestialiter* lebten und daher als *natura servi*, als »Sklaven von Natur«, anzusehen wären.[132] Andere schlossen sich seinem Urteil an. Der lateinische Terminus *servus* trug dazu bei, das Problem zu umgehen, da sich seine Bedeutung so stark ausgeweitet hatte, dass er nicht mehr nur die Sklaverei, sondern auch etliche Formen von Zwangsarbeit bezeichnete. Daher konnte der König die *Leyes de Burgos* verabschieden, jene Gesetze, mit denen die Indios als »freie Untertanen der Krone« definiert wurden. 1513 wurde das *Requerimiento* aufgesetzt, das nach jeder neuen »Entdeckung« verlesen wurde, um die juristische Rechtmäßigkeit der eroberten Ländereien zu bezeugen.

Als der Streit noch nicht beigelegt war, intervenierte der Dominikaner Francisco de Vitoria, der als größter Theologe seiner Zeit galt. Während einer an der Universität von Salamanca in der ersten Jahreshälfte 1539 gehaltenen Vorlesung entwarf Vitoria zwei *Relectiones de Indis*, mit denen er das Problem der »Conquista« und das noch heiklere der Kolonisation in den breiteren Kontext des internationalen Rechts stellt, zu dessen Begründung er damit seinen Beitrag leistete. Zum ersten Mal formulierte Vitoria eine Pflicht zur Gastfreundschaft, die davon bekräftigt wurde, was er *jus migrandi* nannte, das Recht zu migrieren.

Das *dominium* gründet sich auf die *humanitas*, die Menschheit. Jeder Mensch ist *dominus*, Herr, insofern er nach dem Ebenbild Gottes geschaffen wurde. Weder Todsünde noch *infidelitas* stellen ein Hindernis dar. So kehrt Vitoria den Diskurs um. Und zur Verdeutlichung fügt er hinzu, dass *dominus* ist, wer *injuria*, Schaden und Unrecht erleiden kann. Auch Kinder sind *domini*. Das bedeutet die Wende: Die Indios waren *domini*. Sie verfügen über Städte und Gesetze, führen ein geordnetes Leben. Deshalb können sie nicht ihrer Besitztümer und ihres Vermögens beraubt werden. Die »Conquista« lässt sich nicht mit der Vormachtstellung der Zivilisation über die Barbarei rechtfertigen.

Wenn die Indios *veri domini* sind, Herren über ihre Länder, dann müssen überzeugende Gründe dafür gefunden werden, ihre Gastfreundschaft in Anspruch nehmen zu dürfen. Da der Mensch ein *animal sociale* ist, wie Aristoteles lehrt, erfordert er aufgrund seiner Natur ein *jus communicationis ac societatis*, ein »Recht auf Kommunikation und Sozialität«, das sich im Rahmen einer Reihe von Rechten artikuliert, die daraus als Korollarien folgen. Es sind dies: die Ermöglichung des Handelsaustauschs (*jus commercii*), das Recht, das Evangelium zu predigen und zu verkünden, das Recht zu reisen (*jus peregrinandi in illas provincias*), ja sogar dort wohnhaft zu werden (*jus degendi*) und einen Wohnsitz zu erwerben (*accipere domicilium in aliqua civitate illorum*) und schließlich das Recht, in die Neue Welt zu migrieren (*jus migrandi*).[133] Die Indios machten sich einer schwerwiegenden *injuria* schuldig, wenn sie den Spaniern diese Rechte nicht zugestehen würden, die in diesem Fall ein *jus belli* geltend machen und einen Krieg beginnen könnten. Und das umso mehr, als in der *communitas orbis*, der durch Kommunikation geteilten und vereinten Welt, diese Rechte natürliche Rechte darstellen und allen Menschen zugestanden werden müssen.

Diese theologisch-politische Legitimierung der Conquista ist hochgradig ambivalent: Sie gesteht den Indios einerseits Souveränität und Würde zu und verpflichtet sie andererseits gleichzeitig darauf, die spanische Präsenz anzuerkennen, womit sie letztlich ihrer Enteignung zustimmen. Da die Indios unfähig seien, sich in einer autonomen politischen Ordnung selbst zu regieren, bedürften sie des »Schutzes«. Ohne das christliche Erbe der Gastfreundschaft vollkommen aufzugeben, demzufolge es »menschlich und recht« ist, die Fremden gut zu behandeln, ist Vitoria von der Idee fasziniert, ein internationales Recht voranzutreiben, dessen Paradoxien er jedoch durchaus gewahr wird, wo der Wunsch nach Sozialität mit Gewalt durchgesetzt werden muss.[134]

24. *Mare liberum*: Und der Einspruch des Souveräns

Um seinem Recht auf Kommunikation ein theologisches Fundamt zu geben, griff Vitoria auf eine Erzählung zurück, die dazu berufen sein sollte, zu einem *tópos* des Naturrechts zu werden. Die Welt war ursprünglich allen gemein; es gab weder Grenzen noch Eigentum, die den Durchzug verhindert hätten; erst in der Folge wurden die Nationen geschaffen und Eigentum zugelassen. Die Kommunikation stellte jenen ursprünglichen Zustand teilweise wieder her. Was aber war mit dem Meer? Die weltweiten Gewässer hatten sich dieser Aufteilung entzogen.

Einige Zeit später, im Jahr 1604, geschah es, dass die *Santa Catarina*, ein portugiesisches Handelsschiff, von niederländischen Matrosen überfallen und aufgebracht wurde, die damit eine Beute von etwa drei Millionen Florins machten. Welches Gesetz hätte das verhindern können? Der große Streit brach los.

Zur Verteidigung ihrer Sache wandten sich die Holländer an Hugo Grotius, den Philosophen und brillanten Rechtsgelehrten, der für die Niederländische Ostindien-Kompanie arbeitete. Es konnte gar kein Zweifel herrschen: Das Recht war für Grotius auf Seiten der Holländer, die sich dem spanischen und portugiesischen Monopol auf die Weltmeere widersetzt hatten. Hatte nicht ausgerechnet Vitoria ein Durchgangsrecht über Land eingefordert? Und sollte dieses nicht umso mehr für den Seeweg gelten? Was die Beute anbelangt, war sie das Resultat eines privaten Krieges, mit dem die Portugiesen dafür bestraft wurden, das Naturrecht verletzt zu haben.

Im Frühjahr 1609 veröffentlichte Grotius in Leiden das anonyme Pamphlet *Mare liberum*, das bei seinen Zeitgenossen großen Widerhall finden und tiefgreifende Auswirkungen auf die geopolitische Anschauung zeitigen sollte – angefangen beim Gegensatz von Meer und Land.[135] Das Naturrecht bekräftigt, dass das Meer frei zugänglich sein müsse. Keinerlei Regime der Souveränität kann dort akzeptiert werden, denn es ist unmöglich, es zu besetzen und diesen Besitz dauerhaft zu halten. Im Unterschied zum Land, entziehen sich Luft und Meer der Aneignung. Quellen und Flüsse, die sich im öffentlichen Besitz befinden, können abgetreten oder verpachtet werden. Das Meer hingegen gehört allerorten »zum Reich der Dinge, die keine Waren sind, das heißt nicht in Privatbesitz übergehen können«.[136] Grotius denkt dabei an den unermesslichen Ozean, der »mit dem ungestümen Rhythmus seiner Wellen weder eingedämmt noch abgeschlossen werden kann und der eher in Besitz nimmt, als dass er sich besitzen lässt«.[137] Man kann weder die friedliche und unschuldige Seefahrt untersagen noch – im Falle einer dringlichen Lage – einen Durchzug durch jene Orte verbieten, die an das Meer angrenzen wie Strände und Küsten oder dem aneignungsfähigen Land benachbart sind. Gastfreundschaft als eine Pflicht und Zuflucht lässt sich nicht verweigern: »Es ist barbarisch, die Fremden zurückzuweisen. [...] Man kann denjenigen nicht zustimmen, die den Fremden den Zugang zur Stadt verweigern [...].«[138] Obgleich Grotius eigentlich darauf abzielt, den Handel im weitesten Sinne – wie er der Kommunikation Vitorias entspricht – zu befördern, entwirft er die Idee einer offenen Gastfreundschaft, deren Raum trotz allem das Meer bleibt, das sich der Souveränität entzieht.

Samuel Pufendorf, der Nachfolger Grotius' auf dem Heidelberger Lehrstuhl, sollte diese Ausrichtung jedoch einer Korrektur unterziehen. Die Gastfreundschaft wird aus der Sphäre des Politischen ausgeschlossen, um eine rein ethische Bedeutung anzunehmen. Die Europäer rudern jetzt zurück und räumen ein, diese irrigerweise als Alibi in Anspruch genommen zu haben, um die Indios zu unterwerfen.[139] Im Fahrwasser des Hobbes'schen *Leviathan* stellt sich Pufendorf damit sowohl Vitoria als auch Grotius entgegen. Gewiss, man darf den Flüchtling nicht zurückweisen und dem Reisenden auch nicht die Durchfahrt verweigern. Und dennoch kann die Gastfreundschaft, die in der Antike als heilig und unantastbar galt, nicht jedermann bedingungslos gewährt werden. Man hat zu prüfen, auszuwählen, zu kontrollieren; das Maß setzt sich durch. Gastfreundschaft ist kein Recht, sondern eine durch den Souverän erwiesene Gunst.

25. Kant, das Besuchsrecht und der verweigerte Wohnsitz

Es ist nicht übertrieben zu behaupten, dass die Art und Weise, wie das Thema der Migration im dritten Jahrtausend angegangen wird, bereits in jenem ambivalenten Kompromiss zwischen der Aneignung des Bodens und der Möglichkeit des Durchzugs, zwischen Souveränität und Gastfreundschaft vorbereitet wurde, die Kant in seinem 1795 veröffentlichten Entwurf *Zum ewigen Frieden* vorgeschlagen hatte. Es ist daher auch kein Zufall, dass die Genfer Konvention von 1951 über die Rechtsstellung der Flüchtlinge an der Stelle, an der das *Non-Refoulement-Prinzip*, der Grundsatz der Nichtzurückweisung, formuliert wird, nahezu buchstäblich die Worte aufgreift, mit denen Kant begründet, dass der erste Eintritt dem Fremden nicht verweigert werden könne, wenn dies »nicht ohne seinen Untergang«, ohne dabei sein Leben aufs Spiel zu setzen geschehen kann.

Im »Dritten Definitivartikel zum ewigen Frieden« ist vom »Weltbürgerrecht« und von der »allgemeinen Hospitalität« die Rede.[140] Es handelt sich um wenige berühmte Seiten, die aufgrund ihrer visionären Tiefgründigkeit einen gewaltigen Einfluss ausüben werden. Für Kant ist es vonnöten, gegensätzliche Ansprüche miteinander in Einklang zu bringen: auf der einen Seite diejenigen der Staaten, die dazu bereit sind, ihre territoriale Souveränität um jeden Preis zu verteidigen, und auf der anderen Seite diejenigen der Fremden, das heißt all jener, die sich von einem Ort zum anderen bewegen, ohne dabei auf Schranken und Umzäunungen stoßen zu wollen. Welche Lösung erschien da denkbar?

Kant wagt sich bis in jenen komplexen Raum vor, der bis dato noch immer allein dem Kriegsrecht unterstand und in dem die sich gegenüberstehenden Staaten zu entscheiden haben, ob sie Fremde in ihrem Inneren überhaupt zulassen – und wenn ja, gemäß welcher Modalität. Es handelt sich um den Raum eines neuen *jus cosmopoliticum*, in dem sich endlich Frieden anstreben ließe, wenn sich nur die dafür notwendigen Bedingungen einstellen. In diesem Kontext verkündet Kant »das Recht eines Fremdlings«, das heißt das Recht auf Hospitalität. Es handelt sich um das universell gültige Recht des Einzelnen, das jedoch in seinem politischen Sinne zu verstehen ist – es geht dabei nicht um »Philanthropie«. Und es lässt sich wie folgt zusammenfassen: Der Fremde, der auf den Boden eines anderen gelangt, darf von diesem »nicht feindselig« behandelt werden. Als wollte Kant eine Mahnung in die Welt aussenden, indem er an die alte etymologische wie politische Verwechslung von *hospes* und *hostis* erinnert, die – insofern sie dazu anstiftet, den fremden Gast zunächst als einen Feind zu betrachten – bereits zu so viel Unheil und Konflikten geführt hat.[141]

Das Weltbürgerrecht auf allgemeine Hospitalität stellt für Kant die Bedingung des ewigen Friedens dar. Ein jeder hat das Recht, wohin auch immer ihn sein Schicksal führen mag, das jeweilige Territorium zu betreten, ohne deshalb für einen Feind gehalten zu werden. Es handelt sich um ein Naturrecht, insofern jeder auf der kugelförmigen und endlichen Erdoberfläche das Recht auf einen Platz besitzt. Darin klingt in säkularisierter Form das theologische Prinzip der ursprünglichen Gemeinschaftlichkeit der Erde nach. Das Recht hat indes nichts mit Moral zu tun. Auch ein Volk von Dämonen wäre in der Lage, am kosmopolitischen Raum teilzunehmen, indem es eine rechtlich-politische Architektur annähme, auf deren Grundlage Gastfreundschaft gewährt und erwidert werden kann. Man muss nicht gut sein, um gerecht zu handeln.

Was Kant hier interessiert, ist der »Verkehr«, und zwar sowohl im engeren Sinne als auch in dem weiteren des Austauschs, der Kommunikation, der wechselseitigen Beziehungen zwischen Fremden, die in einer Welt der sich anbahnenden Globalisierung einander immer öfter begegnen. Wie anders könnten entfernte Völker friedliche Beziehungen zueinander pflegen? Der Verkehr – beinahe eine Metonymie des Weltbürgertums – ist nicht nur Mittel, sondern auch Zweck, da er bereits erfordert, eine Gemeinschaft zu verwirklichen.

Die Versöhnung scheint gelungen: Das Weltbürgerrecht erkennt den territorialen Besitz der Staaten wie auch die individuelle Freiheit der Einzelnen an. Bis hierhin kann man Kant nur zustimmen. Und das umso mehr, als das vorherige Kriegsrecht den Feind im Visier hatte, während das Recht des ewigen Friedens seinen Ausgang vom Fremden nimmt. Dessen Ankunft sollte als Disposition zum Eintritt in die Gesellschaft betrachtet werden, als Bescheinigung von Geselligkeit. Ein neuer politischer Weg eröffnet sich, der über die Nächstenliebe und die verheerende Praxis des Krieges hinausführt. Der Fremde ist weder zu lieben noch zu hassen, sondern schlicht zu achten. Angesichts des von der kolonialen Expansion begangenen Unrechts und der von den Europäern, die aus dem »*Besuche* fremder Länder und Völker« ein »*Erobern*« machten und denen die Einwohner nichts galten, eingesetzten Ungerechtigkeiten will Kant verhindern, dass sich so etwas wiederholen kann und zugleich alle Verkehrswege offenhalten. Die Hospitalität berechtigt den Fremden nicht zu rauben, zu plündern und zu versklaven.[142] Mit der Verurteilung des Imperialismus gehen die Verteidigung und Förderung des einsetzenden Kapitalismus einher, der sich über die See- und Landwege ausbreitet. Kant rühmt daher das Schiff und das als »Schiff der Wüste« bezeichnete Kamel, da beide Distanzen verringern und einen Austausch mit den Einheimischen sowie mit jenen Völkern erlauben, die ansonsten isoliert bleiben würden. Im Bewusstsein der Weitläufigkeit seiner Perspektive nennt Kant Grotius und Pufendorf »leidige Tröster«, da sie noch immer in Kategorien des Kriegsrechts denken und die Interessen der einzelnen Staaten vertreten.[143] Das von ihm innerhalb des kosmopolitischen Raumes entworfene Recht hingegen fördert die Begegnung im Zeichen der wechselseitigen Achtung.

Was aber geschieht mit dem Fremden, dem zugestanden wurde, das Territorium zu betreten? Darf er bleiben? Auch nur für kurze Zeit? Darf er sich vielleicht sogar dazu entschließen, sich für immer niederzulassen? Kant unterscheidet sehr genau zwischen einem »Besuchsrecht« und einem »Gastrecht«. Nur Ersteres wird zugestanden, nicht aber Letzteres. Solange er »auf seinem Platz sich friedlich verhält«, darf der Fremde das Land eines anderen besuchen, als Tourist, als Handeltreibender, als Pilger, als Entdecker. Nicht aber kann er ein Recht geltend machen, für längere Zeit aufgenommen zu werden, das heißt dort seinen Wohnsitz zu beziehen. In diesem Fall (schreibt Kant in Klammern, wie um diese Möglichkeit zu minimieren oder ganz abzuwenden) würde ein »wohltätiger Vertrag« erforderlich werden, um den Fremden »auf eine gewisse Zeit zum Hausgenossen zu machen«. Die Bedingungen eines solchen Aufenthalts sind folglich alles andere als klar definiert.[144] Sicher hingegen ist, dass der Fremde nicht längerfristig wohnhaft werden darf. Wie Derrida beobachtet hat, scheint es, dass der Fremde hier der Bürger eines anderen Staates sei und dass die Gastfreundschaft nur in den Grenzen der Staatsbürgerschaft gewährt werden könne.[145]

Im kantischen Universum würde der Fremde nicht aufgenommen werden – keinerlei Gast- oder gar Wohnrecht; und kein Menschenrecht außerhalb der besitzstandsmäßigen Grenzen, die zudem auf gefährliche Weise von öffentlichen zu privaten Grenzen werden. Dies wird Anlass zu etlichen Missverständnissen geben – so als betrete der Fremde das eigene Haus und nicht das staatliche Territorium. Kant ist daran interessiert, jeder möglichen Form einer Subversion des Besitzes vorzubeugen und allein in diesen engen Grenzen die individuellen Freiheiten zu sichern. Deshalb ist es weiterhin der Souverän, der über das Schicksal des Fremden entscheidet. So gesehen stellt die Gastfreundschaft zugleich die Vollendung wie auch die Grenze des öffentlichen Rechts dar, wie es Kant verstanden und der Moderne überantwortet hat.

II. Ende der Gastfreundschaft?

Wir sind die Zahllosen, auf jedem Schachfeld uns verdoppelnd /
pflastern wir euer Meer mit Skeletten, um es darauf
zu durchschreiten. Ihr könnt uns nicht zählen,
denn gezählt werden wir immer mehr / Kinder des Horizonts,
der uns ausstülpt wie einen Sack ...
Mit uns bringen wir Homer und Dante,
den Blinden und den Pilger, / den Geruch, den ihr verloren,
die Gleichheit, die ihr unterworfen habt.
ERRI DE LUCA, *Solo andata*[146]

1. Der Kontinent der Migranten

Das Thema der Migration steht inzwischen auf der Tagesordnung. Es taucht unter den ersten Punkten der politischen Agenden auf, zieht die mediale Aufmerksamkeit auf sich, erregt innerhalb der öffentlichen Meinung alltägliche Angst. Die Debatte nimmt dabei häufig eine emotionale Klangfarbe an, weist extreme Akzentuierungen auf, sie polarisiert in ein Für und ein Wider, während die Komplexität des Phänomens dabei in den Hintergrund gerät. Es überwiegen die Generalisierungen, Gemeinplätze setzen sich durch, Worte werden unangemessen verwendet, Begriffe werden unscharf und verschwimmen, auf Statistiken wird eher zurückgegriffen, um Schrecken zu verbreiten, als um zu informieren. Von den globalen Migrationen wird ein nur einseitiges Bild im doppelten Sinne verbreitet: Einerseits ist es beschränkt und unvollständig, andererseits parteiisch und befangen.

Der Migrant wird als eine über dem souveränen Staat schwebende Gefahr dargestellt. Genau hier zeichnet sich der Konflikt ab. Gegenüber dem Migranten, der um Einlass bittet, hat der Staat das souveräne Recht auszuüben, seine eigenen Grenzen zu kontrollieren. Wenn der Migrant dennoch versucht, diese zu überschreiten, dann unterläuft er nicht nur Schranken und bricht das Gesetz, sondern er untergräbt vor allem die Souveränität des Staates. Deshalb konnte sich der Konflikt überhaupt derart stark zuspitzen. In seiner Vormachtstellung herausgefordert und in seinen Fundamenten gefährdet, bremst der Staat die »irreguläre Einwanderung«, schließt aus, weist zurück und schiebt ab, um so die eigene Macht zur Selbstbestimmung zu bekräftigen. Zu diesem Zweck beschwört er die Nation, verweist auf die Notwendigkeit, die Grenzen zu verteidigen, und alarmiert das allgemeine Sicherheitsbedürfnis. Diesem Aufruf folgen die Souveränisten – wie die Anhänger der staatlichen Souveränität heute genannt werden –, aber auch die verängstigten Bürger oder auch nur diejenigen, die sich innerhalb der Grenzen um ihre Sicherheit sorgen. Wer hingegen der Ansicht ist, für die Menschenrechte der Migranten eintreten zu müssen, leistet diesem Appell nicht Folge. Eben diese Polarisierung erregt die öffentliche Debatte und entflammt die Kundgebungen und Demonstrationen. Daher auch die zwei konträren Perspektiven: die staatszentrierte oder nationalistische, die Migration missmutig als ein fremdes Phänomen, als einen äußeren Störfaktor ansieht, und die außerstaatliche oder inter-nationale, die hingegen den Blickwinkel des Migranten einnimmt. Es wäre jedoch ein Irrtum, hinter und jenseits dieser Polarisierung nicht die tiefergehende und entscheidendere Konfrontation zwischen dem Staat und dem Migranten auszumachen.

Wenngleich Migration kein neues Phänomen innerhalb der Geschichte darstellt, haben die globalen Ereignisse des 21. Jahrhunderts deren Tragweite und Dimensionen radikal verändert. Kein Teil unseres Planeten ist davon ausgenommen. Die Auswirkungen von Migration sind derart weit verbreitet, dass sich nur schwerlich jemand vorstellen lässt, der diesen noch nicht begegnet wäre.[147]

Was aber sagen die Zahlen? Wer sind die Migranten? Woher kommen und wohin zieht es sie? Welches sind die Migrationswege und die am stärksten betroffenen Gebiete? Welches die bislang unbekannten Aspekte? Im Gegensatz dazu, was im Allgemeinen angenommen wird, sind die Zahlen nicht »objektiv« und sprechen keine eindeutige Sprache. Der Krieg der Ziffern ist in diesem Zusammenhang noch härter als anderswo, und zwar sowohl, weil die Herkunftsländer den emigrierenden Landsleuten oftmals nicht Rechnung tragen, als auch, weil die »irregulären« Migranten, die keine zu vernachlässigende Minderheit darstellen, den offiziellen Statistiken entgehen.

Die UNO definiert als »Migranten«, wer sich für wenigstens ein Jahr außerhalb seines Heimatlandes befindet. Dem *International Migration Report* von 2015 zufolge ist die Anzahl der Migranten im Jahr 2015 weltweit auf 244 Millionen angestiegen.[148] Es handelt sich damit um ungefähr drei Prozent der Gesamtbevölkerung des Globus. Das wiederum kommt jedoch immerhin etwa der Einwohnerzahl Indonesiens gleich. Man könnte von einem regelrechten Kontinent der Migranten sprechen. Die Zahl ist sicherlich eher zu tief als zu hoch angesetzt, denn es ist nahezu unmöglich, die irregulären Migranten mit einzuberechnen.

Betrachtet man die gewaltigen Unterschiede zwischen der großen geschlossenen Sphäre der westlichen und verwestlichten Welt, in der das System des Kapitals, der Technik und des Komforts Einzug erhalten hat, und dem unüberschaubaren Hinterland des Elends, den planetarischen Vorstädten von Trostlosigkeit und Verwüstung, kann man sich mit Recht fragen, warum es noch immer relativ wenige sind, die auswandern. Wenn ein Viertel der Menschheit über Reichtümer und Ressourcen verfügt, die den anderen drei Vierteln verwehrt bleiben, wenn die Ungleichheiten größer werden und dank der alten und neuen Medien das Bewusstsein davon wächst, dass anderswo ein besseres Leben möglich wäre, während die Zugangswege rascher und müheloser passierbar erscheinen, überrascht es durchaus, dass die Anzahl von Migranten nicht noch weitaus größer ausfällt. Die Hypothese, dass diese Zahlen in exponentieller Weise ansteigen werden, ist daher nicht allzu gewagt. Die Verlierer, die im Zuge der Globalisierung an den Rand gedrängt werden, stellen ebenso viele potenzielle Migranten dar. Diejenigen, die sich nicht auf den Weg machen, also der überwiegende Teil, sind schlicht die Ärmsten, die am stärksten Ausgegrenzten, die letzten Opfer des Ungleichgewichts. Wer über weniger ökonomische Mittel verfügt, bleibt sesshaft. Denn Migration bedeutet immer auch eine Investition.

In den letzten vierzig Jahren hat sich die Anzahl an Migranten verdreifacht, von 77 Millionen im Jahr 1975 auf die genannten 244 Millionen im Jahr 2015. Und auch die Migrationsrichtungen haben sich geändert. Die Migranten ziehen von den armen Ländern in die reicheren, was jedoch nicht heißt, dass die Hauptroute – wie man glauben könnte – stets von Süden nach Norden verläuft. Eine Neuerung ist, dass auch der Süden zu einem starken Anziehungspol geworden ist. Mehr als 110 Millionen zog es Richtung Süden; Richtung Norden ungefähr 130 Millionen Menschen. Während Amerika nicht mehr das Eldorado von einst darstellt, werden Ortswechsel innerhalb des Südens immer häufiger – auch aufgrund der Anziehungskraft von Schwellenländern wie Brasilien, Südafrika, China und Indien. Dennoch wies Europa im Jahr 2015 noch immer die größte Zahl an Einwanderern auf, circa 76 Millionen, gefolgt von Asien mit 75 Millionen und sodann von den anderen Kontinenten. Blickt man hingegen auf die einzelnen Länder, erscheint die Rangliste exzentrischer und breiter gefächert: In den Vereinigten Staaten sind 47 Millionen Migranten wohnhaft, in Deutschland 12 Millionen, in Russland eine ähnlich große Zahl, in Saudi-Arabien 10 Millionen. Während diese Zahlen klar den Zielort angeben, bleibt die Herkunft angesichts der Tatsache weitaus unbestimmter, dass die jeweiligen Herkunftsländer die Ausreisenden nicht immer registrieren. Schließlich kommt man an zwei neuen Aspekten nicht vorbei: an der ansteigenden Binnenmigration, die vor allem in Afrika zu beobachten ist, sowie an der temporär begrenzten Migration, einem oftmals von Arbeit und Beschäftigung motivierten Ortswechsel für eine begrenzte Zeitdauer.

Doch die geopolitische Landschaft der Migrationsbewegungen hat sich insbesondere durch die beschleunigten Auswirkungen der Globalisierung verändert. Es ist nicht mehr möglich, eindeutig und endgültig zwischen Aufbruchs- und Ankunftsorten zu unterscheiden. Auf einmal kann ein und dasselbe Land zugleich Ort der Einwanderung, Durchgangsort und Ort der Auswanderung sein. Ähnliches geschieht insbesondere in Italien und allgemeiner im ganzen mediterranen Raum, der diese dynamische Zirkularität anschaulicher als jeder andere Teil des Globus illustriert.

Nach dem »Arabischen Frühling«, dem Syrienkrieg und dem Entstehen des IS ist die Zahl der Flüchtlinge in der Welt – den vom UNHCR, dem Hochkommissar der Vereinten Nationen für Flüchtlinge, vorgelegten Daten zufolge – im Jahr 2015 auf über 20 Millionen angestiegen. Es handelt sich damit um die größte Zahl nach dem Ende des Zweiten Weltkriegs. Der überwiegende Teil der Geflüchteten stammt aus Syrien, Afghanistan und Somalia. Zehntausende haben bei dem Versuch, das Mittelmeer zu überqueren, den Tod gefunden. Das Volk der Flüchtlinge wird vorübergehend in Lagern »aufgenommen«, die bisweilen die Größe von Städten erreichen und vor allem in der Türkei – dem Land, das am meisten Flüchtlinge auf der ganzen Welt beherbergt –, gefolgt von Pakistan, dem Libanon und Iran konzentriert sind.[149] Zu diesen Flüchtlingen kommen den Zahlen des UNHCR zufolge noch etwa 40 Millionen Binnenvertriebene (IDPs, *internally displaced persons*), 2 Millionen Asylsuchende und 10 Millionen Staatenlose hinzu.

Der Kontinent der Migranten, die überall auf dem Globus verstreut sind, ist ein gewaltiges und vielfältiges Volk in Bewegung, das die Grenzen der Weltordnung herausfordert. Gegen dieses Volk erhebt sich der Staat, das letzte Bollwerk der alten Ordnung, des veralteten *nómos* der Erde. Daraus entspringt der scharfe Konflikt zwischen der staatlichen Souveränität und dem Recht des Migrierens, zwischen einer auf Grenzen beschränkten Staatsbürgerschaft und einer neuen, deterritorialisierten Weltbürgerschaft.

2. »Wir« und »sie«: Grammatik des Hasses

Hunderte, Tausende und Abertausende – sich an sinkende Schlauchboote klammernd, zusammengepfercht auf den Bergungsschiffen, nach ihrer Ankunft in den »Aufnahmezentren« auf engstem Raum versammelt. Um gar nicht erst von denen zu sprechen, die in den lybischen Lagern verblieben sind, oder den in Flüchtlingslagern geparkten

Menschenmassen. Die Bilder sind stets dieselben: Sie zeigen anonyme Menschenmengen, verschwommene dunkle Massen. Nur selten fokussiert die Kamera auf ein einzelnes Gesicht. Aber auch die entsetzten Blicke und die Tränen durchdringen die Bildschirme nicht. Der Alltag der Fernsehzuschauer bleibt immun, ja er immunisiert sich weiter. Dazu tragen auch die Wortverbindungen bei, die diese Bilder in den Medien, im Netz und in den politischen Reden begleiten: »Einwanderungsnotstand«, »humanitäre Krise«, »biblischer Exodus«, »neue Migrationswelle«, »ein Menschenmeer«, »Invasion illegaler Migranten«.

Jene angeschwemmte Menschheit ist eine Monsterwelle, ein Tsunami, eine Katastrophe, die über »uns« hinwegfegt. Alarm, Gefahr, Notstand – Menschenmassen, Exodus, Invasion. »Wir«, die »wir nicht alle aufnehmen können!«, »Wir«, die »an den Grenzen unserer Kapazitäten angelangt sind«. »Sie«, die »eine Herausforderung für unsere Institutionen bedeuten«. »Sie«, die »eine Gefahr für unsere Arbeiter, für unseren Nachwuchs und unsere Arbeitslosen sind«. »Sie«, die »unsere Identität bedrohen«. Denn »sie« sind anders als »wir«, insgesamt und in allem. Auf einmal hat das Menschenmeer nichts Menschliches mehr an sich. Es ist jetzt ein Knäuel von Körpern, ein wirres Gewimmel, ein unheilvolles, bedrohliches Gedränge. »Nein, wir wollen sie nicht!« Türen und Herzen verschließen sich. »Was wollen die hier?« »Sollen sie doch dahin zurückgehen, wo sie hergekommen sind!« Die Angst gewinnt die Oberhand. »Wir« sind nur wenige, wehrlos und ohnmächtig im Vergleich zu »denen«, dieser feindlichen, gewaltigen, unmenschlichen Masse. Die Angst vor dem Anderen hat ihre Wirkung entfaltet. Die Kluft ist unüberbrückbar geworden.

»Wir« – »sie«. Pronomina sind nicht indifferent. Sie verorten Individuen und Gruppen im Sprechen, umgrenzen deren Rollen, leiten die Rede an. Die ersten entscheidenden Grenzen sind linguistischer Natur. Seltsamerweise wurde bislang noch keine Philosophie der Pronomen geschrieben.[150]

Was aber soll das heißen: »Wir«? Seine Bedeutung ist ambivalent. »Wir« entspricht der ersten grammatikalischen Form der Gemeinschaft und sollte demnach einschließen. Im Unisono des »Wir« scheinen das »Ich« und das »Du« miteinander zu verschmelzen. Das lässt sich kaum leugnen. Und dennoch hat das »Wir« stets auch einen bitteren Beiklang. Denn während es einschließt, schließt es zugleich auch aus. Das »Wir« verweist implizit auf das »Ihr«, das nicht nur das Ergebnis einer Abspaltung ist, sondern einen beinahe kriegerischen Akzent bekommt. Um gar nicht erst vom »Sie« zu reden. Was das »Wir« von sich unterscheidet und abtrennt, wird zum »Ihr«, das noch eine personale Würde besitzt, auch wenn es bereits von Feindseligkeit gezeichnet ist. Was das »Wir« hingegen nicht mehr erreichen, nicht mehr sichten oder greifen kann, nachdem es einmal aus seinem hellen und klangvollen Bereich ausgeschlossen wurde, wird dem dunklen und stummen »Sie« zugeschlagen.

Indem es sich nur ausspricht, stolpert das »Wir« bereits über seine eigenen Grenzen, über das »Ihr«, das ihm gegenübersteht, und über das »Sie«, das im Hintergrund verbleibt. Es kann danach den Einschluss anstreben. Oder es kann in eine identitäre Krampfstarre verfallen – bis es dann tönt: »Wir zuerst!« In diesem Fall erweist sich das »Wir« als derart klein und leer, dass es, um sich stärker zu fühlen, auf irgendein »Nicht-Wir« angewiesen ist. Und was gibt es Unverfänglicheres als die »illegalen Einwanderer«, um an eigener Relevanz und Sichtbarkeit zu gewinnen?

Vieles ließe sich über die jüngsten Deklinationen des »Wir« und über die systematischen Versuche sagen, den Anderen auszuschließen. Das geht so weit, dass für diese Verfallsform bereits die Formel eines »Wirismus« [noismo] vorgeschlagen wurde.[151] Nur, dass die Schuld daran nicht die Pronomen tragen. Das Problem liegt darin, wie sich das »Wir« verschanzt, panzert und befestigt, wie es die eigenen Grenzen erstarren lässt und zu unübersteigbaren Schranken aufrichtet, wie kriegerisch es dem »Ihr« gegenübertritt und wie es jene Anderen, jene ausgeschlossenen Dritten – anstatt sie aufzunehmen und ihnen Platz »zwischen uns« zu machen – in eine unpersönliche Pluralität zurückdrängt, was bis zur Verdinglichung geht, bis zu ihrer Verwandlung in eine anonyme und unterschiedslose Masse.

Dann handelt es sich nicht mehr nur um den unüberbrückbaren Abstand, der trotz allem auch noch zwischen »Wir« und »Ihr« bestehen bleibt. Was die Kluft vertieft und den Bruch verschärft, ist die unentzifferbare Masse jenes »Nicht-Wir«, zu dem das »Sie« verurteilt ist. Sich ein Bild des Anderen zu machen, ist nie ein leichtes Unterfangen. Schon bei Familienangehörigen, Freunden und Bekannten gelingt es mitunter nur mühsam. Umso schwieriger ist es bei Außenstehenden, zumal bei Fremden. Der Schmerz der Anderen, auch wenn er greifbar, offenkundig, unleugbar ist, kann in vollkommener Gleichgültigkeit ignoriert werden. In Indifferenz gehüllt, kann man diesen sogar willentlich zufügen – wie das Beispiel der Folter beweist.[152] Die lange und komplexe phänomenologisch-hermeneutische Tradition, der das Verdienst zuzuerkennen ist, den »Anderen« zu einem zentralen Anliegen der Reflexion gemacht zu haben, besitzt ihre Grenzen darin, diesen Anderen ausschließlich als Einzelnen angelegt zu haben.[153] Die Aufmerksamkeit fokussiert sich auf die Sym-pathie, auf das Mit-leid, auf ein »Sich-in-den-anderen-Hineinversetzen«, das allzu oft als ein unmittelbarer und instinktiv ablaufender Prozess angesehen wurde. Dieses Hineinversetzen gelingt jedoch nie vollständig, und schon allein die Forderung danach erscheint suspekt, insofern sie sich im Zeichen der Aneignung bewegt. Es handelt sich um eine Verblendung, um eine Illusion, die jüngst mit dem von den Kognitionswissenschaften erneut lancierten Zauberwort der »Empathie« neue Glaubwürdigkeit erlangt hat.

Wenn es jedoch auch nicht möglich ist, sich in die Lage eines Anderen zu versetzen, so ist man indes dennoch dazu imstande, den Schmerz, das Leid, die Angst und die Pein anderer nachzuvollziehen. Die Arbeit der Einbildungskraft wird von den Bildern jedoch nicht gerade begünstigt, wenn diese die individuellen Konturen, die Züge und Eigentümlichkeiten des Einzelnen nicht hindurchscheinen lassen. Die Einbildungskraft gerät ins Stocken, von den Zahlen behindert, von der Masse gehemmt. Einen Augenblick lang heftet sich der Blick auf eine Frau, die schwankend von Bord eines Schiffes geführt wird. Wie aber soll man dabei etwas empfinden, ohne ihre Geschichte zu kennen, ohne das Mindeste von ihr zu wissen? Das gegenteilige Beispiel wäre die Literatur, die einen über sich hinaus befördert, in Richtung des Anderen, auch wenn diese Andere, wie zum Beispiel Anna Karenina, fiktiv ist. Verheerend sind jedenfalls die politischen und ethischen Auswirkungen einer verbreiteten Unkultur, die – von Literatur weit entfernt – mit der alltäglichen Instrumentalisierung von Bildern einhergeht, die allein dazu dienen, die Einbildungskraft zum Erliegen zu bringen. Je häufiger sich diese Stockung wiederholt, umso mehr wird der Zuschauer angehalten, sich mit dem großen »Wir« zu identifizieren und die Masse der vielfachen »Sie« von sich wegzurücken. In einem solchen Universum, das trotz der gesättigten Farben auf die Monotonie eines gleichbleibenden Schwarz-Weiß reduziert wird, kann der Hass gedeihen.

Es handelt sich dabei keinesfalls um einen natürlichen und spontanen Hass. Dieser wird vielmehr herangezüchtet, genährt und geschürt. Er folgt Modellen, bedarf der Schemata und Konzepte: der unterscheidenden, diskriminierenden Geste, der demütigenden Begriffe, verhöhnender und verletzender Worte. In den kollektiven Zorn fließt der Groll des Einzelnen ein, der endlich frei ist, zu hassen. Doch der befreite Hass hat nichts mit Freiheit zu tun. Frei dazu zu sein, zu hassen, bedeutet vielmehr eine traurige Strafe und markiert den Anfang von existenzieller Frustration, identitärem Fanatismus, politischer Ohnmacht. Auf der einen Seite »Wir«, auf der anderen die »Nicht-Wir«, dunkel und monströs, widerwärtig und verabscheuenswert, die schuld an »unserem« Unbehagen sind – egal wie, egal warum, Hauptsache es gibt sie, die Schuldigen.

In einer Reportage, die geschrieben wurde, bevor das größte Bidonville Europas demontiert wurde, hat Emmanuel Carrère eindrücklich die Wut, die Abneigung und das Ressentiment der Bürger von Calais beschrieben, der inzwischen verarmten alten Arbeiteraristokratie und des neuen Lumpenproletariats, die in Gestalt der Einwanderer endlich noch Unglücklichere und umso Hassenswertere gefunden haben.[154]

3. Europa, 2015

Die Feindseligkeit hat Europa in ihren Klammergriff gezwungen. In den Geschichtsbüchern, die nicht dem hegemonialen Narrativ folgen und die nicht nur denen eine Stimme geben wollen, die im Inneren geschützt und abgeschirmt waren, wird man davon erzählen müssen, dass die Heimat der Menschenrechte, die den Heimatlosen Aufnahme hätte bieten müssen, denen, die vor dem Bürgerkrieg in Syrien, vor Verfolgung in Eritrea, vor Übergriffen im Sudan, vor Bomben in Afghanistan geflohen waren, denen, die versucht hatten, Hunger, Verwüstung und Tod zu entkommen – dass dieses Europa ihnen Asyl und Gastfreundschaft verweigerte. Mehr noch: Der potenzielle Gast wurde a priori als Feind stigmatisiert. Die Angst gewann die Oberhand, der Zynismus der Sicherheit triumphierte.

Radar- und Ultraschallanlagen sowie Videokameras an den Grenzen haben sich rasch verbreitet. Anmaßend ist der Stacheldrahtzaun aus der traurigen jüngeren Geschichte wieder aufgetaucht – und zwar nicht jene wenigen Meter, an denen es in der Tat nie und nirgends gefehlt hat, sondern Kilometer davon. Die beiden Sperranlagen von Ceuta und Melilla standen bereits zwischen Spanien und Marokko, um die Überfahrt über die Meerenge von Gibraltar zu verhindern: ein dichtes Netz elektronischer Sensoren, hochintensive Beleuchtung, einander ablösende Wachposten, Verbindungsgräben für die Sicherheitsfahrzeuge. Ein Durchkommen war bereits nahezu unmöglich. Und dennoch wurden die Sperren mit Zustimmung der Europäischen Agentur für die Grenz- und Küstenwache Frontex auf bis zu sechs Meter hochgezogen. Als wollte man eigens ein Schlaglicht auf die Wüste der Feindseligkeit werfen, in der Zuflucht eine Fata Morgana bleibt und Aufnahme eine einmalige Blendung. Plötzlich umschloss der Stacheldraht die nordmazedonischen Hügel, durchzog bulgarische Wiesen, durchfurchte stolz die ungarische Tiefebene und erreichte sogar Serbien, Kroatien und Slowenien, mithin jene Länder, die erst vor Kurzem ihre brudermörderischen Konflikte beendet hatten. So wurde die sogenannte Balkanroute dicht gemacht. Lange Schlangen von Flüchtlingen, deren Ende sich am Horizont verlor, folgten den Gleisstrecken, zogen durch die Städte, schoben sich die Autobahnen entlang. Kinder, Frauen, Greise, Männer jeden Alters, die die Zeichen des Terrors auf den Gesichtern, die Spuren von Folter und die Wunden des Krieges auf ihren Körpern trugen, die Verwandte oder Freunde verloren hatten, die verstört, hungrig, steif vor

Kälte und ausgebrannt waren, wurden aufgehalten, abgewiesen, gewaltsam zurückgedrängt.

Die oftmals harten, ja brutalen Bilder, die von den Medien aufgenommen und übertragen wurden, konnten letztlich nur wenige wirklich bewegen. Nein, kein Mitleid, kein Erbarmen. Das Mitgefühl wurde beiseitegeschoben und seines Sinnes entblößt. Die Rationalität der Ersten Welt kann es nicht dulden, von jenem widerwärtigen Chaos durcheinandergebracht zu werden. Geschichtsvergessen kehrte ihnen Europa den Rücken, verschloss die Augen und das Herz. Es organisierte sich, um sich gemäß den Kriterien polizeilicher Logik zu schützen: mit Drohnen, Helikoptern, Kriegsflotten, Soldaten, Sicherheitskräften, Agenten, Geheimdiensten, Spezialeinheiten. Schiffs- und Flughäfen unter strenger Überwachung, gesperrte Zufahrten, systematische Kontrollen – die Festung verschanzte sich. So besiegelte Europa in jenem Sommer 2015 das Ende der Gastfreundschaft. Davon müsste man erzählen.

Die Blockade der Balkanroute zeigte unmittelbare Auswirkungen, die nicht sonderlich schwer vorauszusehen gewesen wären. Wer im Osten in der Falle saß, suchte verzweifelt nach einem Ausweg; denjenigen, die sich noch außerhalb der Grenzen Europas befanden, blieb nur mehr der Seeweg. Etliche Syrer und Kurden versammelten sich in der Hoffnung an der türkischen Küste, eine Überfahrtmöglichkeit zu den in Sichtweite gelegenen griechischen Inseln zu finden. Die Schlepper waren so eifrig und beflissen, die Überfahrt in kleinen Booten zu organisieren, die recht leicht zu tarnen waren. Um die Anlandungen zu filmen, stießen die Linsen der Kameras mitunter bis dorthin vor, wo der Ferienaufenthalt der Touristen vom Einbruch der aus dem unbegreiflichen Universum der Kriege im Osten stammenden Migranten gestört wurde.

Ein Foto vom 3. September 2015 jedoch scheint einen Wendepunkt zu markieren. Es zeigt Alan, einen dreijährigen kurdischen Jungen, geboren in Kobanê, Syrien. Auch das Meer hatte ihn abgewiesen, zurückgestoßen. Sein Leichnam wird zusammen mit denen anderer Ertrunkener frühmorgens am Stand von Bodrum entdeckt. In seinen blauen Shorts und einem roten T-Shirt liegt Alan Kurdi bäuchlings auf dem Küstenstreifen im nassen Sand. Fast scheint es, als schliefe er und warte auf sein baldiges Erwachen. Dieses Kind rüttelte die öffentliche Meinung wach. Ein türkischer Polizist barg den Körper, eine Fotografin verewigte ihn in Bildern, die nach Überwindung der ersten Befangenheit um die Welt gingen. Der von ihnen ausgelöste Schock ist gewaltig. »Alan, unser Sohn«. Das Gemenge aus Mitleid und Empörung kann die Schuldgefühle nicht verdecken. Und das umso mehr, als die Geschichte Alans entsetzliche Überraschungen bereithält, die den Westen auf seine eigenen Verantwortlichkeiten verweisen.

Die Familie hatte versucht, sich der Gewalt des IS zu entziehen und von Syrien in die Türkei überzuwechseln – mehrere Male und mit ebenso vielen Rückschlägen. Sie hatte gehofft, mithilfe von Verwandten, die bereits emigriert waren, von dort aus nach Kanada umsiedeln zu können. Während sie zunächst von den türkischen Behörden keine Ausreisegenehmigung erhalten hatten, waren es sodann die kanadischen Autoritäten, die ihnen aufgrund bürokratischer Formalien das Asyl verweigerten. So hatte die Macht der Verwaltungsgebäude über das weitere Schicksal der Familie verfügt. Der Vater, Abdullah Kurdi, entschied sich dafür, sein Glück zu versuchen und den kurzen Seeweg zurückzulegen, der die türkische Küste von der griechischen Insel Kos trennt – nur 3 Seemeilen, rund 30 Minuten Überfahrt –, und sich zu diesem Zweck lokalen Schleppern anzuvertrauen. Nach zwei misslungenen Versuchen organisierte er einen dritten. Am 2. September legte noch vor Morgengrauen ein Schlauchboot ab, dem es gelang, der Küstenwache auszuweichen. Sie befanden sich jedoch zu zwanzigst auf einem Boot, das kaum acht Personen hätte tragen können. Die Mutter, Rehana, hatte die Reise angetreten, obwohl sie große Angst hatte, sich auf das offene Meer hinauszubegeben.

Die dunklen Punkte innerhalb dieser Geschichte sind zahlreich. Womöglich war der »Kapitän«, der das Schlauchboot so ungeschickt steuerte, dass er schließlich dessen Kentern verursachte, Abdullah Kurdi selbst. So berichten es zumindest einige der wenigen Überlebenden. Das wiederum müsste Reflexionen auf die Heuchelei anstoßen, welche die Kategorie des »Schleppers« umgibt, der zumeist alle Schuld untergeschoben wird. Die Tragödie vollzog sich in wenigen

Minuten: Die Rettungswesten funktionierten nicht, und das Meer verschlang nahezu alle Geflüchteten. Unter ihnen auch die Mutter von Alan und sein fünfjähriger Bruder Galib. Nur der Vater konnte sich retten.

Es ist hier nicht möglich, die weltweiten Wirkungen dieses Fotos des am Strand angeschwemmten Jungens zu rekonstruieren, das zum skandalösen Symbol einer verweigerten Hilfeleistung geworden ist. In jenem Bild musste Europa seinen eigenen Schiffbruch erkennen. Zwei deutsche Künstler, Oğuz Şen und Justus Becker, sprühten es mit städtischer Erlaubnis als ein riesiges, 120 Quadratmeter großes Wandgemälde an eine Fläche am Frankfurter Mainufer, direkt gegenüber der Europäischen Zentralbank. Zum Gedenken, so sagten sie, an alle Kinder, die beim Versuch, in Europa Schutz zu finden, ums Leben gekommen waren.[155] Doch jenes Graffiti stellt auch den Zusammenbruch der Menschenrechte dar, wenn sogar die Seenotrettung verweigert wird.

Zwei Tage nach der Verbreitung des Bildes von Alan entschied die deutsche Bundeskanzlerin Angela Merkel, die Grenzen für die auf der Balkanroute und vor allem in Ungarn festsitzenden Flüchtlinge zu öffnen und die Schaffung humanitärer Korridore von Nordgriechenland bis in den Süden Bayerns zu ermöglichen. Wie um die Scham abzumildern, reihten sich Bilder deutscher Bürger aneinander, die die syrischen Flüchtlinge an den Bahnhöfen mit Willkommensschildern empfingen. Die Öffnung für Gastfreundschaft wurde in diesem Fall nicht von Oben verfügt, sondern von den Meisten mit Enthusiasmus empfunden und begrüßt.

Bald darauf erlosch das Mitgefühl jedoch wieder.[156] Es fehlte indes nicht an einzelnen Episoden, an Initiativen humanitärer Organisationen und religiöser Einrichtungen oder auch an kleinen Gesten oftmals anonym bleibender Bürger, die spontan Hilfe leisteten. Ob auf Lampedusa, in Calais, in Ventimiglia oder auch in Griechenland, wo die an der Grenze zu Nordmazedonien stecken gebliebenen Geflüchteten erzählten, Kleidung und Nahrungsmittel gerade von den ärmsten Griechen erhalten zu haben. Der Niedergang der politischen Gastfreundschaft hat als eine Art von Wiedergutmachung eine ethische Antwort auf den Plan gerufen. Was aber ebenso gut irreführend sein könnte, wenn man diese Antwort als endgültige Reduzierung der Gastfreundschaft auf einen privaten Akt liest, auf einen moralischen Ersatz für eine Praxis, deren Bedeutung in höchstem Maße politisch ist. Gewiss, die Gastfreundschaft, jene öffnende Geste, die für die Überzeugung einsteht, dass niemand beiseitegeschoben, ausgeschlossen und ausgegrenzt werden dürfe, bedeutet stets eine existenzielle Prüfung eines einzelnen Individuums. Und doch stellt sie keinen solitären Akt dar, sondern ist in einer gemeinschaftlichen Dimension zu verorten. Im Antrieb jener Bürger, die dem Diktat der nationalen Souveränität und ihrer Ausweisungsgesetze nicht nachgegeben haben, sowie in der ethischen Beispielhaftigkeit ihrer Handlungen müsste demnach vielmehr die Forderung nach einer anderen Politik ausgemacht werden.

Dieser Forderung ist man jedoch in keiner Weise zur Genüge nachgekommen. Das am 22. September 2015 auf der Welle der emotionalen Anteilnahme unterschriebene Abkommen der Europäischen Union, das darauf abzielte, eine Verteilung der in Italien und Griechenland konzentrierten Migranten auf alle Mitgliedstaaten festzulegen, blieb toter Buchstabe ohne jede Wirkung. Europa schwor einer gemeinsamen Aufnahmepolitik ab. Überall überwog letztlich der engstirnigste Souveränismus, und weitere Geflüchtete aufzunehmen wurde zunehmend zu einem Tabu. Immer stärker wurde die Migration als eine Pathologie stigmatisiert, die im Namen der Wirklichkeit der Nation zu beseitigen sei. Man dachte, die »Migrationsströme« stoppen zu können, indem man nur die Kontrollen ausweitet und die Barrieren festigt.

Die Schließung der Balkanroute zeitigte verheerende Konsequenzen für die Geflüchteten, denen keine andere Wahl blieb, als zu versuchen, mit notdürftig seetauglich gemachten Kähnen und instabilen Schlauchbooten die Wassermauer der Straße von Sizilien zu überwinden. Zehntausende Syrer, Kurden, Eritreer, Sudanesen, Afghanen, Iraker vertrauten sich den Wellen an, um von den afrikanischen Küsten aus die Vorposten Europas zu erreichen. Ihr bevorzugtes Ziel: Lampedusa. Für viele endete die lange Reise am Meeresgrund – ohne, dass das eine Nachricht, eine Erzählung oder Gedenkfeier wert gewesen wäre. Die Szenen wiederholten sich: Migranten, die mit dem Wasser kämpften, verzweifelt um sich schlugen, bis sie schließlich darin verschwanden. Nein, man kann nicht sagen, dass diese Szenen eine große Wirkung gehabt hätten. Mit der Zeit gewöhnte man sich an sie. Eben diejenigen, die das Bild Alans bewegt und gerührt hatte und die in den sozialen Medien ihrer ganzen Empörung Ausdruck verliehen, verstummten gegenüber von Hunderten ertrunkener Kinder. Mit ihrem Schweigen gaben sie der Verteidigung Europas bis zum Äußersten statt und willigten in seinen Kampf gegen die Migranten ein.

Viele übernahmen die Logik der Nation. Auch diejenigen, denen zuvor die Aura des Kosmopolitischen anhaftete, entdeckten ihren Patriotismus wieder und verleugneten ihre alten Ideale. Warum auch sollten die deutschen, italienischen, englischen oder französischen Arbeiter das Elend der anderen auf sich nehmen? Nur wenige haben es gewagt, ihre Stimme im Namen der Gastfreundschaft zu erheben. Populistische Reden gewannen die Oberhand und schürten Hass und Angst, indem sie hinterlistig Terrorismus und Einwanderung miteinander koppelten. So profilierte sich die neue Phobokratie.[157] Wo er bereits in Kraft war, wurde der Ausnahmezustand verlängert, Sondergesetze wurden erlassen, während etliche europäische Staaten – besonders diejenigen Osteuropas – im Angesicht der sogenannten »Migrationskrise« ihre Tore versperrten. Rassistische Übergriffe mehrten sich: Auf der einen Seite wurden Aufnahmezentren in Brand gesteckt, auf der anderen inszenierten gute und rechtschaffene Bürger Protestkundgebungen gegen die Ankunft von Flüchtlingen – größtenteils Frauen und Kinder – in ihren Gemeinschaften. Es wurden Mauern errichtet, die nach derjenigen, die einst durch Berlin verlief, eigentlich undenkbar hätten sein sollen. Die stattlichste davon, gefordert und finanziert von England, wurde in Frankreich neben dem Hafen von Calais errichtet, um eine Überquerung des Ärmelkanals zu unterbinden.

Deutschland bedauerte bald darauf seine großzügige Gastfreundschaft gegenüber den syrischen Flüchtlingen. Grenzen sind Grenzen und sie sind anzuerkennen – so lautete die nahezu einhellige Überzeugung nicht nur der deutschen Bürger, sondern auch von Journalisten, Intellektuellen und Philosophen.[158]

Sowohl die Erstaufnahmezentren zur Identifikation und Registrierung, die sodann in *Hotspots* umbenannt wurden, als auch die Flüchtlingslager außerhalb der europäischen Grenzen vervielfachten sich. Am 18. März 2016 schloss Europa ein Abkommen mit der Türkei, dessen einziges Ziel es war, den Strom der Migranten einzudämmen und eine Rückführung der syrischen Flüchtlinge zu gewährleisten, die bereits die griechische Küste erreicht hatten. Die Unterschrift unter dieses Abkommen besiegelte das Vergessen Alans und seines Bildes.

4. Hegel, das Mittelmeer und der Meeresfriedhof

Das Meer trennt nicht; es »verbindet«. Es sind die Berge, die trennen und die Völker voneinander entfernen. Das Meer, das schrankenlos ist und keine Grenzen kennt, lädt zu einer offenen Lebensform ein. So dachte Hegel, ohne dabei zu vergessen, dessen ambivalenten, quasi dialektischen Charakter hervorzuheben. Denn plötzlich kann es sich in sein Gegenteil verkehren. Die dem Anschein nach weiche und nachgiebige Wasseroberfläche kann sich mit einem Schlag aufbäumen, sodass Wogen aus der Tiefe emporsteigen und sich bedrohliche Wellen auftürmen. Gerade weil es keinem Druck widersteht, lässt sich das Meer von niemandem in den Griff bekommen. Seine Nachgiebigkeit kann sich als listiger Hinterhalt erweisen. Es erweckt die Neugier, fordert den Mut heraus, treibt dazu an, Grenzen zu überschreiten – bis hin zum möglichen Schiffbruch. Als unendlicher, von Beschränkungen freier Raum begünstigt das Meer Bewegung und Handel, wird zu einem Mittel des Fortschritts. Wenn es ein Land streift, lässt es auch das Leben dort nicht unberührt und unverändert.

Es verwundert nicht weiter, dass Hegel in einer solchen Perspektive, die vom Wasser auf die Küsten blickt, im Mittelmeer zugleich auch »den Mittelpunkt der Weltgeschichte«[159] erkennt. Es scheint unmöglich, sich die Geschichte ohne jenes Meer vorzustellen, das mit seinen Buchten und Golfen Land mit Land verbindet und den wechselseitigen Austausch begünstigt. Das Mittelmeer ist das »Herz der alten Welt«, Begegnungsstätte der Völker, wichtiger Handelsweg, ein Spiegel seiner westlichen wie seiner östlichen Ufer. In einer paradox anmutenden Wendung gelangt Hegel zur der Feststellung, es sei »das Vereinigende«[160] der drei Weltteile.

Nach der Entdeckung der Neuen Welt verlagerte sich der Schwerpunkt der Geschichte in Richtung der Ozeane; diese Bewegung besiegelte jedoch nicht die Bedeutungslosigkeit des Mittelmeers. Die Prophezeiung Carl Schmitts, der zufolge die Etablierung der atlantischen Macht einen unumkehrbaren Wandel verschulden sollte, hat sich nur teilweise bewahrheitet.[161] Das Mittelmeer wurde nicht in die Geschichte zurückgedrängt. Im Gegenteil, es ist wahrscheinlich das Meer, von dem am häufigsten die Rede ist, wenn auch zunehmend als Quelle der Bedrohung, als Ursache von Schaden und Unheil: Von dort kommen die neuen »Invasionen«, die nie verschwundenen Gespenster der spätantiken Völkerwanderungen. Dem Jargon der »Zurückweisungen«, der Jahrhunderte der Gastfreundschaft konterkariert, folgt das Echo einer nostalgisch-geschwätzigen Rhetorik des Ölbaums und der Zypresse, der sanften Winde und sonnigen Strände, Symbole eines verlorenen Glanzes, einer Vergangenheit, die in den Mythos abgleitet und nur mehr antiquarische Leidenschaft weckt. Der erschwerende Umstand allerdings liegt darin, dass das entsprechende Modell des Zusammenlebens – Ressource und Herausforderung für die Zukunft – zu einem unerreichbaren Traum oder zu einer paradiesischen Form regrediert, die höchstens noch für idyllisierende Öldrucke taugt.

Das Mittelmeer bleibt Protagonist der Berichterstattung, und zwar im Rahmen einer nahezu schizophrenen Polarität: einerseits als legendenumwobener Schauplatz unendlicher Odysseen, als Landschaft der griechischen Mythen und Wiege der Zivilisation, andererseits als Meer der Migranten, des unaufhaltsamen Elends, einer die Wellen herausfordernden Revolte, die damit droht, auch hier anzulanden, Gastfreundschaft erbittet, Schiffbruch erleidet.

Der Tourist und der Flüchtling – sogar einer neben dem anderen am selben Strand –, das sind die beiden emblematischen Figuren, in die sich das Mittelmeer aufspaltet. Der Kontrast könnte schriller nicht sein. Auch wenn die Wasseroberfläche keinerlei Spuren davon aufweist und weder Werbetafeln noch eine kommerzielle Nutzung duldet, durchziehen die Routen der Globalisierung die Ozeane kreuz und quer. Auch das Mittelmeer hat sich davon verführen lassen. Seitdem das Abenteuer gebannt ist und der Wissensdurst und Erkenntnisdrang gestillt wurde, der Odysseus auf seiner Rückreise an seinen ungezählten Anlegestellen festgehalten hatte, ist vom alten Epos nicht mehr viel übrig. Gewaltige Kreuzfahrtschiffe entladen Tag für Tag Massen an Touristen, die von einem zwanghaften Konsumbedürfnis umgetrieben werden, während instabile Schlauchboote und schrottreife Kähne einen Teil ihres Ballasts an die Tiefsee verlieren. Banalitäten und Desaster wechseln einander auf den Wellenkämmen ab, hinterlassen in ihrem Kielwasser Müll und Treibgut, auf der einen Seite Plastik und Dosen, auf der anderen menschlichen Ausschuss.

Die Meeresgründe beherbergen nicht mehr nur Fundstücke der Vergangenheit, sind nicht mehr ausschließlich geheimnisvolle archäologische Stätte. Seit Langem schon ist das Mittelmeer zu einem Meeresfriedhof geworden.

> Und so viel Stein auf so viel Schatten bebend,
> das Meer schläft treu auf meiner Gräberwelt.

So Paul Valéry in einem metaphysischen Langgedicht über Zeit, Tod und Unsterblichkeit.[162] Seit jeher fungierte das Meer als Metapher gnadenloser Abgründe, unergründlicher Gräber. Jetzt aber hat diese Metapher ihre Aura verloren und sich in traurige Realität verwandelt.

Auf dem offenen Meer vor Lampedusa, nur einige Meilen vom ersehnten Ziel entfernt, haben unzählige Migranten in der Tiefe ihr Asyl gefunden. Die »Illegalen«, »Klandestinen«, Verborgenen, die in diesem geheimen, stummen und einsamen Raum versanken, haben nie wieder das Tageslicht erblickt. Der Meeresgrund ist zu ihrer letzten Bleibe geworden, zum Grabmal ihrer Träume, zum Friedhof ihrer Hoffnungen. Ihr Blick hat sich im Abgrund verloren. Ihre verkrampften, leichten Körper, für die Landung in die besten Kleidungsstücke gehüllt, haben sich zwischen den Algen aufgelöst.

Und doch werden sie Zeugen sein. Sie werden den Kommenden von ihren desaströsen Irrfahrten berichten und von ihrem Irrtum erzählen: Europa. Sie werden Verletzung und Schande aufdecken. Nie mehr wird das Mittelmeer sein, was es zuvor gewesen ist. Niemand wird die Grabstätten der Illegalen beseitigen können, die das *mare nostrum* in seine Tiefen aufgenommen hat.

5. Fadouls Geschichte

In einem kleinen schwarzen Rucksack aus billigem Nylon ist die fragmentarische Geschichte Fadouls enthalten. Seine Geburtsurkunde, ein Ausweisdokument, ein paar Briefe – aber keine Meldebescheinigung. Ab und an öffnet er ihn, um sich zu versichern, dass noch alles da ist; dann verschließt er ihn sorgfältig wieder. Dieser Rucksack ist der Restbestand seiner Identität, das ihn geduldig erwartende Zuhause. Er führt ihn stets bei sich.

Fadoul ist ein Kind des Exils. An seinen Geburtsort, an dem er die ersten Lebensjahre verbrachte, kann er sich nicht besonders gut erinnern: Ein Flüchtlingslager in Kamerun, an der Grenze zum Tschad, aus dem seine Familie aufgrund des Bürgerkriegs geflohen war, der mehr als ein Jahrzehnt andauerte, von 1965 bis 1979; einer jener Kriege, über welche die Welt lieber hinwegsah und die nie ins kollektive Gedächtnis eingegangen sind. Seither sind zwanzig Jahre vergangen. Sein Vater und seine Mutter sind inzwischen verstorben. Fadoul erlernte einen Beruf und heiratete. Er blieb jedoch stets im Exil. Mit seiner Frau Kaltuma von einem Ort zum nächsten ziehend, gelangten sie schließlich nach Libyen. Dort fassten sie Fuß, am Stadtrand von Tripolis. Fadoul arbeitete in einer Tischlerwerkstatt. Ihre Tochter Mouna wurde geboren. Und gerade als sie erfahren hatten, dass Kaltuma ein zweites Kind erwartete, brach in Libyen die »Revolution« aus. Das war im Jahr 2011. Vier Jahre lang hatten sie dort in einer kleinen Wohnung gelebt und sich mit dem zufriedengegeben, was ihnen zur Verfügung stand. Aber von heute auf morgen fanden sie sich inmitten von Gewalt wieder, im unbarmherzigen Kreuzfeuer rivalisierender Stammesgruppen.

Also machte sich Fadoul mit seiner Familie erneut auf den Weg. Zusammen mit Hunderten und Tausenden anderer Evakuierter marschierten sie Richtung Osten, und es gelang ihnen schließlich, sich nach Tunesien durchzuschlagen. Sie hatten alles zurücklassen müssen, aber erschöpft und entkräftet fanden sie in dem vom UNHCR eingerichteten Flüchtlingslager von Choucha Zuflucht. In den ersten Tagen konnten sie aufatmen. Dann aber begann das ungewisse Warten. Dort, in ihrem Zelt, folgten Monate auf Wochen – und auf Monate Jahre. Zuerst dachten sie noch, irgendwann zurückkehren zu können, um schließlich einsehen zu müssen, dass ihnen die Rückkehr versperrt bleiben würde. Sollten sie in Tunesien bleiben – oder weiter flüchten? Sie fingen von Neuem an. Die Familie zog mit ihrem Neugeborenen Hissène in die Stadt Medenine, in den dritten Stock eines baufälligen Hauses, das von weiteren Migranten bewohnt wurde. Fadoul fand wieder Arbeit. Aber die Dinge liefen nicht gut, eigentlich immer schlechter. Natürlich war das noch besser, als weiter im Zelt zu leben. Aber es fehlte an Essen, und die Tunesier waren nicht gut auf sie zu sprechen: Mehrere Male war Fadoul bereits angefeindet und angegriffen worden. Die Ausgrenzung machte sich immer stärker bemerkbar, so hätte es nicht mehr lange weitergehen können.

Oft strandeten »Überlebende des Meeres«, die die Überfahrt bereits versucht hatten, in jenem Wohnblock – Somalier, Senegalesen, Nigerianer. Der Schiffbruch hatte sie jedoch nicht bis zu dem Punkt entmutigt, endgültig das Handtuch zu werfen. Das Meer hatte sie dem Ufer zurückgegeben, und von jenem ungastlichen Gestade aus, wo es für sie keine Landung geben konnte, würden sie die Reise wiederaufnehmen. Für sie gab es keinen anderen Weg der Rettung als den des Meeres. Und doch hegten alle von ihnen eine tief verankerte, atavistische und uneingestandene Angst davor. Wahrscheinlich auch deswegen brachen am Vorabend jeder Abreise gewalttätige Schlägereien aus, alter Groll kam wieder hoch und unbedeutende Streitereien eröffneten unüberwindliche Abgründe des Hasses. Spannung und Beunruhigung wurden zugleich von den Gerüchten um die Überfahrt wie auch vom unerschütterlichen und beinahe heiligen Verbot genährt, überhaupt davon zu sprechen – so als erwecke die

Erzählung Vorkommnisse, Gesten und Ereignisse zum Leben, die in erschrockenes, erbarmungsvolles Schweigen eingehüllt bleiben sollten. Fadoul hatte von Menschen gehört, die verdurstet, die aufgrund eines an Bord ausgebrochenen Streits ums Leben gekommen oder die schlicht wegen Platzmangels von den anderen Körpern erdrückt worden waren. Auch hatte man ihm davon berichtet, dass bei der letzten Überfahrt, als der Kahn wegen der allzu großen Last nur langsam vorwärtskam, zwei Nigerianer in einem Anfall blinder Wut begonnen hatten, die anderen Migranten über Bord zu werfen, Frauen und Kinder eingeschlossen. Von all dem hatte er gehört und seinen Entschluss dennoch nicht geändert.

Die Entscheidung ist gefallen. Fadoul hat ein wenig Geld zur Seite legen können. Den Rest treibt er dadurch auf, dass er den spärlichen restlichen Besitz der Familie verkauft. Der Preis beläuft sich auf 800 Euro für sie alle, der Abmarsch ist für die Nacht geplant. Sie müssen mehr als fünf Kilometer Salzwüste durchqueren, um zur libyschen Grenze zu gelangen, eine anstrengende Wegstrecke; und dennoch schreitet die sechsjährige Mouna über dieses Salz hinweg, ohne sich zu beklagen. Die auf ihren eigenen Vorteil bedachte Komplizenschaft der Tunesier sowie die Dunkelheit eines mondlosen Himmels beschützen ihren Marsch. Auf der anderen Seite der Wüste warten bereits die »Schlepper«. Sie organisieren die Reise: verfolgen Wettervorhersagen, überprüfen die Bedingungen auf See, berechnen die Maße des Bootes sowie Anzahl und Gewicht der Passagiere. Und übervorteilen sich dabei – natürlich. Fadoul denkt indes nicht schlecht von ihnen. Letzten Endes bekommt er für sein Geld eine angemessene Gegenleistung.

Einige Tage lang bleiben die Migranten zwischen den Sanddünen versteckt. Dann endlich die Abfahrt. Es ist später Abend, als sie am vereinbarten Ort am Ufer zusammenkommen, sie sind zu siebzigst, vielleicht noch mehr. Vor der Küste, mehr als 50 Meter vom Strand entfernt, lassen sich gerade eben so die Umrisse eines Schlauchbootes erkennen. Das Meer scheint an jener Stelle nicht sehr tief zu sein. Fadoul nimmt, seine Frau an der Seite, die beiden kleinen Kinder auf den Arm und hält Mouna an der Hand. Fast niemand hier kann schwimmen. Einigen ist es jedoch bereits gelungen, an Bord zu klettern. Unter ihnen erkennt Fadoul eine junge Somalierin, die in demselben Wohnblock in Medenine gelebt hat. Ihr übergibt er die beiden Kleinen, indem er sich auf dem Sandboden, der ihn schon nicht mehr tragen will, auf die Zehenspitzen drückt. Das Wasser reicht ihm jetzt bis zum Hals. Plötzlich bemerkt er, dass Mouna nicht mehr neben ihm ist, sucht sie verzweifelt. Vom Gedrängel um das Boot herum schweift der Blick erschrocken über jene schwarze, aalglatte Oberfläche, die einen bitteren Abgrund unter sich verbirgt, die Nacht der Tiefe. Es ist, als hätte er alles verloren. Ohne Mouna hätte diese Reise keinen Sinn mehr. Im Lärm um ihn herum scheint er jedoch hinter sich eine vertraute Stimme ausmachen zu können. Es ist Mouna; zwei Frauen hieven sie auf das Schlauchboot.

Um an das Meer glauben und sich seinen Wellen anvertrauen zu können, muss man noch Hoffnung in die Erde setzen können. Die hat Fadoul; ebenso wie die Sudanesen, Somalier, Pakistani, die eng aneinander gedrängt im Boot hocken. Für sie ist es die letzte Chance. »Lieber sterben, als in Libyen zu bleiben«, wiederholen sie für sich und für die anderen. Dann ein Schub, sie haben abgelegt. Fadoul weiß nicht, wie lange es dauern wird, wie viele Meilen sie vom anderen Ufer trennen. Er weiß nur, dass sie diese unermessliche Dunkelheit durchqueren müssen – und dass ihre noch verbliebene Hoffnung Europa heißt.

Die Nacht ist warm, die Luft still, ohne jeden Windhauch. Vollkommene Flaute – die Seeleute fürchten sie beinahe noch mehr als den Sturm. Aber der Motor läuft. Das Schlauchboot ist kein Handelsschiff, es durchpflügt die Wellen nicht in behänden Manövern, und vor allem bietet es keinen stabilen Boden, der den Anprall der Wogen dämpfen könnte. Sie werden deshalb nur dem Anschein nach von nachgiebigen und willfährigen Wassermassen getragen. Trotz des eng bemessenen Raums und dem widerlichen Geruch des sich auf dem Boden ausbreitenden Benzins sind inzwischen einige eingeschlafen. So auch Kaltuma und die Kinder. Fadoul hingegen ist hellwach. Angst überfällt ihn, jetzt beginnt er, die Entscheidung zu bereuen.

Im Laufe der Nacht wird die Anspannung zunehmend größer. Das Trinkwasser ist aufgebraucht, der spärliche Raum immer stärker umkämpft. Beschimpfungen und erste Handgreiflichkeiten erschüttern das Boot. Besser abwarten, bis es Tag wird, um klarer zu sehen, denkt Fadoul. Schließlich beginnt er, ein Gebet zu deklamieren, denn jetzt kann sie nur noch Gott heil an ihr Ziel Europa bringen. Ein Vogel fliegt auf das Boot zu; das ist ein erstes Zeichen. Aber weitere lange Stunden vergehen, eine nach der anderen, und die Wasserfläche scheint sich ins Uferlose auszudehnen. Lange ist es jetzt auch schon her, dass sie von einem Mobiltelefon aus ein Hilfegesuch ausgesandt haben, ganz nach den Anweisungen der Schlepper. Zurück kam nur: Stille; und nun ist auch das Display des Telefons für immer erloschen. Sie treiben ab, womöglich führt sie die Strömung sogar in libysche Gewässer zurück.

Die Augen der Passagiere schließen sich langsam, vor Hunger und Erschöpfung, aus Resignation. Fadoul hört indes nicht auf, den Horizont abzusuchen. Plötzlich durchbricht eine andere Farbe – Rot – die vielen Spektraltöne von Blau. Das könnte ein Tuch sein, eine Flagge. Dann erkennt man weitere Farben, weiß, grün. Ein Schiff der italienischen Marine; Fadoul wedelt mit einem T-Shirt im Wind. Sie halten auf sie zu, müssen sie schon gesehen haben.

Drei Rettungsboote fahren heran. Die Männer werden von den Frauen und den Kindern getrennt. Als er das Schiff betritt, erkennt Fadoul von Weitem Kaltuma und die Kinder, die neben der Kombüse sitzen. Er kann kein Italienisch – meint aber, ein paar Wörter identifizieren zu können, die dem Französischen ähnlich scheinen. Es wird ihnen erklärt, dass sie in Sizilien von Bord gehen werden. Aber wird das auch stimmen? Wird man sie nicht vielleicht doch wieder zurückbringen? An seinem Platz unter Deck öffnet er seinen Rucksack, vergewissert sich, dass kein Wasser eingedrungen ist. Bange bereitet er die Dokumente für die Landung vor. Da ist die Küste; sie nennen es Sizilien – aber für ihn ist es Europa.

Fadoul und die Seinen haben, vielleicht weil sie eine Familie sind, mehr Glück als andere. Sie werden in ein von einer kirchlichen Organisation geführtes Aufnahmezentrum verbracht. Alles darin ist wie neu, das Zentrum ist erst vor Kurzem eröffnet worden. Ein Bett für jedes Familienmitglied, ein Tisch für die Mahlzeiten. Das Schlimmste liegt nun hinter ihnen. Zwölf Tage lang bleiben sie dort, von einer Atmosphäre der Mitmenschlichkeit umgeben, die sie bereits vergessen hatten. Doch sie müssen weiter, nach Frankreich. Die Mitarbeiter des Zentrums versuchen, sie davon abzuhalten: In Italien sei es einfacher, als »Flüchtlinge« anerkannt zu werden. Aber nichts zu machen; auch wenn er das Motiv nicht genauer benennen kann, ist Fadoul davon überzeugt, dass ihr eigentliches Ziel Frankreich heißt. Natürlich haben sie ihm vom Rassismus erzählt, der im Land der Menschenrechte gerade grassiert. Er glaubt aber, dass das überall in Europa ähnlich sein werde.

Weiter geht es nach Nizza, und der Traum wird wahr: Endlich betreten sie französischen Boden. Sie erreichen Marseille; und letzten Endes war doch alles einfacher als gedacht. Aber noch im Bahnhof, als Fadoul sich auf die Suche nach Trinkwasser macht, treten ihm drei Polizeibeamten entgegen und bringen ihn zur Identifizierung auf das Revier. Er erklärt, dass seine Familie auf ihn warte, dass er sie nicht allein lassen könne. Sie behalten ihn lange da. Dann händigen sie ihm mit der Maßgabe, dass er am nächsten Morgen wieder vorstellig wird, einen Fahrschein für die Metro aus, um zum Bahnhof und seiner Familie zurückzufahren. Fadoul ist niedergeschlagen und entmutigt; es wird besser sein, so schnell wie möglich von dort zu verschwinden.

Er findet Kaltuma und die Kinder wieder, und sie steigen in den erstbesten Zug mit dem Ziel Montpellier. Dort beginnt ein tagelanger Streifzug, um – letztlich vergebens – einen sicheren Schlafplatz zu finden. Schließlich führt sie jemand zum nächstgelegenen CADA, einem Aufnahmezentrum für Asylbewerber. Sie durchlaufen die bürokratische Prozedur und ihnen wird eine Anlage am Rand der Pyrenäen zugeteilt, in der bereits seit Langem andere Exilanten leben, die aus den unterschiedlichsten Ländern stammen, aus Syrien, Tschetschenien, Albanien. Dort erscheint Fadoul alles abgrundtief fremd. Das war es nicht, was er sich erhofft hatte. Die Anlage ist nichts anderes als ein Flüchtlingslager. Aber sie bekommen eine kleine Unterkunft und erhalten Marken, etwa sechs Euro pro Person, für Nahrungsmittel und andere alltägliche Ausgaben. Die Kinder gewöhnen sich schnell ein;

Mouna geht sogar zur Schule. Fadoul sucht in den Schreinereien der umliegenden Dörfer vergeblich nach Arbeit. Wie auch schon in der Vergangenheit versinkt Kaltuma in einem Dämmerzustand, der das Dahinfließen der Zeit aufhalten soll.

Das Warten droht erneut die gesamte Existenz zu verschlucken. Dieses Mal jedoch ist Fadoul zuversichtlich. Die Sozialarbeiter haben ihm erklärt, dass das Urteil wohl gerade deswegen auf sich warten lässt, weil ihrem Gesuch stattgegeben werden könnte. Weiter oben in den Bergen fällt der erste Schnee und löscht langsam die Erinnerungen aus. Weit entfernt von der afrikanischen Landschaft und weit entfernt von dem Gebiet Europas, das sie als Ziel gewählt hatten, befinden sie sich in einem kalten und schlammigen Limbus, in der Erwartung, das Leben wieder aufnehmen zu können. Fadoul aber unterschätzt die Macht der Dienstzimmer. Er weiß nicht, dass seine Papiere von einem Tisch zum nächsten geschoben werden, monatelang, ohne dass sich jemand die Unannehmlichkeit und Mühe der Entscheidung aufbürden möchte. Schließlich erreicht ein Kurier die Anlage: Nachdem sein Gesuch gebührend geprüft worden sei, habe das OFPRA (Office Français de Protection des Réfugiés et Apatrides) ermitteln können, dass Fadoul in Kamerun geboren worden sei – und nicht im Tschad. Eine Frage weniger Kilometer, gewiss, jedoch weniger entscheidender Kilometer. Sein Gesuch genüge damit den von der Genfer Flüchtlingskonvention vorgeschriebenen Kriterien nicht. Er, seine Frau und seine Kinder hätten einen Monat Zeit, den französischen Boden zu verlassen, um sodann nie mehr wiederzukommen. Das Umherirren wird von Neuem beginnen, irgendwo in Afrika, von einem Flüchtlingslager wie dem von Choucha aus, mit dem erneuten Ziel: Europa.

6. »Flüchtlinge« und »Migranten«: Unmögliche Klassifizierungen

Die »Flüchtlingskrise« von 2015 hat wenigstens zwei neue Phänomene ans Licht gebracht: auf der einen Seite die – stillschweigende, dadurch jedoch nicht weniger wirksame – Verletzung des Asylrechts und auf der anderen die Ausgestaltung von Etikettierungen, die dazu angetan sind, die »Migrationsströme« aufzuhalten oder wenigstens zu reduzieren. Worte sind weder unbedeutend noch indifferent, sie entscheiden über die Politik. Schon allein die Rede von einer »Krise« ist keineswegs zufällig: Denn sie impliziert die Vorstellung eines Zuviel, eines Überlaufens, und verweist auf die Anforderung, schnelle und realistische Lösungen zu finden.

Im Namen dieser Anforderung sowie des Imperativs, die »Anzahl der Anlandungen« drastisch zu verringern, setzte sich im öffentlichen Diskurs die Forderung durch, zwischen denjenigen zu unterscheiden, die aus politischen Motiven geflüchtet sind und daher aufgenommen werden sollten, und denen, die ihr Land aus »wirtschaftlichen Gründen« oder aufgrund des »Bestrebens, ihr Leben zu verbessern« verlassen haben und also einer »rechtmäßigen Ablehnung« entgegensehen. Ersteren wird das Etikett von »Flüchtlingen« zuteil, Letzteren dasjenige von »Migranten«.

Während der Ausdruck »Flüchtling« beinahe einer Art von Erlösung gleichkommt, ist »Migrant« ein Etikett der Grenze, das zur Anwendung kommt, um denjenigen, der von seinem Recht, sich frei zu bewegen, Gebrauch machen will, bewegungsunfähig zu machen. Diese Bezeichnungen stützen das gute Gewissen einer humanitären *governance*, die – indem sie auf ein scheinbar neutrales Selektionsprinzip zurückgreift – trotz allem biopolitische Macht ausübt. Auf der einen Seite die »Guten«, auf der anderen die »Bösen«, einerseits die »Echten«, andererseits die »Falschen«. So sind die westlichen Staaten darin übereingekommen, Migranten, diese »falschen Flüchtlinge«, zurückzuweisen.

Wie es oft geschieht, konnte sich auch diese alles andere als selbstverständliche Unterscheidung durch permanente Wiederholung schließlich in den Medien und der öffentlichen Meinung, in den einschlägigen Untersuchungen und innerhalb einer sich auf institutionelle Klassifikationen stützenden politischen Strategie durchsetzen. Letzterer kam nicht zuletzt auch eine Philosophie analytischer Prägung in normativer Absicht zur Hilfe, die sich als »Verantwortungsethik« versteht – da sie die Risiken und Folgen der Einwanderung mit einbeziehe und abwäge – und sich einer Bereitstellung von Kriterien verschreibt, nach denen zwischen dem Asylberechtigten und dem »falschen« oder »negativen« Asylbewerber unterschieden werden kann, kurzum: der es um die Definition sicherer Klassifikationen zu tun ist. Die Hauptfrage dabei ist das »Was« vor dem »Wer«: Was ist ein Flüchtling, wie lässt sich sein Wesen bestimmen? Die essentialistische Bestimmung verfolgt das zweifache Ziel, das Gesetz anzuleiten und der Politik in ihrer selektiven Praxis zur Hand zu gehen. Soviel zur Bestätigung der Gefährlichkeit solcher philosophischen Definitionen.[163] Man müsse über »objektive« Normen und Methoden verfügen, um auf dieser Basis entscheiden zu können, »welche und wie viele Flüchtlinge« aufgenommen werden sollen – das allein zähle.[164] Diese analytische Moral, die bislang vorwiegend im angloamerikanischen Kontext beheimatet war, hat inzwischen auch in Deutschland mit dem mitunter explizit erklärten Ziel Fuß gefasst, der philosophischen Neuen Linken italienisch-französischer Spielart entgegenzutreten. Abgesehen von den nur schlecht begründeten und zum Teil haarsträubenden begrifflichen Unterscheidungen – wie etwa derjenigen zwischen Flucht und Migration, die vom allgemeineren Begriff der »Wanderung« ausgeht, welche hier als schlichte Bewegung des Wanderns verstanden wird –, verfolgt diese patriotische Kasuistik letzten Endes das Anliegen, die politische Diskriminierung der Migranten moralisch zu legitimieren.[165]

Anstatt Gräben zu verfestigen und Grenzen zu konsolidieren, indem man zweifelhafte definitorische Etikettierungen entwickelt, geht es jedoch ganz im Gegenteil darum, die Logik der Selektion zu dekonstruieren, indem man den – keineswegs neutralen – semantischen Gehalt der Begriffe hinterfragt, deren unterschiedliche Interpretationen im Lichte ihrer historischen Herkunft gelesen werden müssen. In den Archiven stößt man auf verschiedenste Bezeichnungen – Exilanten, Staatenlose, Geächtete, Migranten –, die einander schon seit dem 19. Jahrhundert abwechseln und dazu beitragen, diejenigen, die die Grenzen der sich herausbildenden Nationalstaaten überschreiten, auf der Grundlage der Motivation ihrer Bewegung zu identifizieren:

entweder politischer Widerstand oder aber wirtschaftliche Bedürftigkeit. In jenen Jahren besaß der »Flüchtling« aufgrund der strukturellen Spannung zwischen den Menschenrechten und der nationalen Souveränität noch keinen allgemeinen Status. Und auch in der Folge bleibt er ein problematischer Begriff mit höchst umstrittenem definitorischem Gehalt. Der Grund dafür ist darin zu suchen, dass es den »Flüchtling an sich« nicht gibt. Der Ausdruck nimmt vielmehr je nach geschichtlichem Zeitalter und politischem Gebrauch unterschiedliche Konnotationen und Nuancen an und sagt schließlich mehr über diejenigen aus, die ihn verwenden, als über die, auf die er angewendet werden soll.

Als eine sich transformierende Kategorie verlangt der »Flüchtling«, dass man sich – wenn auch im Schnelldurchlauf – auf die Geschichte besinnt, um das für diese Kategorie charakteristische Oszillieren zutage zu fördern. Bei näherer Betrachtung taucht der Begriff erst Mitte des 17. Jahrhunderts in der englischen und der französischen Sprache auf. Er war den Hugenotten vorbehalten, die nach dem Widerruf des Edikts von Nantes zu Hunderttausenden aus Frankreich geflohen waren. Zudem ist festzustellen, dass »Flüchtlinge« zu jener Zeit ausschließlich Christen waren – und nicht Juden, nämlich Conversos und Marranen, die aus Spanien vertrieben worden waren. Später löst sich der Ausdruck immer stärker aus dem religiösen Kontext, um auf der Welle der politischen Ereignisse den Fremden zu bezeichnen, der das eigene Land verlassen musste und in einem anderen Staat Schutz sucht. Während der Zwischenkriegszeit nimmt die Figur mit dem Niedergang der großen Imperien dann präzisere Konturen an, wenngleich vornehmlich ganze Gruppen Aufnahme fanden, und zwar von 1921 an zuallererst Russen. Um als Flüchtling zu gelten, war es notwendig, einer bestimmten ethnischen Gruppe anzugehören.

Der russische Exilant ist in vielerlei Hinsicht emblematisch. Nach der Oktoberrevolution staatenlos geblieben und dazu entschlossen, nicht mehr in sein Heimatland zurückzukehren, handelt es sich um den sentimentalen und nostalgischen antibolschewistischen Aristokraten, wie ihn Joseph Roth so meisterlich beschrieben hat.[166] Für diese Gruppe entwarf der norwegische Entdecker und Polarforscher

Fridtjof Nansen, der zu jener Zeit das Amt des Hochkommissars des Völkerbundes für Flüchtlingsfragen bekleidete, ein neues Dokument, den »Nansen-Pass«, der – nicht ohne begleitende Kontroverse – den staatenlosen russischen Flüchtlingen Aufenthaltsrecht gewährte und damit das Asylrecht vorwegnahm. Jene Exilanten, Opfer des Kommunismus, sollten eine tiefe und dauerhafte Spur in der kollektiven Vorstellung hinterlassen. Weit anders verhielten sich die Dinge für andere Gruppen, etwa für Italiener, die vor dem Regime Mussolinis fliehen mussten. So paradox das klingen mag – es gibt keine Kategorie eines »italienischen Flüchtlings«. Gleiches gilt für Spanier und Portugiesen, die sich auf der Flucht vor faschistischen Diktaturen befanden. Einen Fall für sich bildeten die deutschen und österreichischen Juden, die das Jahr 1938 beziehungsweise 1939 abwarten mussten, um von den westlichen Ländern endlich als Flüchtlinge anerkannt zu werden.

Erst nach dem Zweiten Weltkrieg definiert die Genfer Flüchtlingskonvention vom 28. Juli 1951 den Status des Flüchtlings und legt den Akzent dabei auf die »Verfolgung«. Das wiederum stellt eine Antwort auf das Asylrecht dar, wie es 1948 zuvor eindeutig von der Allgemeinen Erklärung der Menschenrechte (Art. 14.1) proklamiert wurde: »Jeder hat das Recht, in anderen Ländern vor Verfolgung Asyl zu suchen und zu genießen.« Die Genfer Flüchtlingskonvention bricht mit den vorangehenden, durchweg gruppenbezogenen Entwürfen und liefert eine individuelle Definition. Flüchtling ist eine Person,

> die aus der begründeten Furcht vor Verfolgung wegen ihrer Rasse, Religion, Nationalität, Zugehörigkeit zu einer bestimmten sozialen Gruppe oder wegen ihrer politischen Überzeugung sich außerhalb des Landes befindet, dessen Staatsangehörigkeit sie besitzt, und den Schutz dieses Landes nicht in Anspruch nehmen kann oder wegen dieser Befürchtungen nicht in Anspruch nehmen will; oder die sich als staatenlose infolge solcher Ereignisse außerhalb des Landes befindet, in welchem sie ihren gewöhnlichen Aufenthalt hatte, und nicht dorthin zurückkehren kann oder wegen der erwähnten Befürchtungen nicht dorthin zurückkehren will.

Diese Definition ist jedoch mehrdeutiger, als es auf den ersten Blick den Anschein haben mag. Denn was soll das heißen, »Verfolgung«? Die Motive, die ein Individuum dazu antreiben mögen zu emigrieren, sind vielfältig und extrem breit gefächert; es ist keinesfalls gesagt, dass alle von ihnen unter den – eher verallgemeinernden als allgemeinen – Begriff der »Verfolgung« fallen, der jedoch das entscheidende Kriterium bildet. Vor allem aber vollzieht sich der Bruch mit den vergangenen Entwürfen innerhalb einer grundsätzlichen Kontinuität: Der Flüchtling ist nichts als eine Lehnbildung des sowjetischen Dissidenten. Im Kalten Krieg triumphierte der westliche Block, der sowjetische unterlag. Die Verteidigung bürgerlicher Rechte triumphierte über den Schutz vor ökonomischen Formen der Gewalt, wie auch bereits in der Definition ausschließlich individuelle Freiheiten berücksichtigt werden. Der Prototyp des Flüchtlings ist ein aus dem Osten in den Westen Geflüchteter. Keinerlei Raum wird hingegen demjenigen zugestanden, der Opfer von Hunger oder Armut wird – beides nachrangige Ursachen. Derjenige, der heute ein unerwünschter Migrant ist, bittet demnach vergeblich um die Staatsbürgerschaft; sein Ausschluss ist durch die Begriffsgeschichte verfügt worden.

Die Bedeutungsverschiebung des »Flüchtlings« lässt den Anachronismus einer Figur hervortreten, die aufgrund ideologischer Kriterien definiert wird und in ein bipolares Universum eingelassen ist, in dem die westlichen Länder nicht vorrangig Asyl bieten, sondern frei sein wollen, die Flüchtlinge von jenseits des Eisernen Vorhangs aufzunehmen. Ein 1967 ratifiziertes Folgeprotokoll weitet eine solche Aufnahme auf die Verfolgten in aller Welt aus. Über Jahrzehnte hinweg trägt der Flüchtling die Züge des Exilanten, der sich der Diktatur entgegenstellt und den Nachweis seiner Verfolgung liefern kann. Die Archive bezeugen jedoch eine großzügige Praxis und eine weit gefasste Interpretation, die nicht so sehr auf Überprüfung abstellte, sondern den Flüchtlingsstatus auf der Grundlage der Zugehörigkeit gewährt: Es war hinreichend, sich als Russe, als Pole, als Ungar und sodann als Vietnamese, Laote oder Kambodschaner ausweisen zu können. Die große Nachfrage an Arbeitskraft erleichterte die entsprechenden Verfahren noch weitergehend.

Es ist hervorzuheben, dass der »politische« Flüchtling Sympathie und Solidarität erweckt. Er hat nicht nur als Einzelner Unrecht erfahren, sondern ist zugleich der Repräsentant eines unterdrückten Volkes oder einer Volksgruppe, mit der die Identifikation nicht schwer fällt: von den spanischen Republikanern, die 1939 im Zuge der *Retirada* expatriiert wurden, bis hin zu den tschechoslowakischen Exilanten, die vor den sowjetischen Panzern flüchteten, von den Griechen, die sich dem Regime der Obristen entzogen, bis hin zu den Chilenen, Argentiniern und den anderen Südamerikanern, die im Laufe der 1970er Jahre die europäischen Städte erreichten. Ihr politischer Kampf ist klar bestimmt und mitreißend: Daher ist ihm Unterstützung sicher, wird er geteilt, was jedoch nichts daran ändert, dass das Asyl eine internationale Angelegenheit bleibt, die von diplomatischer Stelle geregelt wird.

Die Situation ändert sich, als sich nach der Ölkrise von 1973 die Grenzen zu schließen beginnen und auch das Profil des neuen Flüchtlings einem Wandel unterworfen scheint – weniger weiß, weniger gebildet, weniger reich, wird er von zugleich komplexeren wie trivialeren Motiven auf die Wege der Emigration getrieben, wird bezichtigt, ein »falscher Flüchtling« zu sein, und zwar sowohl, da er nicht mehr dem Exilanten, dem Dissidenten, dem »wahren Flüchtling« entspricht, als auch, weil er anscheinend ordinäre wirtschaftliche Ursachen für edle politische Gründe auszugeben versucht. Zusammen mit der Logik der Selektion wird damit das administrativ-bürokratische Verfahren der Anforderung eines »Nachweises« verstärkt, das vom umherschwebenden Gespenst der Unwahrheit untergraben wird. Wer danach strebt, als Flüchtling anerkannt zu werden, wäre dieser Logik zufolge immer schon ein Lügner, greife immer schon auf Winkelzüge und Täuschung zurück, um sich im Verborgenen einzuschleichen und sich sodann endgültig niederzulassen. Hier wird das Bild des »illegalen Einwanderers« geschaffen. Der Staat enttarnt ihn und weist ihn zurück, indem er der Wahrheit wieder zu ihrem Recht verhilft.

Während der Fall der Berliner Mauer nicht zur angekündigten Invasion aus dem Osten führte, stieg im letzten Jahrzehnt des zwanzigsten Jahrhunderts die Zahl derer, die nicht nur vor den vielfältigen internationalen Konflikten und ununterbrochenen Bürgerkriegen, sondern ebenso vor Hunger, Dürre und Gewaltakten aller Art fliehen, stark an. Die mit der Globalisierung zunehmende Mobilität begünstigt die Zirkulation von Migranten, die eine eigentümliche Hypermoderne einleitet. Die Diasporisierung der Welt, die sowohl durch die Interdependenz der Krisen als auch durch die beispiellose Beteiligung an gemeinsamen Herausforderungen charakterisiert ist, sprengt die geopolitischen wie die begrifflichen Grenzen. Der explosionsartige Anstieg von Asylgesuchen hätte eigentlich auch die ohnehin schon fließende Grenze zwischen den alten Kategorien des Flüchtlings und des Migranten beseitigen müssen.[167]

Doch im neuen Jahrtausend schließen sich die Grenzen für jene Fremden, die fremder erscheinen als alle anderen: die Armen. Vom Migranten durch eine zunehmend unüberwindliche Schranke getrennt, bleibt der Flüchtling als eine inzwischen beinahe veraltete Figur ein unabdingbares Bollwerk, das die administrative *governance* durch eine neuartige Aufspaltung – die Einführung des »Asylbewerbers« – noch weiter zu verstärken sucht. Der Antrag wird zu einem unbestimmten Zustand, zu einem Warten, dem der Migrant ausgeliefert ist und das dazu tendiert, die gesamte Existenz einzunehmen.[168] Das erscheint umso absurder, als das Asyl selbst, diese mehrdeutige und antiquierte Institution, systematisch unterlaufen und ausgehebelt wird – bis hin zum endgültigen Bruch, der offiziell vom EU-Türkei-Abkommen vom 18. März 2016 bekräftigt wurde. Diesem Abkommen zufolge sollte jeder Migrant, der auf das griechische Staatsgebiet gelangte – auch Syrer als rechtmäßige Asylsuchende –, in die Türkei zurück verbracht werden. So hinderte der Vertrag potenzielle Flüchtlinge daran, in der EU ein Gesuch einzureichen und Asyl zu erhalten. Der Verruf, in den der Migrant inzwischen geraten war, übertrug sich schließlich auch auf den Flüchtling.

Der Ausdruck »Migrant« bezeichnet hingegen schlicht denjenigen, der migriert, ohne dass dem schon eine positive oder negative Konnotation anhaftete; ihm entspricht keine juridische Kategorie, wie das beim Flüchtling der Fall ist. Seit einiger Zeit wird das Wort »Migrant« jedoch nicht mehr neutral und deskriptiv gebraucht, sondern hat pejorative und beunruhigende Züge angenommen. Als Figur des Transits, einer unbeständigen und instabilen Anwesenheit in der Welt, erscheint der Migrant, der den Nicht-Orten zugehörig und zur Grenze verdammt ist, in seiner Bewegung unkontrollierbar, unsichtbar und flüchtig – gleichermaßen evasiv wie invasiv. Gerade die Unmöglichkeit, ihn zu definieren – außer vielleicht aufgrund seiner schuldhaften Bewegungen –, liefert ihn dem Verdacht aus und versetzt ihn in den Wartezustand des »Bewerbers«. Er ist weder Verfolgter noch Opfer, für die man Mitleid oder Solidarität empfinden könnte. Im Gegenteil, er selber könnte der Verfolger sein. Denn er trägt die düsteren Züge des Gegners, des Rivalen, des heimtückischen und verborgenen Feindes. Er ist der »illegale Migrant«, zu ewigem Exil verdammt – zu endloser Migration und definitiver Unsichtbarkeit.

Der Migrant ist der Einwanderer, der *sans-papier*, der Saisonarbeiter, der Pendelmigrant, der Fremde und so weiter. Die Vervielfachung der Etiketten ist natürlich auch mit dem diversifizierten Profil der neuen Migranten verbunden; es genügt, hierbei an die »unbegleiteten Minderjährigen« oder an die sogenannten »Klimamigranten« zu denken. Das Migrationspanorama hat sich verändert. Aber alle neuen Etikettierungen verbleiben grundsätzlich in der semantischen Sphäre des »Migranten« und konservieren dessen Stigmatisierung.

Und dennoch hätten diese neuen Armen, denen auch noch die einstige Würde des Armen genommen wird, tausend Gründe geltend zu machen, tausend oftmals miteinander zusammenhängende Motive, die sie dazu gebracht, ja gedrängt haben, sich auf den Weg zu machen. Das UNHCR spricht bereits seit Längerem von »gemischten Migrationsströmen«, um die Bewegungen der Migranten zu benennen, die vor Krieg, Gewalt und Hunger geflohen sind. Mit dieser Formulierung wird bereits die Unmöglichkeit zugestanden, veraltete und rigide Kategorien anzuwenden, um das neuartige dichte Motivgeflecht zu entwirren und scheinbar gute von vermeintlich bösen Migranten zu unterscheiden. Die Verfolgung kann im Rahmen der neuen und ungezählten politischen, ethnischen und religiösen Konflikte viele Gesichter annehmen, zum Beispiel das der anhaltenden

Dürre. Oder das einer halbterroristischen, aufrührerischen Gruppe, welche die Bauern aus ihrem Dorf vertreibt; wenn diese sodann ihr Land verlassen, könnten sie fälschlicherweise auch als Wirtschaftsmigranten betrachtet werden. Ebenso, wie ein Syrer, der als »Kriegsflüchtling« definiert wird, auch von einem wirtschaftlichen Vorhaben angetrieben werden könnte, hat jemand, der aus dem Tschad stammt, vielleicht sein ganzes Leben lang unter politischer Schikane leiden müssen. Das Kriterium der nationalen Zugehörigkeit, das bei genauerer Betrachtung noch nie hinlänglich war, muss inzwischen als vollkommen unzureichend betrachtet werden.

Auch die Unterscheidung zwischen politisch Verfolgten und Wirtschaftsmigranten trägt nicht mehr. Sie wäre der Behauptung gleichzusetzen, dass die Verarmung ganzer Kontinente keinerlei politische Ursachen habe. Der globale Bürgerkrieg wird indes nicht nur mit Bomben geführt. Ausbeutung, Finanzkrisen, Kapitalflucht, Korruption, ökologische Katastrophen und religiöser Fundamentalismus stellen keine weniger gravierenden Motive dar als persönliche Bedrohung, Folter und Inhaftierung. Jenes antihistorische Kriterium wird allein durch die Logik der Selektion und die Politik der Abschottung und Zurückweisung aufrechterhalten.

7. Metamorphosen des Exilanten

Im Dezember 1987 – kurz bevor ihm der Nobelpreis für Literatur zugesprochen wird – hält der russische Schriftsteller Joseph Brodsky, ein sowjetischer Exilant im Westen, in Wien einen Vortrag, in dem er der Frage nachgeht, was das Los des Intellektuellen im Exil mit dem der Migranten verbindet: mit dem der italienischen und türkischen Gastarbeiter in Deutschland, mit den vietnamesischen *boat people*, mit den Mexikanern, die es an den Grenzpatrouillen vorbei nach Kalifornien zieht, mit den Pakistani, die sich nach Kuwait oder Saudi-Arabien durchschlagen, um die demütigenden Arbeiten für die Ölscheichs zu erledigen, mit vor Hungersnöten fliehenden Äthiopiern.

Was immer die treffende Bezeichnung für dieses Phänomen ist, was immer Motiv, Herkunft und Ziel dieser Menschen, was immer ihr Einfluss auf die Gesellschaften, die sie verlassen und in die sie kommen, eines ist völlig klar: sie machen es sehr schwer, unbefangen vom Elend des Schriftstellers im Exil zu reden. Trotzdem müssen wir davon reden; und nicht nur, weil die Literatur wie die Armut sich bekanntlich mit ihresgleichen abgibt, sondern hauptsächlich wegen der althergebrachten und möglicherweise bis dato unbegründeten Ansicht, dass Misswirtschaft und Leid, die Millionen auf die Straße treiben, sich etwas verringern ließen, würden die Meister dieser Welt gründlicher gelesen.[169]

Was hat der Migrant mit dem sich auf der Flucht vor der Diktatur befindlichen Schriftsteller gemeinsam? Die Antwort lautet: das Exil. Dieser Zustand ist der rote Faden, der ihre Schicksale miteinander verknüpft; selbst wenn die Unterschiede letztendlich überwiegen mögen. Und, wie es Joseph Brodsky nicht versäumt hervorzuheben, »das gute alte Exil ist auch nicht mehr, was es einmal war«.[170] Das Exil ist nicht mehr das des aus Rom verbannten Ovid oder das des aus Florenz exilierten Dante. Die Geschichte ist voll von berühmten Exilanten; vielen von ihnen verdanken wir einige der denkwürdigsten Seiten der Weltliteratur.

Exil und Literatur bilden ein festes Binom. Einerseits stellt der Zustand des Exils – wenn er mit stolzem Bewusstsein angenommen oder mitunter sogar willentlich gesucht wird, man denke etwa an James Joyce, der sich dazu entschloss, fernab von Dublin zu leben – eine unerschöpfliche Quelle der Literatur dar und andererseits übernimmt es die große Erzählkunst, die krudesten und schonungslosesten Porträts davon zu zeichnen. Der diesbezügliche Gipfelpunkt ist vielleicht die Erzählung *Amy Foster*, in der Joseph Conrad, seinerseits ein polnischer Exilant, den Schiffbruch und sodann das Leben von Yanko Goorall erzählt, eines Bauern aus Osteuropa, den das Meer an die britischen Küsten geschwemmt hat; vollkommen fremd in einer unentzifferbaren Welt, siecht er in einer Agonie dahin, die durch kein Wort gemildert und durch keinen Blick begleitet wird.[171] Die Literatur über das Exil wird in den letzten zwei Jahrhunderten zu einer regelrechten Gattung und könnte als der Versuch gelesen werden, den Wechselfällen jener von Nietzsche entlarvten Moderne zu folgen, die sich zunehmend von sich entfernt, abspaltet, entfremdet und nomadisch wird. Aus der antiken Praxis der Verbannung entstanden, stellt das Exil zunächst eine radikale Form der Dissidenz dar, welche nur einigen wenigen vorbehalten war – Intellektuellen, Schriftstellern, politischen Aktivisten –, die diese Loslösung oftmals in eine privilegierte Position und den Verlust in die Möglichkeit der Befreiung umzuwandeln wussten. Das Bild des Exilanten wandelt sich jedoch mit der Zeit. Die Heldensagen des edlen und hartnäckigen Außenseiters, der unerschütterlich gegen die Macht ankämpft, werden von den Wellenschlägen der großen Emigration ergriffen und verwässert, lösen sich weitgehend auf; zu Beginn des 20. Jahrhunderts besitzt der Exilant ein anderes Profil, ja er wird nicht einmal mehr Exilant genannt. Dieses komplexe Phänomen darf nicht unbeachtet bleiben: Während die Emigration exponentiell ansteigt, zerbröckelt und zerfällt darüber das Bild des Exilanten, und eine immer stärker diversifizierte Vielfalt von Figuren, die nur teilweise von den zahlreichen Etikettierungen erfasst werden, tritt an seine Stelle. Exilanten, Staatenlose, Geächtete, Flüchtlinge, *refugees*, Vertriebene, Gastarbeiter, Asylsuchende, Emigranten, Nomaden, »Illegale« – die Liste der mehr oder minder offen diskriminierenden Ausdrücke variiert mit den unterschiedlichen Sprachen und erweitert sich jedes Mal, wenn bislang unbekannte Aspekte die polyedrische Wirklichkeit der Migration in ein neues Licht rücken.

Obgleich sie durch das Exil miteinander verbunden sind, scheint sich nur mehr eine entfernte Familienähnlichkeit zwischen dem Exilanten und dem Migranten auffinden zu lassen.[172] Sodass man mit Recht fragen kann – wie es etwa der amerikanisch-palästinensische Intellektuelle Edward Said getan hat –, ob sich tatsächlich ein durchgängiges und kohärentes Phänomen zugrunde legen lässt.[173] Oder ob man nicht doch besser versuchen sollte – ohne dabei freilich die faktischen Differenzen zu vernachlässigen –, einer Kontinuität nachzugehen, die es unter anderem auch erlaubt, die gegenwärtigen Migrationsbewegungen in einer geschichtlichen Perspektive zu lesen. Die

Entscheidung für letztere Herangehensweise lässt sich insbesondere mit einigen signifikanten Bedeutungsverschiebungen begründen. Bereits während der Emigration von Intellektuellen und Wissenschaftlern aus Deutschland in die Vereinigten Staaten zwischen 1933 und 1945 beginnen die Ausdrücke schwankend und austauschbar zu werden, und die Exilanten bezeichnen sich selbst zunehmend als Emigranten.[174] Adorno etwa geht in dem mit »Asyl für Obdachlose« überschriebenen Abschnitt seiner *Minima Moralia*, einer Art im Exil verfasster Autobiografie, den »aufgezwungenen Bedingungen der Emigration«[175] nach. Der vor den Nazis geflohene Philosoph ist kein heroischer Widerständskämpfer; weitaus näher fühlt er sich einem Emigranten und gesteht ein, ausgehend vom – nicht zuletzt eigenen – »beschädigten Leben« zu reflektieren. An diesen Bedeutungsschwankungen lässt sich nicht nur der künstliche Charakter jedweder Etikettierung erkennen, sondern auch die problematische Verflechtung verschiedener Figuren, die sich – anstatt in einer Beziehung linearer Abfolge zu stehen – wechselseitig überlagern und durchkreuzen.

8. Asyl: Vom zweischneidigen Recht zum Machtdispositiv

In diesen Kontext, in dem die Definitionen umstritten und die Klassifizierungen vorgeschoben scheinen, muss man auch die Frage nach dem Asylrecht stellen. Es handelt sich um eine häufig gerühmte und hochgehaltene Errungenschaft, an die appelliert wird, wenn im öffentlichen Diskurs von Aufnahme die Rede ist. Das Recht auf Asyl, »heilig und unantastbar«, wird den Flüchtlingen gewährt, die es verdienen, und den Migranten verwehrt, die es nicht für sich einfordern können. Der einzige Schutz, der den Fremden vorbehalten ist, erweist sich als Vorrecht des Staates, der souverän darüber verfügen kann. Was für ein Recht ist das Asyl also? Eines des Individuums, das es sich ausbittet, oder das des Staates, der es gewährt? In dieser Frage zeigt sich erneut die Spannung zwischen den Menschenrechten und der staatlichen Einwanderungspolitik. Doch sowohl in der Institution als auch in der Geschichte des Asyls verbirgt sich eine weitere Zweideutigkeit.

Das Wort kommt vom griechischen *ásylon*, das sich aus einem Alpha privativum und dem Verb *syláo*, also rauben, entblößen, gewaltsam entziehen, zusammensetzt. Asyl ist damit der Raum, in dem keine Gefangennahme, *sylé*, erlaubt ist. Die Griechen, die wahren Begründer dieser auch anderorts verbreiteten Institution nannten all jene Orte *ásyla* – von den heiligen Wäldern bis zu den gottgeweihten Bergen, von den Altären bis zu den Gräbern der Heroen –, die als unantastbar gelten sollten. Dort suchten der entflohene Sklave und der Kriegsgefangene Zuflucht, aber auch derjenige, der sich eines Verbrechens schuldig gemacht, einen Raub begangen oder gar einen Mord verübt hatte. Einmal in den Altarraum, in die Tempelmauern oder den heiligen Wald gelangt, musste der Fliehende unversehrt bleiben, da er durch eine Immunität geschützt war, die wie durch Berührung von dem heiligen Ort auf denjenigen ausstrahlte, der in ihn eingegangen war und nun einen Teil von ihm bildete. Das Prinzip der Ausstrahlung galt auch für Tiere und Pflanzen; *asilía* hieß die Unantastbarkeit, zu welcher der heilige Ort berechtigte. Für gewöhnlich wird der heilige Charakter der griechischen »Asyle« besonders hervorgehoben, die auch zivilrechtliche Bedeutung besaßen und nach und nach Gegenstand der zwischen den Stadtstaaten geschlossenen Verträge wurden. Denn der Schutzsuchende konnte mitunter auch ein Fremder sein, wenngleich es sich dabei um Einzelfälle handelte. Nicht selten verschwiegen wird hingegen die Tatsache, dass der Geflüchtete sowohl der Unschuldige als auch der Schuldige sein konnte, das Opfer wie auch der Täter. In ihrer konstitutiven Zweischneidigkeit machte die *asilía* da keinen Unterschied, und das Recht wurde allein aufgrund des Ortskriteriums innerhalb der heiligen Einfassung gewährt.

Deshalb lässt sich diesbezüglich auch nicht von Gerechtigkeit sprechen. Der Zweck der *asilía* war es einerseits, denen Schutz zu bieten, die vor Gewalt flohen, und andererseits, denjenigen Zuflucht zu gewähren, die diese Gewalttaten begangen hatten. So versuchte man, die unendlichen blutigen Ketten der Vergeltung aufzusprengen. Das wird auch aus der jüdischen Entsprechung der »Freistädte« oder »Unterschlupfstädte« ersichtlich, in denen Zuflucht suchen konnte, wer ohne Vorsatz und aus Versehen einen Totschlag begangen hatte und von den Verwandten des Opfers verfolgt wurde. Es war dies eine Art und Weise, den *goèl ha-dàm*, den »Bluträcher« aufzuhalten.[176]

Von den Römern angefochten, die darin einen Missbrauch erkannten, da sich in den Tempeln alle Arten zwielichtiger Gestalten versammelten, in den östlichen Gebieten hingegen äußerst weitverbreitet, hielt sich das Asylrecht – auch dank des Kirchenrechts – über Jahrhunderte hinweg, um dann jedoch mit der Neuzeit zum Erliegen zu kommen.

In anderer Form taucht es gleichwohl mit der Französischen Revolution wieder auf. Wenn es auch in der Erklärung der Menschen- und Bürgerrechte von 1789 noch nicht für »heilig und unantastbar« erklärt wurde, wird es dennoch in der Französischen Verfassung von 1793 verankert, deren Artikel 120 lautet: »Das französische Volk gewährt Ausländern, die um der Sache der Freiheit willen aus ihrem Vaterland vertrieben wurden, Zuflucht. Es verweigert sie den Tyrannen.« Als es in den Bereich der internationalen Beziehungen eingeht und zu jenem Recht wird, das den Fremden schützen soll, behält es jedoch die ganze Zweideutigkeit der Vergangenheit bei. Große Revolutionäre wie Giuseppe Garibaldi, Louis Blanc, Michail Bakunin, Giuseppe Mazzini und viele weitere politische Exilanten fanden Asyl – aber Asyl wurde auch Pol Pot in China, Ferdinand Marcos auf Hawaii und Alfredo Stroessner in Brasilien gewährt, um nicht von den unzähligen Nazis zu sprechen, die in Lateinamerika Aufnahme fanden.

Während die Figur des Exilanten mit der Zeit verschwindet, tritt die gesamte konstitutive Zweischneidigkeit des Asyls zutage, die ethische Fragwürdigkeit sowie die Unmöglichkeit, zwischen Unschuldigen und Schuldigen, zwischen denen, die Zuflucht verdienen und denen, die kein Anrecht darauf haben, zu unterscheiden, wie es unter anderem auch die als Asylorte eingestuften Botschaften zeigen. Das wiederum entkräftet die verbreitete Vorstellung eines Asylrechts, das, auf der Grundlage einer gewissenhaften Unterscheidung, zwar Flüchtlingen zugestanden werden müsse – nicht aber Migranten. Und es wird ebenfalls nicht einsichtig, warum man auf diese Institution zurückgreift, um von sogenannten Asylanten oder Asylbewerbern zu sprechen. Es wird nicht verständlich, was ein syrischer Flüchtling mit einem abgesetzten Diktator oder einem nicht ausgelieferten Kriminellen, denen gleichwohl Immunität gewährt wurde, gemein haben könnte.

Wenn das Asyl schon vor der großen Emigration im 19. Jahrhundert als eine zweischneidige Institution an der Grenze des Rechts erschien, hätte es insbesondere im Anschluss daran völlig von Fragen der Migration abgekoppelt werden müssen. Das Gegenteil jedoch ist geschehen: Das Asyl wurde ausgeweitet und mehrfach neu definiert, was zu großer Verwirrung geführt hat. So bleibt es ein Erbe der Vergangenheit, dass derjenige, dem Asyl gewährt wird oder der um es nachsucht, im Verdacht steht, sich eines Verbrechens schuldig gemacht zu haben oder sonstige Verbindungen zur Kriminalität zu unterhalten.

Nicht einmal die große Zunahme der Asylgesuche konnte an diesem Bild etwas ändern. Blickt man schließlich auf die jüngsten Entwicklungen, zeigt sich die begriffliche Unbestimmtheit etwa in der Weise, wie Verfolgung verstanden wird, deren Bedeutungsbereich äußerst breit gefächert ist und sich auch auf die Menschenrechte erstreckt. Was an der gegenwärtigen Asylpolitik jedoch besonders ins Auge springt, ist eine doppelte Abdrift: Auf der einen Seite werden sowohl die juridischen und polizeilichen Hindernisse (Straftatbestand der illegalen Einwanderung, Sanktionen für diejenigen, die Migranten unterstützen, Verwaltungshaft, Abschiebung) als auch die bürokratischen und verfahrenstechnischen Beschränkungen (Dubliner Übereinkommen, das dazu verpflichtet, das Gesuch im jeweiligen Ersteinreiseland einzureichen) verstärkt, und zwar mit dem offensichtlichen Ziel, von einem Antrag abzusehen. In diesem Sinne sind auch die langen Wartezeiten, die Unsicherheit des Ausgangs des Verfahrens, die Herstellung einer Situation des »Weder-Noch« sowie die Schwierigkeiten, zwischen Flüchtlingen und Migranten zu unterscheiden, zu verstehen. Auf der anderen Seite wird das Asyl mit scheinbar humanitären Absichten »outgesourct«, indem Flüchtlingslager geschaffen werden, in denen das Gesuch geprüft wird, ein vorübergehender Schutz vor Ort und in unmittelbarer Nähe der Konfliktgebiete arrangiert und provisorische Formen des Asyls eingesetzt werden. Diese Auslagerung ist jedoch nur einer der Modi, die Migranten fernzuhalten.

Jene doppelte Abdrift zeigt, wie das Asyl – zunächst ein Instrument zur Regelung zwischenstaatlicher Beziehungen – zu einem Dispositiv werden konnte, dessen sich die Staaten auch einvernehmlich bedienen, um ihre Macht über die Migranten auszuüben. Dass es zweischneidig und willkürlich ist, stört nicht weiter, ja begünstigt sogar noch jene souveräne Verteidigung bis zum Äußersten, die man mit einem bizarren Euphemismus als »Asylpolitik« bezeichnet.

9. »Du bist nicht von hier!«: Existenzielle Negationen

»Woher kommst du?« Und noch bevor der Befragte überhaupt antworten kann, die Feststellung: »Du bist nicht von hier!« In diesen scheinbar banalen und unbedeutenden Worten verbirgt sich ein Urteil, das den Fremden auf eine unkündbare Negativität festnagelt. In Wahrheit sollte »Du bist nicht von hier« bedeuten: »Du bist von woanders«, kommst aus einem anderen Land. Und auch wenn die Formulierung insgeheim die Zugehörigkeit zu einem Ort transportiert, anstatt nur die einfache Herkunft anzuzeigen, scheint der Satz nichts weiter Alarmierendes auszusagen.

Im gegenwärtigen Kontext jedoch hat die Aussage eine spezifische Bedeutung angenommen, und »Du bist nicht von hier« wird im Sinne der abgründigsten Negativität verstanden: »*Du existierst nicht.*« Im Rahmen einer vollständigen Verdrehung geht nun die Essenz der Existenz voraus. Eben weil du nicht von hier bist, existierst du nicht. Der Migrant wird vom Einheimischen, der sich stolz zu seiner Zugehörigkeit bekennt – zu seinem Ort, aber auch zum Sein und zum Existieren –, kurzerhand zur Inexistenz verurteilt. Dieser Sichtweise zufolge könne man überhaupt nur als Einheimischer, als Autochthoner existieren: in der vermeintlichen Natürlichkeit dessen, der in dem Land geboren wurde, in dem er auch wohnt. »Ich existiere«, weil »ich von hier bin«. Wer diese Form von Existenz nicht beanspruchen kann, ist zu gnadenlosem Ausschluss verdammt: »Verschwinde, wenn du nicht von hier bist!«

Die Verzerrung ist politisch-existenzieller Natur. Das Existieren des Autochthonen lässt sich auf viele Weisen durchdeklinieren: Da ich »von hier bin«, habe ich ein Anrecht auf Wohnung, auf Arbeit, auf Gesundheitsversorgung und Sozialwesen. Und umgekehrt hast du, da »du nicht von hier bist« und »nicht existierst«, überhaupt kein Anrecht auf irgendetwas. Das Verdikt »du bist nicht von hier« stigmatisiert den Fremden und unterwirft ihn der politischen Inexistenz.

Die Moderne hat dem Fremden – der nun nicht mehr derjenige ist, der von anderswo kommt – seine Aura entzogen. Er ist jetzt schlicht der Migrant, der sich hier befindet, auch wenn er nicht von hier ist. Als letzte Version des gegenwärtigen Elends, das auch noch die wirtschaftliche Erniedrigung überschreitet, strahlt der Migrant keinerlei fesselnden Zauber, ja noch nicht einmal exotische Faszination mehr aus. In seiner dunklen und widerrechtlichen Blöße ist er das Gespenst des Gastes, dem – einmal in seiner Essenz negiert – auch die Gastfreundschaft keine Existenz mehr verleihen kann. Der Migrant ist der seiner Sakralität, seines epischen Anderswo beraubte Fremde. Ist sein vorübergehender Ruhm, den das 20. Jahrhundert noch kannte, einmal untergegangen, macht der Fremde den neuen Gestalten jener räumlich-zeitlichen Unordnung, auf die die Migration reduziert wird, Platz. Der Fremde konnte seinen Platz geltend machen und beibehalten, weil er aus einer anderen Welt kam, die ihm den Übergang vom Hier zum Anderswo sicherte. Er besaß noch Macht, und zwar aufgrund des geheimnisvollen Nimbus, der seine Welt umgab und deren Träger er war. Als nackter Überrest des Fremden hat der Migrant den Bezug auf das Anderswo verloren und findet deshalb auch keinen Zugang mehr zum Hier. Im beispiellosen globalen Kampf um einen Platz ist er deplatziert und ortlos. Seine schlichte Präsenz kann seine Existenz nicht rechtfertigen.

Ein analoger Präzedenzfall ist derjenige des Wahnsinnigen, den Michel Foucault rekonstruiert hat. Zunächst heilig, da er an jenen dunklen Mächten der Armut teilhatte, die ihm noch das Recht auf Gastfreundschaft verliehen, unterliegt der Wahnsinnige, dieser Pilger des Unsinns und der Unvernunft, in der Moderne einer Entsakralisierung, die zuvor schon die zur moralischen Schuld gestempelte Armut getroffen hatte. Damit kann er nur mehr neben Bettlern, Bedürftigen und Elenden Aufnahme finden – innerhalb der Mauern eines Spitals interniert:

> Wenn der Irre in der menschlichen Landschaft des Mittelalters vertraut schien, dann weil er aus einer anderen Welt kam. Jetzt hingegen zeichnet er sich vor dem Grund eines Problems der »Polizei« ab, das die Ordnung der Individuen in der Stadt betrifft. In früheren Zeiten nahm man ihn auf, weil er von anderswo kam; jetzt schließt man ihn aus, weil er von hier ist, weil er seinen Platz zwischen den Armen, den Elenden, den Landstreichern einnimmt. Die Gastfreundschaft, die ihn empfängt, wird im Rahmen eines erneuten Missverständnis zur Sanierungsmaßnahme, die ihn aus dem Verkehr zieht. Er irrt umher, in der Tat; aber er befindet sich nicht mehr auf dem Weg einer seltsamen Pilgerschaft; er stört die Ordnung des sozialen Raumes.[177]

Das Missverständnis der Gastfreundschaft, die zu Internierung, zu einer polizeilichen Angelegenheit geworden ist, betrifft nicht zufällig auch den Migranten, mithin den Überrest, der nach der Entweihung des Fremden übrig bleibt. Und während der Wahnsinnige und der Fremde einst die zusammenfallenden Protagonisten eines verstörenden und auratischen Umherirrens waren, sinken sie in der Folge zu deplatzierten Figuren herab, die in ihrer Überflüssigkeit die immanente Dialektik der Staaten bedrohen. Daher fallen sie in die Zuständigkeit einer effizienten Politik des Ausschlusses, die sich dazu in der Lage erweist, das Gegenimperium der Landstreicher und Vagabunden kurzerhand verschwinden zu lassen.

10. Die Ursünde des Migranten

Nicht allein die Feststellung: »Du bist nicht von hier«, sondern auch die Frage: »Warum bist du hier?« muss sich der Migrant gefallen lassen. In dieser Frage kondensiert ein sich unaufhörlich wiederholender Prozess. Dem Akt des Migrierens gleichursprünglich ist nämlich eine Ursünde, für die sich der Migrant unablässig zu verantworten hat. Diese Schuld wird ihn für immer in ihrem Griff behalten. Gegen seinen Willen wird er zwischen Anklage und Selbstanklage, Beschuldigungen und Schuldgefühlen hin und hergeworfen. Wer emigriert, dem wird sein Leben lang der Prozess gemacht. Wie immer die Dinge abgelaufen, was auch immer die jeweiligen Wechselfälle, seine Familiengeschichte, der Zustand seines Landes gewesen sein mögen, ob er getrieben oder sogar gezwungen wurde oder größtenteils autonom gehandelt hat – in jedem Fall ist er dazu aufgerufen, seine individuelle Wahl, diesen entscheidenden Bruch zu verantworten. Darin liegt die anfängliche Verfehlung, die Ursünde, als welche die Migration selbst gilt, dieser politisch-existenzielle Akt eines irreparablen Risses. Und wie der Akt selbst sind auch dessen Auswirkungen politischer wie existenzieller Natur.

So sehr man sich auch bemüht, sie als unschuldig darzustellen, ist Migration doch stets verdächtig. Allein schon deshalb, weil sie die Unmittelbarkeit und vorgebliche Natürlichkeit der Nationen durchbricht, der zufolge einem jeden genau der Ort zukommt, an dem er geboren wurde. In dieser Hinsicht erscheint die Migration als ein offenes Leck in der Integrität der politischen Ordnung, als schleichende und gefährliche Subversion. Als geografische Atopie, politische Anomalie und an Anarchie grenzende Anomie stellt der Ortswechsel der Migration gleichzeitig eine moralische Devianz dar. Die Schuld ist daher auch im ontologischen und nicht nur im chronologischen Sinne ursprünglich. Alle anderen Folgeverschuldungen, die sich unvermeidlich einstellen, sind in dieser ersten Ursünde enthalten, die kein Urteil und keine Strafe mehr reinwaschen kann. Die Schuld bleibt unauslöschlich, das Stigma dauerhaft.

Migration ist widerrechtlich – und zwar in beiden Phasen, sowohl als Auswanderung als auch als Einwanderung. Kein Diskurs, der in der Perspektive des staatszentrierten Denkens verbleibt, kann sie billigen, auch mit den besten Absichten nicht; auch nicht jenes häufig anzutreffende Geschäft der doppelten Buchführung, das die Kosten bemisst, die Nutzen kalkuliert, ein komplexes geschichtliches Phänomen auf Zahlen und Statistiken reduziert und auf diese Weise versucht, eine arbiträre Entscheidung zu rationalisieren, indem es den durch Einwanderung zu erwartenden Gewinn herausstreicht. Daher laufen die Bilanzen Gefahr, in endlose Dispute zu münden. Die Ökonomie der Einnahmen kann den Zugang der einzelnen Individuen zum Territorium nicht begründen.

Diese Widerrechtlichkeit strahlt auf den Migranten zurück, der als solcher zu keiner Zeit eine neutrale Figur ist. Er wird beschuldigt, dort zu sein, wo er nicht zu sein hat, den Platz eines anderen zu besetzen, der ihm nicht zusteht. Seine Anwesenheit ist zu viel – nicht vorgesehen, ungewollt, nicht willkommen, unerlaubt. »Vergiss nicht, du bist hier nicht bei dir daheim!«, »Geh' doch dahin zurück, wo du hergekommen bist«. Der Einwanderer ist ein Fremdkörper, der die öffentliche Ordnung stört, ein Körper, der fehl am Platz ist, der sich nicht eingliedern lässt, dessen offenkundiger Überflüssigkeit man sich nicht zu entledigen weiß. Er hat kein Recht, dort zu sein, wo er ist. Immerzu wird er auf seine von den anderen – von den Einheimischen, die ihn diskriminieren und um ihn herum unaufhörlich Grenzen ziehen – verfügte In-Existenz zurückgeworfen.

Das geht so weit, dass der Einwanderer selbst diese auferlegte Inexistenz in ihrer ganzen Tragik empfindet und sie schließlich anerkennt und für sich übernimmt. Das ist seine Grenzsituation, aus der er keinen Ausweg zu finden vermag. Gefühlt befindet er sich weder hier noch dort. Seitdem er emigriert, fortgegangen ist, kommt es ihm vor, als sei mit jenem Bruch auch jede Bindung zerrissen. Seine Inexistenz ist eine zweifache: Er existiert nicht an seinem Ankunftsort, wo er zurückgewiesen wird; und ebenso existiert er nicht länger am Ort seiner Abreise, von dem er trotz aller Sehnsüchte abwesend bleibt. Ja, diese Abwesenheit, vor der ihn keinerlei Gleichzeitigkeit in Schutz nehmen kann, wird ihm als seine Schuld angerechnet. Obgleich er noch dort drüben sein mag, in dem Land, das er verlassen hat, geht sein Leben anderswo weiter – zerrissen, gebrochen, gespalten. Fruchtlos bleiben alle Versuche, nach jenem Riss verzweifelt die Fäden wieder aufzunehmen. Nicht selten erschöpft sich das Leben des Migranten in jener leeren Anstrengung, ohne noch gelebt werden zu können, gefangen in der Falle eines grausamen und erstickenden Hin und Her. Abdelmalek Sayad spricht von einer »doppelten Abwesenheit«, um den paradoxen Zustand des Emigranten-Immigranten zu bezeichnen, der dort anwesend bleibt, wo er abwesend ist, und umgekehrt dort abwesend, wo er anwesend ist.[178] Der räumliche Bruch führt auch zu zeitlichen Rückwirkungen: Das Leben zergeht in einer Vorläufigkeit, die schließlich dauerhaft wird. Im Warten darauf zu leben, trägt der Emigrant-Immigrant wie in einem Übergang den Gegensatz von zwei unversöhnlichen Zeiten zweier Gemeinschaften in sich – der Herkunft und der Ankunft –, denen er schon nicht mehr oder noch nicht vollständig angehört. Dieser zeitliche Gegensatz drückt seinem Leben den Stempel des Provisorischen auf, während der räumliche Bruch sich noch verschärft, bis er sodann zu einer unüberwindlichen Barriere wird. Auch wenn er in sein Land zurückkehrt, muss der Emigrant entdecken, dass er für diejenigen, die geblieben sind, inzwischen zu einem Fremden geworden ist. Es gibt keinen Ort mehr, an dem er noch zu Hause wäre. Zwischen zwei Welten, die sich gegenseitig aufheben und die er vergeblich idealisiert, wird der Migrant das abgeschnittene Band nicht mehr knüpfen können und ist der Kluft eines zweifachen Ausschlusses ausgeliefert: dem Bruch mit der Gemeinschaft seiner Herkunft sowie der Zurückweisung durch die seiner Ankunft. Die verlorene Integrität spaltet ihn innerlich und bedroht sein Überleben. Ebenso wie die Abwesenheit verdoppelt sich auch die Schuld. Der Emigrant-Immigrant ist dazu gezwungen, seine Existenz überall zu rechtfertigen. Nahezu bedingungslos unterwirft er sich dem Prozess, zutiefst davon überzeugt, in den eigenen Augen sowie in denjenigen der anderen seine Einwanderung unentwegt legitimieren zu müssen, jene unentschuldbare Ursünde, wegen der ihn die einen der Flucht und des Verrats und die anderen der des Eindringens und der Störung beschuldigen. Von dieser Schuld wird er sich nie befreien können.

11. »Illegale« und »Klandestine«: Die Verurteilung zur Unsichtbarkeit

Gerade weil die Einwanderung eine latente Straftat darstellt, werden alle Handlungen des Immigranten ausgehend von diesem vorhergehenden und erschwerenden Umstand aus beurteilt. Schon an sich kriminell, stellt die Einwanderung damit auch eine Quelle kriminellen Handelns dar. Schuld und Strafe verdoppeln sich wechselseitig.

Der Einwanderer wird so zum potenziellen Verbrecher, zum hinterlistigen Betrüger, zum impliziten Terroristen, zum versteckten Feind. Er ist der gespenstische Gast, den kein Gesetz der Gastfreundschaft zu einem Nachbarn, einem Mitmenschen, einem Nächsten machen kann. In der Nation ist kein Platz für dieses finstere Phantom, das immer schon vorverurteilt und zur Inexistenz bestimmt ist – in banger Erwartung eines Mindestmaßes an Anerkennung, einer Etikettierung, eines Stempels, einer Bestimmung. Ein Spiegelbild des Odysseus, der in der Höhle des Zyklopen vom Schrecken überwältigt erklärt, »Niemand« zu heißen, um freizukommen und nach Ithaka zurückkehren zu können, wird auch der Einwanderer von seinen verängstigten Gastgebern zu einem »Niemand« erklärt, was ihn in den unbestimmten Schwebezustand eines räumlich-zeitlichen *no man's land* versetzt.

Die Sprache bezeugt und bekräftigt die Illegalisierung des Immigranten. Dieser Alien aus einem Drittstaat wird mit dem Stigma des »illegalen«, des »klandestinen« belegt. Während dieser Ausdruck zunächst den blinden Schiffspassagieren, den unrechtmäßig Eingeschifften vorbehalten war, wurde er sodann auf all diejenigen ausgeweitet, die ohne Dokumente in ein Staatsgebiet vordringen oder dort ohne gültige Aufenthaltsgenehmigung wohnen. Die Grenze, die einen irregulären Immigranten, den unrechtmäßigen Gast und hinterlistigen Feind, vom regulären oder geduldeten Einwanderer trennt, der ohnehin jederzeit zu fürchten hat, dass seine Aufenthaltsgenehmigung nicht verlängert wird, ist fließend geworden; denn ohne Aufenthaltsgenehmigung gleitet auch Letzterer in die Illegalität ab. Obgleich die Anzahl der »Illegalen« zahlenmäßig begrenzt ist, wird die Konnotation des »illegalen« und »klandestinen« schließlich auf alle Immigranten ausgeweitet, die in der kollektiven Vorstellung damit vorsätzlich illegalisiert werden. Der »Kampf gegen die illegale Einwanderung«, den der Staat tagtäglich erklärt, hat diese Synonymie weiter gefestigt und erhärtet. Der Immigrant ist immer und ohnehin »klandestin«. Aus dieser Illegalität kann er sich mitunter durch eine vorübergehende Duldung befreien. Das Stigma aber bleibt: Ein kontingenter bürokratischer Umstand wird zur konstitutiven Eigenschaft eines Menschen und seiner Existenz, oder besser: seiner Inexistenz.

Ein aufmerksamer Blick auf die Etymologie ist dazu angetan, diesen unstatthaften, aller Logik widersprechenden Kurzschluss verständlich zu machen. Der Ausdruck »klandestin« kommt vom lateinischen *clam*, verborgen, und *dies*, Tag: am Tag verborgen. Klandestin ist, wer sich versteckt, sich dem Tageslicht entzieht, sich verstellt, um als etwas durchzugehen, das er nicht ist, und dabei seine Identität einschmuggelt, indem er in den Körper der Nation eindringt, um diesen von innen auszuhöhlen.

Der Immigrant ist der Illegale, der sich klammheimlich eingeschlichen und im Verborgen eingeschleust hat und der es deshalb seinerseits verdient, den Blicken entzogen zu werden. Er wird zur Unsichtbarkeit verurteilt – ein weiterer Modus, über seine Inexistenz zu verfügen. Das Verschwindenlassen kann sich in verschiedenen Formen und auf unterschiedliche Weisen vollziehen. Die Illegalisierung ist eine von ihnen; inzwischen wohl eine der häufigsten. Die Grenzen sind nicht nur aus Mauerwerk und Stacheldraht. Ebenso leicht lässt es sich unter dem Deckmantel der Unsichtbarkeit diskriminieren und ausschließen. Man lässt den »Illegalen« in jenem dunklen Limbus verschwinden, zu dem ihn seine Klandestinität selbst bestimmt hat. Ralph Ellison hat in seinem Roman *Der unsichtbare Mann* diese subtile Verurteilung beschrieben, wie sie ein Afroamerikaner im New York der 1940er Jahre erlebt.

> Ich bin ein Unsichtbarer. Nein, keine jener Spukgestalten, die Edgar Allan Poe heimsuchten, auch keins jener Kino-Ektoplasmen, wie sie in Hollywood hergestellt werde. Ich bin ein wirklicher Mensch, aus Fleisch und Knochen, aus Nerven und Flüssigkeit – und man könnte vielleicht sogar sagen, dass ich Verstand habe. Aber trotzdem bin ich unsichtbar – weil man mich einfach nicht sehen will. Wie die körperlosen Köpfe, die man manchmal auf Jahrmärkten sieht, als wäre ich von erbarmungslosen Zerr-

spiegeln umgeben. Wer sich mir nähert, sieht nur meine Umgebung, sich selbst oder die Produkte seiner Phantasie – ja, alles sieht er, alles, nur mich nicht.[179]

Keinerlei Anerkennung, noch nicht einmal die eines flüchtig streifenden Blickes. Ohne notwendig Mauern errichten zu müssen, jedoch mit demselben gewaltsamen Impetus, lassen sich die Fremden auf Phantome reduzieren. »Nein, ich bin kein Gespenst«, versichert nachdrücklich der Protagonist aus Ellisons Roman. Der Ring des Gyges, der – wie der von Platon aufgenommene Mythos erzählt – es erlaubte, einmal unsichtbar geworden die grausamsten Taten zu verüben, hat ausgedient.[180] Gewiss, er bleibt ein geheimes Werkzeug, das jedoch nur mehr dafür zu gebrauchen ist, eine bereits bestehende Macht weiter zu festigen. Im Zeitalter der Sichtbarkeit, die von dem Motto »Ich erscheine, also bin ich« beherrscht wird, verurteilt Unsichtbarkeit alternativlos zur Ohnmacht des Paria.

Schwellenhaft ist die Existenz des Migranten, der sich zwischen der Möglichkeit, ins Sein aufzusteigen, und derjenigen, für immer zu verschwinden, in einem Schwebezustand befindet. Mit jenem Stigma des »Klandestinen«, das ihm schon vor jeder Anlandung aufgedrückt ist, bezichtigt ihn die Politik des Performativen einerseits, etwas zu verheimlichen zu haben – ein inneres Laster etwa, das nicht ans Licht kommen darf –, und verurteilt ihn andererseits zur Abwesenheit von Qualitäten und Eigenschaften, die ihm nicht zugesprochen werden können, solange er ein geisterhafter »Anderer« bleibt. An Bord gehievt, kann er sich des Landungsstegs nie sicher sein. Während der Emigrant und der Immigrant bereits zwei Zustände bezeichnen, die die Unsichtbarkeit übersteigen und diese teilweise anfechten, ist es hingegen der Migrant, der – weder innen noch außen, zwischen zwei Ufern – leicht unter die Räder kommen kann, indem er während des scheinbaren Durchgangs durch eine juridische Enklave in einem verhängnisvollen politischen Zirkel bewegungsunfähig gemacht wird. Um nicht aufgegriffen zu werden, darf er nicht gesehen werden, und indem er seine Unsichtbarkeit akzeptiert, liefert er sich jener geduldeten Klandestinität, jener gesichtslosen Existenz aus, die nicht nur zur

Gleichgültigkeit, sondern mithin sogar zur Auslöschung ermächtigt. Das Leben des Migranten in der Durchgangszone ist nicht so sehr subaltern wie dasjenige des Arbeiters, dem trotz allem Widerstand und Kampf offenstehen, als vielmehr ein Leben im Schatten, in jenem Untergrund, in dem man sich nur verbergen kann, in dem man verschwinden lassen kann, was ohnehin bereits abwesend war. Das Verschwinden scheint damit der einzige tragische Ausweg im Leben des »klandestinen Migranten« zu sein. Wie sich diese Unsichtbarkeit sichtbar machen ließe, ist das große politische Problem der *sans-papiers*.[181]

12. Das Vokabular der Herrschaft: »Integration« und »Naturalisierung«

Die erste feindselige Bedingung der Gastfreundschaft ist in der Erwartung zu sehen, dass der Fremde aufhören soll, ein Fremder zu sein, dass er sich den Autochthonen angleichen und die Absicht erkennen lassen möge, sich zu assimilieren und sich in das identische Selbst der Nation zu integrieren. Es ist dabei unerheblich, dass niemand so genau weiß, worin diese Identität eigentlich bestehe. Damit sein Kommen nicht für ein Eindringen, wenn nicht gar für eine regelrechte Invasion gehalten werden soll, ist es zumindest vonnöten, dass der Fremde seine Fremdheit aufgibt und sich dazu bereit erklärt, seine lästige Alterität schrittweise abzulegen. Dann wird er vielleicht naturalisiert, das heißt, er wird so »natürlich«, wie es die Autochthonen sind. Die von einer liberalen, offenen, integrationsbereiten Gesellschaft aufgestellte Minimalbedingung erstreckt sich darauf, dass der andere so schnell wie möglich weniger anders sein und auch noch handfeste Beweise dafür liefern soll, sodass seine Anwesenheit auf nationalem Territorium nicht vollkommen unrechtmäßig bleibt.

Während der langen Zwischenzeit des Wartens auf diese Beweise, werden seine Rechte ausgesetzt, und der Immigrant wird an die eigenen Pflichten erinnert; eine unübersehbare Umkehrung: Anstatt Gastrechte zuzugestehen und gelten zu lassen, wird der potenzielle Feind auf seine Verpflichtungen verwiesen, wobei man dafür Sorge trägt, diese als Akte des Großmuts, als einseitige und keineswegs selbstverständliche Zuwendungen auszugeben. Die Gastfreundschaft wird in den feindseligen Horizont einer möglichen Bedrohung der vermeintlichen nationalen Integrität gerückt.

Wieder zeigt sich das Szenarium als von einer staats- und ethnozentrischen Perspektive beherrscht, die den *Auswanderer* auf einen *Eingewanderten* reduziert, der sich gegenüber der ihn aufnehmenden wohlwollenden Gemeinschaft dankbar zu zeigen und die ihm zugeschriebenen Unzulänglichkeiten schnellstmöglich zu überwinden hat. Und da der Eingewanderte nicht der Nation angehört und daher apolitisch ist, wird ein weiteres Mal versucht, die Einwanderung zu entpolitisieren, indem die Aufnahme als ein rein technisch-moralisches Problem hingestellt wird.

Das Vokabular der Herrschaft ist äußerst breit gefächert; es besitzt zudem eine Wirkungsgeschichte, die erklären kann, warum einige Begriffe, deren semantische Vergangenheit allzu vorbelastet ist, gewissenhaft vermieden werden. Es lohnt sich, einige davon aufzuführen: Anpassung, Inklusion, Eingliederung, Assimilierung. Alle diese Ausdrücke bezeichnen, wenn auch auf unterschiedliche Weise, einen Übergang von der Alterität zur Identität. Nur scheinbar spontan ist dieser Prozess vielmehr gerichtet, gelenkt, gesteuert. Der dabei wirksame Zwang ist zwar subtil, aber beharrlich. Die für gewöhnlich schönfärbende offizielle Version täuscht über die Spannungen hinweg, verschweigt die Konflikte und verbreitet die Vorstellung eines einvernehmlichen und harmonischen Weges in Richtung einer Identität des Selbigen. Um dann auf einmal, wie in der jüngsten Vergangenheit, festzustellen, dass sowohl der Konsens als auch die Harmonie ausbleiben und dass deshalb genau das Gegenteil des erhofften Resultats erreicht wird.

Es ist beinahe überflüssig hervorzuheben, dass dieses Vokabular der Herrschaft die Grenze zwischen »uns« und den »anderen« von Neuem zur Geltung bringt; ja, von dieser nimmt es ihren Ausgang, um die ganze performative Aufladung zu aktualisieren, die im Zauberwort »Identität« enthalten ist. Zwischen Mythos und Bürokratie wird die Fahne der nationalen Identität gehisst, um diesen mehr oder minder vorbestimmten Weg zu durchkreuzen und ihn mit Hindernissen und Schranken zu versehen. Man wird schon sehen, wann und wie es dem unerwünschten Fremden gelingt, mit »uns« identisch zu werden. Die Prüfung kann indes auch niemals abgeschlossen werden. Gerade, wenn ein Gelingen zu verzeichnen ist, das von zu diesem Zweck ausgestellten Dokumenten – Identitätsdokumenten und -nachweisen – bestätigt wird, ist ein endgültiges Scheitern nicht auszuschließen. Wie in der Mathematik das Integral die asymptotische Kurve bezeichnet, die bis ins Unendliche weiterläuft, ohne jemals die x-Achse zu berühren, trifft auch die Integration niemals ins Schwarze der Identität. Der Imperativ der Integration, in dem das Echo des Mangels, der noch auszufüllenden Leerstelle aufscheint, bleibt daher das Damoklesschwert, das über dem Kopf des Fremden schwebt.

Jedes Zeitalter hat für den Übergang zum Identischen andere Namen erdacht und mit eben diesen Namen dessen Interpretation ausgerichtet. Das erklärt auch, warum einige Begriffe so markant sind oder derart anachronistisch klingen. Das ist beispielsweise bei der Anpassung der Fall, mit der man die Angleichung des Arbeiters an das Fließband, an den Rhythmus und Takt der industriellen Produktion bezeichnete, also die Urbanisierung des in die Stadt eingewanderten Bauern, der ebenso zu einem verhaltensgestörten »Unangepassten« werden konnte. Neutraler, insofern er auf keine bestimmten Referenten abzielt, ist hingegen der Ausdruck »Eingliederung«, unter dem die technische und fast aseptische Operation der Einschaltung eines Fremdkörpers in den großen Mechanismus des Fortschritts verstanden wird.

Eine weitaus längere – und tragischere – Geschichte kennt der Begriff der »Assimilierung«, der wenigstens von der europäischen Aufklärung an die Verwandlung derjenigen bezeichnet, die Fremde innerhalb der Nation bleiben oder als solche wahrgenommen werden. Auch wenn es die Nation ist, die assimiliert, ist es dennoch zuerst an den Fremden, sich zu assimilieren, sich anzugleichen, indem sie ihre Eigentümlichkeiten aufgeben. Dieser Übergang wurde meist als eine Überwindung des Partikularismus ausgegeben. Daher konnte sich die

Bedeutung von Assimilierung nicht selten gefährlich verschieben und zu einem Synonym von Emanzipation werden. Wenn das Wort heute nicht mehr dafür durchgeht, zumindest nicht mehr mit der früheren Unbefangenheit, dann weil die verheerenden Auswirkungen des totalisierenden Universalismus jetzt vor aller Augen liegen. Es genügt, hierfür an die Geschichte der europäischen Juden zu erinnern, an ihren Wunsch, als gleich wahrgenommen zu werden, an ihre oftmals bedingungslose Zustimmung, ihr Bestreben, als gleichberechtigte Bürger anerkannt zu werden – eine Geschichte, die im Anschluss an ihre Denaturalisierung in den Vernichtungslagern endete. Darauf haben nicht zuletzt auch etliche Philosophen reflektiert. Es war die Verwendung des Ausdrucks im kolonialen Kontext, der ihn weiter in Misskredit brachte und seiner Semantik nachhaltig den Stempel des Ethnozentrismus aufdrückte, indem die Verdauungsmetapher der Anthropophagie mobilisiert wird, jenes Vermögen, im Namen der universellen Rechte alles und jeden »zu verschlingen« und sich »einzuverleiben«. Generation um Generation haben die europäischen Gesellschaften die Einwanderer – die Ex-Kolonisierten – assimiliert, auf die stets die Schuld des unvollständigen Gelingens oder des völligen Fehlschlagens zurückfällt.[182]

Deshalb konnte sich im national-identitären Vokabular der Beherrschung schließlich »Integration« durchsetzen, ein wechselvolles Wort, das zunächst für die Entwicklung stand, die den festen Zusammenhalt einer Gesellschaft garantieren sollte, und sodann in einer weiteren Beugung eher den Einschluss der Teile in das Ganze bezeichnete. Womöglich auch, weil es auf die Integrität des Einzelnen hinzudeuten scheint, der in der Gemeinschaft aufgehoben, aber nicht aufgelöst ist, wird es anderen Ausdrücken mit eindeutigeren assimilatorischen Konnotationen vorgezogen. Gleichwohl ist »Integration« – nicht weniger als »Inklusion«, mit dem es um seinen Platz im öffentlichen Diskurs wetteifert – ein Wort des Befehls, mit dem der Einwanderer auf seine Pflichten hingewiesen und von ihm verlangt wird, seine Existenz zu formen, indem er diese tagtäglich nach vorgegebenen Modellen und doch mit der größtmöglichen Spontanität modifiziert. Eine unendliche Prüfung, ein sich stetig wiederholender Test, bei dem keine Aussicht auf Beförderung besteht.

Der Einwanderer, dieser Lumpenproletarier der Identität, untersteht auch nach Jahren und Jahrzehnten noch der Kontrolle – auch wenn er bereits naturalisiert wurde. Der Ausdruck »Naturalisierung«, vom französischen *naturaliser*, ist keinesfalls so selbstverständlich, wie es zunächst den Anschein haben mag. Ihn zu dekonstruieren, fällt indes nicht schwer: Er bedeutet, »natürlich« zu werden – so natürlich wie die Autochthonen, die Söhne und Töchter der Erde. Man spricht von einem »naturalisierten oder eingebürgerten Ausländer« und bezieht sich damit auf einen Einwanderer, der die Staatsbürgerschaft seines Ziellandes beantragt hat, die auf Italienisch früher bezeichnenderweise *naturalità*, also Natürlichkeit, hieß. Das zugrunde liegende Paradigma stammt aus der Biologie, in der animalische oder pflanzliche Arten als naturalisiert bezeichnet werden, die sich spontan fortpflanzen und reproduzieren, nachdem sie einmal aus ihrem natürlichen Lebensraum in andere Gegenden versetzt oder verpflanzt wurden. Die juridisch-politische Sprache ahmt die empirisch-szientifische nach, um damit jenen Verwaltungsprozess – der in dieser Hinsicht von der umfassenderen Integration abweicht – zu bezeichnen, mit dem ein Einwanderer zur nationalen Zugehörigkeit gelangt. In der Nation, die durch die Zugehörigkeit qua Geburt definiert ist, existiert auf der einen Seite ein natürliches Leben, gerade auch im biologischen Sinne, nämlich das der Bürger und Landsleute, und auf der anderen Seite ein artifizielles, verpflanztes Leben, das sich naturalisieren muss, um Wurzeln in der neuen Erde schlagen zu können. Letzteres Leben behält dabei jedoch stets etwas Künstliches, das es zu einem unrechtmäßigen macht, und erfordert intensive Kultivierungsarbeit, ohne dass man sich im Vorhinein des Ergebnisses gewiss sein könnte.

Im Rahmen der nationalen Ordnung kann sich Immigration demnach nur durch Naturalisierung selbst negieren und sich darin wunderbarerweise auflösen. Der Übergang besteht in einer heiklen Umpflanzung von einem Boden in den anderen, aber auch in einer Transfusion von einem Blut in das andere, in einer regelrechten Transsubstantiation. In die Nation Eingang finden heißt, mit ihr zu verschmelzen, um ihre natürliche, politische, moralische und kulturelle Ordnung nicht länger zu gefährden. Dabei ist jedoch hervorzuheben, dass die Naturalisierung von der politischen Orthodoxie der Nation auferlegt wird. Die Wirtschaft, insbesondere die globale, verlangt jedenfalls nicht danach; es ist nicht nötig, dass ein eingewanderter Arbeiter zu einem Staatsbürger wird. Die Homogenität wird von der Nation geltend gemacht und durchgesetzt: Der Einwanderer muss gewillt sein, sich in einen guten Nationalbürger zu verwandeln, er muss jene tiefreichende und umfassende Verwandlung akzeptieren, die gemeinhin als eine unschätzbare Ehre präsentiert wird, als ein in Festakten und Riten zugestandenes Privileg. In Wirklichkeit wird ein Bürger einer anderen Nation aufgrund eines asymmetrischen Kräfteverhältnisses einfachhin annektiert, was sehr oft auch mit einem Wechsel der Nationalität verbunden ist. Der bürgerliche Eid, mit dem man das verleugnen soll, was man war, um mit der Naturalisierung die »Identität« zu wechseln, kommt nicht selten einem institutionellen Gewaltakt gleich. Für die Einwanderer handelt es sich dabei nicht um einen einfachen Verwaltungsvorgang, sondern häufig um einen schmerzlichen Gegensatz, mit dem sie ausweglos weiter ringen: einerseits der Verrat am Herkunftsland, andererseits die eidesstattlich versicherte Treue zum Land ihrer Ankunft. Ein sich vom ersten Augenblick ihres Aufbruchs, von Beginn der Emigration an wiederholender Bruch, ein sich reduplizierender Verrat, insofern man nicht nur vor der früheren Nation flieht, sondern auch vor der Gruppe der Nicht-Nationalen – das heißt vor der Conditio des Einwanderers selbst.

13. Wenn der Immigrant ein Emigrant bleibt

Vom Standpunkt der Nation aus wäre die Annektierung des Immigranten als Ziel des Migrierens zu betrachten. Und doch kommt die Reduzierung des Emigranten auf den Immigranten zu keinem endgültigen Abschluss. Denn was bedeutet es eigentlich, zu einem Immigranten zu werden? Kann es je gelingen, voll und ganz zu einem solchen zu werden? Wenn sich der Immigrant in einem fremden Land niederlässt, und sei es auch dauerhaft und endgültig, erwirbt er einen bestimmten Status. Das eröffnet ihm, je nach Lage, einige Garantien und Rechte. Dieser Status, der auf dem Ideal eines gut integrierten Immigranten basiert, ist jedoch nur eine Hypothese auf dem Papier, weil sie das Fortbestehen gerade dessen unterstellt, was fehlt. Der als »integrierbares Subjekt« verstandene Immigrant ist eine bürokratische Konstruktion, die von seiner konstitutiven Prekarität, von seiner unauslöschlichen Vorläufigkeit abstrahiert.

Das ist der Grund dafür, warum der Immigrant, der nicht aufhört zu migrieren, die Bedingung des Emigranten, die seinem Status eingeschrieben bleibt, niemals überwinden oder hinter sich lassen kann.[183] Keine Bürokratie kann diese auslöschen. Ungeachtet allen Zwanges und jedweder Verpflichtung verfügt die Logik der Immigration nicht das Ende des Emigranten, triumphiert nicht über jene phantomhafte Existenz als reine Möglichkeit, die auch noch den Immigranten umtreibt, ja, in besonderem Maße den Immigranten, der sich noch immer als ein *Emigrierter* fühlt, wobei die Vorsilbe *ex-* für das »Weg-von« steht und ein Nicht-zu-Hause-Sein oder ein Nicht-bei-sich-Sein eingesetzt hat, den Punkt, an dem es kein Zurück mehr gibt. Von diesem Augenblick an hat er kein tragfähiges Bei-sich mehr, das diesen Verlust kompensieren könnte.

Mehr oder minder tief, mehr oder weniger manifest – der Bruch der Emigration kann nicht überbrückt oder gar geheilt werden. Der Emigrant trägt diesen in sein Selbst eingeprägt mit sich, sodass er ihn, auch wenn er zum Immigranten geworden ist, nicht beseitigen kann. Deshalb geht die Existenz des Emigranten derjenigen des Immigranten nicht nur vorher, sondern übersteigt diese auch, trotz aller von der Nation unternommenen Anstrengungen, sie zu neutralisieren und zu domestizieren. Anstatt eine mangelhafte und untaugliche Figur darzustellen, der es wie dem Immigranten an einem Bei-sich mangelt, fordert der in ihm steckende Emigrant mit seiner gebrochenen Existenz subtil die Seinsweise der Autochthonen heraus, indem er Verwerfungen und Risse im Boden der Nation aufdeckt. Von dort aus lässt sich erahnen, warum er derart gefürchtet ist.

Der Emigrant unterbricht die Konstruktion und Legitimation der Nation, indem er Breschen eröffnet, in denen die Kunstgriffe ihrer Konstitution sichtbar werden. Der ihn umgebende Misskredit ist dieser von ihm ausgehenden Störung geschuldet, die jedweder artikulierten politischen Opposition zuvorkommt und die hegemoniale Form der Nation von Grund auf anficht, ihre Fundamente erschüttert. Als Exponent einer vorausliegenden Uneinigkeit denaturalisiert der Emigrant-Immigrant die Nation – die seiner Herkunft nicht weniger als die seiner Ankunft – und setzt einen anderen, äußeren, fremden, übersteigenden Blickpunkt ein, der jene künstliche Konstruktion in einem neuen Licht erscheinen lässt. Darauf beruht nicht zuletzt die gegen die Migration gerichtete Anschuldigung der Devianz, der Abnormität und des Pathologischen. Und das kritische Potenzial schwindet auch dort nicht zur Gänze, wo sich der »gute Fremde« nach den Wünschen und Anforderungen der Nation integriert hat. Die sogenannte »Einwanderungspolitik« nimmt sich nicht nur vor, die »Migrationsströme zu steuern«, sondern zielt auch darauf ab, jene destabilisierende Wirkung einzudämmen und zunichtezumachen. Vergebens. Denn der Immigrant ist mit seinem fluktuierenden und offenkundig dezentrierten Selbst, auf das ihn der Emigrant in sich beständig verweist, jene Figur des vorübergehenden Ansässigen, in dem sich die vermeintlich Einheimischen wiedererkennen, wenn sie in seinem Exil auch ihr eigenes erblicken.

14. Der Fremde, der außerhalb, und derjenige, der innerhalb wohnt

Unterlassung, Amnesie und Furcht haben den Fremden in einen Mantel des Schweigens gehüllt und ihn über Jahrhunderte hinweg in der Klandestinität belassen. Auch die traditionelle Philosophie hat ihm kein Aufenthaltsrecht gewährt. Von Zeit zu Zeit begegnet man irgendeiner Skurrilität, die einen sogar die alte aristokratische Zurückhaltung vermissen lässt, welche zumindest noch die Aura des Geheimnisses zuzugestehen wusste. Philosophische Enzyklopädien und Wörterbücher zeugen von dieser großen Sprachlosigkeit.[184] Erst jüngst scheint der »Fremde« politisches Asyl gefunden zu haben, jedoch unter strenger Überwachung und der beständigen Gefahr, mit dem erstbesten Passierschein wieder ausgewiesen zu werden.[185]

In der klassischen antiken Philosophie wird der Fremde nur am Rande behandelt. Je deutlicher sich der Unterschied zwischen Griechen und Barbaren abzeichnet, desto dringlicher wird das Bedürfnis nach einem *lógos*, der in seinem vertikalen Aufstieg den Bereich des Eigenen bestimmen und so die Ordnung der Welt wiederherstellen soll, jenen *kósmos*, »von dem nichts außerhalb ist«,[186] wie es in der aristotelischen Physik heißt. Als Ordnung ohne Außen wird der geschlossene und allumfassende griechische Kosmos allein von inneren Binnengrenzen gegliedert. Jenseits davon klafft der Abgrund des *ápeiron*, des Unbegrenzten. Wer die Grenzen überschreitet, wie Ikarus in seiner ehrgeizigen Hybris, den Himmel zu erobern, setzt sich der Gefahr eines unabwendbaren tödlichen Absturzes aus.

Und doch mangelt es im griechischen Denken nicht an Figuren, die Grenzen übersteigen, ja sogar durchbrechen. Angefangen bei Sokrates, der in seiner *atopía*, seiner Extravaganz, seinem Fehl-am-Platz-Sein, wie ein Expatriierter im Vaterland vom Rande der *pólis* ausgeht, um sie zu durchqueren und bei seinen überraschten und irritierten Mitbürgern Unruhe zu stiften und Verwirrung zu erzeugen. Fremd ist der Philosoph, der gleichwohl eine geniale Außergewöhnlichkeit für sich beanspruchen kann, schon allein aufgrund seiner ungewöhnlichen Fragen und zahlreichen Digressionen, die ebenso vielen Transgressionen gleichkommen. Vor Gericht bekennt sich Sokrates explizit dazu: Er sei ein außergewöhnlicher Redner, »allerdings nicht nach ihrer Art«.[187]

Auch noch an weiteren Stellen öffnet Platon dem Fremden, *xénos*, die Türen, der die Bühne betritt, um entscheidende Momente eines Gedankengangs zu artikulieren und neue Perspektiven zu eröffnen. Wie sollte man dabei nicht sogleich an die Diotima aus Mantineia, einer der entscheidenden Figuren im *Symposion*, denken? Die subversivste Gestalt ist jedoch zweifellos der Fremde aus Elea, der die Lehre der Väter aus den Angeln hebt, indem er Parmenides in die Enge treibt, um sodann zum entscheidenden Schlag auszuholen. Das Sein »ist«, *ésti* – es kann nicht nicht sein. Die Identität des Seins bildet das unumstößliche Fundament der Philosophie. Die sie bedrohende Gefahr liegt jedoch, wie im *Sophistes* ans Licht kommt, darin, sich in der tautologischen Wiederholung dieser Identität zu erschöpfen. Der Fremde schreitet ein, um die sich erschöpende Wiederholung zu unterbrechen und damit die Philosophie zu retten. Darin ist seine exaltierte, irrwitzige, visionäre – *manikós* – Provokation zu sehen, insofern er das *Nichtsein* gewissermaßen dem *Sein* annähert, indem er zeigt, dass es neben dem »Nichtsein« auch »Anderssein« bedeuten kann.[188] Der Fremde aus Elea eignet das Sein seiner vermeintlichen Identität und fordert die Philosophie mit seiner Frage nach der Möglichkeit des Andersseins heraus. Die Provokation wird jedoch nicht wirklich aufgenommen; ihre Auswirkungen beschränken sich auf die Ontologie. Die »platonische Philosophie des Fremden« erschöpft sich eben darin: Der *xénos* führt das *héteron* ein, der Fremde inauguriert das *Andere* und erhebt es in den Rang einer philosophischen Kategorie. Dieses Andere wird jedoch nicht mehr mit den Anderen verbunden. Wie Henri Joly schreibt, »bleibt es eine *Kategorie der Sache*, es ist noch keine *Kategorie der Person*«.[189]

Der Fremde verbleibt strikt außerhalb des geordneten griechischen Kosmos, sowohl außerhalb der Grenzen der *pólis* als auch des *lógos*. Die Ausnahmen bestätigen die Regel und nehmen einen tragischen Beispielcharakter an – wie etwa Ödipus. Ein Fremder von Geburt an, von König Polybos adoptiert, sowohl in Korinth wie auch in Theben fremd und dem Exil ausgeliefert, erfährt er die Wahrheit über die inzestuöse eheliche Vereinigung mit seiner Mutter; dazu bestimmt, als Verstoßener und *ápolis*, stadtlos, zu leben, vermag er schließlich erst mit seiner plötzlichen Erblindung zu sehen und bleibt auch im Tod ein Fremder, in seiner heimlichen Ruhestätte auf Kolonos.[190] Keinerlei Ort ist ihm vorbehalten, nicht einmal für die Trauer.

Über Jahrhunderte hinweg ungedacht, erscheint der Fremde mit unbekannten und unvorhergesehen Zügen in jenem Horizont der Neuzeit, der sich mit der Entdeckung des Globus bedrohlich verengen wird. Der kolonialen Eroberung unterworfen und im Zuge der Evangelisierung assimiliert, wirft der »edle Wilde« jedoch ein eher anthropologisches Problem auf. Die Philosophie übergeht die Frage weiterhin, bis die Auswirkungen einer globalen Ordnung, die ihr Zentrum eingebüßt hat, auch auf die Dezentrierung des Subjekts und die pluralistische Artikulierung einer Vernunft durchschlagen, die sich nicht nur als historisch bedingt erweist, sondern sich auch in verschiedenen Sprachen zu deklinieren scheint. Auf diese Weise eröffnet das im Kern des Eigenen zutage tretende Fremde die Abenteuer der Moderne. Es sollte jedoch erneut viel Zeit vergehen, bevor dem Fremden Raum gegeben und eine eigene Stimme zugestanden wird. Gewiss, immer wieder ist von Veräußerung und Entfremdung die Rede. So bekanntlich bei Hegel und Marx, die nachdrücklich darauf verweisen, dass das Selbstbewusstsein und sogar die Erträge der eigenen Arbeit – mithin das, was das Eigene ausmache – einer radikalen Enteignung ausgesetzt sind. Gleichwohl bleibt das Fremde hier noch eine im Hinblick auf einen siegriechen dialektischen Prozess zu beseitigende und zu überwindende Differenz.

Erst im Denken des 20. Jahrhunderts wird dem Anderen in seiner tiefreichenden und unausweichlichen Andersheit in den verschiedenen Strömungen kontinentaler Philosophie ein Durchgang eröffnet: von der Phänomenologie über die Hermeneutik bis hin zur Dekonstruktion. Wenn die Philosophie jetzt verstehen will, dann weil alles, was zuvor vertraut schien, sich plötzlich als beunruhigend und zunehmend fremd erweist; unmöglich, sich in der Welt noch zu Hause zu fühlen, während das Subjekt seine atavistische Herrschaft über sich selbst einbüßt. Der Ausgangspunkt kann nicht mehr im Cogito des Ego gesucht werden, und zwar aufgrund jenes Anderswo, dem das Ego entstammt und das aus ihm nicht so sehr ein *alter ego* als vielmehr ein *alter tu* macht. Die Andersheit verschont damit auch das Ich nicht, das sich als ein Anderer, als ein Fremder entdeckt – eine zugleich furchterregende wie hoffnungsvolle Entdeckung.

Das Fremde überrascht das Eigene in seinen intimsten und vertrautesten Schlupfwinkeln, in seinen selbstverständlichsten Eigenschaften. Das soll jedoch nicht auch schon heißen, dass die Herausforderung des Fremden bereitwillig akzeptiert worden wäre. Wenn sie nicht gar völlig verdrängt wird, bleibt sie allzu oft ein zweideutiges Privileg des Randständigen, das eine Introspektion des entfremdeten Ichs erlaubt. Es fehlt der entscheidende Schritt von der Randständigkeit hin zur Ausgrenzung und zur Marginalisierung. Der »Stachel des Fremden« kann sogar Anlass dafür bieten, sich beinahe selbstgefällig an altruistischen Reflexionen auf die Alterität – die eigene wie die anderer – zu ergötzen, ohne dass dem Fremden wirklich Raum gegeben wird und sich damit der Zugang zur eigentlich politischen Dimension eröffnen kann.

Wer ist der Fremde? Wie ihn definieren, wo er sich doch allen Definitionen zu entziehen scheint und nur ex negativo zu charakterisieren ist? Wie über ihn sprechen, ohne seine Stimme durch die eigene zu überlagern, bevor man ihm noch wirkliche Gastfreundschaft entgegengebracht hat? Das sind einige der Fragen, die Bernhard Waldenfels aufgeworfen hat, als er in etlichen Schriften und Wiederaufnahmen eine Phänomenologie des Fremden entwarf, die zugleich dessen Topografie darstellt – denn unter Topografie ist ganz buchstäblich ein Schreiben des Ortes oder der Orte zu verstehen.

Denn zumindest eines steht außer Frage: dass es weder den Fremden an sich noch das absolut Fremde gibt. Eher als einen Begriff bezeichnet der Fremde daher einen *tópos*, einen Ort oder besser noch: Er wird durch einen Ort bezeichnet. Auch die Etymologie deutet darauf hin: Der Fremde [straniero], von lateinisch *extraneu(m)*, verweist auf die Dimension des *extra*, also des Außen. Ein Außen, das stets von Innen her gesehen wird, ein Dort, das nicht Hier ist, im Rahmen einer räumlichen Relationalität, in der sich auch Links und Rechts, Oben und Unten verorten lassen. Das Fremde und das Eigene bilden demnach eine Korrelation. Daher ist auch der Fremde stets bestimmt und kontextualisiert. Man könnte sogar so weit gehen zu sagen, dass »fremd« nichts anderes bedeutet als eine Relation, eine Beziehung.

Georg Simmel war sich dessen bewusst. In seinem bekannten *Exkurs über den Fremden* erkannte er in der Räumlichkeit den Bereich, in dem sich der Fremde situiert, der als solcher nicht zum Innenraum gehört, sondern von außen kommt. Im Rahmen der Reziprozität von Ferne und Nähe, welche die zwischenmenschlichen Beziehungen bestimmt, gilt: »[D]ie Distanz innerhalb des Verhältnisses bedeutet, dass der Nahe fern ist, das Fremdsein aber, dass der Ferne nah ist.«[191] Allein diese Aussage legt nahe, dass die Bedingung des Fremden, wie sie auf die unmögliche Synthese von Ferne und Nähe zurückgeführt wird, nicht so sehr einen Zustand als vielmehr eine Mobilität meint. Der Fremde ist schlechthin derjenige, der sich bewegt – auch weil er des Eigentums, des Grund und Bodens, beraubt ist. Der europäische Jude wäre wohl seine exemplarische Gestalt. Simmel bleibt jedoch nicht bei dem Wechselspiel von fern und nah stehen; vielmehr ist er der Erste, der die Frage nach jenem Fremden aufwirft, der zum Bleiben entschlossen ist, die Frage nach dem Migranten, der zum Immigranten wird:

> Es ist hier also der Fremde nicht in dem bisher vielfach berührten Sinn gemeint, als der Wandernde, der heute kommt und morgen geht, sondern als der, der heute kommt und morgen bleibt – sozusagen der potentiell Wandernde, der, obgleich er nicht weitergezogen ist, die Gelöstheit des Kommens und Gehens nicht ganz überwunden hat.[192]

Das damit formulierte Problem wird Jahre später, 1944 – und mit weitaus dramatischeren und stärker autobiografischen Akzenten –, von Alfred Schütz in einem kürzeren Beitrag mit dem Titel *Der Fremde* wieder aufgegriffen.[193] Schütz, der Österreich 1938 verlassen musste, um zunächst in Paris und dann in New York Zuflucht zu suchen, war stark von Husserl beeinflusst. Die Zweideutigkeiten, die die Phänomenologie in ihrer Behandlung des Fremden hatte erkennen lassen, das sich immer »innerhalb und mit den Mitteln«[194] des Eigenen konstituiert und damit stets originär ist, kommen auch im Text von Schütz zum Tragen. Sein Verdienst besteht jedoch darin, explizit die Figur des Immigranten eingeführt zu haben, von der er in der ersten Person spricht und dabei präzisiert, dass »der Begriff ›Fremder‹ einen Erwachsenen unserer Zeit und Zivilisation bedeuten [soll], der von der Gruppe, welcher er sich nähert, dauerhaft akzeptiert oder zumindest geduldet werden möchte«.[195] Leider entwirft Schütz im Folgenden jedoch keine Phänomenologie des Immigranten; hier und dort scheint die bittere Erfahrung desjenigen hindurch, der sich fehl am Platz fühlt, die Orientierungslosigkeit, das erschütterte

Vertrauen in die gewohnte Weise, zu denken und zu leben. Entsprechende Einsichten sind zuhauf zu finden: Schütz erkennt die Neuheit der »Krise«, er benennt den Unterschied zwischen dem Touristen – einem unbetroffenen Zuschauer – und dem Fremden, der sich niederlassen möchte, er sieht das Erfordernis einer Übersetzung eines kulturellen Modells in das andere, ein keinesfalls selbstverständlicher Weg, da das neue Land für den Einwanderer zunächst nicht so sehr Zuflucht, sondern eher ein Feld des Abenteuers darstellt. Es fehlt aber an umfassenderen politischen Koordinaten, wie sie sich beispielsweise in den zur selben Zeit vorangetriebenen Reflexionen Arendts finden. Schütz sieht den Immigranten als einen »Bewerber«, als einen zukünftigen Bräutigam, als einen in die Armee eintretenden Freiwilligen, als den Jungen vom Land, der auf die Universität geht, als neues Mitglied eines exklusiven Vereins – allesamt Bilder, die, wie bereits gesehen, in der angelsächsischen Diskussion später wieder auftauchen werden. Doch diese Bilder tilgen im selben Handstreich auch die Relationalität des Fremden, sein Fehl-am-Platz-Sein, das notwendig auch auf das Innere der Gemeinschaft zurückwirken muss.

Deshalb braucht es eine Phänomenologie, die nicht darauf ausgerichtet ist, den Fremden zu erfassen, zu dominieren und zu domestizieren, um so dessen Explosivität zu entschärfen, sondern die sich darauf beschränkt, im Rahmen einer Topografie, die sich schließlich auch als topologisch erweist, seinen jeweiligen Ort anzugeben. Nur so lässt sich bewahren, was Waldenfels die »Radikalität des Fremden«[196] nennt – eine zwar nicht restlos überzeugende Formulierung, die jedoch darauf abzielt, die Unmöglichkeit zu unterstreichen, das Fremde vom Eigenen abzuleiten oder es im Universellen aufzuheben und zu übersteigen. In einer Erkundung der vielfältigen Weisen, auf die das Fremde in den antiken und den modernen Sprachen benannt wurde und wird, treten mindestens vier semantische Tonlagen zutage, die es erlauben, ebenso viele inhaltliche Facetten zu unterscheiden. Durchgehend scheint der Ort den entscheidenden Aspekt zu bilden:

1. Der Fremde ist fremd, *xénos, externus, peregrinus, foreign, extranejro, étranger*; er ist äußerlich, steht einem Innen in einem Außen gegenüber, im Rahmen einer Platzzuweisung, die Grenzen auszeichnet,

Schwellen markiert, Durch- und Übergänge eröffnet oder verschließt. Das Territorium ist bereits okkupiert, die Grenzen sind gezogen. Der Fremde kommt von Anderswo, wohnt jenseits der Grenzen. Dieses Kriterium erlaubt es, das Außen vom Innen zu unterscheiden, aus- und einzuschließen, und zwar unter Anlegung von Schemata, die auf Konventionen beruhen und genau deshalb auch flexibel bleiben sollten. Die territoriale Bestimmung folgt im Allgemeinen einer konzentrischen Ordnung, stellt eine Zentrierung dar. Das Innere ist ein von einer äußeren Peripherie umgebenes Zentrum. Der Fremde ist daher per definitionem peripher, in die Provinzen verbannt, sozusagen (noch) nicht urbanisiert.

2. Der Fremde ist anders, *allótrion*, *alienum*, *alien*, und steht im Gegensatz zum Eigenen und zum Eigentum. Es handelt sich hierbei um eine auf Besitz und Zugehörigkeit basierende Bestimmung – ganz gemäß der hegelschen Triade: eine andere Familie, eine andere bürgerliche Gesellschaft, ein anderer Staat. Der Fremde ist anders, weil er Dokumente vorweist, die eine andere Identität verbürgen, weil er eine andere Sprache spricht, einen anderen Pass besitzt.

3. Der Fremde ist seltsam und sonderbar, *insolitum*, *strange*, *extraño*, er ist heterogen gegenüber dem, was bekannt und altvertraut sein sollte. So erscheint er aufgrund seiner Umgangsformen, seines Stils, seiner Lebensart, seiner Kleidung. Er weicht von der Norm ab, erscheint skurril, kontrastiert mit der vorgeblichen kollektiven Harmonie. Es handelt sich um die Absonderlichkeit dessen, was einerseits in einer phylogenetischen oder ontogenetischen Reihung in der Zeit vorhergeht und andererseits stets parallel verläuft, indem es in pathologischen Taumel abgleitet. Die Figuren des Kindes, des Wilden, des Wahnsinnigen und des Hofnarren wechseln so einander ab, die traditionell jenseits des Bereichs der Vernunft anzusiedeln sind; ergänzend ließen sich noch das Tier und die Maschine anführen.

4. Schließlich ist der Fremde außerordentlich, *deinós*, *insolitum*, *extraordinary*, da er in seiner Ent-grenzung die Ordnung übersteigt und damit extra-ordinär ist. Er stellt Besonderheit, Außergewöhnlichkeit und vielleicht sogar Genialität zur Schau. Nach ihm ist die Ordnung nicht mehr dieselbe wie zuvor. Er ist ein Umstürzler oder ein Gründer, ein Dichter, ein Revolutionär, womöglich aber auch ein Terrorist.

Auch wenn diese Facetten wie in einem Kaleidoskop auf die Figur fokussieren, entzieht sich der Fremde jeder Festsetzung und Definition, die daher notwendig negativ bleiben müssen. Unmöglich scheint es, den Fremden an sich zu erfassen. Daher die verführerische und verstörende Ambivalenz seiner polyedrischen und schillernden Figur, die zugleich das Versprechen neuer Verbindungen wie auch die Bedrohung durch Teilung, Zersplitterung und Zerfall bedeutet. So wie die Grenze zwischen dem Innen und dem Außen fluktuiert, oszilliert auch der Fremde. Die Kriterien seiner Unterscheidung unterliegen einer beständigen Umkehrung, schlagen permanent in ihr Gegenteil um. Was aber wird dann aus der Identität seines Gegensatzes, des Nicht-Fremden? Die Frage ist durchaus berechtigt, denn der Fremde bildet nicht selten das mehr oder minder explizite Kriterium, gemäß dem sich die Identität eines anderen definiert. Mit der Absicht, ihn dem *xénos* entgegenzustellen, der kam und ging, nannten die Griechen den Eigentümer eines Grundstücks *idiótes*, von *ídios*, eigen. Die selbstidentische Identität, das sinnlose Eigentum, stellt die selbstverständliche und offensichtliche Idiotie der Normalität dar. Allein der Fremde mit seinen Streifzügen kann sie retten.

Gibt es aber wirklich ein Selbstidentisches? Oder handelt es sich dabei womöglich um eine wirkmächtige Fiktion? Fremdheit stellt kein absolutes Außen dar. Es gibt also Anlass zu glauben, dass der Fremde nicht nur derjenige ist, der nicht bei mir wohnt, sondern auch der, der in mir wohnt. Schon Freud hatte darauf mit seinem »Unheimlichen« verwiesen, welches das Ego von Grund auf in Unruhe stürzt. Die Fremdheit ist ein Außen, das auch aus dem Innen kommen und von dort aus die Ipseität, die Selbstheit, aushöhlen kann. Das Ich ist ein Anderer, sich selbst fremd, sogar an den am stärksten befestigten Orten seiner Identität. Angefangen bei Geburt und Tod, mithin den Grenzen, die sich seiner Herrschaft entziehen, liegen die Embleme der Fremdheit im Herzen des Eigenen.[197] Die Existenz ist eine provisorische Herberge, deren Schlüssel wir nie besitzen.

Étrangers à nous-mêmes, Fremde sind wir uns selbst – wie es der glückliche Titel eines Buches von Julia Kristeva nahelegt.[198] Das ist die Entdeckung, die auf der Reise durch die Fremdheit des Fremden auf uns wartet. Sie ist nicht auf das Unbewusste, die plötzliche Eingebung, auf Besessenheiten oder Träume beschränkt. Die entsprechenden Erfahrungen berühren selbst die Körperlichkeit – Fremdheit manifestiert sich in Fleisch und Blut. Sie zeigt sich im sich selbst wahrnehmenden Körper, im Blick, der sich im Spiegel trifft, im Namen, der sich (ge)rufen hört. Nicht einmal die Sprache bildet einen sicheren Anker der Identität; denn die Sprache ist immer schon die des Anderen, und Sprechen bedeutet nichts anderes, als eine fortgesetzte Entäußerung und Entfremdung.

Der Fremde stellt denjenigen in Frage, der die Vorstellung hegt, unerschütterlich im Identischen seines Eigentums zu ruhen. Wird diese Herausforderung des Fremden – zumindest ansatzweise – angenommen, eröffnet sie eine Welt, in der sich niemand mehr zu Hause fühlen kann. Die daraus zu ziehenden Konsequenzen sind jedoch nicht nur existenzieller, sondern erneut mindestens ebenso sehr politischer Natur.[199]

15. Klandestine Überfahrten, Heterotopien, anarchische Routen

Das Meer ist nicht der Anfang. Das Meer ist eine Passage, eine Überfahrt, die sich erst nach anderen Übergängen und Durchquerungen eröffnet – jenseits von Wüsten, von Hochland, von Bergen und weiten Ebenen. Die Wasserfläche verschmilzt am Horizont mit dem Firmament und irritiert in ihrer Unterschiedslosigkeit. Die günstigen und wohlgesinnten Wellen zeichnen den Kurs, die Route vor, begleiten die Überfahrt. Doch die Wasserbrücke kann sich auch jäh und unversehens zu einer unüberwindbaren Mauer auftürmen – Ambivalenzen eines Dazwischen, das eröffnet und verschließt, das vereint und trennt.

Das Meer ist ein anarchischer Übergang: Es entzieht sich den Grenzen, löscht jede Spur von Aneignung aus, greift die *arché* der Ordnung an, stürzt den *nómos* der Erde. Daher bewahrt das Meer auch die Erinnerung an eine andere Klandestinität – von Opposition, Widerstand und Kämpfen. Klandestinität nicht etwa als ein Stigma, sondern als Wahl und Entscheidung.

Anarchie eines außer-gewöhnlichen Übergangs, eine Überfahrt und Überschreitung, die fehl am Platz bleibt und gegen die Zeit navigiert – eine Heterotopie, würde Foucault sagen. Denn er versteht darunter »Gegenorte«, in denen alle anderen realen Orte »zugleich repräsentiert, in Frage gestellt und ins Gegenteil verkehrt werden«.[200] Und gerade für den uchronischen Gegenraum des Meeres gilt noch weitergehend: »Das Schiff ist die Heterotopie par excellence.«[201]

Es ist schließlich auch Foucault, der im Eingangskapitel von *Wahnsinn und Gesellschaft* die geheimnisvolle und unheimliche Geschichte des »Narrenschiffs«, der *stultifera navis*, des Schiffs der Wahnsinnigen nachzeichnet. In der Literatur wie auch in der Malerei bezeugt – von der Moralsatire Sebastian Brants bis zu Hieronymus Boschs Gemälde –, stellte dieses Schiff indes keine rein künstlerische Schöpfung dar. Steuermannlose Kähne, der Gewalt der Wasser ausgeliefert, durchfuhren die Flüsse und deren Mündung entgegen, um auf das offene Meer hinauszutreiben – und kehrten von dort nicht mehr zurück. Mit sich trugen sie eine ganze Ladung Wahnsinniger fort, von denen die Städte sich anderweitig nicht zu befreien wussten. In den Anfängen der Neuzeit gab die *stultifera navis* das Modell dessen vor, was heute eine psychiatrische Klinik genannt würde. In der Landschaft des Mittelalters wurden die Wahnsinnigen, zumeist umherwandernde Gestalten, durchaus noch toleriert, im Allgemeinen jedoch außerhalb der Stadt, wo sie sich selbst überlassen waren. Es fehlte nicht an Hospitälern, Nachtasylen, regelrechten Haftanstalten; diese Räume minimalster Gastfreundschaft waren jedoch allein den Stadtbürgern vorbehalten. Es scheint hingegen, dass der Brauch der Narrenschiffe vor allem die fremden Irren, die irren Fremden traf, die sich an den Pilgerstätten häuften. Foucault stellt die Hypothese auf, dass die Schiffe zunächst die Aufgabe hatten, die Wahnsinnigen auf eine symbolische Reise auf der Suche nach der verlorenen Vernunft zu führen. In der Folge triumphierte jedoch die Sorge um den Ausschluss über die um Heilung. In den großen Durchgangs- und Marktorten versammelt, wurden die Irren also den Seeleuten übergeben, damit diese sie mit sich auf See nahmen und die Stadt von ihrer Anwesenheit befreiten. Der Irre wurde dem heimlichen Wahnsinn des Schiffers anvertraut, der das offene

Meer herausforderte, sich jener gewaltigen und aufgewühlten Masse stellte, ohne jede Verbindung zu seinem Vaterland und unter der ständigen Gefahr, zusammen mit der Vernunft auch den Glauben zu verlieren. Heterotopie des Meeres und des Wahnsinns. Es waren die Jahre der großen Entdeckungen – und der Ausschlüsse. Das Ablegen der Irren schrieb sich jedoch nicht so sehr in das Bild der Traumflotte ein, als vielmehr in die Reihe der rituell Exilierten. Es erscheint unmöglich, einen präzisen Grund für jenes mit Wahnsinnigen, Geistesgestörten, Landstreichern und Fremden vollgepackte Boot namhaft zu machen, das in der Folgezeit sogar ohne Steuermann in See stach. Man kann sich jedoch unschwer vorstellen, dass es sich in Wahrheit um einen Reinigungsritus handelte. Die Schiffe legten von den rheinischen und auch den belgischen Städten aus ab. Sogar von Venedig aus, am Ende des Karnevals, in Vorbereitung auf die Fastenzeit.

Nicht zu übersehen ist die in höchstem Maße symbolische Bedeutung dieses erschütternden Rituals, das eine tiefreichende Aktualität beanspruchen kann. Der Einsatz der *stultifera navis* sollte die Stadt von einer lästigen und störenden Präsenz befreien. Aber die dunklen Wassermassen trugen diese Präsenz nicht nur mit sich fort, sie sollten sie auch reinigen. Der Irre brach in eine andere Welt auf, wie auch der Seemann, der sich nie sicher sein konnte, jemals zurückzukehren. Jede Einschiffung war – und ist – potenziell die letzte. Und doch bedeutete die Fahrt des Irren die endgültige Trennung, den absoluten Übergang:

> Eingeschlossen in das Boot, aus dem es kein Entrinnen gibt, ist der Irre dem tausendarmigen Fluss, dem Meer mit tausend Wegen und jener großen Unsicherheit, die außerhalb alles anderen liegt, ausgeliefert. Er ist Gefangener inmitten der freiesten und offensten aller Straßen, fest angekettet auf der unendlichen Kreuzung. Er ist der Passagier *par excellence*, das heißt der Gefangene der Überfahrt, und, wie man nicht weiß, wo er landen wird, so weiß man auch nicht, wenn er landet, aus welcher Welt er kommt. Er hat seine Wahrheit und seine Heimat nur in dieser unfruchtbaren Weite zwischen zwei Welten, die ihm nicht gehören können.[202]

Die Verschiffung verfolgte das Ziel, dem Wahnsinnigen seine Außergewöhnlichkeit zu nehmen. In der von Foucault entworfenen Heterotopografie entspräche das der vorgeschlagenen vierten Facette: dem Fremden, der nichts Außergewöhnliches mehr an sich hat und die Ordnung weder übersteigt noch ent-grenzt, da er im Übergang gefangen bleibt. Keinerlei anarchische Route stünde ihm noch offen.

Die Kähne der Migranten bilden die jüngste Spielart des Narrenschiffs. Die Migranten sind wie Irre; unbesonnen fordern sie ihr Schicksal heraus und verdienen das sinnlose, von den Wellen entschiedene Ende. Keine Reue ob dieser außer-irdischen Gefangenen der Meere: »Sollen sie doch untergehen!« Die geschichtliche Vorstellungswelt der europäischen Geografie bildet den Horizont, der über ihnen schwebt.

Dem Fremden seine *atopía* zu nehmen, sein Fehl-am-Platz-Sein und seine Gegenzeitlichkeit – seine Heterotopie –, bedeutet auch, das Grenzüberschreitende zu verschließen, in dem allein eine kommende Utopie antizipiert werden könnte. So bliebe nur die Ordnung, die im Zeichen der Normalisierung und Nivellierung polizeilich abgesichert wird. Das ginge gewiss auch zulasten des Fremden im Eigenen – vorausgesetzt, dass die Idiotie des Eigentums sich ohne das Fremde überhaupt erhalten ließe.

Die anarchische Route des Meeres zeigt hingegen die Herausforderung des Anderswo an, die Kehrseite der Ordnung, eine grundstürzende Umkehrung, die vonnöten ist, damit die »Poetik des Raumes« nicht eines jeden *ex*-, eines jeden Außen und jedweden Outsiders beraubt wird.[203] Dazu kann es allerdings nicht genügen, vom Fremden im Eigenen auszugehen, und ebenso wenig genügt eine Lobrede auf die Andersheit des Anderen, eine den Gegensatz zur Xenophobie bildende *xenophilía*, die stets Gefahr läuft, sich auf eine unpolitische Ethik zu reduzieren oder als solche missverstanden zu werden. Es bedarf hingegen einer Politik, die von dem als Grundlage und Kriterium der Gemeinschaft verstandenen Fremden ausgeht, einem Dativ, dem zu antworten ist, indem man ihm den Weg frei macht.

III. Ansässige Fremde

> Zum ersten Mal gibt es keine separate jüdische Geschichte mehr; sie ist verknüpft mit der Geschichte aller anderen Nationen.
> HANNAH ARENDT, *Wir Flüchtlinge*[204]

> Darum sollt ihr das Land nicht verkaufen für immer; denn das Land ist mein, und ihr seid Fremdlinge und Beisassen bei mir.
> *Wajikra/Levitikus*[205]

1. Vom Exil

Das neue Jahrtausend kann als das Zeitalter der Diasporisierung der Welt gelten. Über Jahrhunderte hinweg hat die Moderne das Exil verweigert und die Fremdheit auf allen Gebieten beseitigt. Darin ist eine machtvolle, aber letztlich unwirksame Art und Weise zu sehen, den ersten großen Migrationswellen entgegenzutreten. Das politische Resultat dieser Verdrängung war die Eingrenzung der Völker in Nationalstaaten, eine Form des Wohnens, innerhalb derer das Selbst mit dem Ort übereinzustimmen hatte. Unter dem beständigen Druck von Gemeinschaften, die über den Staat hinausstrebten, bekam diese Übereinstimmung jedoch Risse, bis sich das Verhältnis von Selbst und Ort nahezu vollständig aufgelöst hatte. Auf diese Weise trat das Phänomen eines Selbst zutage, das an verschiedenen Orten wohnen und sich in keinem Teil der Welt mehr zu Hause fühlen kann. In der Geschichte findet sich dafür ein prominenter Präzedenzfall: das jüdische Exil, ein offensichtliches Paradox und ein faktischer Skandal für die anderen Völker. Nach dem Zeitalter der Sesshaftigkeit jedoch kann die Norm eines sich mit dem Geburtsort identifizierenden Selbst nicht mehr als die Regel gelten. Wenn ein deterritorialisiertes

Selbst existieren kann, sind Boden und Land nicht mehr als Apriori-Strukturen der Existenz zu betrachten. Die Diasporisierung verweist auf die Möglichkeit eines neuen Wohnens, die zur Norm erhebt, was zuvor die Ausnahme darstellte: die Bedingung des Exils.

Ob er sich nun der harten Prüfung der Emigration zu unterziehen hat oder nicht – ein jeder ist ein Exilant, der über diese seine Voraussetzung geflissentlich hinwegsieht. Der wurzellose, heimatlose und schutzlose Fremde legt in seiner exponierten Blöße das Exil frei, das jede Existenz von Grund auf durchdringt und beunruhigt – daher auch das Entsetzen, das es hervorruft. Die jeweiligen historischen und biografischen Umstände enthüllen jedes Mal von Neuem den engen Zusammenhang, der Exil und Existenz verbindet. Wenn die Etymologie auch unsicher und umstritten ist, teilen »Exil« und »Existenz« die Vorsilbe *ex-*, die ein Hervorgehen aus, einen Schritt nach außen, einen Austritt anzeigt. Das Exil hält die Existenz dazu an, diese Bedeutung wiederzuergreifen, indem es sie aus ihrer Trägheit, aus ihrer unbekümmerten Selbstverständlichkeit reißt. Vor dem Exil weiß man nicht, dass man existiert – wenn Existieren heißt, sich herauszustrecken, über sich selbst hinaus.

Das Exil trifft einen plötzlich, mit der Gewalt eines Gewittersturms. Nichts ist mehr wie zuvor. Das Exil, dieser endgültige Bruch sprengt die Identität von Selbst und Ort auf, unterbricht die unmittelbare Beziehung des Einzelnen mit der Welt, enteignet ihn seines festen Besitzes. Die Existenz kann sich nicht mehr vorstellen, mit der Erde eins, ein natürliches Sekret oder das Erzeugnis des Bodens zu sein. Als passiv erlittenes, traumatisches Ereignis stellt das Exil einen irreparablen Riss dar, und ein ganzes Leben reicht nicht aus, diesen wieder zusammenzufügen.

Der Augenblick des Aufbruchs markiert die Unterbrechung. Doch im ersten Moment der Benommenheit, in der bitteren Qual des Abschieds, entzieht sich dieser Augenblick und tritt erst in der Erinnerung deutlicher zutage. Entzug, Verlust, Zerfall: Alles scheint für immer verloren. Fetzen entschwundenen Glücks bilden das Gepäck des Exilanten, das mitunter beinahe schwerelos dahintreibt. Eine lange Generationenkette, Tausende Leben, über denen das Unheil des

Untergangs schwebt, betteln um ihr Überleben. Ganze Jahrhunderte drängen sich in diesem Augenblick zusammen, in dem der Fortziehende einen letzten Blick auf die Gräber richtet, die er hinter sich zurücklässt. Vom Ufer aus verspricht er der Zukunft Erinnerung.

Während in der Ferne die vertrauten Bilder und die Fragmente bekannter Stimmen verfliegen, entschwinden auch die Klänge, Farben und Gerüche der heimischen Landschaft. Ebenen, Hügel, Wasserläufe, Wälder und Strände: All diese Orte bildeten einst die geheimen Winkel seiner Empfindsamkeit. Die Welt wird für immer diese Umrisse tragen und in diesen Farben leuchten. Erst aus der Ferne beginnt der Exilant, sie klarer zu sehen. Nie mehr wird er diese unmittelbare Vertrautheit wiederfinden können. Das Exil hat ihn seiner Erde entrissen, in der all seine Fasern eingelassen waren. Er fühlt sich wie ein entwurzelter Baum – und macht die dramatische Erfahrung der Entwurzelung. Seine Wurzeln liegen in ihrer ganzen Nacktheit frei. In keinen anderen Boden werden sie sich wieder einsenken können. Es bleibt nur der Raum des Himmels, um sich hinauszulehnen.

Die Entwurzelung bedeutet die endgültige Abtrennung von der Erde, die sich als gesonderte und unwiederbringlich verlorene Entität erweist. Und doch hält das Exil eine Überraschung bereit: Die Erde wird in gewisser Weise immer präsenter, wenn der Exilant sie in der Erinnerung abschreitet. Er entdeckt sodann, dass die Erde ihn bewohnt. Die Befreiung von der natürlichen Zuweisung eines Ortes ist der Beginn einer neuen Freiheit: Der Raum wird verzeitlicht. Die Erde selbst gewinnt eine neue Präsenz. Sie ist nicht mehr die Scholle der Vergangenheit, sondern ein zukünftiges Versprechen. Indem er sich umwendet, blickt der Exilant auf jenes geteilte Leben, auf jene Existenzweise zurück, der er sich, ohne es zu wissen, angepasst hat und die ihm auf einmal als eine Gewohnheit unter anderen erscheint – nur, dass er diese Modalität des Wohnens einst Heimat nannte.

Nachdem er schiffbrüchig den Sturm überlebt hat, liegt er auf sich selbst zurückgeworfen am Ufer, während sich das Meer von ihm entfernt. Und es scheint ihm, als besäße er keinen Ort mehr auf der Welt – ja, als hätte er keine Welt mehr, die mit dem Meer zurückgeströmt ist. Nichts trägt ihn mehr. Doch in diesem Abgrund, in dem er allein mit sich selbst ist, erahnt er, dass nicht die Welt ihn trägt, sondern er die Welt.

Vielleicht ist das der Augenblick seiner absoluten Identität? Was sollte ihm sonst bleiben, von jedem Band getrennt? Während er sich diese Unterbrechung, die fast dem Tod gleicht, überleben sieht, ist es, als erforschten ihn die Augen eines anderen. Er fühlt sich von einer intimen Fremdheit bestürmt – eine beunruhigende Aufspaltung. Diesen Augen, die ihn in der Nacktheit seiner Entwurzelung betrachten, kann er nicht entfliehen. Doch gerade in diesem Bruch erblickt er den toten Körper seiner alten Identität. Dort liegt der Verwurzelte, der in der Entwurzelung dahingeschwunden ist und in seinem Selbst nach einem anderen Leben sucht. Zwei Gesichter stehen sich in seinem Inneren gegenüber – er könnte in diesem Bruch versinken. Großes Unbehagen überfällt ihn. Doch die Zerstörung der alten Heimat bringt eine neue Möglichkeit ans Licht. Er ist auf sich verwiesen, nicht mehr aber als er selbst, sondern als Potenz, als Vermögen, zu sein. Indem er alle Stützen verliert, erwacht er zu seinen Möglichkeiten, wird zu sich selbst geboren. Im Exil zu sein heißt daher, sich dem Firmament der Geburt zu entziehen, der Identität, die übereilt auf jenes Selbst gekommen ist, das sich in seiner Trägheit deswegen identisch glaubte.[206] Doch die inzwischen heimisch gewordene Fremdheit treibt ihn dazu, sich von sich zu lösen und wiedergeboren zu werden.

Das ist die verheißene Begegnung mit dem aus seinem spärlichen Gepäck hervorblinzelnden Fremden, das ihn auf seiner mitreißenden Flucht begleitet hat, ihn bei der Migration ins Exil leitet, das nun endlich einen Sinn bekommt. »Geh' auf dich selbst zu!« – so klingt der Befehl, der ebenso alt ist wie der Abraham auferlegte Imperativ: »Geh aus deinem Vaterland und von deiner Verwandtschaft und aus deines Vaters Hause in ein Land, das ich dir zeigen will.«[207] Der Exilant lässt die Ruinen zurück und schreitet darüber hinaus, in die Unendlichkeit des Exils, wo ihm die Leere einen Himmel aus Licht und neuem Atem eröffnet.

2. Weder Entwurzelung noch Umherirren

Nach seinem Abschied könnte der Exilant in der Entwurzelung verzweifeln oder sich dem Umherirren verschreiben. Überwiegt die Sehnsucht nach den verlorenen Wurzeln, wird Wehmut zur Chiffre seiner Existenz. Der Entwurzelte lebt der Vergangenheit zugekehrt, in unaufhörlicher Enttäuschung und tragischer Erwartung. Nichts kann ihn trösten. Das Glück der Verwurzelung ist für immer zerschmolzen. Aber war es wirklich Glück und Seligkeit? Seit jeher war der Verwurzelte von einer quälenden Ungewissheit erfüllt. Die Entwurzelung ist nur der endgültige Beweis dafür, dass er nicht mehr im Garten Eden wohnt. Der Verwurzelte ist so gesehen ein Entwurzelter, der über diesen Zustand hinwegsieht und im Glauben lebt, ein in die Erde gepflanzter Baum zu sein.

Ebenso wie es nicht auf Entwurzelung reduziert werden kann, bedeutet Exil auch kein Umherirren. Die Heimat liegt in Trümmern, weil sie ohnehin nur eine Chimäre war. Demnach wäre es unmöglich, überhaupt irgendwo wirklich zu wohnen. Der Entwurzelte müsste sich so einer nihilistischen Verzweiflung verschreiben und sich über die verschlungenen Wege seines Umherirrens schleppen. Auch er befindet sich in trostloser Trauer um die verlorenen Wurzeln – nur dass hier die Desillusionierung einer Gegenwart vorherrscht, die in einem obsessiven Schwindel erlebt wird. Der Umherirrende läuft richtungs- und ziellos ins Leere und verfällt dem Unsinn, obgleich er im Grunde hofft, einen Sinn darin zu finden. Er glaubt nicht mehr an die Möglichkeit einer Rückkehr.

Bevor jedoch die Frage nach der Rückkehr überhaupt gestellt werden kann, muss diejenige nach der Bedeutung des »Wohnens« und die nach dem Sinn des »Migrierens« weiterverfolgt werden. Um verstehen zu können, welche Rolle der Wohnsitz in einer Politik der Gastfreundschaft spielen kann, ist ein Rückweg in Angriff zu nehmen, der allerdings keinem streng chronologischen Rhythmus folgt. Seine Zwischenstationen heißen Athen, Rom und Jerusalem. Diese drei historischen Modelle von Stadt und Bürgerschaft bleiben Idealtypen.[208] Von der athenischen Authochtonie, die etliche politische

Mythen der Gegenwart erklären kann, unterscheidet sich die offene Bürgerschaft Roms. Souverän regiert die Fremdheit hingegen in der biblischen Stadt, in der der *ger*, der ansässige Fremde, den Angelpunkt der Gemeinschaft darstellt.

3. Phänomenologie des Wohnens

Dem Problem des Wohnens in seiner ganzen Komplexität wird erst sehr spät die Aufmerksamkeit der Philosophie zuteil. Es taucht auf, als man die fortschreitende Zerstörung der Erde zu ahnen beginnt, die aus dieser – anstatt eines behüteten und behaglichen Mutterschoßes – einen in jedem noch so entlegenen Winkel erkundeten und vermessenen Planeten macht, der kreuz und quer zerfurcht und urbar gemacht, mit Gebäuden und Behausungen überzogen und allerorts systematisch zugerichtet wurde. Ausgerechnet in dem Moment, da die Erde eine vertraute Heimat geworden zu sein scheint, sind ihre Bewohner, die endlich in der Lage wären, sich überall zu Hause zu fühlen, paradoxerweise an keinem Ort mehr daheim. Das Heimischwerden wandelt sich unaufhörlich in Heimatlosigkeit. Als wäre es nicht mehr möglich, innerhalb der technisch-industriellen Herrschaft, die die Erde in ihrem Bann hält und über diese zugunsten ihrer kosmischen Kalküle verfügt, Wurzeln zu schlagen; als hätte die fortschreitende Beseitigung des Fremden die Möglichkeit jeder Beziehung unterminiert.

Das Wohnen ist ein allzu intimes und naheliegendes Phänomen, als dass es mit der rechten Distanz betrachtet werden könnte, und wird erst dann zu einem philosophischen Thema, wenn es seine Selbstverständlichkeit einbüßt. Es handelt sich weder um das als Sinn und Zweck des Bauens verstandene Wohnen, um das sich eine Theorietradition im Kontext der Architektur herausgebildet hat, noch um die »Wohnungsfrage«, das heißt um die Krise der Wohnverhältnisse und den Mangel an Unterkünften, die von Engels bereits 1872 angeprangert wurden.[209] Die eigentliche philosophische Frage bezieht sich vielmehr auf die Bedeutung menschlichen Wohnens.

Das lateinische *habito* ist ein Frequentativ des Verbs *habeo*: Wohnen [abitare] bedeutet »etwas gewohnheitsmäßig und dauerhaft zu haben«.[210] Im Verb »wohnen« schwingen von Beginn an die Konnotationen von Besitz und Zugehörigkeit mit, und die atavistische Vorstellung des Besitzes durchdringt dessen Semantik. Wiederholung wird zu Gewohnheit, und die Gewohnheit ihrerseits zum Anlass für Eigentum und Beherrschung – insbesondere des Ortes. Besitzen, verbleiben, sich ansiedeln, sich niederlassen, sich zu eigen machen, sich identifizieren, an sich binden, sich binden – auf all das wird für gewöhnlich das Wohnen zurückgeführt, das als eine spezifische Bearbeitung und Kultivierung der Umwelt verstanden wird. Das Subjekt, der Protagonist des Wohnens, gräbt in die Tiefe und zieht die Grenzen der Aneignung um sich. Der Körper richtet sich in einem Raum ein, vertieft sich darin, bis er fast mit ihm verschmilzt und mit ihm eins wird. Dieser Raum gehört ihm aufgrund der Häufigkeit und Gewohnheit, mit denen er diesen bewohnt, wird zu seinem Wohnort, von dessen organischer Materie seine Körperlichkeit, die dort inkarniert ist, nicht mehr getrennt werden kann. Der Preis dafür wäre eine Amputation, die Durchtrennung lebender Gliedmaßen, die sich an diesem Ort festklammern, im Boden eingesenkt und in der Erde verwurzelt sind. Die Amputation erstreckte sich schließlich auch auf die »Dinge«, die diesen Raum bevölkern und mit denen ein starkes Zugehörigkeitsgefühl verbunden ist. Das Wohnen entspräche diesem Besitz, der sogar zu Adhäsion und wechselseitiger Zugehörigkeit wird. Das Selbst identifiziert sich mit dem Ort, den es bewohnt, während es von dem Ort seine Identität bezieht. Genau deshalb würde eine Enteignung den unwiderruflichen Verlust der Identität bedeuten. Das Einswerden des Bewohners mit der Wohnung, das sich in der Zeit erstreckt, erneuert und Spuren hinterlässt, die den Besitz bezeugen sollen, gibt dem »Haus« und dem *Sich-zu-Hause-Fühlen* Raum. Nur in diesem zur Wohnung auserkorenen Raum kann sich – sogar in der Einsamkeit und Armut einer kargen Hütte oder eines schlichten Unterschlupfes – die Flamme einer Herdstelle entzünden und die einzigartige Erfahrung eines Bei-sich-Seins ausbreiten – Bewahrung des Ortes durch das Selbst und Bewahrung des Selbst durch den Ort.

Die Semantik des Wohnens gründet sich auf eine Reihe aufeinanderfolgender Übergänge, die vom Bleiben bis hin zum Besitzen reichen. Es ist, als bilde das »Bleiben« die legitime Grundlage des Besitzes. Damit stellt sich die Vorstellung ein, dass zu bleiben – im Sinne von sich aufhalten, verbleiben, anhalten – den exklusiven Zugang zu einem Ort eröffne und das Eigentumsrecht darauf verleihe. Auch wenn die vom Frequentativ vorgeschriebene semantische Nähe von »Wohnen« und »Haben« im Lateinischen und in den neulateinischen Sprachen besonders greifbar wird, tritt sie auch anderswo zutage. Das deutsche Verb *wohnen*, das – wie es das etymologische Wörterbuch von Jacob und Wilhelm Grimm belegt – vom altgermanischen *wunian* abstammt, bedeutet zunächst »zu tun pflegen, für gewöhnlich tun« und sodann »bleiben in, wohnen«. Der Übergang stimmt mit demjenigen überein, der sich im Lateinischen vollzieht: »ich pflege für gewöhnlich hier zu bleiben«, also »wohne ich«, »besitze ich diesen Ort«. Diese beiden Bedeutungen, die sich auch miteinander vermischen können, halten sich auch im zeitgenössischen Deutschen durch.

Man erahnt die Schwierigkeit, Wohnen und Haben voneinander zu entkoppeln, um es stattdessen dem Sein anzunähern, es in die Existenz einzuschreiben und daraus ein Existenzial zu machen. Genau das geschieht im berühmten § 12 von *Sein und Zeit*, der innerhalb der Reflexion auf das Wohnen einen Wendepunkt markiert. Heidegger wird das Thema – beinahe ein Leitfaden seines Denkens – noch mehrere Male wieder aufnehmen. Denn das Wohnen bildet einen konstitutiven Zug der menschlichen Existenz, die in unterschiedlichen Formen und verschiedenen geschichtlichen Konstellationen in der Welt weilt.

Die Existenz ist nicht gemäß den Kriterien der traditionellen Metaphysik als dasjenige zu verstehen, was wirklich und einfach anwesend ist: *ex-sistere* bedeutet vielmehr »heraustreten«, »auftauchen«. Die Existenz ist in ihrer Dynamik und in ihrem unentwegten Seinkönnen stets ekstatisch und exzentrisch. Wie also ist ihr *In*-der-Welt-Sein zu interpretieren? Was bedeutet dieses *in*, die Präposition mithin, die den von der Existenz im Raum eingenommenen Platz bezeichnen soll? Heidegger hat nicht nur das Verhältnis von Sein und Zeit, sondern auch dasjenige von Sein und Raum revolutioniert. Das »Dasein« – als das er die Existenz bezeichnet, um deren »Geworfenheit« hervorzuheben, die endliche Kondition, der sie ausgeliefert ist und aus der sie jeweils unter Anstrengung aufzutauchen hat – ist immer ein In-der-Welt-Sein. Für gewöhnlich neigt man dazu zu glauben, dass das Dasein autonom existiere und dass es sich darüber hinaus in der Welt oder besser: innerhalb der Welt befinde. Man stellt sich also ein räumliches Verhältnis vor, demzufolge man sich in der Welt befindet wie im Inneren eines Behältnisses. Um diesen Glauben zu dekonstruieren, genügt jedoch ein Rückgang auf die Etymologie der Präposition »in«, die vom altgotischen *innan* – oder *wunian* –, das heißt »wohnen«, auf Lateinisch *habitare*, abstammt. Heidegger präzisiert, dass *an* hier »ich bin gewohnt« oder »ich pflege etwas« bedeutet und damit auf eine wesentliche Vertrautheit verweist.[211] In-der-Welt-Sein bedeutet nicht, sich innerhalb der Welt zu befinden, einen Platz zu besetzen, sondern impliziert eine Beziehung, die sich in einem vertrauten Sich-Aufhalten in der Welt manifestiert.

So gesehen ist es nicht weiter verwunderlich, dass Heidegger aus dieser Beziehung die radikalsten Schlüsse zieht, was bis zu der Behauptung reicht, dass Welt nur wird, wo das Dasein existiert. Denn es ist das Dasein, das, indem es sich in ihr aufhält, von Mal zu Mal die Welt ans Licht bringt. Andererseits ist aber ohne Welt auch kein Dasein. In-der-Welt-Sein bezeichnet das Existieren in seiner tiefsten und weitesten Bedeutung, insofern das Dasein aus seiner Geworfenheit auftaucht, um Welt zu eröffnen und seinerseits welthaft zu werden. Das Wohnen wird damit zum Grundzug der Existenz.[212] Und genau deshalb ist es wert, neu gedacht werden.

Die von Heidegger entworfene Phänomenologie des Wohnens – eine beispiellose Neuheit innerhalb der Philosophiegeschichte – kreist um das Thema des Aufenthalts, des vorübergehenden Weilens und flüchtigen Bleibens auf der Erde. Ersichtlich hat dies nichts mehr mit einem Haben, mit der Besetzung eines Raumpunkts, dem Besitz einer Unterkunft zu tun. Denn genau darin besteht die reduzierende Weise, in der das Wohnen bislang stets aufgefasst wurde. Aber die »Not des

Wohnens« besteht nicht in einem Mangel an Wohnungen, einer Wohnungsnot; sie liegt vielmehr in der Anforderung, den menschlichen Aufenthalt auf der Erde neu zu denken: Die Sterblichen müssen »das Wohnen erst lernen«.[213]

Die quälende Sorge um den Besitz hat einer Reflexion auf jene Weise des In-der-Welt-Seins zu weichen, welche die »Sterblichen« auszeichnet, die so heißen, da sie geboren werden und sterben, da sie nicht bleiben, sondern vorüberziehen. Diese Transitivität und Vergänglichkeit zeichnet ihr Bleiben aus und bemisst ihren »Aufenthalt« – eine Spanne von Zeit und Raum, die so lange bemessen ist, wie der Tag nicht zur Neige geht und das Licht nicht verblasst: den Zwischenraum zwischen Ankunft und Aufbruch. Der sich in der Welt Aufhaltende kann und darf dies nicht vergessen, da er ansonsten Gefahr liefe, das Maß zu verfehlen und den Aufenthalt mit einer dauerhaften Bleibe zu verwechseln. Der Durchgang verlängert sich dann in ein unbestimmtes Zögern hinein, in die Anmaßung, sich dem Transitorischen entziehen zu können, in die Verstocktheit einer Existenz, die nicht in der Beständigkeit des Vorübergehenden weilt, sondern im unbedingten Bleibenwollen erstarrt. Indem sie eins mit ihrem Aufenthalt wird, wird sie rücksichtslos, erhebt und kehrt sich gegen die anderen.[214] Während dieses Beharren in einem bloßen Anwesen für die Seienden Bestand haben mag, kann es hingegen nicht für die »Sterblichen« gelten. Für sie ist und bleibt die Existenz ein Übergang.

4. Was heißt Migrieren?

Wohnen heißt demnach, kurzzeitig Aufenthalt zu nehmen, wie auf einer Reise, gerade eben so lange, um sich an etwas zu gewöhnen und mit etwas vertraut zu werden, ohne sich je endgültig binden oder wirklich verwurzeln zu können. Denn die Reise verlangt stets Loslösung. Wohnen heißt zu migrieren.

Das von Heidegger dafür verwendete Wort lautet »Wanderung«. Darin ist auch das Echo eines in der Philosophie eingespielten Gebrauchs zu vernehmen, in der das lateinische *migrare* nicht nur den physischen Ortswechsel oder die Überschreitung einer Grenze bezeichnet, sondern ebenso als Metapher des letzten Übergangs fungiert. In diesem Sinne spricht etwa Cicero von »migrare ex hac vita«, »aus diesem Leben gehen«.[215] Gleichwohl bezeichnet das Migrieren als Wanderung bei Heidegger nicht nur den »irdischen« Aufenthalt der Sterblichen in einem christlich-metaphysischen Sinne, es markiert keinen Anfang und kein Ende, sondern zeichnet die Existenz aus, das ihr eingeschriebene »ek-statische Wohnen«,[216] ihr beständiges Aus-sich-Heraustreten und die Abtrennung von sich selbst, die ein ewiges Migrieren bedeuten.

Drastischer könnte der Abschied von den lexikalischen Figuren, die traditionell die Semantik des Wohnens bestimmen, kaum ausfallen: bleiben, besitzen, aneignen, sich identifizieren mit. In der Landschaft, in die Heidegger sich aufmacht, scheint es weder Beständigkeit noch Verwurzelung zu geben; und auch die Unbeweglichkeit eines ewigen Man-selbst-Seins hat darin keinen Platz. Im Gegenteil, die Existenz wird in einer Bewegung dezentriert, die zugleich immer auch eine Auseinandersetzung mit dem Anderen ist.[217] Wohnen ist ein Wandern, das auf das Strömen eines Flusses verweist.

Auch hier wieder: Wasser, nicht Erde. Nicht aber die weite Fläche des Ozeans, sondern der Strom, der in einem Flussbett fließt, dieses aushöhlt und formt und ihm dabei dennoch folgt, während er Linien vorzeichnet, Wege eröffnet, Orte erschließt, von denen aus Licht in den offenen Raum fällt, das Dickicht ausdünnt, um Lichtungen oder gar freie Gegenden entstehen zu lassen. Strömen heißt, dass das Wohnen nicht als Hiersein aufzufassen ist, sondern als ein Dort- und Darüber-hinaus-Sein verstanden werden muss – »dort«, wo der Fluss hinführt. Das ek-statische Wohnen findet sein Habitat im Fließen, in dem das Bei-sich-Sein gemäß der exzentrischen Dynamik der Existenz paradoxerweise immer schon ein Außer-sich-Sein ist.

Wenn das Strömen des Flusses den Ort des menschlichen Aufenthalts auf der Erde bezeichnet, sein einziges Zuhause, dann kann das Wohnen weder im Blut und Boden des Nationalsozialismus noch im *jus sanguinis* oder im *jus solis*, die in unterschiedlichen Formen weiterhin die politische Bühne beherrschen, seine Legitimation finden.

Vergeblich suchte man darin eine Apologie der Sesshaftigkeit, einen Kultus des Ortes, eine Lobrede auf die Verwurzelung, die bedingungslose Verbindung mit der Erde. Der Strom reißt jede Besitzurkunde, jeden Erbanspruch mit sich fort. In seinen Wogen hält sich allein das Versprechen eines transitorischen Aufenthalts.

Dieser Wechsel des Elements – von der Erde zum Wasser – darf nicht unbemerkt bleiben, denn er erlaubt es unter anderem, eine neue Phänomenologie des Wohnens zu skizzieren. Heidegger folgt dabei den Spuren Hölderlins und seiner Hymnen, in denen der Gesang der Flüsse mit dem der Dichtung verschmilzt. Aber die Flüsse sind keine poetischen Bilder oder Metaphern, Zeichen mithin, die auf anderes verweisen; sie so zu interpretieren käme einem folgenschweren Missverständnis gleich. Der Fluss ist Wanderung, »in einer erfüllten einzigen Weise«.[218] Er ist jenes Fort- und Darüber-hinaus-Gehen, in dessen Transitorität allein es ein Hier, einen Ort geben kann. Der Strom, erklärt Heidegger, »verwaltet das Wesen des Ortes, d. h. die Ortschaft«.[219] Damit tritt die rätselhafte Bewegung des Flusses zutage, der zugleich »Ortschaft der Wanderschaft« wie auch »Wanderschaft der Ortschaft« ist. Ortschaft und Wanderschaft sind die beiden Worte, die sich miteinander verflechten, um den Wasserlauf zu artikulieren und das geheime Gesetz des Flusses ans Licht zu bringen, der wohnt und bewohnen lässt, indem er eine Bleibe bietet, der nichts Standfestes und Unverändertes eignet, die jedoch Rast und Zuflucht gestattet, den Frieden eines Asyls, vorübergehenden Schutz. Der Ort ist aufgrund seines strömenden Wesens stets auf Wanderschaft. Das geschichtliche Wohnen des Menschen ist in dieser Wanderschaft und Migration zu sehen, in dem unaufhörlichen Fließen und Vorüberziehen, in dem sich die Ortschaft eines möglichen Aufenthalts eröffnet. Der Strom ist sein Heim, sein Zuhause.

Migrieren heißt fortziehen. Aber wohin? Mit welchem Ziel? Oder handelt es sich nicht doch vielmehr um ein bloßes Umherirren, mit dem die Wanderschaft indes nicht verwechselt werden sollte? Der Gang des Flusses, dem Hölderlin nachging und den Heidegger auf seine Weise zurückverfolgte, führt nicht einfach anderswohin, verläuft nicht vom Eigenen ins Fremde, sondern kehrt vom Fremden ins Eigene zurück. Das Ziel ist die »Heimat«, und der Weg dorthin ein »Heimischwerden«, das sich erst eröffnet, nachdem man sich der Prüfung der entlegensten Ferne unterzogen, die Konfrontation mit dem Beängstigenden darin ausgehalten und die Gegend des Ungewöhnlichen und des Unbewohnbaren durchquert hat, bis hin zur äußersten Grenze der Fremdheit.

Der Weg selbst ist befremdlich: Er führt nicht aus der Heimat in Richtung eines Anderswo, sondern vom Anderswo in Richtung Heimat. Es handelt sich um ein Heimischwerden im Unheimischsein, das stets der Vertrautheit vorausgeht. Schon in *Sein und Zeit* hatte Heidegger darauf hingewiesen, dass das »Unzuhause«[220] stets das ursprünglichere Phänomen darstellt. Wohnen bedeutet Heimkehr. Und doch impliziert diese nicht notwendig eine Rückkehr. Man muss so umsichtig sein, die Ankunft nicht für eine Rückkunft zu nehmen.[221] Der lange Weg, der in Richtung des Zuhauses führt, ist allenfalls eine fortwährende Näherung. Auf die vom Aufbruch geforderte Trennung folgt nicht das Erreichen eines Ziels. In ihrem Geheimnis entzieht sich die Heimat; sie ist stets woanders, in einem unvordenklichen Anderswo.

Daher ist Wandern jenes fortgesetzte Sich-Hinauslehnen, das dem Herzschlag der Existenz entspricht, ihrer konstitutiven Exzentrizität. Man könnte sagen, dass es einer Zirkelbewegung von Innen und Außen gleichkommt, wären Innen und Außen nicht bereits Ausdrücke einer metaphysischen Dichotomie. Die Bewegung gleicht vielmehr den Wellen eines Flusses in ihrem wirbelhaften Versinken und Wiederauftauchen. Von den Flüssen, die Hölderlin »dichterisch erfährt« – vom Main über den Neckar zum Rhein –, ist es der Ister, der jene einzigartige Rückkehr am anschaulichsten werden lässt.[222]

Was für ein Fluss aber ist der Ister? Die hölderlinsche Elegie beginnt mit der Heraufbeschwörung eines Lichtes, das in der Nacht der Zeiten aufgeht – Feuer des Ursprungs, Sonne der Zivilisation: »Begierig sind wir / Zu schauen den Tag«. Dieser ersehnte Augenblick ist jedoch erst dann gekommen, wenn die ferne Wanderschaft am Ufer des Flusses zu enden scheint, denn es sind die Flüsse, die das Land urbar machen: »Hier aber wollen wir bauen«. Der Fluss trägt bereits einen Namen: »Man nennet aber diesen den Ister. / Schön wohnt er«.

Ístros lautet der Name, den die Römer, darin den Griechen folgend, dem Unterlauf der Donau gaben, die im Oberlauf *Danubius* hieß. Zwei Namen für einen Fluss, dessen Identität in der Schwebe und wie zwischen Quelle und Mündung gespalten bleibt. Einerseits die gelben Ufer und die schwarzen Fichten des Schwarzwalds, andererseits der glühende und schattensuchende Isthmus, das Delta jener Gewässer, die sich öffnen, um sich in den Pontos zu ergießen, ins Schwarze Meer, das in der Antike auch *Póntos Eúxeinos* genannt wurde, das Gastliche Meer, das Europa und Asien zugleich trennt und verbindet. Fest verbindet der Ister/die Donau jedoch auch Griechenland und Deutschland miteinander, und zwar in einer Umkehrung der räumlich-zeitlichen Koordinaten und einer Neuordnung der geschichtlichen Zeiten. Sein Fließen läuft rückwärts: »Der scheinet aber fast / Rükwärts zu gehen und / Ich mein, er müsse kommen / Von Osten«. Seine Wogen bewegen sich wirbelnd, mitunter zwischen den Felsen sich aufstauend, sie drängen das Wasser, das von dem Ort herkommt, an dem der Fluss in das fremde Meer mündet, zu seiner Quelle zurück.[223] Zwischen Strudeln, Wendungen und Hindernissen trägt der Fluss die griechische Morgendämmerung der Zivilisation an die nächtliche deutsche Quelle zurück, verbindet den Anfang mit dem Ende und das Ende mit dem Anfang, vermengt die Wasser von Mündung und Quelle: Donau-Ister, Ister-Donau. Nachdem er in das Meer der Fremdheit, eines seinerseits bereits verfremdeten, mehr balkanischen als klassischen, griechischen Ostens eingetaucht ist, macht der Fluss – wie in der aporetischen Schwebe dieser beiden Richtungen – plötzlich kehrt und bleibt seiner Quelle treu, zu der er nicht aufhört zurückzukehren.

Gewiss, nur derjenige kann überhaupt zurückkehren, der aufgebrochen ist und dem Flusslauf folgend das Fremde durchquert hat. Es ist »das Reißende und Gewisse der eigenen Bahn der Ströme [...], was den Menschen aus der gewöhnlichen Mitte seines Lebens herausreißt, damit er in einem Zentrum außerhalb seiner und d. h. exzentrisch sei«.[224] Wer meint, schon zu Hause zu sein, der kann weder heimisch werden noch Sehnsucht nach der Heimat verspüren. Nur wer fern ist, verzehrt sich nach der Heimat und lernt in der beunruhigenden Fremdheit heimzukehren ins Eigene, lernt zu wohnen. Die dafür exemplarische Figur ist die von einem, der sich so weit hinauswagt, dass er sich auf offenem Meer wiederfindet. Trotz ihrer Angst stechen die Schiffer in See, trennen sich von den schattenreichen Wäldern der Heimat, nehmen Kurs auf das Offene, durchwachen in fiebernder Erwartung die Nächte. Die Schiffer sind die Dichter, die auch auf hoher See den Kurs nicht verlieren, die dem vom Schicksal vorgezeichneten Weg folgen, in Richtung einer sie erwartenden Heimat. Sie sind keine Abenteurer und können es auch niemals werden. Für die Abenteurer ist das Fremde stets das Exotische, es besitzt den Beigeschmack eines Rauschmittels, die Faszination des Ausgefallenen. Deshalb auch kennen sie keinen Kurs – sie verlieren sich in einem heimkehrlosen Umherirren.[225] Die Schiffer hingegen halten wachsam Kurs und kehren, indem sie den Weg über das Fremde nehmen, von Beginn an zum Eigenen zurück – ohne dass dabei je endgültige Aneignung möglich wäre.

5. Heimatlosigkeit als »Weltschicksal«

Heidegger macht die zweifache Täuschung namhaft, die sich im Wohnen verbirgt. Vor allem die Illusion derjenigen, die davon überzeugt sind, im Rahmen einer sicheren Zugehörigkeit, einer unerschütterlichen Identität schon zu Hause und fest in der Heimaterde verwurzelt zu sein. Neben dieser einfältigen Sesshaftigkeit zeichnet sich die Alternative eines Umherirrens ab, das weder Kurs noch Ziel oder Heimkehr kennt. Das ist die Täuschung der Entwurzelung, einer durch die Technik begünstigten Mobilität. Wenn Wohnen ein Aufenthalt ist, kann dieser dennoch weder als ein dauerhaftes Einsiedeln in der Erde verstanden noch für einen vollständigen Verzicht auf die Erde genommen werden, für jene Bodenlosigkeit mithin, die aus dem modernen Menschen einen »planetarischen Abenteurer«[226] macht.

In seinem *Brief über den »Humanismus«* konstatiert Heidegger eine Heimatlosigkeit, die zum Weltschicksal geworden ist und droht, das »Wesen des Menschen« unheilbar zu beschädigen – das heißt jene ekstatische Existenz, welche sich stets loslösen muss, um wieder auftauchen zu können, und die dabei Spuren hinterlässt, welche ihr geschichtliches Wohnen konstituieren und bezeugen. Was aber geschieht, wenn genau dies – wie bereits von Walter Benjamin registriert – mit der neuen Architektur aus Glas und Stahl unmöglich wird? »Spurlos [zu] wohnen«, diese bislang unbekannte Erfahrung, unterliegt der Gefahr, sich auf eine leere, überallhin übertragbare Gewohnheit zu reduzieren.[227]

Gerade im planetarischen Zeitalter, in der die Unbewohnbarkeit der Erde mit einer weltumspannenden Heimatlosigkeit Hand in Hand geht, muss man zu wohnen lernen. Und das noch vor dem Bauen oder Weiterbauen. Bei Heidegger verkehrt sich das Verhältnis dieser beiden Begriffe: Man baut nicht, um zu wohnen. Nur wer zu wohnen weiß, kann bauen. In seiner prägnanten Bedeutung meint Bauen den Acker bebauen, ihn hegen und pflegen, Sorge tragen; das Bauen ist im Wohnen enthalten.[228] Um jedoch das Wohnen zu lernen, muss man noch weiter zurückgehen – und dieser Rückgang ist seinerseits bereits eine Weise des Wohnens –, bis der Vers Hölderlins in seiner ganzen Dichte aufscheint: »doch dichterisch wohnet / Der Mensch auf dieser Erde«. Es sind die Dichter, die die Dinge ins Sein rufen, indem sie diese nennen; die die Welt zur Sprache bringen, indem sie dieser ein Maß geben: »Dichten ist das eigentliche Wohnenlassen.«[229] Da sie das zurückhalten und aufbewahren, was andernfalls vom Strom mitgerissen würde und so das Bleibende stiften, sind die Dichter die Baumeister der Bleibe der Welt.[230]

Das Zeitalter des »Planetarismus« ist dasjenige, in dem die technisch-industrielle Herrschaft die gesamte Erde überzieht und diese einer Berechnung unterwirft, die den kosmischen, interstellaren Raum bereits als zukünftiges Habitat zurichtet. Diese Zeit, die von einem Übermaß an Berechnung und von der Unfähigkeit zum Maßhalten beherrscht wird, ist die undichterische Zeit der Heimatlosigkeit als Weltschicksal. Darin einbegriffen, wird es zunehmend schwerer, den Raum eines möglichen Wohnens offenzuhalten. Denn was verlorengeht, ist nicht nur und nicht so sehr das Haus, in dem man freudvoll und genügsam zur Ruhe kommt, der tröstende Herd, sondern das Asyl der Dichtung, die Einkehr vor dem Wort des Anderen, die einzige Zuflucht, die im planetarischen Exil noch bleibt: »Wir irren heute durch ein Haus der Welt, dem der Hausfreund fehlt«.[231]

6. Athen: Die »Söhne der Erde« und der Mythos der Autochthonie

In der überwältigenden Mehrzahl der indoeuropäischen Sprachen werden die Menschen die »Irdischen« genannt, weil sie auf der Erde und nicht auf anderen Planeten wohnen, weil sie ihre Bleibe auf jener Oberfläche und weder in den Tiefen des Ozeans noch in himmlischen Höhen haben. Sie werden jedoch auch deshalb so genannt, weil es ist, als wären sie der Erde entsprungen, als wären sie aus diesem Element geschaffen worden – so gehen *homo* und *humanus* auf das lateinische *humus* zurück.[232]

Diese Verbindung mit der Erde ist insbesondere in der griechischen Kultur stark ausgeprägt, in der sie einzigartige Formen und Umrisse annimmt. Noch bevor sie die »Irdischen« genannt wurden, waren die Menschen die »Sterblichen« – *brotoí, thnetoí ánthropoi* –, und zwar in dem Sinne, dass sie durch ihre äußerste Grenze, den Tod, bestimmt werden. Sie werden als Sterbliche geboren, einem kurzen Aufenthalt ausgeliefert, sind zu einem vom Tod beherrschten Leben ausersehen, das die unüberbrückbare Kluft zu den Göttern festigt, die unheilvolle Zäsur zu den Unsterblichen.

Aufgrund dieses Schicksals, das sie auf die Erde verbannt – beinahe wie in ein Gefängnis, aus dem sie sich zu befreien suchen –, heißen die Sterblichen auch *epichthónioi*, »diejenigen, die auf der Erde wohnen«, »Erdbewohner«.[233] Das Wort setzt sich aus *epì*, bei, auf, und *chthôn*, der zwischen den Abgründen des Hades und den olympischen Himmeln gelegenen Erdboden zusammen, auf dem die Menschen ihre Städte gründen, ihre Häuser bauen und ihre Grabstätten errichten. Der Erdboden, *chthôn*, bleibt mit dem Wohnen in der *pólis* verbunden, bewahrt eine politische Bedeutung.

Die Urerde hingegen wird *ghê* genannt. Das alte Griechenland kennt keine Erzählung des Anfangs wie das hebräische Buch *Bereschit*, keine Genesis also, die den Menschen auf einen Schöpfungsakt zurückführte. Gleichwohl fehlt es nicht an Mythen, die in weit zurückliegende Zeiten reichen und von der Geburt der Menschen aus der Mutter-Erde erzählen. Bei aller Vielfalt und Reichhaltigkeit der unterschiedlichen Versionen herrscht Einvernehmen bezüglich der menschlichen Abstammung von der Erde. Zwei Modelle stehen einander dabei jedoch gegenüber: In dem einem ist die Erde ein gefügiges Material, von einem Demiurgen modellierter Ton, von einem Handwerkergott mithin, der wie ein Bildhauer oder Töpfer das menschliche Geschöpf anfertigt. In dem anderen ist die Erde selbst die Mutter, aus deren spontan fruchtbarem oder von einer zufälligen Saat befruchtetem Schoß die Menschen geboren werden. Sie gehen aus ihrem Mutterleib hervor wie Pflanzen aus dem Boden sprießen. Zwischen den beiden Modellen des Kunstgriffs und der Fruchtbarkeit, die sich mitunter auch vermischen, etwa wenn die Erdscholle zu formbarem Lehm wird, ist dasjenige wirkmächtiger, in dem die Erde als einsamer Archetyp aller weiblichen Rollen und lebenserzeugende Potenz zur Mutter wird.

So viel zum vorherrschenden griechischen Mythos der Mutter-Erde, deren Abkömmlinge die Menschen sind, wie er in den Ursprungserzählungen der Griechen geltend gemacht wurde und auch in den urväterlichen Traditionen der Stadt bezeugt war. Seine berühmteste Formulierung erhält er in Platons *Der Staatsmann*, wo von jenem ersten Geschlecht von Lebenden die Rede ist, das nicht aus wechselseitiger Paarung entstanden, sondern unmittelbar aus dem Leben der Erde selbst hervorgegangen ist. Diese Menschen wurden daher *ghegheneîs*, »Erdgeborene«, Söhne der Erde genannt.[234]

Wie jeder Ursprungsmythos wirft auch dieser Schwierigkeiten und Fragen auf. Wie lässt sich der Übergang von der unmittelbaren Geburt der »ersten Menschen« zu ihrer Abstammungsbeziehung erklären, die hingegen auf einem Zyklus der Fortpflanzung beruht? Die diesbezüglichen Hypothesen und Interpretationen vermehren sich rasant. Zwischen jenem ersten mythischen Anfang und der Zeit des Menschen werden verschiedene weitere Zeitalter zwischengeschaltet, das goldene, das silberne, das bronzene. Die Frau selbst wird zu einem Rätsel, ihre Präsenz letztlich allzu sperrig. Denn es ist jetzt gewiss, dass die Menschen, die *ánthropoi*, aus dem Bauch der Erde herstammen, bevor die Frau eine Rolle übernehmen könnte, ja bevor sie überhaupt existierte. Es spielt dabei keine Rolle, dass diese treibende Potenz vor der Zeit die Funktion der Frau nachzuahmen scheint. Was zählt ist, dass sie die Frau absetzt und entmachtet. Gäa, die vergöttlichte Erde, ist die große Mutter. In ihrem Schatten tritt die Frau zum menschlichen *ghénos* hinzu, um auch in der Folge einen ambivalenten Platz innerhalb der Menschheit einzunehmen, während die *ánthropoi*, deren Bezeichnung ihre Gegensätzlichkeit zu den Göttern markiert, zu *andrês* werden, zu von den Frauen verschiedenen Männern. Nicht ohne Wehmut jedoch, denn sie müssen immer noch den Umweg über die *ghyné* nehmen, über das andere ihrer selbst, über das Surrogat der Mutter-Erde, um sich fortpflanzen zu können. Wie weit man das dichte Mythengewebe bezüglich der »Söhne der Erde« auch immer erkunden mag, man wird keine einzige autochthone Tochter darin finden. Und doch ist es die Frau, die – wie bereits in der mythisch-poetischen Figur der Pandora angelegt – die Rolle der Erde zu übernehmen hat.

Bezüglich der Rolle der *andrês*, die den männlichen Körper der *pólis* bilden, kann hingegen keinerlei Zweifel herrschen. So beansprucht jede Stadt eine eigene Tradition für sich und stellt ihren Stammesgründer als einen »Sohn der Erde« zur Schau, ohne dabei etwaige Kontaminationen zu verschmähen – jedoch nur göttliche, versteht sich. Erichthonios, vielleicht der berühmteste unter ihnen, ist zugleich »Sohn der Götter« und *autóchthon* – der aus *autó* und *chthôn*, Selbst und Erdboden, gebildete Schlüsselbegriff –, aus dem Boden selbst geboren, nicht nur aus der Erde, sondern aus dem unmittelbaren städtischen Territorium.

Darin liegt der griechische Gründungsmythos der Autochthonie, der weder darauf abzielt, eine Vision der Anfänge zu vermitteln, noch einen Besitzanspruch auf den ersten Ahnherrn geltend macht, der die Ehre einbrächte, der Menschheit zu ihrer Geburt verholfen zu haben. In seinen unterschiedlichen Versionen, die den verschiedenen und oftmals miteinander verfeindeten Städten entsprechen, dient der Mythos nicht so sehr dazu, die Vornehmheit einer heroischen und uralten Genealogie hervorzuheben, als vielmehr dazu, den exklusiven Besitz des *chtôn* zu untermauern, des Stadtgebiets, aus dem – aufgrund einer kollektiven Zuschreibung der Autochthonie – die Stadtbürger geboren wurden und dem sie daher angehören.

Dabei fehlt es nicht an Städten oder Regionen, die sich damit rühmen, von einem namhaften, aus der Ferne eingereisten Fremden gegründet worden zu sein. So geht der Ursprung des Peloponnes auf den Phrygier Pelops zurück. Im Allgemeinen aber bevorzugen die Griechen die erinnernde Erzählung von einem autochthonen Heroen, der aus der von ihm hernach zivilisierten Erde hervorgegangen ist. Die Feier des Ursprungs dient dazu, die Reinheit des Selbigen zu bekräftigen, des *autós*, das gilt und durch die Abstammungslinie hindurch auch für die Nachkommen zu gelten hat – so als wären sie alle, obgleich von einer Frau zur Welt gebracht, in der Weise ihres Ahnherren aus demselben Boden hervorgegangen, was wiederum ihren Eigentumsanspruch darauf legitimierte. Damit dieses Besitzverhältnis nicht schwindet oder in Frage gestellt werden kann, ist es nötig, jedwede Distanz zu beseitigen und dafür zu sorgen, dass die Gegenwart mit der Vergangenheit des Ursprungs verbunden bleibt. Auf der einen Seite also unmittelbare zeitliche Nähe und Erinnerung an die Weitergabe und Übermittlung jenes Bodens und auf der anderen Beständigkeit, andauernder Aufenthalt an ein und demselben Ort. Das bekräftigt auch Herodot, der das Verdienst der Autochthonie jenen Völkern zuerkennt, die – wie die Arkadier – ihrem Ursprung in Zeit und Raum treu geblieben sind.[235]

Während Sparta als die dorische Stadt der Einwanderer gilt, ist Athen die Heimat der Selbigkeit, ein leuchtendes und unerreichtes Beispiel für die reine Autochthonie. Die uralte Rivalität der beiden Städte ist nicht zuletzt dieser gegensätzlichen Abstammung geschuldet. Gleichwohl beschränkt sich Athen nicht darauf, seinen Ursprung zu feiern, sondern wiederholt und erneuert diesen unablässig. Die mythische Reinheit der Vergangenheit, als das autochthone Volk im selben Augenblick seines Entstehens den von ihm bewohnten Boden erwarb, ohne je auf fremdem Land ansässig gewesen zu sein oder andere Besatzer vertrieben haben zu müssen, ist unentbehrlich, um das Eigentumsrecht auch für die Gegenwart zu rechtfertigen. Und umgekehrt erhärtet und bestätigt die Gegenwart die Vergangenheit. Mit der Erinnerung an diesen Anfang versichern sich die Athener ihrer Identität und bleiben dem *chthôn*, dem attischen Territorium, fest verbunden. Nach dem Ausschluss der athenischen Mütter aus der Genese der *pólis* wird auch die Mütterlichkeit der Erde immer stärker verschleiert. Wie Demosthenes in der Trauerrede auf die Gefallenen der Schlacht von Chaironeia verkündet, sind die Athener als Einzige unter den Hellenen autochthone Söhne ihres ursprünglichen Vaterlandes.[236]

Der attische Boden bildet die *arché*, das absolute Prinzip, den Anfang der Menschheit und der Welt überhaupt, das Fundament der Stadt, den Ursprung, von dem her sich die patriarchale Ordnung entfaltet – die der *patría*, des väterlichen Abstammungsprinzips. Die *arché* ist das vaterländische Prinzip schlechthin.

Als Söhne des eigenen Bodens, den sie nie verlassen haben, sind die Athener stets »sie selbst«, mit der Identität des Ursprungs verbunden geblieben und verbürgen so die Reinheit des *ghénos*, der Geburt und des Geschlechts. In seiner unvergleichlichen Autochtonie erklärt sich Athen zum authentischen Griechenland. Und so wird es auch von zahlreichen Historikern, Dichtern, Dramatikern und Rednern gerühmt. Ihren Gipfelpunkt erreicht die Feier der athenischen Autochthonie jedoch in Platons *Menexenos*. Hier scheint der Mythos seine philosophische Rechtfertigung zu erhalten. Das aber sollte nicht missverstanden werden: Indem er die patriotische Prosa der Trauerreden parodiert, bezieht sich Platon auf ein unvergessenes Thema der archaischen Tradition, auf ein rhetorisches Motiv, dessen machtvolle politische Funktion ihm durchaus bewusst war.

Die Autochthonie verbindet sich mit der *eughéneia*, der guten Geburt, und beide zusammen machen aus dem athenischen *ghénos* ein einziges Geschlecht, die Nachkommenschaft ein und derselben Familie. Kein Adoptivsohn, kein uneheliches Kind, kein Eindringling, kein Einwanderer. Es ist nämlich letztlich die Bewegung, die zu Vermischung führt – auch zu der des Blutes:

> Zu ihrer Wohlgeborenheit nun gehörte zuerst die Herkunft ihrer Vorfahren, welche nicht eine auswärtige ist noch diese ihre Nachfahren ausweist als Hintersassen und Metöken [*metoikoûntas*] in diesem Lande, weil jene anderwärts hergekommen, sondern

> als wahrhaft Eingeborene und die in der Tat in ihrem Vaterlande wohnen [*oikoûntas*] und leben, nicht von einer Stiefmutter Auferzogene wie andere, sondern als von einer Mutter von dem Lande, in welchem sie wohnten [*oíkoun*] und die jetzt nach ihrem Ende in dem verwandten Schoß [*en oikeíois tópois*] ihrer Gebärerin und Ernährerin wieder aufgenommen liegen.[237]

Nicht nur die Geburt, auch der Tod vollzieht sich in der Spur des Authentischen und des Eigenen. Die Toten ruhen an den vertrauten Orten, zurückgekehrt in den Schoß der Erde, aus dem sie einst geboren wurden. Der Lebenszyklus schließt sich mit der Rückkehr zu sich selbst, wie zur Bestätigung der Vornehmheit des reinen Ursprungs. Stillschweigend verleibte sich das demokratische Athen aristokratische Werte und Begünstigungen ein. Das Argument besitzt jedoch noch weitere – und dazu höchst aktuelle – Implikationen, insofern es sich zur Legitimation der Demokratie auf die genetische Einheit und stammesmäßige Homogenität stützt. Paradoxerweise wären Autochthonie und »Wohlgeborenheit« damit unumgängliche Bedingungen für eine vollgültige und wirksame Demokratie. Der Grund hierfür ist unschwer auszumachen: Gleichheit wird nicht angestrebt, sondern vorausgesetzt; sie ist ursprünglich und durch die Abstammung verbürgt. Allein auf diese genetische Gleichheit kann juridische und politische Gleichheit sich stützen:

> Denn andere Staaten sind aus vielerlei und ungleichen Menschen gebildet, daher auch ihre Verfassungen die Ungleichheit darstellen in willkürlicher Herrschaft eines einzelnen oder weniger. Sie sind daher so eingerichtet, dass einige die anderen für Knechte und diese jene für Herren halten. Wir aber und die unsrigen, von einer Mutter alle als Brüder entsprossen, begehren nicht, Knechte oder Herren einer des anderen zu sein, sondern die natürliche Gleichbürtigkeit [*isogonía*] nötigt uns, auch Rechtsgleichheit [*isonomían*] gesetzlich zu suchen und um nichts anderen willen uns einander unterzuordnen als wegen des Rufes der Tugend und Einsicht.[238]

Darin also liegt der Unterschied zwischen dem autochthonen Athen, wo alle von derselben Mutter gezeugte Brüder sind, und den anderen Städten, die es nicht vermochten, die Reinheit der hellenischen Merkmale und Eigenschaften zu erhalten, da sie sich sowohl unter sich als auch sogar mit Barbaren vermischten. Platon hegt offensichtlich keine Bedenken, unverblümt das Wort »Metöken« zu verwenden, mit dem die ansässigen Fremden bezeichnet werden. Während der Autochthone notwendig ein Sohn der Erde ist, ist nicht jeder Sohn der Erde auch autochthon.[239] Wer seinen Geburtsort verlassen hat, um anderswo ansässig zu werden, kann nicht autochthon sein – allerhöchstens ein Adoptivsohn.

Die Definition beruht auf Unterteilung, oder besser gesagt: auf Ausschluss. Das entscheidende Kriterium ist das des reinen *ghénos*. Auf der einen Seite die Griechen, auf der anderen die Barbaren.[240] So wird die Menschheit anfänglich unterteilt. Sodann fährt man innerhalb Griechenlands fort: auf der einen Seite die Athener, »der einzige Hellenenstamm, der nie andere Wohnsitze aufgesucht hat«[241] – wie Herodot unterstreicht – und in deren Sesshaftigkeit das paradigmatische Griechentum gepriesen wird, und auf der anderen der Rest der Griechen, die an die Grenzen zur barbarischen Welt gedrängt werden und ihrerseits als Unreine oder Halbbarbaren anzusehen sind. In einem emphatischen und extremen Tonfall triumphiert im *Menexenos* denn auch der athenische Imperialismus der Selbigkeit:

> So edel und frei ist der Sinn dieser Stadt und so kräftig und gesund und von Natur die Barbaren hassend, weil wir ganz rein [*eilikrinôs*] hellenisch sind und unvermischt mit Barbaren. Denn kein Pelops und Kadmos oder Aigyptos und Danaos oder sonst andere, die von Natur Barbaren und nur durch das Gesetz Hellenen sind, wohnen [*synoikoûsin*] mit uns, sondern als reine Hellenen, nicht als Mietlinge wohnen [*oikoûmen*] wir hier. Daher ist der Stadt ein ganz reiner Hass eingegossen gegen fremde Natur.[242]

Autochthones Athen, authentisches Griechenland, reines Selbst, unerschütterliches Zentrum der Welt, die Stadt schlechthin. Hier, wo alles im Zeichen des Eigenen, des *oikeîon*, dessen, was verwandt und vertraut ist, steht, wohnt man standfest auf väterlichem Boden, aus dem man geboren wurde, und man wohnt mit sich und seinesgleichen. Auch das Wohnen, *oikeîn*, ist unversehrt und unbefleckt, ohne jede Spur des Fremden – weder ist es ein *synoikeîn*, ein Zusammenwohnen, durch das sich das fremde Geschlecht der Barbaren in die Stadt einzuschleichen sucht, noch ein *metoikeîn*, die den Metöken zugestandene Form des Ansässigseins. Zusammengesetzt aus *metà* in der Bedeutung von Wandel und *oîkos*, Haus, bezeichnet der Ausdruck »Metöke« denjenigen, der von einer Stadt in die andere gezogen ist – den ansässigen Fremden.[243] Die Trennung von territorialer Grenze und staatsbürgerlicher Schranke tritt in dieser Figur klar zutage: Auf dem Gebiet der Stadt zu wohnen, ist nicht auch schon der erste Schritt in Richtung Integration in den bürgerlichen Stadtkörper – denn *pólis* ist sowohl der Name des Ortes, an dem die Stadt wohnt, als auch derjenige der Gemeinschaft ihrer Bürger.

Damit werden die politischen Konsequenzen der Autochthonie greifbar. Indem sie als Beständigkeit im Eigenen und Selbigen vorgestellt wird, stellt sie die Antwort auf eine Beunruhigung dar, die sich in jenen Jahren in den griechischen Städten breitzumachen beginnt. Ein Nachhall davon findet sich auch in der *Politik* des Aristoteles, der auf die Identität einer *pólis* reflektiert, die nicht sie selbst bleiben kann, wenn sich die jeweilige Bevölkerung ständig ändert. Ein bereits von Platon hervorgehobene Argument aufgreifend, lenkt er die Aufmerksamkeit auf ein Problem, das kein Staatsmann übergehen sollte: die politische Stabilität einer Stadt, in der nicht nur das *ghénos*, sondern auch das *éthnos* dieselben bleiben.[244] Ein und dieselbe Abstammung – also dieselbe »Rasse«? – bilde demnach die Gewähr für eine stabile Regierung. Sogar die Demokratie wäre damit eine reine Familienangelegenheit. Auch daher »macht der Wohnsitz nicht die Staatsbürgerschaft aus«.[245] Dieses Argument wird auch noch in der Moderne regen Zuspruch finden. Ungetrübte Homogenität, die nicht von Fremden entstellt, nicht durch Neuankömmlinge gefährdet und weder von Einwanderern erschüttert noch von Sklaven gestört wird, darin besteht das griechische Modell der *pólis*, das die Vollkommenheit politischer Herrschaft von der Reinheit des Ursprungs ableitet – und die Demokratie von der Autochthonie. Allein Athen konnte dieses Modell verwirklichen, die Stadt, die ganz mit sich im Einklang ist.

Die weiterführende und entscheidende Konsequenz der Autochthonie ist daher in der Staatsbürgerschaft zu sehen. Nur die rechtmäßigen Söhne sind *polîtai*, allein die Athener sind Staatsbürger. Alle »anderen«, die anderswo herkommen, die Eindringlinge, sind keine Staatsbürger und können auch niemals zu solchen werden. Während in den von Ortsfremden gegründeten Städten wie Theben und Sparta verschiedene Gradabstufungen von Staatsbürgerschaft vorgesehen sind, unterscheidet sich Athen in dieser Hinsicht ein weiteres Mal von ihnen – und etabliert eine Wasserscheide zwischen Staatsbürgern und ansässigen Fremden. Letztere wohnen zwar in der Stadt, in der sie auch integriert sein mögen, aber ihnen werden nicht dieselben bürgerlichen Rechte zuteil. Nimmt man es ganz genau, müsste man zu der Schlussfolgerung gelangen, dass die Athener die einzigen wahren Staatsbürger der Welt sein können.

Und wenn sich auch die anderen Griechen mit demselben Titel schmücken – *polîtai*, Staatsbürger –, so geschieht das allein aufgrund von Konventionen und ist nicht naturgegeben, insofern sie in den von ihnen bewohnten Städten Adoptivsöhne sind, Nachkommen früherer Einwanderer. Um genau zu sein, müsste man sagen, dass sie nur Ansässige sind, die Fremde bleiben, selbst wenn sie das Recht auf Staatsbürgerschaft anstreben. Da jedoch der *chthôn*, der väterliche Boden und die Geburt auf diesem Boden über die Staatsbürgerschaft entscheiden, ist daraus der Schluss zu ziehen, dass nur die Athener Staatsbürger sind, während alle anderen nur »geboren« sind. Was deren Verhältnis zur Stadt bestimmt, ist der Wohnsitz, ein Wohnen, *oikéo*, das niemals rein ist, schon allein weil es Ankunft und Ziel einer Bewegung darstellt, einer vorausgehenden Wanderschaft. Vor dem Wohnenden kommt der Wanderer, der *metanástes*, der Migrant, der von außen Kommende, *állothen*, der die Schuld auf sich geladen hat, sich fortbewegt zu haben oder von denen abzustammen, die sich einst selbst fortbewegt hatten.

Bewegung stellt ein Vergehen dar, eine Schuld – sie ist der Irrtum der Wanderschaft. Das autochthone Selbst hingegen ist durch eine Negation definiert: Abwesenheit von Bewegung, Im-mobilität. Eher als durch ein Wohnen bestimmt es sich durch ein Stehen und Bleiben, *hístemi*, durch eine Stabilität, die eine andere Dimension zur Schau stellen will – nicht die der Horizontalität, sondern die der Vertikalität, und zwar sowohl im Sinne einer tiefen Verwurzelung als auch in dem des emporragenden Gebäudes. Es handelt sich um zwei gegensätzliche Weisen zu wohnen, ansässig zu sein. Aber dieses *hístemi* ist weniger stabil als man vermuten mag, und seine Bedeutung, die von zahlreichen, allesamt eine Bewegung einleitenden Vorsilben bestürmt wird, ist einer ständigen Destabilisierung ausgesetzt. Das geht so weit, dass man sich fragen muss, ob es überhaupt ein unbewegliches *hístemi* geben kann oder ob es sich dabei nicht vielmehr um eine metaphysische Fiktion handelt – wie bei dem gesamten *lógos* der Autochthonie.

Zusammen mit dem *hístemi* scheint auch das *oikéo* zu entweichen, das athenische Wohnen, bei dem man nicht recht zu sehen vermag, worin es sich vom Wohnen der anderen unterscheiden soll, wenn nicht in der andauernd wiederholten Versicherung: »[A]ls reine Hellenen, nicht als Mietlinge wohnen wir hier.« Eine Vorsichtsmaßnahme, die das Verb *oikéo* jedoch nicht einschlägiger und eigener macht, das nicht zufällig auch den anderen zuerkannt wird, dem Fremden, den Metöken, den Einwanderern, die sich dessen schuldig gemacht haben, eines fernen Tages die Ländereien anderer besetzt zu haben, auf denen sie jedoch nichtsdestotrotz wohnen. Wie das Selbst, das sich immer und ausschließlich im Gegensatz zum Anderen bestimmt, von dem es folglich abhängig bleibt, ist auch das autochthone Wohnen ein fiktives Stehen und Bleiben, das an seinem Nullpunkt Gefahr läuft, in eine Tautologie umzuschlagen, in eine unbewegliche Wiederholung des Selbigen. Daher erscheint es, wenn es sich auf dem Boden des Anderen situiert, als eine derart prekäre Stabilität, dass es augenblicklich der Bewegung nachgibt. Die autochthone Identität löst sich auf wie ihr Mythos.

7. Rom: Die Stadt ohne Ursprung und die imperiale Bürgerschaft

Athen ist eine in sich selbst verschlossene, eifersüchtig die eigene Identität hütende Stadt, in der die Staatsbürgerschaft vom Vater an den Sohn vererbt wird. Die Notwendigkeit, die ethnische Reinheit der Abstammungslinie zu schützen, wird zunächst von Perikles verordnet (451/50 v. Chr.) und in der Folge mit dem Verbot von Mischheiraten durchgesetzt (341/40 v. Chr.). Der Mythos der Autochthonie prägt die Staatsbürgerschaft, die Ideologie der Verwurzelung eröffnet einen politischen Graben sowie eine axiologische Kluft zwischen dem Staatsbürger und dem ansässigen Fremden. Keinerlei Stadtrecht – für niemand: Die Gemeinschaft der Athener affirmiert die eigene Freiheit und Autonomie, indem sie souverän die Tore verschließt.

Wie verhält es sich dagegen mit Rom? Gibt es so etwas wie einen »römischen Weg« zur Staatsbürgerschaft? Von seinem Ursprung an fremd, ist Rom eine offene Stadt, unvollendet und unvollständig, bereit dazu, den von außen Kommenden in ihre bereits unermessliche Einwohnerschaft freier Bürger aufzunehmen.

Der Platz des Fremden in der Stadt ist das Indiz, anhand dessen sich zwei spiegelbildliche Modelle von Gemeinschaft und Zugehörigkeit ausmachen lassen – Athen und Rom –, die auch jenseits ihrer geschichtlichen Verwirklichung dazu angetan sind, zwei Idealtypen zu verkörpern. Diese Spiegelbildlichkeit findet sogar in den jeweiligen Wortbeziehungen ihren Ausdruck: Während die griechische *pólis* den *polítes* definiert, wird die *civitas* hingegen vom *cives* bestimmt.[246] Im athenischen Modell triumphiert die Gemeinschaft über das Individuum, während im römischen Modell das Individuum die Gemeinschaft bestimmt – daher auch das unterschiedliche Verhältnis zu den Fremden sowie die zwei verschiedenen Formen von Staatsbürgerschaft: die exklusive und statische Athens und die inklusive und dynamische Roms. Für Athen stellt der Fremde eine Bedrohung dar, weil er die abgeschlossene und vollkommene Gemeinschaft verändern und ihre Identität verwandeln kann, bis hin zu ihrer Auflösung. Diese Gefahr besteht für Rom nicht, dessen sich ausweitende Einheit inkludierenden Kriterien folgt und von Fremden nicht grundlegend beeinträchtigt werden kann. Es ist nicht allzu gewagt, in diesen beiden historischen Modellen von Stadt und Bürgerschaft zwei Idealtypen zu erkennen, die auch weiterhin an den Grenzen wirksam sind. Oftmals übertragen sich die Modelle – wie es sich mit Idealtypen eigentlich stets verhält – in hybride Mischformen. Und dennoch bleiben sie die Bezugsparadigmen, um auf die mit dem Einzug des Fremden in die Stadt verbundenen Probleme zu antworten.

Im Rahmen eines Vergleichs ist jedoch auch an die nahezu inkommensurablen Proportionen zu erinnern: Athen war eine direkte Demokratie, die sich durch eine Volksversammlung von etwa dreißigtausend Bürgern konstituierte und insgesamt nicht mehr als ein Jahrhundert überdauerte, während Rom eine Kontinuität von über sechs Jahrhunderten für sich beanspruchen konnte, im Laufe derer es einer Vielzahl von einmal besiegten und sodann ins Imperium eingegliederten Völkern die Staatsbürgerschaft gewährte. Das Argument lässt sich jedoch auch umkehren, und man kann die These vertreten, dass Rom – als Athen bereits im Untergang begriffen ist – gerade aufgrund seiner abweichenden Politik und seinem riesigen Bevölkerungsanteil an freien Bürgern fremden Ursprungs zu einer imperialen Macht aufstieg. Das erkannte im Übrigen auch Dionysios von Halikarnassos an, der griechische Historiker, der zur Zeit des Augustus lebte und die Weisheit und Offenheit der Römer pries.[247]

Schon vom 1. Jahrhundert v. Chr. an überträgt Rom das Bürgerrecht kollektiv auf die freien italischen Völker, die – obgleich besiegt und in fortdauernder Revolte begriffen – nicht unterworfen werden, sondern in den *populus romanus* eingehen und dabei ihre ursprünglich Zugehörigkeit beibehalten. Zwei Gesetze aus den Jahren 90 und 89 v. Chr. bekräftigen diese Vorgehensweise: die *Lex Iulia* sowie die *Lex Plautia Papiria*.[248] Diese schrittweise Ausweitung erreicht ihren Gipfelpunkt mit der *Constitutio Antoniniana*, die 212 n. Chr. allen freien Bewohnern des Römischen Reiches das Bürgerrecht verleiht. Dabei handelt es sich nicht um Großzügigkeit, sondern um Expansionspolitik. Dieser unaufhaltsame kosmopolitische Antrieb führt dahin, die Welt in Römer und Nicht-Römer aufzuteilen, was exakt den

Reichsgrenzen entspricht. Der Begriff des Fremden verliert seine Aussagekraft, da er jetzt als Nicht-Römer oder besser: als Noch-nicht-Römer erscheint. Es handelt sich damit nur um eine Aufteilung, die sich nach dem geltenden Recht richtet. Und eben darin liegt die Neuerung: Die Römer inaugurieren die juridische Staatsbürgerschaft. Zu diesem Zweck unterscheiden sie klar und deutlich zwischen Staatsbürgerschaft und Stadt, zwischen Recht und Politik, zwischen Individuum und Gemeinschaft. Die Staatsbürgerschaft wird zunehmend leichter übertragbar. Dieses Erfordernis resultiert aus dem Übergang von der Republik zum Imperium, der auch einen morphologischen Wandel einer nun erheblich breiter und vielfältiger gewordenen politischen Landschaft bedingt, in welcher der Bürger als *homo legalis* auftritt. Während die Bürgerschaft ganzen Völkern kollektiv gewährt wird, ist es indes das Individuum, das zum römischen Bürger wird und damit insbesondere bürgerliche Rechte erwirbt. Wie man sich unschwer vorstellen kann, erweist sich die Bürgerschaft – wie individuell und egalitär sie auch sein mag – dennoch als politisch diskriminierend.[249] Letzten Endes ist es immer noch der Herr, der entscheidet, ob er einen Sklaven befreien und ihm damit ermöglichen soll, zu einem *cives* zu werden.

Der Wohnsitz alleine gewährleistet nicht auch schon das Bürgerrecht. Damit bleibt die komplizierte Figur des ansässigen Fremden bestehen, der zwar innerhalb der Grenzen des Römischen Reiches wohnt, jedoch aus einer Kolonie oder einem Municipium stammt, die noch nicht das Bürgerrecht erhalten haben. Das römische Recht verzichtet aber gleichwohl nicht darauf, den Fremden zu integrieren, und zwar dadurch, dass es den Wohnort von der Bürgerschaft trennt, die stattdessen mit der Herkunft verbunden ist: mit der *origo*. In diesem magischen Wort verdichtet sich die Eigentümlichkeit der römischen Bürgerschaft.[250] Was aber bedeutet es? Es handelt sich um eine juridische Fiktion, die in der griechischen Philosophie keinerlei Entsprechung findet. Jeder Bürger hat einen Ort der Verankerung im Reich, eine *origo*, die vom Vater auf den Sohn übergeht und diesen mit einer Stadt, einer Kolonie oder einem Municipium verbindet, die als Bestandteil des römischen Reiches die Bürgerschaft erhalten haben. Es kann sich um ein entlegenes Dorf an der Ostküste des Mittelmeers handeln, um eine Stadt in Spanien oder ein Municipium in Latium. Jeder Römer besitzt damit eine doppelte Bürgerschaft: diejenige des Ortes, von dem seine Familie stammt und wo er nicht einmal geboren sein oder jemals gelebt haben muss – und die römische Bürgerschaft. Cicero zum Beispiel bezeichnet Cato als »seiner Herkunft nach ein Tusculaner, seiner politischen Gemeinschaft nach ein Römer«, der »einerseits die Heimat seines Geburtsortes und andererseits die Heimat des gemeinsamen Rechts [besaß]«.[251] Auf diese Weise wird die juridische Bürgerschaft sowohl von der Geburt als vor allem auch vom jeweiligen Wohnort entbunden; die *origo* ist hinreichend, um den römischen Bürger mit einem Ort des Reichsgebiets zu verbinden. Sie bezeichnet folglich die Verbindung mit einem Ort, die auch dann gültig bleibt, wenn man weit von diesem entfernt lebt. Als Grieche, Jude oder Dakier kann man ein römischer Bürger sein. Dank dieser doppelten Bürgerschaft – von Herkunft und von Rechts wegen – kann Rom seine Herrschaft ausweiten und trotz allem die Alterität der eingeschlossenen Völker wahren und achten – angefangen bei den Griechen.

Denn geht Rom nicht schließlich selbst auf einen Fremden zurück? Wer kennt sie nicht, die Geschichte von Aeneas. Mit seinem Vater Anchises und seinem Sohn Ascanius der Zerstörung Trojas entflohen, findet er an den Küsten Latiums Zuflucht, heiratet die Tochter des Königs Latinus und gründet Lavinium. Nicht weit von dort entfernt sollte Ascanius seinerseits nach dem Tod des Vaters die Stadt Alba Longa gründen, während viele Generationen später sodann Romulus und Remus, die Zwillingssöhne der um ihren Thron gebrachten Rhea Silvia, die vom Gott Mars verführt worden war, von dort stammen. Die beiden Zwillingsbrüder werden in einem Weidekorb auf dem Tiber ausgesetzt und von einer Wölfin gerettet, die sie aufnimmt und säugt. Diese beiden gründen zusammen mit den Briganten, Nomaden und Hirten, unter denen sie aufgewachsen waren, Rom am Fuße des Hügels Palatin. Nachdem Remus – der ein Sakrileg begangen hatte, als er die heilige Furche übersprang, auf der die Stadtmauern errichtet werden sollten – zu Tode gekommen war, herrschte Romulus allein über Rom. Dank der Institution des Asyls auf dem Kapitolinischen Hügel, auf dem alle Exilierten der benachbarten Städte Unterschlupf finden konnten, blühte und gedieh die Stadt, bis sie schließlich zur Hauptstadt der Republik wurde.

Diese Legende, die eine große Anzahl von unterschiedlichen Versionen kennt – bislang wurden etwa fünfundzwanzig identifiziert –, gibt noch immer zu ausgedehnten Diskussionen Anlass.[252] Schon den antiken Historikern bereitete sie einiges Kopfzerbrechen. In ihrem narrativen Labyrinth verflechten sich Märchenmotive, mythologische Charaktere und pseudohistorische Erzählungen. Sicher ist, dass die Legende von mindestens zwei Gründungen berichtet, von Lavinium und von Rom, die nur schwerlich miteinander in Verbindung gebracht werden können, und dass auch ihre großen Protagonisten zwei an der Zahl sind: Aeneas und Romulus. Im Übrigen bleibt die Erzählung, die für gewöhnlich als Gründungsmythos und Repräsentation der ursprünglichen Identität angesehen wird, nur sehr schwer zu entwirren. Die verschiedenen Versionen haben letzten Endes nur den Eigennamen *Rom* gemein, dessen Etymologie gleichwohl rätselhaft bleibt. Die griechische Lehnbildung des lateinischen Namens ist auf *rhóme*, Stärke, auf Lateinisch *valentia*, zurückzuführen. Vor Rom existierte ein Valentia.[253]

Aber welche Bedeutung kommt Aeneas und Romulus zu? Und warum eine doppelte Gründung? Obgleich er Trojaner war – doch letzten Endes sind die Trojaner und die Griechen gar nicht so verschieden –, repräsentiert Aeneas in der römischen Mythologie die griechische Herkunft. Denn es ist ja bekannt: Entweder ist eine Stadt eine *pólis* oder sie ist überhaupt nicht – alternative Modelle scheinen nicht zu existieren. Rom erkennt sich als griechisch, mit einer kleinen trojanischen Variante. Auch die Griechen selbst betrachten die italischen Völker als von griechischer Herkunft, wenn auch mit einigen archaischen Zügen. Es waren die alten Pelasger oder vielleicht auch die primitiven Arkadier, die sich mit der lokalen Urbevölkerung vermischten und die Zivilisation auf die Halbinsel brachten. Für manche Historiker stellten jedoch die Griechen auch die Urbevölkerung dar. Nichts ist jemals wirklich sicher in Italien, angefangen mit den

Ursprüngen, die jedenfalls alles andere als autochthon sind. Das gilt für alle italischen Städte – und im besonderen Maße für Rom.

Wenn das republikanische Rom von seinen Ursprüngen erzählt, vertraut es sich den griechischen Mythen an. In einer derart ausgesetzten Position – auf das Mittelmeer hin geöffnet und am Kreuzungspunkt ununterbrochener Migrationen von Ost nach West, von Nord nach Süd und umgekehrt gelegen – ist Rom jedoch auch nicht vollkommen griechisch und will es auch überhaupt nicht sein. Ein wenig mehr verraten die Rituale des öffentlichen Kultes, die vom römischen Volk streng befolgt wurden, das in Lavinium den Penaten seine Opfer darbrachte, den Schutzgöttern des Haushaltes, die mit Aeneas aus Troja gekommen waren, ja die ihm zuallererst den Weg gewiesen hatten. Der Kult war also von weit her an jenen Ort gelangt, an dem die Wanderschaft des Aeneas endete, ohne dass damit auch schon irgendetwas Neues begonnen hätte. Zwischen Aeneas und Romulus besteht ein Hiatus, der von der Distanz zwischen Lavinium und Rom symbolisiert wird.

Während Athen eine *pólis* ist, die sich sowohl mit dem Territorium als auch mit den Bürgern – allesamt Nachkommen von athenischen Eltern – identifiziert, hütet sich die *Urbs* davor, sich im Rahmen einer geschlossenen genealogischen Definition auf den *populus romanus* zu beschränken. Im Boden verankert und äußerst irdisch, besitzt sie jedoch kein vereinigtes Territorium. Das *Imperium Romanum* deckt sich nicht mit Rom und breitet sich mit der Eingliederung von Municipia und Provinzen nach und nach weiter aus. Der Boden Roms befindet sich potenziell überall, in jedem noch so entlegenen Dörfchen seiner Bürger. In diesem Sinn ist das *Imperium* wie eine in Bewegung begriffene Konstellation. Die Römer haben nie den Anspruch erhoben, einen Territorialstaat gegründet zu haben. Die *Urbs* ist der Ort einer offenen Bürgerschaft.

Und die Bürger Roms selbst? Waren sie nicht in ausgezeichneterer Weise Bürger als die anderen? Keineswegs. Auch sie kommen von woanders, aus einer anderen Stadt, aus Lavinium. Daher standen sie in der Schuld ihres »Urvaters« Aeneas, wenn auch nicht als dem Initiator einer Genealogie, sondern als demjenigen, der den Bewohnern seines »Hauses« mit dem Kult der Penaten die Verwurzelung in dem von ihm erschlossenen Boden vererbt hatte, jene *origo* also, die es ihnen erlaubte, römische Bürger zu sein. Streng genommen war niemand ein römischer Bürger im reinen Sinne. Alle römischen Bürger kommen von anderswo her, besitzen eine äußere *origo*.

Die Dinge lägen anders, wenn Aeneas mit seinen Penaten bis nach Rom gelangt wäre, anstatt sich in Lavinium niederzulassen. Rom wäre wie jede beliebige andere griechische Stadt gewesen, vollendet, vollständig, auf die reine Abstammung reduziert. Und was für die römischen Bürger gilt, gilt ebenso für die *Urbs*: Deren äußere *origo*, die Rom zur Welt hin öffnet, ist gewissermaßen Lavinium.

Wenn ein Römer – seine Herkunft aus Lavinium unterschlagend – sich dessen rühmen wollte, innerhalb der Begrenzungsmauern der *Urbs* geboren worden zu sein, müsste er seine offene Rechnung mit Romulus begleichen, der nicht so sehr eine Stadt gegründet als vielmehr Geächtete, Briganten, Gesetzlose und entflohene Sklaven – den »Abschaum der Erde« – in das *asylum* aufgenommen hatte, um aus diesen Römern die *patres*, die Ahnherren der zukünftigen Senatoren zu machen. Er besäße wenig Kapital, mit dem er prahlen könnte. Während Dionysios von Halikarnassos – fest davon überzeugt, dass die Römer nichts anderes als Griechen seien – Frevel vermutet und eine große Lüge aufzudecken sucht, bekennt sich Titus Livius zu der unrühmlichen Gründung und hebt hervor, dass es viel besser wäre, sich diese im Übrigen weitverbreitete Wahrheit einzugestehen, als sich als »autochthone« Söhne der Erde auszugeben.[254]

Die Römer hingegen wissen, dass sie Fremde waren, bevor sie zu römischen Bürgern wurden. Denn symbolisch stammen sie aus der latinischen Stadt Lavinium. Diesen ihren Ursprung wiederum haben sie Aeneas zu verdanken, einem Fremden, ein bisschen trojanisch und ein wenig griechisch, der jedenfalls so fremd war, dass er nicht bis zum Gründer Roms aufstieg. Bis Romulus auftreten wird, müssen drei Generationen ins Land gegangen sein, welche die römische Zeitspanne für das Erinnern und Vergessen repräsentieren. Die Fremdheit der Römer ist demnach zumindest eine zweifache – wie auch die Trennung, die den Gründungsakt der *Urbs* begleitete. Aeneas und

Romulus unterlaufen jede direkte Genealogie und verwehren jedwede mythische Autochthonie. Was die Urbevölkerung [aborigeni] angeht – also die Italiker oder die Italiener –, so bedeutet ihre Bezeichnung, die die *origo* verrät, diejenigen, die *ab origine*, vom Ursprung an da sind, und bezieht sich damit vielmehr auf eine zeitliche Grenze als auf die Geburt aus der Erde. Die *Aeneis* des Vergil ist die epische Dichtung der römischen *origo*, ihr *monumentum*.

8. Die theologisch-politische Charta des *ger*

Die hebräische Landschaft wird von Figuren der Fremdheit bewohnt, die für die westliche Tradition außergewöhnlich, einzigartig und atypisch erscheinen und die man vergeblich zu domestizieren versucht hat. Die Hauptfigur unter ihnen, der Fremde, der an die Tür klopft, ist der *ger*. Ihm öffnet der *'æzrāḥ*, der Einheimische, der Bürger. Doch Fremdheit wird auch noch auf andere Weisen benannt, und neben *ger* tauchen regelmäßig die Ausdrücke *nåkrî* und *zār* auf. Eine derart breitgefächerte Terminologie verweist auf eine komplexe Konstellation. Übersetzt man diese drei keineswegs austauschbaren Begriffe, können sie leicht missverstanden werden und Anlass zu unzulässigen Generalisierungen geben. Die größte Gefahr besteht darin, sie aus dem politischen Kontext herauszulösen, innerhalb dessen sie sich ausgebildet haben, das heißt, von der biblischen Stadt abzusehen und zu abstrahieren. Genau dies geschieht jedoch in der am weitesten verbreiteten (sowohl christlichen wie jüdischen) Hermeneutik, die religiös inspiriert und motiviert ist und dazu neigt, die politischen Konnotationen zu unterschlagen. Stillschweigend wird unterstellt, dass das jüdische Volk ein »umherwanderndes« und daher flüchtig und vergänglich sei, dass es keine politische Entität darstelle und dass deshalb auch keine jüdische Stadt existiere. In den seltenen Fällen, in denen eine solche doch anerkannt und zugestanden wird, nimmt sie allerdings die düstere Färbung einer gewalttätigen Theokratie, einer stammesmäßigen Ethnizität oder eines nationalistischen Partikularismus an. Die entgegengesetzte Stoßrichtung, die auch in der jüdischen

Philosophie des letzten Jahrhunderts zum Tragen kommt, besteht in einer spiritualisierten Interpretation, welche die biblischen Abschnitte zum »Fremden« in einer rein moralischen Perspektive liest und im Judentum eine Ethik des Anderen verherrlicht.

Und dennoch: Die biblische Stadt existiert, mit all ihren Vorzügen und Nachteilen. Das Problem des Fremden in seiner ganzen politischen Bedeutung muss vor diesem konkreten Hintergrund, der nicht nur von einer Ethik, sondern auch von einem Verfassungsrecht und einem öffentlichen Recht geprägt ist, angegangen werden.

Die Verfassung der Thora wird von einer regelrechten Charta des »ansässigen Fremden« – desjenigen Einwanderers, der unter dem Volk Israels wohnt – durchzogen und gestützt. Worin besteht seine Kondition? Was sind seine Rechte? Wie gestaltet sich die Beziehung zwischen *ger* und *'æzrāḥ*, zwischen Fremdem und Bürger?

Vollzieht man – wie es allzu häufig geschieht – einen direkten Sprung von Athen oder Rom nach Jerusalem, projiziert man schließlich die griechischen und römischen Begriffe in den hebräischen Zusammenhang zurück. Während *ger* mit »der Fremde« übersetzt wird, wird der als antithetischer Pol angesetzte *'æzrāḥ* in vielen Übersetzungen – sogar in den rabbinischen – mit »der Einheimische«, wenn nicht sogar mit »der Eingeborene«, »der Autochthone« wiedergegeben. Darin verbirgt sich der entscheidende Irrtum, der die gesamte Hermeneutik des Fremden und der Fremdheit im Judentum beeinträchtigt. Der Gegensatz von *ger* und *'æzrāḥ*, der sich mit den Jahrhunderten weiter verfestigte, spiegelt nicht nur die innere Spannung der *pólis* wider, sondern zeichnet auch die bekannte paulinische Dichotomie von Universalem und Partikulärem nach. Damit stünde auf der einen Seite der *'æzrāḥ*, der Autochthone, der den jüdischen Partikularismus verkörpert, und auf der anderen der *ger*, der Fremde, der dazu berufen ist, das Universale zu erschließen.[255]

Von diesem Gegensatz zwischen dem Autochthonen und dem Fremden auszugehen, hieße bereits, der Vermutung zuzustimmen, dass es keine biblische Stadt mit ihren Eigentümlichkeiten geben könne. Das hebräische Panorama würde voll und ganz vom *'æzrāḥ* beherrscht, der zuvor aus seinem politischen Kontext herausgelöst wurde. Während Athen als die *pólis* mit ihren Gesetzen und Institutionen wahrgenommen wird, würde Jerusalem nicht in gleichem Maße anerkannt werden. Und wenngleich die Autochthonie die heilige Grundlage der Bürgerschaft bildet, insofern sich die Athener zu Söhnen der Erde erklären, spricht man im politischen Kontext doch von *polîtai*, von Bürgern – und nicht von *autóchthones*. Im Gegensatz dazu werden die als Vertreter eines ethnischen Tribalismus eingestuften *'æzrāḥîm* schlicht und einfach als »Autochthone« bezeichnet.

Wie aber liegen die Dinge in der biblischen Stadt wirklich? Wer ist der *'æzrāḥ* – und wer der *ger*? Sobald man die Schwelle zu diesem politischen Raum überschreitet, macht sich das Erfordernis bemerkbar, die verbreitete Sichtweise abzuschütteln und zu einer Hermeneutik zu gelangen, die in der Lage ist, das spezifisch Hebräische der Texte wiederherzustellen.

Die erste große Überraschung birgt sogleich das Wort *ger*, das ein Paradox in sich enthält, welches dazu angetan ist, etliche Interpretationsschemata aus den Angeln zu heben. Das Hebräische greift nämlich auf ein und dieselbe verbale Wurzel zurück, um sowohl die Wohnung als auch die Fremdheit zu bezeichnen. *Ger* ist eine Ableitung von *gûr*, was »wohnen« bedeutet. Aufgrund dieses unmittelbaren sprachlichen Zusammenhangs ist der Fremde mit dem Wohnen verbunden und das Wohnen mit dem Fremden – was jeder Ökonomie der Erde und jedweder Logik der Autochthonie unmittelbar zuwiderläuft. Aus einer griechischen Sicht scheint dies ein Widerspruch in sich zu sein, so als würden in der Semantik von *ger* zwei Begriffe zusammengeschlossen, die sich wechselseitig ausschließen. Denn für gewöhnlich ist der Fremde derjenige, der von außen kommt, der noch nicht ansässig ist und der damit auch nicht zum Bereich des Wohnens gehören kann; diese Sphäre ist dem Einwohner, oder besser: dem Autochthonen vorbehalten. Die Bedeutung von *ger* suggeriert hingegen eine wechselseitige Beziehung zwischen dem Fremden und dem Wohnen, die sehr wahrscheinlich beide Termini modifiziert.

Ger bedeutet buchstäblich: derjenige, der wohnt. Der Fremde, der im biblischen Text für denjenigen steht, der von außerhalb kommt und sich mit Israel als Gast oder Proselyt verbindet – eine sehr weit gefasste Bedeutung also –, ist zugleich ein Wohnender. Der von der Semantik von *ger* hergestellte Kurzschluss wirft damit neues Licht auf den Fremden wie auch auf das Wohnen. Die Fremdheit kann weder verdinglicht noch verabsolutiert werden; ganz im Gegenteil zeigt sie einen transitorischen, vorübergehenden Zustand an. Der Fremde ist stets auf der Durchreise. Und daher ist die ihn auszeichnende Differenz, die seine Fremdheit ausmacht, auch kein identitärer Unterschied, sondern stets vielfältig und individuell. Jeder Fremde ist aufgrund seines singulären Weges anders und verschieden. Seine flüchtige und hybride Figur trägt dazu bei, die Leere im Kern aller Identität freizulegen, diese zu verwandeln und in Bewegung zu halten. Gerade deshalb bleibt die von ihm verkörperte Fremdheit, die er in das Zuhause einführt, für dieses nicht folgenlos. Der *ger* zeigt auf, dass ein anderes Wohnen möglich ist, er zeugt von einem abweichenden Verhältnis zur Erde, verweist auf ein anderes In-der-Welt-Sein. Wenn der Fremde immer auch ein Wohnender ist, bleibt der Einwohner umgekehrt auch stets ein Fremder. Wohnen heißt, fremd zu bleiben. Die Anwesenheit des Wohnenden erscheint nie vollständig erfüllt – sie bleibt im Grunde eine Abwesenheit. Das Wohnen ist damit weder Besitz oder Aneignung noch bedeutet es ein Einswerden mit dem Boden oder eine autochthone Verwurzelung. Vielmehr vollzieht es sich stets im Übergang. Man kann Aufenthalt nehmen, ohne Wurzeln zu schlagen, kann ansässig sein und trotzdem von der Erde getrennt bleiben. Während sie das Gegenteil der Vertrautheit ist, bildet die Fremdheit dabei keinen Gegensatz des Wohnens, sondern verändert und verwandelt es von innen heraus.

Der Fremde erinnert den Einwohner – sofern er es vergessen haben sollte – daran, ein Fremder zu sein. Der *ger* verweist den Hebräer, der von anderswo gekommen ist, wie es die Etymologie von *'ibrî* belegt, und daher nicht ortseingesessen sein kann, auf seine eigene Vergangenheit. Die Illusion einer Zugehörigkeit zum Ort zerstäubt – für den Hebräer nicht weniger als für den *ger*: Denn der Einwohner, das heißt jener *ger*, der seine konstitutive *gerût*, seine »Fremdheit« verdrängt haben und sich für einen Eingeborenen halten könnte, entdeckt in seinem Verhältnis zu Israel, in jener unmittelbaren Nähe, ein

Fremder zu sein. Im Rahmen eines solch komplexen Spiegelspiels, in dem sich die Seiten verkehren und die Rollen vertauschen, ist jeder vermeintliche Autochthone dazu verpflichtet, in dem Anderen seine eigene Fremdheit zu sehen. Alle müssen miteinander erkennen, als Fremde zu wohnen.

So lässt sich die entscheidende Rolle des *ger* zusammenfassen, der unter dem Volk von Israel wohnt. Der Fremde als Mitwohnender ist dem *'æzrāḥ* nicht entgegengesetzt, da dessen Bürgerschaft sich ihrerseits nicht auf Autochthonie gründet. Wer an die Tür klopft, stößt auf keine tellurische Ethnizität – und auch nicht auf eingewurzelten Partikularismus. Ebenso, wie sich die Stadt auf das Gesetz stützt, geht auch der *ger* durch das Band des Gesetzes in die Gemeinschaft ein. Es handelt sich um einen Eintritt in das Universum des Bundes und des Rechts. Eingehen, um teilzuhaben, meint jedoch nicht, sich identifizieren zu müssen. Der Fremde behält seine Fremdheit, während ihm alle seine Rechte zuerkannt werden.

Der Fremde bedarf indes auch keines besonderen Status, denn die Fremdheit bleibt in das Herz der hebräischen Bürgerschaft eingeschrieben. Beide, der Fremde wie der Einheimische – sowohl *'æzrāḥ* wie *ger* – kommen unter der Ägide ein und derselben Verfassung zusammen: »Ein und dasselbe Gesetz gelte für den Einheimischen [*'æzrāḥ*] und den Fremdling [*ger*], der unter euch wohnt [*gār*].«[256] Die beiden werden sowohl bezüglich ihrer geteilten Rechte – sie sind Mitglieder der politischen Gemeinschaft, die Pessach feiert, das Fest der Bürgerschaft – als auch in den wiederkehrenden, sich an beide zugleich richtenden Mahnungen gleichgestellt: »Darum haltet meine Satzungen und Rechte und tut keinen dieser Greuel, weder der Einheimische noch der Fremdling unter euch«.[257] Kurzum: Der Status des *ger* und des Hebräers ist ein und derselbe. Was für den Fremden gilt, das gilt für alle Bewohner Israels in ihrer konstitutiven Fremdheit. Der *ger* schließt sich dem Bund Abrahams nicht von außen an – er ist immer schon ein Teil davon.

Das heißt jedoch nicht, dass in der Thora nicht auch eine regelrechte Charta des »ansässigen Fremden« enthalten wäre, die darauf abzielt, diesen unter den Bedingungen seiner Fragilität, einer möglichen Abschottung und eines Lebens in Armut zu schützen. Die Ermahnungen richten sich indes an das jüdische Volk, das ihn aufnimmt, und daher weiterreichende Pflichten besitzt. Hier wird nicht weitschweifig erörtert, ob man den Fremden aufnehmen oder doch besser zurückweisen sollte. Vielmehr wird eine Haltung vorgeschrieben, die ihm gegenüber einzunehmen ist:

> Die Fremdlinge [*ger*] sollst du nicht bedrängen und bedrücken; denn ihr seid auch Fremdlinge [*gerîm*] in Ägyptenland gewesen.[258]

> Die Fremdlinge [*ger*] sollt ihr nicht unterdrücken; denn ihr wisset um der Fremdlinge Herz [*næpæš*], weil ihr auch Fremdlinge [*gerîm*] in Ägyptenland gewesen seid.[259]

Diese Appelle, die das jüdische Volk an seine *gerût*, seine Fremdheit erinnern, um auf diesem Wege die Bedingung des Fremden verstehen zu können, beschränken sich jedoch nicht darauf, eine bestimmte ethische Disposition und eine besondere empathische Einstellung anzuraten. Sie zielen sehr rasch ins Konkrete. »Du sollst nicht bedrücken«, heißt dann: »nicht unterdrücken«, denn der Fremde läuft Gefahr, ausgebeutet zu werden. Er ist der Tagelöhner, der ohne weitere Ressourcen schutzlos Übergriffen ausgeliefert und der auf seinen Lohn angewiesen ist, um überleben zu können:

> Dem Tagelöhner, der bedürftig und arm ist, sollst du seinen Lohn [*śākîr*] nicht vorenthalten, er sei von deinen Brüdern oder den Fremdlingen, die in deinem Land und in deinen Städten sind, sondern du sollst ihm seinen Lohn [*śākār*] am selben Tage geben, daß die Sonne nicht darüber untergehe – denn er ist bedürftig und verlangt danach –, damit er nicht den HERRN anrufe und es dir zur Sünde werde.[260]

Im Gesetz des Bundes wird »dein Fremder« mit »deinem Bruder« gleichgesetzt, und zwar nicht nur aufgrund des Wohnrechts, sondern auch aufgrund des Arbeitsrechts. Der *ger* begeht den *Schabbat*, auch er ruht am siebten Tage und nimmt an jener Untätigkeit Anteil, welche die Gemeinschaft der Gleichen stiftet.[261] Die mehrmals bekräftigte Gleichstellung gilt auch dann noch, wenn der Bürger oder der *ger* eine Verfehlung begangen haben sollten.[262] In diesem Fall öffnen sich auch für Letzteren die Tore der Freistädte, in denen er vor der Wut der Verwandten des Getöteten Zuflucht suchen kann, sollte er sich aus Versehen und ohne Hass des Totschlags schuldig gemacht haben.[263] Gleichstellung bedeutet hier nicht nur, Zugang zu gleichen Rechten zu verschaffen, sondern auch, etwaige Ungerechtigkeiten auszugleichen. Der *ger* wird so beständig der Witwe oder der Waise angenähert, mithin denjenigen, die weder Familie noch Ackerland besitzen und folglich besonderen Schutz benötigen:

> Du sollst das Recht des Fremdlings und der Waise nicht beugen und sollst der Witwe nicht das Kleid zum Pfand nehmen. Denn du sollst daran denken, daß du Knecht in Ägypten gewesen bist und der HERR, dein Gott, dich von dort erlöst hat. Darum gebiete ich dir, daß du solches tust.
> Wenn du auf deinem Acker geerntet und eine Garbe vergessen hast auf dem Acker, so sollst du nicht umkehren, sie zu holen, sondern sie soll dem Fremdling, der Waise und der Witwe zufallen, auf daß dich der HERR, dein Gott, segne in allen Werken deiner Hände.
> Wenn du deine Ölbäume geschüttelt hast, so sollst du nicht nachschütteln; es soll dem Fremdling, der Waise und der Witwe zufallen. Wenn du deinen Weinberg abgelesen hast, so sollst du nicht nachlesen; es soll dem Fremdling, der Waise und der Witwe zufallen. Denn du sollst daran denken, daß du Knecht in Ägyptenland gewesen bist. Darum gebiete ich dir, daß du solches tust.[264]

Die Normen, welche die Nachlese verbürgen, sind mit zahlreichen Zehntabgaben verbunden – diejenigen des Trienniums, des Sabbatjahres sowie der Spenden, die den Bedürftigen vorbehalten sind. Die Gastfreundschaft garantiert zuallererst Unterkunft und Unterhalt.

Während der Zusammenhang, der den Fremden gerade mit den Schwächsten verbindet, mit denen, die vereinsamt und ohne Familie sind, auf der Hand liegt, ist der Nachdruck, mit dem die *gerîm* den Leviten angenähert werden, weniger eindeutig. Die Erklärung ist jedoch in der Kondition des Leviten zu suchen, »der weder Anteil noch Erbe mit dir hat«.²⁶⁵ Beide, sowohl der *ger* als auch der Levit, sind folglich vom Körper des Volkes getrennt und in dessen Innerem zerstreut. Der Unterschied liegt darin, dass die Leviten einer unter den zwölf Stämmen Israels sind – der einzige, der dazu berufen ist, die Leere der Abwesenheit innerhalb der Gemeinschaft zu besetzen und in seiner Enteignung an Fremdheit und Exil zu erinnern. Analog dazu gestaltet sich die Berufung der *gerîm*, die sich horizontal auf alle zwölf Stämme verteilen und auch innerhalb der Leviten ihren Platz haben.²⁶⁶ Überall und in einem jeden Stamm leben gesonderte Mitglieder, die aufgrund einer doppelten Fremdheit Fremde sind: Die Trennung des Leviten ist tribal und religiös bedingt, die des *ger* ist eine außertribale und politische. Und während erstere »tribal bleibt, ist die andere eine globale«.²⁶⁷ So schreiben Leviten und *gerîm*, die auf dem städtischen Territorium nur ansässig sind, der Stadt auf zwei unterschiedliche Weisen die Leere der Trennung ein. Das motiviert auch den unerwarteten und zunächst befremdlichen Vergleich, den der Talmud zwischen *kohen* und *ger* zu ziehen wagt, zwischen dem zu den *koh^anîm* – einer Untergruppe der Leviten – gehörenden Priester und dem Fremden, der dem Volk Israels angegliedert ist und dessen nicht durch Geburt erworbenes Verdienst einer Markierung der Trennung noch größer ist.²⁶⁸

9. Jerusalem: Die Stadt der Fremden

Die Architektur der biblischen Stadt ist nicht geschlossen und einheitlich – und auch ihre politische Identität ist es nicht. Im Zeichen der Aufspaltung erscheinen und begegnen sich stets zwei Entitäten, zwei Seiten, zwei Figuren – sogar auch noch der Fremdheit. Die Stadt bildet diese Spaltung, die das Strukturprinzip des Judentums darstellt, getreulich ab. Was unter anderem erklärt, warum auch die Bürgerschaft gespalten ist. Wenn sie auch unter der Ägide ein und derselben Verfassung steht, ist die Bürgerschaft nicht eine einzige und einheitliche, sondern zwischen *'æzrāḥ*, dem Bürger, und *ger* aufgespalten, der zwar innerhalb der Stadttore wohnt, mit seiner Anwesenheit jedoch immer auch auf die Leere der Abwesenheit verweist. Der Bürger könnte sich ansonsten allzu schnell an die Vertrautheit gewöhnen und sich in vollkommener Abgeschlossenheit wähnen. Entscheidend ist folglich die Rolle des *ger*, der die Bürgerschaft öffnet und diese nicht nur entgrenzt, sondern sie auch in das Reich des Gesetzes erhebt. Der *ger* ist das eigentliche Zuhause des Volkes Israel. In seinem Wohnen zeigt sich ein unterschiedliches Weltverhältnis, das nicht das Gegenteil der Souveränität ist, auf der die Bürgerschaft aufruht, sondern vielmehr auf eine ganz andere Souveränität vorausdeutet.

Beispielhaft verkörpert wird diese Rolle nicht von einem Fremden, vielmehr ist eine Fremde deren Archetyp: Rut, die Moabitin. Wer aber ist diese arme und verwitwete Frau, die ihr Land verlassen musste? Rut stammt von den Königen Moabs ab und mithin von einem Volk, das aus dem Inzest Lots mit seinen Töchtern hervorgegangen ist. Diese hatten dank ihrer Gastfreundschaft die Zerstörung der Stadt Sodom überlebt und – überzeugt davon, dass es keinerlei Leben mehr gebe – ihren Vater betrunken gemacht, um mit ihm Nachkommen zu zeugen und dem Menschengeschlecht so eine Zukunft zu sichern. Rut verkörpert den Gipfel der Fremdheit, die mit ihr zu einem Teil des jüdischen Volkes wird. Als Ausgeschlossene unter den Ausgeschlossenen, als uneheliche Tochter unehelicher Töchter, stellt sie die Hoffnung Israels dar, was so weit geht, dass sie zur »Mutter des Königtums« wird, da sich von ihr die davidisch-messianische Dynastie herleitet. Eben deshalb wird die *gerût*, die Fremdheit, zur Quelle der hebräischen Souveränität.[269]

In der biblischen Stadt regiert die Fremdheit souverän. In eben diesem Sinne unterscheidet sie sich von der griechischen *pólis*, da sie sich nicht in einer kosmischen Ordnung verortet, sondern sich auf die Anwesenheit-Abwesenheit Gottes gründet. Das Muster, nach dem sie errichtet wird, ist das des Lagers in der Wüste, das – wie zu Beginn des Buches *Numeri* dargelegt – von Mal zu Mal um die Stiftshütte, das »Zelt der Begegnung« herum errichtet wird, in dem man Aufnahme gewährt und findet. Leere und unbesetzte Räume durchziehen jenen Wohnort der Gemeinschaft und verhindern dessen abschließende Erfülltheit. Das Zusammensein entfaltet sich um die der Fremdheit überlassene Leere herum. Ohne diese Leere wäre es weder möglich, den Gast hereinzubitten, noch könnte das Zuhause fortbestehen. Die Gemeinschaft wird unaufhörlich von der Fremdheit auf die Probe gestellt, als ob sich auf dem Grund des Selbst stets ein Anderer befände. Die Architektur der Bleibe, die sich um die Leere herum anordnet, entspricht der Gemeinschaft des Volkes, das nur deshalb überhaupt ein solches sein kann, weil ein Teil von ihm sich permanent entzieht. Hier haben weder Geschlossenheit oder Vollständigkeit noch Autochthonie einen Platz. Die Fremdheit bildet den Grund und das Fundament von Gemeinschaft.

Das Sich-Zurückziehen, um für den Anderen Platz zu machen, entspricht dem Modell der Schöpfung. Auf diese Weise nämlich, sich zurücknehmend und sich zurückziehend, hinterließ Gott jene Leere, aus der die Welt und die Menschen hervorgegangen sind. Die Leere ist Quelle des Lebens – und muss daher in einer Welt bewahrt werden, die aufgrund des Exils Gottes unvollendet bleibt. Der Mensch ist seinerseits aufgefordert, diesen Rückzug zu wiederholen und die Leere durch die Trennung zu schützen, indem er sich zuallererst von sich selbst trennt. Darauf geht die konstitutive Fremdheit zurück.

In der eindrucksvollen Erzählung vom *gan 'edæn*, dem erwählten Ort des menschlichen Aufenthalts auf Erden, klingt jene Fremdheit unverkennbar nach. Aus der Erde vom Acker, *'ᵃdāmāh*, gemacht, wird der Mensch, *'ādām*, dem der Lebensatem eingehaucht wurde, in den Garten Eden »gesetzt«, damit er ihn bebaue und bewahre.[270] Der von Gott in der Gegend von *qædæm*, im Osten, gepflanzte Garten, überreich an Bäumen und Früchten, ist ein Zufluchtsort innerhalb der Welt, ein Ort der Intimität und Vertrautheit. Die Vertreibung aus dem *gan 'edæn* bedeutet ein Exil auf *'ᵃdāmāh*, ein sonderbares existenzielles Exil, das den Menschen auf die Erde zurückdrängt, von der er zwar ein Teil ist, die jedoch weder der Ort seiner Vollendung ist noch jemals sein kann. An den *gan 'edæn* zu erinnern heißt, von der Erde getrennt bleiben, auf der man sich im Exil befindet. Die biblische Stadt wird errichtet, um einen Ort zu schaffen, mit dem der Erde die Erinnerung an den verlorenen Garten eingeschrieben wird. Diese Trennung von der Erde, die das Fundament der biblischen Stadt bildet, entleert die Autochthonie jedweder Bedeutung.

Hier lässt sich die Distanz zwischen Autochthonem und Hebräer ermessen. Als ein »Fremder« angesehen, ist der Hebräer im Unterschied zu den »Verwurzelten«, die Gefangene der *'ᵃdāmāh* bleiben, im *gan 'edæn* ansässig. Ägypten steht nicht nur für Sklaverei, sondern ebenso für die Verbindung mit der Erde. In seiner Fremdheit widersetzt sich der Hebräer der Illusion der Autochthonie. In dieser Hinsicht ist der *ger* der Einwohner, der noch der Illusion unterliegt, autochthon zu sein, und der bei seiner Aufnahme in die Stadt der Fremden, in der er die Bürgerschaft erlangt, nicht naturalisiert wird, sondern sich vielmehr de-naturalisiert, indem er dem Gefängnis der Erde entrinnt.

Woher aber kommt der *ger*? Womöglich war er ein Angehöriger der Stämme des Nordens, die sich unter die des Südens mischten? Oder handelt es sich vielleicht um die Einwohner Kanaans, die auf ihrem Territorium verblieben, mit dem Einzug der Israeliten jedoch zu Fremden geworden waren? In Anbetracht seines politischen Status scheint es gleichwohl plausibler, dass der *ger* der Nachkomme des *'eræb rab* ist, des »vielen fremden Volkes«,[271] das sich Israel beim Auszug aus Ägypten angeschlossen hatte. Die Anwesenheit der *gerîm* verleiht dem Exodus eine universale Bedeutung.

Die Fremden sind die einstigen Sklaven, die den in der ägyptischen Abgeschlossenheit eröffneten Durchgang zur Flucht genutzt hatten. Der Auszug des jüdischen Volkes bereitete nicht nur seiner Unterdrückung ein Ende, sondern zerschlug auch das Prinzip der Sklaverei. Von jenem Augenblick an wusste ein jeder, dass er kein Sklave mehr sein musste.

Der Auszug ist indes auch ein Einzug: Israel konstituiert sich, während es aus Ägypten, aus dem Inneren eines anderen Volkes, auszieht. Die Gründungsszene stellt eine Durchquerung, einen Übergang dar; und damit besitzt die Gründung weder ein Prinzip noch einen Anfang. Der Auszug aus dem Anderen geht jedweder Identität voraus, die fortan stets von jener Erinnerung gezeichnet sein wird. Dem jüdischen Volk kommt immer schon ein anderes Volk zuvor – dies wird bereits mit seiner einzigartigen Gründung, derjenigen des Exodus, anerkannt. Die Autochthonie verbleibt im Bereich des Unmöglichen. Der erste Auftritt des Volkes, sein Einzug in die Geschichte, ist ein Auszug. Mit einer derart ungewöhnlichen und außerordentlichen Umkehrung von Außen und Innen bleiben dem Zuhause Öffnung und Zugang eingeprägt.

Die *gerîm* nehmen in diesem Wechselspiel von Innen und Außen, welches das Wohnen Israels bestimmt, eine ambivalente Rolle ein: Auf der einen Seite verkörpern sie das Heimweh nach Ägypten, die Versuchung des Götzendiensts, die Sehnsucht nach der Vergangenheit und auf der anderen Seite repräsentieren sie das Bedürfnis nach Befreiung, die Unmöglichkeit stehen zu bleiben, den zukunftsgerichteten Blick. Das *'ereb rab*, das vielfältige fremde Volk, zeugt einerseits von der in Ägypten hinterlassenen Leere und andererseits bewahrt es die Spur des Exils in Israel, verhindert dessen Verwurzelung und bewirkt einen zusätzlichen und dauerhaften Auszug. Das *'ereb rab* ist ein anderes Israel inmitten von Israel: seine dunkelste und unzureichendste Seite, die unbewegliche Selbstheit, auf die es zurückzufallen droht, und zugleich die erwählte Alterität, zu der Israel berufen ist, jene Leere, die es unter den Nationen zu bewahren gilt.

Der politische Status des *ger* verweist auf eine transitorische Bedingung. Die *gerût*, die vom Exil zeugende Fremdheit, verschwindet nicht, auch wenn sich der einzelne *ger* in das Volk einfügen mag. Diese Einfügung stellt eine De-Naturalisierung dar, insofern der *ger* derjenige Einwohner ist, der die Illusion hinter sich gelassen hat, eins mit dem Boden und auf diesem eingesessen zu sein, und daher zu einem Fremden unter Fremden wird – genau darin liegt sein Zugang zur sinaitischen Bürgerschaft. Denn er ist in der biblischen Stadt ansässig, die nicht vergessen hat, von anderswo gekommen zu sein.

Das wiederum ist nur möglich, weil der *ger* allein im Verhältnis zum Ort seines Aufenthalts als fremd angesehen wird. Der Ausdruck besitzt keinerlei weitere Bedeutungen oder Konnotationen.[272] Der Gegensatz zwischen Griechen und Barbaren, womöglich die stärkste Antithese der antiken Welt, bei der das linguistische Stigma – *hoi bárbaroi* sind die Stammler oder Stotterer, die nicht einmal eine Sprache richtig beherrschen – kaum die unüberbrückbare ethnische Kluft zu verbergen vermag, existiert hier schlichtweg nicht. Allein die Beziehung zu Gott unterscheidet Israel, das *gôy qādôš* ist, »getrennte/ heilige Nation«, und dazu berufen, die Trennung in die Welt zu tragen, von den anderen Nationen. Deshalb kann die sinaitische Bürgerschaft niemals der athenischen entsprechen.

In der biblischen Terminologie findet sich neben dem *ger* auch der *nåkrî*, von dem im Buch Deuteronomium gesagt wird, dass dieser »nicht dein Bruder ist«.[273] Bezüglich des *ger* stößt man hingegen nicht selten auf die Formulierung »dein *ger*«, denn es handelt sich um den Einwohner, der mit Israel zusammen auf Wanderschaft ist. Eher als einen Fremden, bezeichnet *nåkrî* den Entäußerten und Entfremdeten – *nikûr* bedeutet Entfremdung. Es handelt sich dabei um den radikal Autochthonen, der stolz darauf ist, seine Wurzeln in den heimatlichen Boden einzusenken, und der es ablehnt, zur *'æzrāḥût* überzugehen, das heißt zur Bürgerschaft, die auf der Trennung von der Erde gründet. In diesem Sinne wohnt der *nåkrî* nicht, da er bereits fest verwurzelt ist; er verortet sich außerhalb des Gesetzes und wird daher mit fremden Göttern, *'ælohê nekār*, in Verbindung gebracht. Nah an der Wurzel *mākar*, was »verkaufen« bedeutet, ist der *nåkrî* die tragische Versinnbildlichung des hinter seinen Gewissheiten verschanzten Autochthonen, des Eigentümers, der hartnäckig seinen Besitz verteidigt und dabei Verhältnissen des Abmessens und des Austauschs verhaftet bleibt.

Die Entfremdung wird auch als *zārût* bezeichnet, die nicht zufällig eine Eigenschaft des *nåkrî* bildet. Auch hierbei handelt es sich um einen von der spezifischen Fremdheit des *ger* sehr weit entfernten Begriff. Wie *nåkrî* den Gegensatz zu *'æzrāḥ* darstellt, ist *zār* die Antithese zu *qādôš*. Als *zār* wird derjenige bezeichnet, der sich nicht trennen will – zuallererst von sich selbst – und daher in eine fremde Idolatrie verfällt, *'ªbodāh zārāh*, welche die eigene verwurzelte Identität sakralisiert. Der Vers »und kein *zār* war mit uns im Haus«[274] besitzt eine doppelte Bedeutung: zum einen, dass sich niemand im Haus befindet, der *zār* ist, und zum anderen, dass es dort kein Haus gibt, wo einer ist, der als *zār* gilt.

Umso klarer tritt die Bedeutung des *ger* zutage, des von anderswo herkommenden Fremden, der in der biblischen Stadt ansässig ist und sogar ihren Grundpfeiler bildet. Ohne seine Anwesenheit verschwände die Leere der Abwesenheit und die Stadt würde zu einer lichtdurchfluteten Metropole ohne ausreichend Platz, um Asyl und Zuflucht zu gewähren. Weit davon entfernt, ein Paria zu sein, begründet der Fremde eine andere Weise des Wohnens, eine andere Form von Bürgerschaft, eine andere Souveränität.

Die Idolatrie der Verwurzelung hingegen führt zu der unmittelbaren Konsequenz des Krieges – der Verteidigung oder der Eroberung von Land. In einer übervollen Welt, die keinen »Rückzug« kennt, wird der Krieg zur vorherrschenden Modalität des Weltverhältnisses. Der *ger*, der in überfüllten und allseitig besetzten Räumen das Trugbild der Autochthonie aushebelt und die Leere offenbart, die der Macht unerträglich und ihrer Herrschaft nicht zu assimilieren ist, bildet auch das bevorzugte Opfer des Krieges und einer von Kriegen getragenen Daseinsweise. Der Gegensatz zwischen Krieg [guerra] und *gerùt* könnte schärfer nicht ausfallen.

Das Grundprinzip der Charta des »ansässigen Fremden« gebietet es, diesen als Bürger aufzunehmen. Denn der *ger* erinnert das aus Ägypten ausgezogene jüdische Volk daran, selbst fremd gewesen zu sein, er bewegt es dazu, das Asyl in seinem Zuhause zu erhalten:

> Er [der Fremdling, *ger*] soll bei euch wohnen wie ein Einheimischer ['*æzrāḥ*] unter euch, und du sollst ihn lieben wie dich selbst; denn ihr seid auch Fremdlinge [*gerîm*] gewesen in Ägypten.[275]

Die Figur des Fremden erschüttert das Wohnen, entäußert und entwurzelt es der Erde; entkoppelt es von Eigentum, Zugehörigkeit und vom Haben und überführt es in das Sein, schließt es mit jenem Existieren in der Welt zusammen, das stets ein transitorischer Aufenthalt bleibt. Der politischen Verfassung der Thora zufolge sind alle Bürger Fremde und alle Bewohner Gäste. Der Begriff der Gastfreundschaft weitet und vertieft sich, bis er schließlich mit dem der Bürgerschaft übereinstimmt. Weder die Scholle oder der Boden noch das Eigentum können die Grundlage dieses zweifachen Rechts sein, das sich im Wohnen legitimiert:

> Darum sollt ihr das Land nicht verkaufen für immer; denn das Land ist mein, und ihr seid Fremdlinge und Beisassen bei mir.[276]

Aus der unmissverständlich verkündeten Unveräußerlichkeit des Landes leitet sich die politisch-existenzielle Kondition seines Bewohners ab, der *zugleich* Fremder und Ansässiger ist. Dabei scheint der Gegensatz doch augenfällig zu sein: Ein Fremder kann kein Ansässiger und ein Ansässiger kein Fremder sein.[277] Der in der Semantik des Verbs *gûr* enthaltene Widerspruch wird hier jedoch explizit gemacht, indem zu *ger* der Ausdruck *tôšāb* hinzutritt, was soviel bedeutet wie »zeitweiliger Ansässiger«, ebenso aber auch »Gast«. Die Einwohner des Landes, denen das Land nicht gehört und die ihrerseits dem Land nicht gehören, sind *gerîm w^etôšābîm*, Fremde und zeitweilige Ansässige. Gerade und nur als Fremder kann man ansässig sein und umgekehrt – gerade und nur als Ansässiger ist und bleibt man ein Fremder.

Der Status des *ger tôšāb*, des »ansässigen Fremden«, der sich einzig und allein auf die Mahnung zur Erinnerung der Fremdheit stützt – eine ihrerseits von der Erinnerung genährte Fremdheit –, lässt das Asyl unausweichlich werden und erhebt es zu einer nicht länger nur theologischen, sondern ebenso existenziellen wie politischen Kategorie.

10. Von der Rückkehr

Es wäre irreführend zu glauben, dass der ansässige Fremde zu ewiger Wanderschaft bestimmt sei, so als könne es keine Rückkehr mehr geben. Was aber heißt »Rückkehr«? Die Frage wurde von der Philosophie zumeist übersprungen. Zweifellos auch deswegen, weil die Rückkehr, verstanden als eine Rückkehr zum Ursprung, als eine Heimkehr und Repatriierung nur allzu selbstverständlich schien. Man räumte also der Wanderschaft, auf die überschwängliche Lobeshymnen verfasst wurden, den rückhaltlosen Vorzug ein.

Eine Ausnahme stellt erneut Heidegger dar. In seiner Reflexion auf den Aufenthalt und die Wanderung – sich davor in Acht nehmend, ein eingängiges Lob der Wanderschaft anzustimmen, wie es ein beliebiger »Abenteurer« vermöchte – folgt er der Spur der Schiffer, die, ohne vom Kurs abzukommen, in Erwartung der Rückkehr wachen – auch auf dem offenen Meer. Dass »Rückkehr« nicht nur ein dichterisches Wort ist, wie es aus den Hymnen Hölderlins übernommen wurde, sondern zu einem philosophischen Begriff wird, davon zeugt die gesamte Phänomenologie des Wohnens. Insbesondere aber jene Stellen, an denen Heidegger den zweifachen Trug benennt, der auch eine doppelte Gefahr darstellt: die einfältige Sesshaftigkeit dessen, der im Glauben ist, fest in seiner Heimaterde verwurzelt zu sein, sowie das von der Mobilität der Technik geförderte planetarische Umherirren.

Migrieren heißt indes nicht Umherirren, so viel steht fest. Es ist vielmehr ein Heimischwerden, das stets auch eine Rückkehr einschließt. In der Landschaft Heideggers – einer Waldgegend, in der sich der Weg eher durch vertikale Tiefe denn durch offene Horizontalität auszeichnet – bewegt man sich aus dem Anderswo in Richtung Zuhause. Doch nach Hause gelangt man nie. Heidegger warnt vor der Gefahr, die Ankunft für eine Rückkehr zu nehmen. Der unwegsame und verwachsene Pfad, der nach Hause führt, bedeutet ein unablässiges Sich-Annähern. Ebenso wie sich das Zuhause entzieht, entzieht sich auch die Rückkehr.

Als philosophischer Begriff im Rahmen einer Phänomenologie des Wohnens und der Wanderschaft eingeführt, die einen entscheidenden Wendepunkt markiert, entschwindet die Rückkehr letztlich in einem unvordenklichen Anderswo. Auch Heidegger scheint der Vorstellung zu erliegen, dass die Rückkehr nichts anderes sei als eine einfache Repatriierung. Vielleicht ist es gerade deshalb geboten, seiner Warnung zuwider die Gefahr der Ankunft auf sich zu nehmen. An einem gewissen Punkt wird der Schiffer doch ankommen [arrivare] und – wie es die italienische Etymologie nahelegt – das Ufer [riva] berühren müssen. Was wird dann aus der Rückkehr? Ist eine andere Rückkehr möglich?

Der Augenblick, in dem man nach dem Exil das Ufer berührt, ist womöglich auch der schwierigste. Der Ankommende könnte zu dem Glauben verleitet werden, dass das erreichte Land nun sein Eigentum darstelle, er könnte in eine räumliche Immanenz zurückfallen, aus der das Exil ihn befreit hatte; er könnte der Täuschung unterliegen, dass seine Bedingtheit als ein Fremder überwunden wäre und die Fremdheit in eine neue verwurzelte Identität zurückgenommen würde. Von Neuem hegt er den Wunsch, im Boden Wurzeln zu schlagen, mit der Erde eins zu werden – als hätte er die Leere, auf der das Wohnen aufruht, wieder vergessen. Als hätte er das Exil nie erlebt. Die Versuchung besteht stets darin, es zu verdrängen. Die Anziehungskraft des Besitzes und die Verlockung der Stabilität können leicht die Oberhand gewinnen. In diesem anhebenden sesshaften Leben, in dem er davon fantasiert, sich an einem Ort niedergelassen und angesiedelt zu haben, der ihm gehört und dem er angehört, ja eigentlich immer schon autochthon gewesen zu sein, wirft er Blicke von bedrohlicher Feindseligkeit um sich. Im Augenblick der Ankunft wird der Gewalt der Boden bereitet.

Sollte die Rückkehr also besser vermieden und umgangen werden? Und das umso mehr, als es keinen ursprünglichen Ort gibt, an den man zurückkehren könnte, das Zuhause verloren und die Wurzeln gekappt sind? Im Gegenteil, die Frage wird unumgänglich, ob nicht doch eine andere Rückkehr möglich wäre, die das Exil nicht auslöschte. Auf Rückkehr lässt sich nicht verzichten, da sie eine spezifische Differenz bezeichnet und das Exil sowohl von der Entwurzelung als auch vom ziellosen Umherirren unterscheidet. Der Entwurzelte will zu seinem Ausgangspunkt zurückkehren und folgt der Chimäre dieses Ursprungs. Der Umherirrende hingegen ist zu einer tragischen Wanderschaft verdammt, ohne Anfang und ohne jedes Ziel.

In Bezug auf das Exil markiert die Rückkehr eine Kehre, einen Wendepunkt, worauf unter anderem auch das englische Wort verweist: *re-turn*. Ebenso wie der Immigrant seine Emigration nicht verleugnet, übernimmt der Exilant die Wunde des Exils, die zu einem unerwarteten Durchgang, zu einer unvermuteten Öffnung wird. Mit der Rückkehr kann das Exil seine befreiende Stoßkraft entfalten. Wird es nicht außer Kraft gesetzt und in einer vermeintlichen Verwurzelung im Identischen aufgehoben, kann es zur Matrix der Wiedergeburt werden. Die Rückkehr nimmt eine neue Bedeutung an, seine Semantik weitet sich in eine unbekannte Richtung aus und deutet auf eine abweichende Interpretation voraus. Einerseits ist die Rückkehr für ein Exil bestimmend, das anderweitig einer Entwurzelung oder einem Umherirren gleichkäme, und andererseits ist das Exil entscheidend für eine Rückkehr. Die Erinnerung an das Exil und seine unüberwindlichen Brüche ist zu bewahren. Denn allein das Exil eröffnet die Möglichkeit der Rückkehr.

Wenn sich der Exilant auf seinem diasporischen Weg anschickt zurückzukehren, liegt die Einsicht hinter ihm, dass der Ausgangsort, der illusorisch für einen Ursprung gehalten wird, bereits ein Exil war. Auch wenn er an den Ort zurückkehrt, den er als seinen Geburtsort betrachtet, muss er sich dennoch der trostlosen Erfahrung einer unauflösbaren Fremdheit besinnen. Der Hafen, von dem er abgelegt hat, ist ihm für immer versperrt – es ist wie für die Seefahrer nach ihrer Weltumsegelung: Sevilla war nicht mehr Sevilla.

Indem er den Ursprung hinter sich lässt, begibt sich der Exilant auf den Weg einer Rückkehr, die weder Heimkunft noch Repatriierung sein kann. Er bricht auf, um zurückzukehren: nicht jedoch an den Ort, dem er ursprünglich angehören soll, sondern an den Ort, zu dem er seiner Wahl nach berufen ist, nicht an den eines verwurzelten Bei-sich-Seins, sondern an den eines willentlichen Bei-dem-Anderen-Seins. Was keineswegs heißen soll, dass die Rückkehr flüchtig oder fiktiv wäre. Das Land der Rückkehr ist ein konkretes Land. Es ändert sich jedoch die Beziehung zu ihm, da es als versprochenes nicht mehr anzueignen ist. Das Versprechen bleibt ein Versprechen, um Verwurzelung, Besitz und Eigentum zu unterbinden.

Auch nach der Rückkehr kann der Exilant nicht mehr vergessen, ein Gast auf Erden zu sein, er kann seine Kondition als ansässiger Fremder nicht mehr aus dem Weg räumen. Er wohnt in der Fuge der Trennung, so wie er es im Exil gelernt hat. Die neue Wohnung, die dem Ansturm der Zeit widerstehen wird, entspricht einem anderen Wohnen. Der Ort, an dem er wohnhaft ist, fällt nicht mit dem Selbst zusammen – und das Selbst nicht mit dem Ort. Ein Fremder in seiner Heimat und fremd die anderen – Migranten in einem versprochenen Land, Gäste allesamt, wechselseitig aufeinander verwiesen, im Rahmen einer An- und Aufnahme der Fremdheit, die die einzige Auflage und Verpflichtung dieses Wohnens darstellt.

IV. ZUSAMMENWOHNEN IM NEUEN JAHRTAUSEND

> [...] denn Männer machen eine Stadt aus, nicht Mauern und nicht unbemannte Schiffe.
>
> THUKYDIDES, *Der Peloponnesische Krieg*[278]

> [...] und ich fürchte, ihn an den scharfen Spitzen des Stacheldrahtes sich verletzen, fürchte, ihn herabstürzen zu sehen. Die Träumer der Grenzen stürzen nicht selten aus der Höhe hinab. Und berühren den Boden mit einer Heftigkeit, die sich mit ihren Hoffnungen multipliziert.
>
> OLIVIER WEBER, *Frontières*[279]

1. Das neue Zeitalter der Mauern

»Die Mauer ist gefallen!« Am 9. November 1989 gegen Mitternacht öffnen die Grenzübergänge, die Berlin über Jahrzehnte hinweg geteilt haben. Zwischen Ungläubigkeit, Überraschung und unbändiger Freude fluten Tausende Ostdeutsche die Straßen des Westteils, vom Kurfürstendamm bis zur Kantstraße. Es ist das Ende eines Zeitalters: des Kalten Krieges. Von ihrem Bau 1961 an verkörperte die Berliner Mauer die Quintessenz des »Eisernen Vorhangs« – keineswegs eine rhetorische Figur, sondern eine militarisierte Sperre, die Europa durchzog und in zwei gegensätzliche Blöcke teilte –, sodass sie sich mit ihrer herausragenden Bedeutung ein Alleinstellungsmerkmal sicherte: *die* Mauer.

Womöglich ist es niemandem so gut gelungen wie Wim Wenders in seinem 1987 gedrehten Film *Der Himmel über Berlin*, die damit verbundene düstere Hoffnungslosigkeit einzufangen. Von der

Höhe des Himmels herab beobachten die zur Kontaktlosigkeit mit den Menschen verurteilten Engel das Alltagsleben der Berliner, die im Westen wie im Osten in einer heillosen Einsamkeit gefangen sind. In einem politisch-existenziellen Rahmen wird die in unterschiedlichsten Grautönen gezeichnete Stadt zu einem Paradigma des neuen Exils.

Wie immer sind die offiziellen Zahlen eher zu niedrig angesetzt: mindestens 140 Menschen wurden getötet, während sie auf die andere Seite der Mauer zu gelangen suchten, es gab mehr als 5000 Fluchtversuche, über 75.000 Festnahmen. Als Gipfel des Ausschlusses schien die Berliner Mauer zu jener Zeit alle Mauern der Vergangenheit in sich zusammenzufassen. Mauern – Symbole der Aneignung, militärische Grenzen, Schutzwälle der Zivilisation – beherrschten die menschliche Landschaft seit der frühesten Antike: von der chinesischen Großen Mauer bis zum römischen Limes, von der Maginot-Linie bis zum Atlantikwall. Eine Neuheit des 20. Jahrhunderts stellten jedoch die politischen Mauern dar, die mit dem Ziel errichtet wurden, Souveränität zur Schau zu stellen und diese mit der Macht über die Grenze auch auszuüben. Es handelte sich nicht um Verteidigungsanlagen, deren Überreste inzwischen als geschützte Denkmäler geführt werden, sondern um offensive Mauern, deren Zweck darin lag, gewaltsam fernzuhalten.[280] Von allen politischen Mauern schien die Berliner Mauer eine letzte Hyperbel zu bilden, nach deren Fall auch die anderen Reste dieses Obskurantismus beseitigt würden, die hier und dort noch die Erde verunstalteten.

So ist es jedoch nicht gekommen. Man könnte sagen, dass die Bedeutung der Mauer missverstanden wurde. Sie markierte kein Ende, sondern eher einen Anfang oder ein Anzeichen, das Signal eines Übergangs: von der Trennung zwischen Ost und West hin zu derjenigen zwischen Nord und Süd. Nach dem Fall der Berliner Mauer begann das neue Jahrtausend als ein neues Zeitalter der Mauern. Die bereits existierenden wurden nicht beseitigt, sondern noch verstärkt. Es handelt sich zum Großteil um »konfliktgeladene Grenzen«: die Mauer zwischen den beiden koreanischen Staaten, die »Grüne Linie«, welche die Insel Zypern in einen griechischen und einen türkischen Teil entzweischneidet, der Sandwall in der Westsahara, der von

Marokko in mehreren Anläufen und Bauphasen errichtet und 1987 fertiggestellt wurde und sich von Gräben und über 6000 Landminen gesichert über 2730 Kilometer erstreckt, die Mauern zwischen Indien und Pakistan. In den Gebieten der Welt mit den größten Spannungen haben sich Sperren und Schranken vervielfacht. Die unsicheren und umstrittenen ehemaligen Grenzen des Sowjetreiches wurden durch Mauern und Stacheldrahtzäune markiert und hervorgehoben: von Usbekistan bis Kirgisistan, von Turkmenistan bis Abchasien, von Georgien bis Ossetien, vom Kaspischen bis zum Schwarzen Meer, die Ukraine nicht zu vergessen; und um gar nicht erst vom Mittleren Osten zu sprechen, wo Kriege und Invasionen überdies zur Errichtung von Mauern, Sperren und Schützengräben jeglicher Art in Irak, Saudi-Arabien, Kuwait, Katar, Jemen und Jordanien geführt haben. Unter diesen sticht die von Israel – nach der Zweiten Intifada und wiederholten traumatischen Attentaten – im Westjordanland und um den Gazastreifen errichtete Mauer hervor: die erste Antiterrormauer, deren Zweck jedoch auch darin liegt, wie sich insbesondere in den Ostgebieten deutlich zeigt, die Grenzen zu schützen und mitunter sogar zu erweitern. Hybride Mauern, die mit dem einen Ziel errichtet und für ein anderes eigesetzt werden, sind in der Zunahme begriffen.

Die eigentliche Neuerung stellen jedoch die Mauern gegen die »illegale Einwanderung« dar. Die bekannteste unter ihnen ist sicherlich die »Bush-Mauer« an der Grenze zwischen den Vereinigten Staaten und Mexiko. Die *tortilla border*, die längste Sperre der Welt, die sich zwischen Atlantik und Pazifik über 3141 Kilometer dahinzieht, wurde hochgezogen, um den Eintritt der *migrantes* zu lenken, zu verwalten und schließlich ganz zu unterbinden. Die Grenze – ebenso zusammengestückelt, verworren und vielgestaltig wie die von Ausbeutung, Gewalt und gewollter Illegalität gezeichnete »hispanische« Einwanderung in Nordamerika – ist eine Art Baustelle, ein im fortlaufendem Prozess begriffenes Bauwerk, das Trump zu vollenden versprochen hat, um diese Linie ein für alle Mal zu versiegeln. In der Zwischenzeit wird die Grenze Tag für Tag von mehr als einer Million Menschen legal überquert, die an über 36 Checkpoints abgewickelt werden; Güterverkehr nicht eingerechnet. Noch weniger genau kann der illegale Verkehr erfasst werden. An der Grenze befinden sich gut zehn Städte, angefangen mit dem am Pazifik gelegenen Tijuana, dem bedeutendsten Grenzübergang. Im Mittelteil, um El Paso-Ciudad Juárez, ist das Grenzgebiet auf beiden Seiten des Rio Grande derart ausgedehnt und zerfranst, das es *Tercera Nación* oder auch *Mexicamerica* genannt wird. Schon allein der Name dementiert die Grenze sowie die Möglichkeit, diese für immer zu schließen. In Übereinstimmung mit dem *Patriot Act* – dem Antiterrorgesetz, das nach den Attentaten von 2001 auch neue Direktiven zum Schutz der Grenzen lieferte – massiv verstärkt und nach der Verabschiedung des *Secure Fence Act* von 2006 um über 1100 Kilometer erweitert, ist diese Mauer viel unregelmäßiger und fragmentierter, als man für gewöhnlich glaubt. Metallbarrieren, Gräben als Straßensperren, Zementpalisaden, rudimentäre Drahtverhaue, Stahlrohre und sogar »Tschechenigel«, also überkreuz miteinander verschweißte Metallträger, wechseln sich entlang des Grenzverlaufs ab. Insbesondere in der Wüste zwischen Arizona, Texas und New Mexico stehen sich die von rechtsextremen Milizen, den *Minutemen*, flankierte Grenzschutztruppen auf der einen Seite und die *migrantes* auf der anderen Seite gegenüber, die für ihren Grenzübertritt die *coyotes* bezahlen und Hilfsangebote von humanitären Organisationen wie No more death – No más Muertes oder Human Borders in Anspruch nehmen können. Die im Bau befindliche Mauer sollte schließlich homogener aussehen und eine Art von *tower system* bilden, bestehend aus dreißig Meter hohen Metallstützen, auf denen hoch entwickelte elektronische Geräte wie Infrarot- und Thermo-Akustik-Sensoren montiert werden sollen. Es wird jedoch abzuwarten sein, ob all das ausreichen wird, um die *migrantes* dauerhaft fernzuhalten, deren dramatische Geschichten bereits Eingang in Literatur und Film gefunden haben.

Europa, das die »Bush-Mauer« zunächst scharf kritisierte, hat indes seinerseits nicht gezögert, Barrieren aller Art zu errichten, angefangen mit denen in den Enklaven von Ceuta und Melilla, um damit den Schengen-Raum zu verteidigen.[281] An diesen Barrieren und politischen Mauern hat sich eine hitzige Diskussion entzündet. Die einen verurteilen sie ohne Umschweife, die anderen hingegen machen sich –

obgleich sie dabei vielleicht den Ausdruck »Mauer« vermeiden, der nach dem Fall der Berliner Mauer dauerhaft in Misskredit geraten scheint – die dringliche Lage zunutze, um bestimmte »Schutzlinien« zu rechtfertigen.

Die im eigentlichen Sinne philosophische Frage richtet sich auf die Bedeutung der Mauer als – wie es Wendy Brown hervorgehoben hat – Emblem einer im Niedergang befindlichen Souveränität, die einer Theatralisierung bedarf, um sich noch Gehör und Geltung verschaffen zu können.[282] Unschwer lassen sich darin die Termini eines Problems wiedererkennen, das sich in verschiedener Hinsicht neu stellt. Eine Psychopolitik der Mauern verweist auf die Tragik einer Abschottung und Segregation, die trotz des scheinbaren Sicherheitsgefühls immer auch eine Autosegregation bedeutet. Wer sich dazu entschließt, aus Angst vor dem Anderen und der vermeintlichen Notwendigkeit heraus, sich vor allem Fremden schützen zu müssen, eine Mauer zu errichten, erleidet schließlich selbst die Konsequenzen. Eine Geopolitik der Mauern kommt nicht umhin, die Sackgasse der Globalisierung zu zementieren: eine reaktive Sperre gegen die beschleunigte Mobilität. Die vom Nationalstaat geforderte Mauer gegen Einwanderung stellt jedoch nicht nur das Symbol seiner Aushöhlung dar. Ebenso markiert sie auf den Landkarten die Spur einer neuen Konfrontation: derjenigen zwischen Nord und Süd. Neu ist diese Konfrontation, da sie – wie auch immer man diese Kardinalpunkte auf einem Globus versteht, der auch anders herum gelesen werden könnte – nicht nur aus einem tiefreichenden Ungleichgewicht, ja aus einer unüberwindlich scheinenden Kluft hervorgeht, sondern von einer zuvor vielleicht unter der Oberfläche verborgenen Feindseligkeit weiter zugespitzt und verschärft wird. Kein Mitleid; weder Nachsicht noch Solidarität. Der Süden stellt für den Norden inzwischen nur mehr eine Bedrohung dar. Die neue Grenze wird von einem Norden gezogen, der, auch wenn er dies nur zögerlich und verlegen zugibt, fest dazu entschlossen ist, den von Süden kommenden Einwanderungsschüben Einhalt zu gebieten – auch um den Preis, die Demokratie einzumauern und dabei die Menschenrechte gleich mit vom Tisch zu fegen.

2. Lampedusa: Für welche Grenze steht dieser Name?

Womöglich verleitet uns der Mythos der Globalisierung zu dem Glauben, es stehe eine grenzenlose Welt bevor. Im Gegenteil haben sich die traditionellen Demarkationslinien, die bereits überwunden schienen, jedoch überall dort vervielfacht und konsolidiert, wo es Staaten, neue Staaten, Halbstaaten, Phantomstaaten, scheiternde oder gescheiterte Statten gibt. Alles andere als abgeschafft, bilden Grenzen weiterhin die Grundlage des geopolitischen Alphabets. Als wäre es als Reaktion auf den Trommelwirbel der Globalisierung und den von der planetarischen Orientierungslosigkeit hervorgerufenen *horror vacui* unabdingbar, auf alte und verlässliche Anhaltspunkte zurückzugreifen. So sind Grenzen, diese Epiphanien einer erodierten und instabilen Souveränität, die auf die Unterstützung überwachter Mauern baut, zusammen mit vielen anderen Arten von Absperrungen doch wieder aktuell geworden – eine Revanche des Lokalen oder, wie es einige nennen, des »Glokalen«. Ein partikularistischer, kleinbürgerlicher und nationalistischer Revanchismus, an dessen Klippen der alte kosmopolitische Traum zerschellt, der einst von jener inter-nationalen Klasse, dem Proletariat, geträumt wurde, die sich im Unterschied zum Bürgertum nicht mit nationalen Interessen identifizieren und auch nicht auf die Ideale einer weltumspannenden Gerechtigkeit verzichten konnte.

In der rauen und konfliktgeladenen Landschaft des neuen Jahrtausends zählt ein ausgewiesener Geograf wie Michel Foucher eine immer größere Anzahl politischer Grenzen – mindestens 322 –, die sich auf eine wahrhaft erschütternde Länge von mehr als 248.000 Kilometer erstrecken.[283] An dieser Stelle kommt man nicht umhin, daran zu erinnern, dass Grenzen zusammen mit den geografischen Karten entstanden sind, die die menschliche Besetzung der Erde dokumentieren und ratifizieren sollten. Bekanntlich waren es die Europäer, die mit ihren Eroberungen die kartografische Kultur und damit die Vorstellung exportierten, es sei zulässig, zweckmäßig und sogar erforderlich, die Grenzen der untereinander aufgeteilten Territorien genau aufzuzeichnen. Die Landkarte wurde zur Bedingung der politischen Existenz der Nationalstaaten.

Nicht selten zog man als Vorwand Berge, Flüsse, Täler und Küsten heran, um jenen künstlichen Grenzen den Anschein von Natürlichkeit zu verleihen.[284] Wahrscheinlich auch deshalb ist es so schwer, sich von der Idee der Grenze zu verabschieden, die etwa für eine Halbinsel wie Italien derart selbstverständlich scheint. Im Norden die Alpenkette und ringsherum Meer. Mit der Eröffnung des Schengen-Raums haben sich jene Grenzen in die geschlossenen Häfen Europas verwandelt. Auf der anderen Seite: Afrika. Das Mittelmeer, an das zweiundzwanzig verschiedene Länder angrenzen, ist zu einer der tiefsten Bruchlinien der Welt und zugleich zu einem der von den Migrantenbooten meistdurchquerten Übergänge geworden.

Lampedusa, Italien. Eine sehr weit südlich gelegene Insel: Breitengrad 35° 30' N – südlicher als Tunis oder Algier. In geografischer Hinsicht dürfte die Insel eigentlich nicht Teil des italienischen Territoriums sein, da sie auf dem »afrikanischen Sockel« liegt, im Unterschied zu Linosa etwa, die zum selben Archipel der Pelagischen Inseln gehört. Die Entfernungen sprechen eine deutliche Sprache: 205 Kilometer von Sizilien, 113 Kilometer von Tunesien entfernt. Lampedusa und Lampione sind afrikanische Inseln in Italien, in Europa.

Die Griechen nannten die Insel *Lutadússa*, die Römer *Lompadusa*. Der Name stammt von einer Wurzel ab, die »Licht«, »Feuer« bedeutet. Die lichtvolle, warme Insel also, zwischen Dolomitfelsen, brüchigen Bergwänden, zerklüfteten Klippen, tiefen Einbuchtungen, geheimnisvollen Grotten und offenen Buchten. Der bekannteste Strand ist der vor der Isola dei Conigli, die jedoch nichts mit Kaninchen zu tun hat, sondern die Domäne der Meeresschildkröten und der Mittelmeermöwe ist.

Lampedusa, Europa. Der bedeutendste Ort der Insel ist der Leuchtturm von Capo Grecale. Seit Jahren schon, seit der ersten Anlandung im Oktober 1992, bestimmt er den Kurs der Migranten. Wenn diese ihn in der Ferne sichten, besitzen sie die Gewissheit, dass die italienische Küste nah ist. Der Leuchtturm von Capo Grecale ist die zeitgenössische Version einer ganz und gar europäischen Freiheitsstatue, gesichts- und gedächtnislos und weder von dichterischen Versen noch von Worten der Empörung, der Hoffnung oder

der Aufnahme gestützt. Sie, die nach der Wüste auch noch das Meer herausfordern, sind die Unwillkommenen und werden von nichts als glitschigen und scharfkantigen Felsen erwartet.

Die Geschichte jedoch erzählt davon, wie verschiedenste Völker einander hier unentwegt ablösen: Phönizier, Griechen, Römer, Araber und sodann Franzosen, Malteser, Engländer. Sogar die Russen hätten sich einst gerne dauerhaft niedergelassen. Gewiss gab es auch so manchen Piratenüberfall. Doch langfristig blieb Lampedusa offen und gastfreundlich. Im 19. Jahrhundert ging die Insel wie alle Territorien im Süden von den Bourbonen an das Königreich Italien über. Schon damals begannen sich die Umstände zu wandeln: Auf der Insel wurde eine Strafkolonie errichtet. Zum strategischen Verteidigungspunkt der Achsenmächte auserkoren, wurde sie zwischen den beiden Weltkriegen zum Stützpunkt für die Seestreitkräfte und die Flugabwehr – bis zur Landung der Alliierten. In der kollektiven italienischen Vorstellungswelt der Nachkriegszeit war Lampedusa die Insel von Thymian und Oregano, von kristallklarem Wasser und weißem Sand, von sonnigen Ferienaufenthalten und der Macchia, die von abwechselnden Winden bewegt wurde – von Mistral, Schirokko und Gregale, die einander schonten und nie miteinander kollidierten.

Die *Porta d'Europa*, das »Tor zu Europa«, ist eine am 28. Juni 2008 auf einer Anhöhe unweit des Hafens auf dem südlichsten Kap eingeweihte Skulptur. Fünf Meter hoch, drei Meter breit und aus einer besonderen Keramik gefertigt, die das Licht, auch das des Mondes, absorbiert und reflektiert, stellt sie ein Denkmal für die Migranten und zugleich einen symbolischen Leuchtturm dar. Zahlen, Schuhe, und Schalen erscheinen in ihrem Basrelief.[285]

Unter Schwierigkeiten und trotz aller erdenklicher Hindernisse, mitunter auch unter der Androhung von Ordnungsstrafen, haben die Fischer und die übrigen Einwohner der Insel Schiffbrüchige gerettet und die Migranten bei sich aufgenommen, angetrieben von einer uralten, heiligen und unwiderruflichen mediterranen Gastfreundschaft.[286] Zu Tausenden sind diese hier angelandet und haben wieder abgelegt; Tausende sind nie angekommen. Die Körper, die das Meer wieder freigegeben hat, bestattet Lampedusa auf seinem alten sowie auf dem neuen Friedhof. Zunächst waren die Grabsteine bündig und kurz gehalten, als sei dies alles nur ein vorübergehender Notfall:

> 29. September 2000
> Hier ruht
> ein nicht identifizierter Migrant.

Auf dem weißen Friedhof, zwischen den Gräbern der Inselbewohner, haben die Gedenktafeln der Migranten mit der Zeit einen narrativen Tonfall angenommen:

> Am 1. August 2011
> erreichen zwei Einheiten der Küstenwache ein 15 Meter langes, aus Libyen stammendes Wasserfahrzeug und begleiten seine Fahrt bis vor Lampedusa. Hier hat das Schiff einen Motorschaden zu verzeichnen, und die Flüchtlinge werden auf die Patrouillenboote überführt. 271 Personen, darunter 36 Frauen und 21 Kinder, können geborgen werden. Im Laderaum des Fischkutters werden die Leichname von 25 Personen gefunden, die während der Überfahrt erstickt sind. Sechs von ihnen ruhen hier.

Auch an kurzen Plakaten und Pappschildern fehlt es nicht. Sie stammen aus den Zeiten, in denen die Anlandungen sprunghaft zunahmen und die zu beerdigenden Leichname zahlreich waren. Doch die Gedenktafeln erinnern an Zeitpunkt, Ort und Umstand des Schiffbruchs und stellen einen Beitrag zur ungeschriebenen Geschichte der unermesslichen Tragödie der Emigration im neuen Jahrtausend dar:

> Am 17. März 2012
> bergen die Hafenkommandantur und die Finanzpolizei nach einem in der Morgendämmerung von einem Satellitentelefon ausgesandten Hilfsgesuch ein Wasserfahrzeug, das im Kanal von Sizilien, 70 Seemeilen von Lampedusa entfernt und in internationalen Gewässern, in Seenot geraten ist.

Auf dem havarierten Schiff befinden sich 52, durch den langen Aufenthalt auf See vollkommen erschöpfte Personen. An Bord sind auch die leblosen Körper von fünf während der Überfahrt qualvoll gestorbenen Personen. Es handelt sich um drei Männer und zwei Frauen, eine von ihnen war schwanger.
Ihr Name, ihr genaues Alter und ihre Herkunft sind unbekannt.
Hier ruhen
ein Mann zwischen 25 und 30 Jahren,
wahrscheinlich subsaharischer Herkunft.
Ein Mann von vermutlich weniger als 18 Jahren,
wahrscheinlich subsaharischer Herkunft.
Ein Mann um die 30 Jahre,
wahrscheinlich subsaharischer Herkunft.
Eine schwangere Frau zwischen 25 und 30 Jahren,
wahrscheinlich subsaharischer Herkunft.
Ein Frau zwischen 25 und 30 Jahren,
wahrscheinlich subsaharischer Herkunft.

Auf Lampedusa befindet sich auch ein Schiffsfriedhof. Die Boote scheinen soeben in das Trockendock verbracht worden zu sein, um bald wieder Fahrt aufzunehmen. Aber unter der blauen, roten und grünen Farbe, wo sich arabische Aufschriften abzeichnen, treten die verrotteten Planken zutage. Es handelt sich um die Boote der Migranten, manche groß, manche klein bis winzig, denen es gelungen ist, über die Wellen zu triumphieren. Hier und dort liegen auch Schlauchboote, auf denen – so wird erzählt – nur die unter 30-Jährigen an Bord gehen.

Nichts erscheint hier entfernter als Europa und als die Union, die keine Gemeinschaft ist. Mit den Jahren wurde Lampedusa, wie viele sagen, »aufgegeben«, sich selbst überlassen, isoliert – mehr Insel als je zuvor. Das stimmt jedoch nur teilweise. Denn die »Einwanderungspolitik« Europas manifestiert sich gerade in dieser beabsichtigten und keinesfalls zufälligen Isolation und Fahnenflucht. Wenn Migranten ertrinken, wird jener Blutzoll der Opfer dazu verwendet, »die Zuwanderungswellen zu stoppen« und in jedem Fall den in der Zwischenzeit zu »Menschenhändlern« aufgestiegenen »Schleppern«

zur Last gelegt. Wer gedenkt, sich auf den Weg zu machen, sollte wissen, dass er noch vor seiner Abreise abgelehnt wurde.

Wenn man sich also in Abwandlung eines Titels von Alain Badiou fragt, für welche Grenze der Name Lampedusa steht, muss die Antwort lauten, dass dies der Name eines Schützengrabens, einer Sperrlinie, einer Festungsanlage ist. Lampedusa ist der Vorposten, an dem Europa, das seine Küstennationen in Grenzwachen verwandelt hat, einen nicht erklärten Krieg gegen die Migranten führt – der als »Kampf gegen Menschenhändler« ausgegeben wird.

Seine Alliierten sind die afrikanischen Staaten, die – auch wenn es sich um Gewaltregime handelt – unterstützt und mit Waffen versorgt werden, damit sie die Küsten sorgfältig überwachen können, die Migranten an der Überfahrt hindern und sie in den »Gefängnissen«, in den Internierungs- oder Flüchtlingslagern festsetzen. Die Grenzen sind zu sichern. Die Dinge werden jedoch von den Nichtregierungsorganisationen weiter verkompliziert: Ärzte ohne Grenzen, Proactiva Open Arms, SOS Méditerranée, MOAS, Save the Children, Jugend Rettet, Sea Watch, Sea Eye, Life Boat. Um sie zu neutralisieren, werden sie einem steten Trommelfeuer ausgesetzt. Auf dem offenen Meer, in den grenzüberschreitenden Räumen werden diejenigen aktiv, die noch das Banner der Gerechtigkeit hochhalten, die an die Menschheit welcher Form und Hautfarbe auch immer glauben und die deshalb mit Recht »Humanitäre« genannt werden dürfen.

3. Die Verurteilung zur Unbeweglichkeit

Grenzen sind indes nicht nur politisch; sie können andere Funktionen bekleiden, andere Zwecke verfolgen. Ob real oder symbolisch, sie gehören dem differenzierten räumlichen Vokabular der Abgrenzung und des Ausschlusses an. Um die Ambivalenz zu verstehen, welche die »Grenze« [frontiera] durchzieht und durchdringt, bietet es sich im Italienischen an, auf die Etymologie zu reflektieren und sie von ihren Synonymen – von »confine« und »limite« – zu unterscheiden. »Confine« ist die Linie, die das Ende [fine] zweier Territorien markiert, ein Abschluss also, der – wie das Präfix *con*- suggeriert – geteilt und von beiden Seiten anerkannt wird.[287] »Limite« hingegen, seinerseits ein Wort lateinischer Herkunft, bezeichnet den unilateral festgelegten *limes*, wie der bekannteste unter ihnen, der *limes* zwischen dem Römischem Reich und den jenseitigen germanischen Territorien, verdeutlicht. Außerhalb der romanischen Sprachen ändert sich die Semantik der Grenze: Während das englische *boundary* auf *to bind*, also verbinden, verweist, bezeichnet das aus dem Slawischen entlehnte deutsche »Grenze« – wie das *Grimmsche Wörterbuch* festhält – den Endpunkt eines Raumes, die Trennlinie.[288] Das italienische Wort »frontiera« indes verrät unmittelbar seine Herkunft aus dem militärischen Wortschatz und verweist auf das Einander-Entgegentreten [fronteggiarsi], auf ein Aufeinandertreffen [affrontarsi]. Gleichwohl enthält dieses Bild der Grenze auch die Möglichkeit eines Stirn-an-Stirn [fronte-a-fronte] oder eines Von-Angesicht-zu-Angesicht [faccia-a-faccia], das auf eine nicht notwendig kriegerische Auseinandersetzung hindeutet.

Im Gegensatz zur eingespielten Meinung ist die Grenze jedoch keine Linie, sondern ein Ort – ein Ort der Berührung und des Konflikts, der Begegnung und der Spannung zwischen Selbst und Anderem. In politischer Hinsicht reproduziert die Grenze ein Kräfteverhältnis, verleiht einer asymmetrischen Beziehung Ausdruck und bildet damit ein komplexes Dispositiv. Während sich auf die Grenze einerseits die gesamte Macht des Staates überträgt, der seine Souveränität auch zu dem Preis ausübt, gewaltsam gegen Nicht-Bürger vorzugehen, stellt das Dispositiv der Grenze andererseits den bevorzugten Durchgangsort des globalen Kapitalismus dar, der damit die Binnenmarktströme regulieren kann. Diese beiden Kräfte befinden sich nicht immer im Einklang miteinander; im Gegenteil, sie können durchaus divergierende Interessen und Zwecke verfolgen. Das veranschaulicht etwa der Protektionismus auch in seinen jüngsten Ausgestaltungen, von der Wirtschaftspolitik Trumps bis hin zum Brexit. Diese Eigenschaft tritt jedoch auch an einem besorgniserregenden und dennoch zumeist unbeachteten Phänomen deutlich zutage: an der weitverbreiteten Privatisierung der Grenzen, deren Kontrolle spezialisierten

Überwachungsagenturen anvertraut wird, die dazu in der Lage sind, hoch entwickelte technologische Mechanismen zu implementieren und zu verwalten. Während bereits der mit einem Reisepass ausgestattete einzelne Bürger immer stärker dem komplexen Grenzsystem ausgeliefert ist, kann der schutzlose Migrant zum Gefangenen der Drahtzäune werden und dabei sogar sein Leben verlieren.

Grenzen sind nicht für alle gleich. Die grenzenlose Welt bedeutet, um einen Ausdruck Paul Virilios aufzugreifen, die Realisierung der »virtuellen Metastadt«, jener homogenen Globalität, die von der Beschleunigung der Technik, des Marktes und der Erkenntnisse begünstigt wird – der neuen planetarischen Mobilität. Von ihr profitieren insbesondere die neuen Luxusnomaden, jene Hypersesshaften, die sich – mit den besten Pässen, etlichen Titeln und reichlich Geld ausgestattet – in einem standardisierten Raum von einem Meeting zum nächsten bewegen, ohne dabei überhaupt den Eindruck zu gewinnen, irgendeine Grenze überschritten zu haben.[289] Je mehr Macht und Reichtum schwinden, desto stärker teilt sich der Planet, zersplittert und zeigt sein zerfurchtes Angesicht. Für die Bürger Europas, der Vereinigten Staaten und Kanadas, deren digitale Pässe fast überall einen Durchgang eröffnen und nur selten mit einem Visum versehen werden müssen, ist die grenzenlose Welt bereits alltägliche Wirklichkeit. Für alle anderen jedoch, die aus weniger mächtigen und begünstigten Staaten stammen, stellt sich der Globus alles andere als homogen dar. In den Weltstädten, den globalen Metropolen, zeigen sich die unzähligen und eklatanten Ungleichheiten besonders deutlich.[290] Doch gerade für die Migranten werden die Grenzen zunehmend zu unüberwindlichen Schranken.

Ein Vergleich mit den Touristen fördert die ganze Ambivalenz der Grenzen zutage. Als spiegelbildliche Figur zu der des Migranten wird der Tourist – weit entfernt von der alten, inzwischen überholten Idee des Reisens – sowohl von seinem Bedürfnis nach Konsum von Orten, Landschaften, Museen und so weiter als auch von dem nach Komfort angetrieben. Er sammelt Reiseziele in Erwartung seiner wohlverdienten Rückkehr und genießt dabei eine Exterritorialität, die sich zu der des Migranten spiegelverkehrt verhält. Er weilt in einem großen Resort oder einer Ferienanlage, die ihn vor jedweder Gefahr in Schutz nimmt; der andere interessiert ihn nicht, seine Identität setzt er nicht aufs Spiel. Er reist, doch es ist, als reise er nicht, denn er geht keinen Schritt über sich selbst und das Bekannte hinaus.[291] Für den Touristen, der Geld ausgibt, um zu reisen, und der reist, um Geld auszugeben, öffnen sich die Grenzen schnell und leichtgängig. Das Gegenteil gilt für den Migranten, der Geld verdient, um zu reisen, und reist, um Geld zu verdienen – für ihn schließen sich die Grenzen.

Es handelt sich hier, wie auch in anderen Fällen, demnach nicht darum, dafür oder dagegen zu sein. Das von Régis Debray angestimmte *Lob der Grenzen*, das im Übrigen einen Progressivismus widerspiegelt, der sich schließlich die Sache der nationalen Grenzen zu eigen macht und das Unbegrenzte mit einer grenzenlosen Welt verwechselt, kann die Bedeutung eines Dispositivs nicht erfassen, das die alternierende Funktion besitzt, frei zirkulieren zu lassen und die Bewegung vollständig zu unterbinden.[292]

In einer globalisierten Welt, in der Erfolg auch an der Möglichkeit gemessen wird, sich frei bewegen zu können, kann die Grenze zum Mittel des Ausschlusses werden. Es geschieht keinesfalls zum ersten Mal in der Geschichte, dass die Beschränkung des Raumes zum Zeichen von Diskriminierung wird – man denke an das Ghetto, das Gefängnis, die Psychiatrie. So werden die Migranten, die es gewagt haben, sich zu bewegen und die Grenzen herauszufordern, ohne Umschweife zur Unbeweglichkeit verurteilt. In dieser Verurteilung, die mit derjenigen zur Unsichtbarkeit Hand in Hand geht, ist das Bestreben zu erkennen, sich von diesen menschlichen – oder unmenschlichen – »Abfällen« der Globalisierung zu befreien.

4. Die Welt der Lager

An dieser Stelle drängt sich das Problem der Lager auf, jener vermeintlichen Durchgangsorte, an denen jedoch der Weg vieler Migranten ein jähes Ende nimmt. So wie sie dem Thema der Migration aus dem Weg gegangen ist, hat sich die Philosophie – die Reflexionen Agambens ausgenommen – bislang auch von der Welt der Lager ferngehalten.²⁹³ Das Phänomen wurde vor allem von Historikern, Juristen, Soziologen und Anthropologen untersucht. Zu Letzteren gehört auch Michel Agier, dem wir eine tiefschürfende Studie und insbesondere eine detailgenaue geopolitische Karte der den gesamten Globus überziehenden Lager verdanken.²⁹⁴

Die von der Welt der Lager aufgeworfenen philosophischen und politischen Fragen – auch was deren Rückwirkung auf die Stadt betrifft – sind so zahlreich, dass sie einer gesonderten Einzeluntersuchung vorbehalten bleiben müssen. Um nur ein Beispiel zu geben: Noch existiert weder eine Phänomenologie des Lebens in den Lagern noch eine Reflexion auf das erzwungene Warten dort.²⁹⁵

Auch wenn einige Beobachter meinen, eine »Wiederkehr der Lager« feststellen zu können, ist vielmehr eine beunruhigende Kontinuität zu konzedieren. In ihrem Rückblick auf das als »Jahrhundert der Lager« bezeichnete 20. Jahrhundert haben Joël Kotek und Pierre Rigoulot die verschiedenen Lagerformen dargestellt und dabei Ähnlichkeiten und Unterschiede aufgewiesen. Was verbindet die *campos de concentraciones*, die bereits 1896 von den Spaniern auf Cuba errichtet wurden, um den Volksaufstand niederzuschlagen, oder die *concentration camps*, in denen die Engländer die südafrikanischen Buren internierten, mit den nationalsozialistischen Lagern, dem sowjetischen Gulag, den Zwangslagern Chinas und Nordkoreas bis hin zu denen des jugoslawischen Bürgerkriegs? Und was haben diese Lager wiederum mit den »Zentren« für die Zuwanderer gemein, in denen die »Aufnahme« zu einem Vorwand der Internierung wird und humanitärer Schutz und Polizeikontrolle schließlich ein enges Bündnis eingehen?

Die Geschichte des Lagersystems, wie sie Kotek und Rigoulot rekonstruieren, folgt den Pionierstudien Hannah Arendts, deren Typologie sie aufnehmen und durch eine weitere Unterscheidung ergänzen. In dem von Arendt zuerst ausgearbeiteten Schema werden drei Lagertypen unterschieden, die den drei abendländischen Vorstellungen des Lebens im Jenseits entsprechen – Hades, Fegefeuer und Hölle –, mit der Absicht, die tiefe Sinnlosigkeit zu unterstreichen, die alle diese Formen umgibt und die nicht zufällig in die Unwirklichkeit mündet: »Von außen gesehen sind sie und was sich in ihnen abspielt nur mit Bildern zu beschreiben, die aus der Vorstellungswelt von einem Leben nach dem Tod stammen, nämlich von einem Leben, das irdischen Zwecken enthoben ist.«[296] Diese symbolischen Bezeichnungen entsprechen jeweils einem anderen Lagertypus: der Hades dem Internierungslager, das Fegefeuer dem Arbeitslager, die Hölle dem Konzentrationslager. Als Arendt ihre Studie verfasste, war der Unterschied zwischen Konzentrations- und Vernichtungslagern indes noch nicht vollständig etabliert. Um Letztere im Rahmen ihrer Typologie zu erfassen, greifen Kotek und Rigoulot zusätzlich auf das jüdische Bild der Gehenna zurück und verstehen darunter »die Welt der sechs NS-Zentren unmittelbaren Todes zur sofortigen Vernichtung (SK). Hier gibt es weder eine Geschichte noch Heldentum, sondern nur den sofortigen Tod in vollständiger Anonymität.«[297] Die Gehenna bezeichnet also das, was die Deutschen »Vernichtungslager« nannten, da ihr Zweck in der unmittelbaren Ausrottung bestand, wobei die dortige Sterberate 99 Prozent überstieg. Außer Auschwitz, zur einen Hälfte Vernichtungs- und zur anderen Hälfte Konzentrationslager, aus dem auch ein Großteil der Überlebenden stammte, sind diese Todeszentren, über die man noch immer sehr wenig weiß: Chełmno, Bełzec, Majdanek, Sobibór, Treblinka.

Trotz der erheblichen Unterschiede zwischen den einzelnen Typen, macht Arendt ein Kontinuum aus, das die Bildung einer Typologie überhaupt erst erlaubt. Man könnte dabei von Familienähnlichkeiten sprechen, die auch die Vermischung unterschiedlicher Typen erhellen können. Das jeweilige Unterscheidungskriterium ist die Funktion des Lagers, das heißt das, was in seinem Inneren geschieht. Entgegen der geläufigen Meinung ist Zwangsarbeit nicht notwendig Teil des Lagers. Die Logik der Lager entspricht im Übrigen weder dem Kriterium des Nutzens noch dem der Wirtschaftlichkeit. Sein einziger ökonomischer Nutzen besteht höchstens darin, den Überwachungsapparat zu finanzieren.

Die Grundlage der Typologie bildet das »Lager«, ein meist hermetisch abgeschlossenes und notdürftig ausgerüstetes Gebiet, in dem »unerwünschte« Individuen ohne Rücksicht auf ihre Menschenrechte interniert werden. Eine Eigentümlichkeit des Lagers ist die Verwaltungshaft. Ihr primäres Ziel besteht in der Eliminierung im etymologischen Wortsinne – von Lateinisch *eliminare*, entsenden, herausschicken, jenseits des *limes*, der Schwelle verbannen, über die Grenze hinaus. Die E-liminierung kann sich in verschiedenen Formen vollziehen und reicht von der Ausweisung bis zur physischen Vernichtung.

Als eine verhältnismäßig milde Form des »Aus-dem-Wege-Räumens« setzt die Typologie mit dem Hades ein, insofern – genau in dem Sinne, wie Platon von jenem Reich des Jenseits erzählte, das vor dem Blick der Lebenden verschlossenen in der Dunkelheit liegt – die Unsichtbarkeit und Nicht-Existenz für die anderen das Schicksal der Internierten ausmacht. Wenn Arendt ihre Überzeugung darlegt, dass der Hades das erste Stadium des Lagersystems bilde, sprach sie aus Erfahrung; 1941 wurde sie im französischen Lager Gurs interniert, eines unter vielen anderen, das in Europa als Aufnahmezentrum für unerwünschte Ausländer fungierte.

Schon 1905 wurde in England der *Alien Act* verabschiedet, ein Gesetz, mit dem zum ersten Mal in der Geschichte der Migrationspolitik dem Prinzip Ausdruck verliehen wurde, dass es zulässig sei, Ausländer an der Grenze aufzuhalten und zu filtrieren. Dahinter stand bereits die Vorstellung, dass die von außen Kommenden eine Gefahr für die innere Stabilität darstellten. Insbesondere die vor Pogromen geflüchteten Ostjuden fielen diesem Gesetz zum Opfer, das die Möglichkeit gesetzmäßig verankerte, Fremde, die um Aufnahme und Gastfreundschaft baten, aufgrund völlig willkürlicher Kriterien zurückzuweisen.

Für Arendt war bereits klar, dass die Lager keine totalitäre Erfindung darstellten: Schon vor dem Totalitarismus entstanden, würden sie auch in den Demokratien bestehen bleiben, um eine schnelle Lösung der Probleme von Überbevölkerung und wirtschaftlicher Überflüssigkeit anzubieten. Diese Prophezeiung hat sich durchaus bestätigt. Das Lager ist kein Gespenst der Vergangenheit; es ist vielmehr ein Phänomen, das – wie Agamben dargelegt hat – die »verborgene Matrix«, den »*nomos* des politischen Raumes, in dem wir auch heute noch leben«, bildet.[298]

Obgleich es inzwischen selbstverständlich scheint, Fremde, die sich keinerlei Verbrechen schuldig gemacht haben, festzuhalten und zu internieren, sollte die Erinnerung daran wachgehalten werden, dass sich diese vermeintliche Selbstverständlichkeit unvermittelt in die Welt der Lager einschreibt. Auch in ihrer Vielfältigkeit bleiben die Lager für Migranten Orte des Wartens, in denen das Temporäre und Vorübergehende auf Dauer gestellt wird; es handelt sich um Zwangsaufenthalte, zu denen die überschüssige und ausgeschlossene Menschheit verurteilt wird. In dieser Überschüssigkeit fasst sich der Außerort der ausgeschlossenen und internierten Fremden zusammen. Hier wirkt die Macht auf die menschlichen Migrationsströme ein, kontrolliert die Mobilität, verwaltet die Unerwünschten.

Die an den Grenzen Europas verstreuten Lager bezeugen nicht nur das verfehlte Versprechen jenes »Nie wieder!«, das sich auf europäischem Boden nicht hätte wiederholen sollen.[299] Sie bilden ein Dispositiv der Ab- und der Ausgrenzung in der weitesten Bedeutung des Ausdrucks, insofern sie sich an der Grenze befinden und dauerhaft dorthin verbannen. Indem sie das Schreckgespenst der verletzten Grenze heraufbeschwören, verbürgen sie den nicht erklärten Krieg gegen die Migranten.

5. Der Reisepass: Ein paradoxes Dokument

Dient er dazu, eine Grenze überschreiten oder dazu, sich identifizieren zu können? Oder für beides zugleich? Und wenn Letzteres zutrifft: Warum sollte man die eigene Identität überhaupt nachweisen müssen, um eine Grenze überqueren zu können? In der Erfindung des Reisepasses und seiner Wechselfälle lässt sich wie in einem Kaleidoskop die jüngere Geschichte der Migrationen betrachten.

Foucault erwähnt in seinen Vorlesungen über *Sicherheit, Territorium und Bevölkerung* den Pass nicht, obwohl er ein entscheidendes Sicherheitsdispositiv für die Kontrolle der Bevölkerung und die Verwaltung der Macht darstellt.[300] Im Übrigen ist dieses paradoxe Dokument eng mit der Geburt des Staates und seinem Gewaltmonopol verflochten. Weit eher, als die Identität eines Individuums zu bezeugen, bescheinigt der Pass die Zugehörigkeit zu einem Staat. Wer keinen Ausweis hat, besitzt keine Staatsbürgerschaft und folglich auch keine Identität.

»Ihren Ausweis bitte!« – diese Aufforderung scheint in der gegenwärtigen Zeit völlig normal zu sein. Für gewöhnlich ist es die Polizei, die die Personalien aufnimmt und feststellt. Der ankommende Fremde wird an der Grenze identifiziert: »Warum sind sie hier?«, »Wie lange bleiben sie?«, »Name und Anschrift des Hotels, in dem sie sich aufhalten!« Damit ist jedoch noch nicht gesagt, dass er nicht vielleicht doch abgewiesen wird. Bei genauerer Betrachtung ist diese, die Gastfreundschaft von Grund auf unterminierende Aufforderung die Bestätigung dafür, dass der Reisende »fehl am Platz« ist, sich zumindest nicht an jenem befindet, der ihm zugewiesen wurde.[301] Was kein weiteres Problem darstellt, solange der Ortswechsel vorübergehend bleibt, wie es bei Touristen, Geschäftsleuten oder Austauschstudenten der Fall ist. Für den Migranten hingegen wird es zur unüberwindlichen Schwierigkeit.

Die Vorstellung, dass eine Ortsverlagerung bedeutet, »deplatziert« zu sein, ist jedoch keineswegs selbstverständlich und zudem relativ neuen Datums. In vormoderner Zeit wäre die Aufforderung zur Vorlage von die Identität verbürgenden Ausweispapieren unvorstellbar gewesen. Dokumente dieser Art existierten lange Zeit überhaupt nicht. Das Leben spielte sich zumeist innerhalb der Grenzen eines Dorfes oder einer Kleinstadt ab, in denen die Beziehungen von wechselseitigem Vertrauen geprägt waren, in denen eine starre soziale Hierarchie Schichten, Klassen und Rangordnungen bestimmte und einem jeden seinen unveränderlichen Platz zuwies. Das 746 vom Langobardenkönig Ratchis erlassene Edikt, mit dem verfügt wurde, dass man das Königreich nur mit einer schriftlich niedergelegten Erlaubnis verlassen konnte, scheint die erste Passvorschrift überhaupt gewesen zu sein. Das gesamte Mittelalter hindurch blieben Reisen die Ausnahme und wurden nur von wenigen unternommen: von Händlern, Artisten und Rittern sowie von Bettlern, Pilgern und Räubern. Die etwaigen Ungewissheiten in Rechnung gestellt, setzte man auf Geleitschutz: zunächst auf Eskorten, die den Reisenden auf unbekanntem Gebiet begleiteten, und sodann auf Sicherheitspapiere, die denjenigen schützen sollten, der diese vorweisen konnte. In dieser zweiten Form des Geleitbriefes ist ein Vorläufer des Reisepasses zu sehen, der einerseits die Identität der Person verbürgte und andererseits das Siegel der ausstellenden Autorität trug und auf diese Weise Schutz gewährleistete. Der Geleitbrief, dieses sagenumwobene Dokument, das aufgrund oftmals waghalsiger Identitätswechsel zum Protagonisten von Novellen und Romanen wurde, war vor allem als eine Durchgangserlaubnis konzipiert worden, die das »Fehl-am-Platz«-Sein desjenigen, der ihn mit sich trug, zeitweilig rechtfertigen konnte.[302] Der entscheidende Einschnitt fällt in das Jahr 1503, als das katholische Spanien Juden und *conversos* untersagte, das Land zu verlassen, um sich ihrerseits auf den Weg in die Neue Welt zu begeben. Die in der Folge weiter verschärften Maßnahmen verfügten eine – wenn auch diskriminierende – Zugehörigkeit, auf deren Grundlage Bewegungsfreiheit mit administrativen Mitteln unterbunden wurde. Von diesem Zeitpunkt an wandelte sich die Funktion des Passes, der außer zur Identifikation des Fremden nun auch dazu diente, die innere Bevölkerung zu kontrollieren. Einwohnerregister trugen ihren Teil dazu bei, diese Kontrolle zu erleichtern. Mit ihren wechselreichen Ereignissen bildete die Französische Revolution eine bezeichnende Parenthese in diesem Prozess. In einer *cité*, in der alle »Freunde, Gäste, Brüder« sein sollten und in der die Revolution selbst die öffentliche Gastfreundschaft repräsentierte, musste folgerichtig auch die »Sklaverei der Pässe« abgeschafft werden.[303] Alles aber änderte sich, als der König das Land zu verlassen versuchte und insbesondere, als die Feinde Frankreichs ihre als Revolutionäre getarnten Agenten entsandten. Die Souveränität des Staates setzte sich erneut durch, Grenzen wurden geschlossen und die Ausweispflicht für Ausländer wieder vorgeschrieben. Im Krieg verfügte man sodann die Einführung eines *état civil*; von diesem Moment an konnte man nur dann Bürgerrechte beanspruchen, wenn man sich bei der Kommunalbehörde registrieren ließ. Der Pass diente jetzt nicht mehr nur dazu, den Zuzug von Ausländern zu kontrollieren, sondern beurkundete zudem auch die Identität der Bürger.

Eng an den Nationalstaat gebunden, schrieb der Pass an dessen Geschichte mit und wurde zu einem mächtigen Instrument, das im Dritten Reich und seiner kleinteiligen Gesetzgebung kulminierte, die im Anschluss an die Nürnberger Gesetze auf den »Schutz des deutschen Blutes« abzielte. Am 5. Oktober 1938 wurde die »Verordnung über Reisepässe von Juden« erlassen, deren Pässe von den deutschen Behörden eingezogen und von Amts wegen für ungültig erklärt wurden. Sie erhielten einen neuen Ausweis, der mit einem großen roten »J« für Jude gestempelt wurde. Das war ihr Passierschein für die Lager.

Im neuen Jahrhundert, in dem Mobilität zu einem Massenphänomen geworden ist, hat der Reisepass eine entscheidende Bedeutung erlangt und zusätzliche, immer ausgefeiltere Funktionen übernommen. Seit dem 11. September 2001 ist der Anspruch der Staaten, Informationen über in ihr Hoheitsgebiet einreisende Ausländer sowie über die eigenen Staatsbürger zur Verfügung stellen zu können, signifikant angestiegen. Die biometrische Identifikation, das heißt die Überprüfung derjenigen Merkmale – das Foto des Gesichts, Fingerabdrücke, die Iris des Auges –, die eine Person einzigartig machen, wurde in den digitalen Reisepass aufgenommen. Während die klassischen Personendaten – Vorname, Nachname, Geburtsdatum, Wohnort und Staatsangehörigkeit – noch manipulierbar waren, haben die biometrischen Daten den Unterschied zwischen Person und Dokument endgültig aufgehoben. Die Aufzeichnung der Daten auf dem Mikrochip des biometrischen Passes gibt zu vielerlei Bedenken Anlass. Es liegt im Bereich des Möglichen, dass in sehr naher Zukunft das Dokument vollständig abgeschafft wird, während der Körper selbst mit seinen biometrischen Merkmalen dazu bestimmt ist, zum unfehlbaren Identitätsnachweis sowie zur mobilen Grenze zugleich zu werden, die jede Person – noch vor jedweder äußeren Grenze – mit sich führt. Grenzenlos erscheint sodann die Kontrolle des Staates, auch und vor allem über jene Körper, die nicht von einem Mikrochip registriert sind und daher stets zurückgewiesen werden können.

6. »Jeder zu sich nach Hause!«: Kryptorassismus und neuer Hitlerismus

Zuallererst einmal wird geleugnet – sich selbst verleugnet: »Nein, ich bin kein Rassist, aber ...« Der Rassist scheint nicht mehr den Mut zu besitzen, sich öffentlich zu bekennen. Er schämt sich für sich selbst und fürchtet insbesondere die Verurteilung, die nach den Nürnberger Gesetzen flächendeckend ausfallen sollte. Also versucht er, sich zu tarnen, Verwirrung zu stiften, zu täuschen, auf die falsche Fährte zu locken. So greift der neue Rassist des postnazistischen Zeitalters zu Täuschungsmanövern und Tricks, verkehrt die Worte und spielt mit Zweideutigkeiten, um die Zensur des Antirassismus zu umgehen. Man kann ihn als einen Kryptorassisten bezeichnen, da er nach wie vor rassistisch bleibt, woran sein Maskenspiel nur wenig zu ändern vermag. Allein schon sein »Aber« kommt einem Eingeständnis gleich: »Ich bin ja kein Rassist, aber ...« Unschwer lassen sich vor allem im Internet Stichproben für diese Redeweisen finden:

> Ich bin ja kein Rassist, aber Zigeuner kann ich nicht ausstehen. Ich bin ja kein Rassist, aber diese Schwarzen sollten nicht auf dem Parkplatz herumlungern. Ich bin ja kein Rassist, aber die Einwanderer kann ich nicht leiden. Ich bin ja kein Rassist, aber die Zuwanderer schleppen Krankheiten ein. Ich bin ja kein Rassist, aber die haben ganz Europa überflutet. Ich bin ja kein Rassist, aber genug mit der Einreise von Nicht-EU-Bürgern. Ich bin ja kein Rassist, aber jeder sollte einfach zu sich nach Hause zurück.[304]

Der Kryptorassist stellt eine im Horizont des Fortschritts, der bereits den Beginn einer neuen Ära feiert, nicht vorhergesehene Spezies dar. Jedweder wissenschaftlichen Grundlage enthoben, von der Geschichte sanktioniert und bestraft, dürfte Rassismus nicht mehr existieren. Wenn er hier und da wieder auftaucht, könne es sich folglich nur um eine groteske, folkloristische Darbietung oder um den versprengten Glauben einiger Nostalgiker handeln. Es werde allein darauf ankommen, dass die Geschichte ihren Gang geht und diese

Spuren der Vergangenheit ein für alle Mal auslöscht. Der Optimist, der in seinem unerschütterlichen Vertrauen auf den Endsieg der »Kultur« (als ob die Nazis mehr als alles andere ungebildet gewesen wären) so denkt, reduziert den Antirassismus auf ein Werk der Denunziation, eine im Übrigen undankbare und nervenaufreibende Arbeit, denn jedes Mal, wenn sie erledigt scheint, muss sie von Neuem wieder aufgenommen werden. Mehr noch: Der Optimist, der davon überzeugt ist, dass sich das Phänomen auf einige wenige randständige Faschisten und bedeutungslose Neonazi-Sekten beschränken lässt, müsste sich endlich eines Besseren besinnen. Denn was ist mit dem verbreiteten Hass auf Einwanderer, der überall grassierenden Fremdenfeindlichkeit, den unzähligen Episoden von Diskriminierung und Gewalt? Wie lassen sich diese einordnen? Welche Bezeichnungen sind dafür zu gebrauchen?

Mit seinen Winkelzügen, seinen lexikalischen Volten, seinen logisch-grammatikalischen Purzelbäumen gelingt es dem Kryptorassisten, die Frage nach der Definition aufzuwerfen. Was ist Rassismus? Wenn man auf der Basis kanonischer Kriterien übereinkommt, dass es sich um die Ideologie der »Rasse« handelt, der zufolge es verschiedene menschliche »Rassen« gibt, zwischen denen ein hierarchisches Verhältnis besteht, dann ist der Rassismus längst verschwunden und das Problem scheint gelöst. Es ist schließlich wissenschaftlich erwiesen, dass »Rassen« nicht existieren, dass sie eine reine Erfindung sind. Der Kryptorassist sucht hinter dem Verschwinden der »Rassen« Zuflucht, benutzt sie als leicht durchschaubare Ausflucht. Und doch scheint es paradox, dass der Rassismus auch nach dem Untergang der Rassen in den Augen mancher weiter bestehen bleibt.[305] Angesichts dieses Paradoxons erscheint der Antirassist entwaffnet und gerät in eine Sackgasse. Unwillentlich hat er zur Verdrängung des Rassismus in die Hinterzimmer des öffentlichen Diskurses beigetragen. So bleibt ihm nicht selten, wie um dessen Ernst und Bedenklichkeit doch noch zu bekräftigen, nichts anderes übrig, als den Rechtsweg einzuschlagen, was sich gleichwohl als ein Bumerang erweisen kann. Denn dank seiner synkretistischen Masken – von den neuen Formen des Souveränismus bis hin zu den verschiedenen Deklinationen eines

»Kampfes der Kulturen« – entzieht sich der Neorassismus der Anzeige und Beweisführung.

Indes bleibt das Problem einer Definition bestehen, was sich der Kryptorassist zunutze macht. Es wäre also angebracht, den Treibsand des Rassismus und jede Anwandlung zu vermeiden, diesen im Rahmen einer starren Definition zu fassen zu bekommen, um ihn auf frischer Tat in jener atavistischen Geste zu ertappen, die für Claude Lévi-Strauss das »wilde Denken« auszeichnet. Es handelt sich um jene Geste, mit welcher der Primitive, der hier wohlgemerkt der Rassist ist, das »Wir« vom »Nicht-Wir«, die Zivilisierten von den Wilden, die Menschen von den Unmenschen trennt. Diese Trennung ist ein Hiatus, der das eigene Selbst im Mittelpunkt verortet und den anderen an einen gefährlichen Rand zurückdrängt. Jene Geste, die nicht unbedingt die »Rassen« trennen muss, sondern auch zwei in starren Mustern kristallisierte Kulturen unterscheiden kann, markiert eine unabänderliche Diskriminierung, einen dauerhaften Ausschluss.

Wenn die Geste selbst auch atavistisch ist, besitzt der Rassismus, diese genuin westliche Erfindung, die später sodann universal ausgeweitet werden sollte, doch eine Geschichte und hat seine Geburtsstunde am Vorabend der Moderne. Es ist die Rede von den *Estatutos de limpieza de sangre*, die am 5. Juni 1449 in Toledo unterzeichnet wurde, um konvertierte Juden zu stigmatisieren und diese von den »Christen reinen christlichen Ursprungs« zu unterscheiden. Damit trat zum ersten Mal jene unveränderliche, metaphysische jüdische Essenz auf den Plan, für die es kein Taufwasser gab, das ihr hätte Schutz bieten können. Dieses Schema wird dazu bestimmt sein, sich in verschiedenen Formen und Modalitäten zu wiederholen, bis es schließlich im Mythos vom »reinen Blut« gerinnt, das vor jeglicher Kontamination bewahrt werden muss. Die von der Bibel proklamierte menschliche Einheit wird aufgespalten, während eine evolutionäre Sichtweise, aus der die im Rahmen einer hierarchischen Ordnung klassifizierten »Arten« hervorgehen, eine Entmenschlichung der »Verdammten« zur Folge hat, jener Untermenschen, fast schon Bestien, die gemäß einer entwürdigenden und stetig anwachsenden Liste von Metaphern als »Affen«, »Ratten«, »Läuse«, »Parasiten«

bezeichnet wurden. Natur und Kultur verschmelzen zu einem Ganzen, um den Platz der Untermenschen zu bestimmen, für deren Minderwertigkeit es keine Abhilfe gibt und die in jedem Augenblick dazu bestimmt sind, endgültig vom menschlichen Konsortium abgetrennt zu werden – und zwar im Namen der Reinheit.

Aber die diskriminierende Geste kann sich nicht nur im Blut verankern, sondern auch im Boden. Daher die Notwendigkeit der Verwurzelung und das Bestreben, ein jeder möge an seinem Platz bleiben. Mobilität wird so für eine gefährliche Quelle der Vermischung und Kontamination gehalten.[306]

Um ein Wiedererkennen zu gewährleisten, ist es zunächst notwendig zu erkennen. Und allzu oft wird übersehen, dass die Vorstellung von der Verwurzelung im Boden ein direktes Erbe des Hitlerismus darstellt, der in seinen Neufassungen im neuen Jahrtausend nicht so sehr auf der Ideologie des Blutes, einem teilweise verschleierten Mythos, sondern stärker noch auf der des Bodens beruht. »Jeder zu sich nach Hause!« Der Nationalsozialismus war der verheerendste Entwurf einer biopolitischen Umgestaltung des Planeten, der darauf abzielte, Kriterien und Modi des Zusammenwohnens festzulegen – was bis zur Entscheidung reichte, dass ein ganzes Volk, das jüdische, vollständig von dieser Erde verschwinden sollte.

Auch im postnazistischen Zeitalter hat die Vorstellung Bestand, dass völlig legitim darüber zu entscheiden sei, mit wem man zusammenwohnen will. Der neue Hitlerismus findet hier seinen Anhaltspunkt, der Neorassismus sein Sprungbrett. Die Angst um die eigene Identität, die durch den unbekannten und abstoßenden anderen gefährdet wird, schürt den Hass auf den »illegalen Einwanderer«, den »Migranten« und weckt die Furcht vor einer weiteren Deklassierung, entfacht die populistische Fremdenfeindlichkeit.

Der Neorassist sagt: »Jeder sollte in seinem eigenen Land leben.« Er braucht keine überdeutlichen Sätze – wie etwa: »Lassen wir sie einfach auf See sterben« – auszusprechen. Er predigt Zurückweisung und applaudiert den Rückführungen. Er setzt Einwanderung mit einer »Invasion« gleich. Er argumentiert, dass Migranten generell verdächtig seien, Krankheiten einschleppten, dass sie Arbeitsplätze wegnehmen und überhaupt zu viel kosten würden. Er behauptet, das »Geschäft der Einwanderung« zu bekämpfen, aber in Wirklichkeit ist es die Einwanderung selbst, die er nicht tolerieren kann. Er flucht auf »Zigeuner«, hetzt gegen »Nomaden«. Er schließt sich Verschwörungserzählungen an und spricht hinterlistig von »Sklavendeportationen«, als wären Migranten unzurechnungsfähig und außerstande, Entscheidungen für sich zu treffen – als wären sie keine Menschen.

7. Gastfreundschaft: Im Engpass zwischen Ethik und Politik

Die Gastfreundschaft scheint sowohl aus der gegenwärtigen Landschaft als auch aus dem Wortschatz der Politik verschwunden zu sein. Das Problem – wie unaufhörlich wiederholt wird – beschränke sich auf die Art und Weise, die »Migrationsströme« zu »verwalten«. Die Zurückweisung der Gastfreundschaft, die als vollkommen weltfremd und unmöglich zu gewähren eingestuft wird, lässt alle Spannungen an den Grenzen explodieren: zwischen staatlicher Souveränität und individueller Freiheit, zwischen Recht und Gerechtigkeit, zwischen Institution und Mitgefühl, zwischen politischer *governance* und ethischem Imperativ. Spannungen haben die Praxis der Gastfreundschaft stets begleitet, die so alt ist wie die Anfänge der Zivilisationen. Die Spannungen jedoch, welche die politische Alltäglichkeit unserer Zeit durchziehen und erschüttern, haben besondere Ursachen.

Anachronistisch, fehl am Platz und unangemessen, erscheint die Geste der Gastfreundschaft vielen absurd, die so weit gehen, sie zu stigmatisieren und zu verhöhnen. Es handele sich um die Gesinnung schöner Seelen, von Menschenfreunden, jenen naiven Mitbürgern, die Migranten Wohlwollen entgegenbringen und fordern, Fremden, die vielmehr als Feinde behandelt werden sollten, Gastfreundschaft zu gewähren. Die Geste wird höchstens in den schmalen Spielräumen religiöser Nächstenliebe geduldet oder in den ebenso kleinräumigen des karitativen Engagements. Die Gastfreundschaft wird dadurch, abhängig vom jeweiligen Gesichtspunkt, in eine über- oder unterpolitische, wenn nicht gar vollkommen außerpolitische Sphäre verbannt.

Sie bleibt jedenfalls außerhalb der Politik, die mit Sicherheit nicht von den Impulsen des Herzens, dem Eifer des Glaubens oder ethischen Verpflichtungen bestimmt werden könne.

Bevor man zum Gastgeber werden kann, muss es einem zuerst selber wohlergehen. Der Wohlstandschauvinismus verbindet sich mit dem neuen, ungestümen Nationalismus des postnationalen Zeitalters, um das Reich des Rechts wiederherzustellen. Die Gastfreundschaft hingegen fordert mit ihrem Anspruch auf Gerechtigkeit, mit ihrer Ausnahme und ihrem Überschuss an Menschlichkeit das Recht, seine Gesetze und deren Gesetzmäßigkeit beständig heraus. Unüberlegt und unvorsichtig bringt sie die politisch-juridische Ordnung ernstlich in Gefahr, sodass sie irritierend überflüssig erscheint. Besonnenheit der Regel und Tugend der Ausnahme, Vorrang der Institution und Erwartung des Ereignisses, Geschicklichkeit des Kalküls und Instinkt der Nächstenliebe – der Konflikt könnte nicht schärfer ausfallen. Denn was mit der Gastfreundschaft kollidiert, ist vor allem die liberale Moral mit ihren egalitären, oder besser gesagt: abstrakt egalitären Prinzipien und ihrem Anspruch auf Prüfung der unzähligen Bedingungen, die es vielleicht schließlich erlauben könnten, denjenigen aufzunehmen, der die Gastfreundschaft verdiene. Auf der entgegengesetzten Seite ist die jüdisch-christliche Moral zu verorten, die auf dem Modell des barmherzigen Samariters beruht, welcher – ohne das Wie und Warum zu hinterfragen – dem Verwundeten auf seinem Weg schlicht Beistand und Hilfe leistet. Diese Unmittelbarkeit gegenüber dem Nächsten findet bei Paulus von Tarsus in seinem Brief an die Epheser ihren Widerhall: »So seid ihr nun nicht mehr Gäste und Fremdlinge, sondern Mitbürger der Heiligen und Gottes Hausgenossen.«[307] Unduldsam gegenüber dieser Praxis, der vorgeworfen wird, parteiisch zu sein, neigt die liberale Moderne dazu, sie im Vorhinein zu neutralisieren. Es ist kein Zufall, dass die Theoretiker des Liberalismus sich intensiv mit dem Gleichnis vom barmherzigen Samariter beschäftigt haben, und zwar in der Absicht, dieses als praktisch nicht haltbar zu entkräften.

Sollten wir also das Ende der Gastfreundschaft anerkennen? Gerade weil sie zutiefst antimodern erscheint, obgleich sie zunächst das

Kap der Moderne umschiffen konnte, und entschieden unzeitgemäß, insofern sie eine enge Verbindung mit dem antiken Horizont und der sakralen Sphäre bewahrt, behält die Gastfreundschaft ihre Anziehungskraft und ihr Widerstandspotenzial. Sie wird zu einer kritischen Instanz für die Politik und eröffnet einen Durchgang, der einen anderen Blick auf die flache und zynische Welt der liberalen *governance* erlaubt.

Als außerpolitische, ethische Instanz ist die Gastfreundschaft ebenso eine philosophische Instanz. In der jüngsten Vergangenheit ist sie mit dem Namen von Jacques Derrida verbunden, dem das Verdienst zukommt, sie wieder in das Zentrum der Debatte gerückt zu haben. In diesem Zusammenhang lohnt es sich, an die Ereignisse zu erinnern, die zu dieser Neubelebung beigetragen haben. Insbesondere für seine Dekonstruktion bekannt, konzentrierte sich Derrida seit Mitte der 1980er Jahre mehr und mehr auf dezidiert politische Fragen, wie die im Laufe seiner Seminare behandelten Themen belegen. Etliche Interpreten erkennen in seinem 1994 auf Französisch erschienenen Buch *Gesetzeskraft* das Siegel der politischen Wende seines Denkens. Doch Derrida selbst widersprach einer solchen Wende und bekannte sich zum politischen Engagement, das die Dekonstruktion seit jeher ausgezeichnet und begleitet habe.[308] Dieses Bedürfnis, die Kontinuitätslinien zu unterstreichen, geht mit der Notwendigkeit einher, auf die Angriffe von Habermas und all jener – von Luc Ferry bis Alain Renaut – zu antworten, die ihm, als der Nazismus Heideggers, auf dessen Schriften sein Denken sich beruft, ans Licht kam, vorgeworfen haben, ein grundsätzlich apolitischer und unverantwortlicher Philosoph zu sein. *La déconstruction est la justice* – »Die Dekonstruktion ist die Gerechtigkeit«.[309] Dieser Satz, der dazu angetan ist, fortan den Angelpunkt seiner Reflexion zu bezeichnen, markiert die Wende innerhalb der Kontinuität. Der Gedanke der Gerechtigkeit wird in einer Reihe von Texten entwickelt, die mitunter sehr kurz ausfallen und nicht selten unter dem Eindruck politischer Dringlichkeit geschrieben werden – insbesondere im Horizont des Problems der *sans-papiers*, an dem sich in Frankreich seit 1990 heftige Debatten entzünden. Der Höhepunkt der Spannungen wird 1996 erreicht, als eine Gruppe von *sans-papiers* aus Protest gegen die Einwanderungsgesetze und das vermeintliche »Verbrechen der Gastfreundschaft«, das rechtliche Sanktionen gegen Personen vorsieht, die irreguläre Einwanderer aufnehmen, die Kirchen Saint-Ambroise und Saint-Bernard in Paris besetzt. Auch die Intellektuellen mobilisieren sich. Im Oktober 1997 wird der *Appel des 17* veröffentlicht, dem sich sodann auch Derrida mit einem offenen Brief anschließt. Sein Interesse an der Gastfreundschaft reicht jedoch noch viel weiter zurück und wird, über sein Engagement für gesellschaftliche Anliegen hinaus, insbesondere durch seine dekonstruktive Lektüre von Kants Texten zum Weltbürgertum bezeugt.[310] Bereits 1991 hatte Derrida vor der UNESCO einen Vortrag zu diesem Thema gehalten.[311] Unter seinen öffentlichen Stellungnahmen ist neben den Seminaren und Vorträgen die Rede vor dem Internationalen Schriftstellerparlament zu erwähnen, das vom 21. bis 22. März 1996 in Straßburg tagte, um ein Netzwerk von Zufluchtsstädten zur Aufnahme verfolgter Schriftsteller aufzubauen. Der von Derrida für seinen Beitrag gewählte Titel ist programmatisch: »Weltbürger aller Länder, noch eine Anstrengung!«

Von Beginn an und selbst noch dort, wo er sich auf die Dekonstruktion der klassischen Texte aus Philosophie und Literatur zu beschränken scheint, macht sich Derrida die Sache der Gastfreundschaft zu eigen – mit all ihren changierenden Farbtönen, ihren ethischen Werten und ihrer derart ausgeprägt politischen Symbolik, dass sie schon außerpolitisch genannt werden und den gouvernementalen Realismus mit seinen ungastlichen Einwanderungsgesetzen herausfordern kann. Keine Kompromisse, keinerlei Versuch (wie bei den amerikanischen Philosophen), normative Theorien der Gemeinschaft oder ihrer Grenzen zu entwerfen, kein Vorsatz, neue moralische Kriterien aufzustellen. Als unvordenkliches Recht, das sich einer komplexen und faszinierenden Geschichte rühmen kann, wird die Gastfreundschaft in ihrem ganzen anachronischen Potenzial mobilisiert. Das geht so weit, dass sie zu einer utopischen Instanz erhoben wird, zu einem Jenseits, von dem aus Recht und Politik auf eine neue Weise verstanden werden können.

Derrida wendet sich der alten hebräischen Landschaft zu, die vom barmherzigen Samariter durchquert und von Abraham und all jenen Figuren bewohnt wird, die mit einer befremdlichen Einfachheit das Ankommende empfangen und den Ankommenden Gastfreundschaft gewähren. *Arrivant* ist der absolute Ankömmling, der unerwartet eintrifft, ohne eingeladen worden zu sein, dessen Einbruch jede Grenze und jede Schranke sprengt, jede Schwelle überschreitet. Kein Kalkül hält ihm stand, keine Prognose und keine Kontrolle kann ihn domestizieren.[312] Gastfreundschaft ist reine Offenheit gegenüber dem Ankömmling, ist bedingungslose Gastfreundschaft, die in dieser Hyperbel mit der stets »zu-künftigen« Gerechtigkeit zusammenfällt, die mitunter auch als »Messianität ohne Messianismus« bezeichnet wird.[313]

Bei mehreren Gelegenheiten hat sich Derrida zu seiner Schuld gegenüber Emmanuel Lévinas bekannt, insbesondere anlässlich der berühmten Konferenz, die ein Jahr nach dessen Tod im Dezember 1996 abgehalten wurde und den bezeichnenden Titel »Ein Wort zum Empfang« trägt. Der Text wird von dem Bestreben motiviert, das Werk neu zu lesen und nach dessen harmonisierenden Klangfarbe zu suchen, die auch die Note der Übereinstimmung zwischen den beiden darstellt. »Obwohl das Wort dort weder häufig vorkommt noch besonders hervorgehoben wird, hinterlässt uns *Totalität und Unendlichkeit* eine unermessliche Abhandlung über die Gastlichkeit«,[314] schreibt Derrida, der im Empfang die Geste erkennt, die das Denken Lévinas' eröffnet. Dieser Geste folgt jedoch keine Philosophie der Aufnahme. Vergeblich suchte man also nach einer Abhandlung über die Gastfreundschaft. Umso überraschender mag es erscheinen, dass Derrida sich dennoch ausdrücklich auf diese Geste bezieht. Der Punkt ist jedoch, dass Gastfreundschaft für Lévinas überhaupt kein Thema darstellt, weder ein ethisches noch ein politisches. Es geht weder darum, nach der Möglichkeit der Aufnahme zu fragen – was bereits bedeuten würde, sie auf ein spezifisches moralisches Problem zu reduzieren –, noch darum, sie auf die Politik auszuweiten. Lévinas bietet keine Ethik der Gastfreundschaft an; vielmehr entwickelt er eine Ethik als Gastfreundschaft.

Lévinas' Kritik richtet sich auf das westliche Subjekt, »einen Souverän, der einzig und allein darauf bedacht ist, die Mächte seiner Souveränität zu schützen«.[315] Unfähig dazu, aus sich selbst herauszutreten, nur darauf begierig, den Anderen in Besitz zu nehmen, ihn zu inkorporieren, zu integrieren, zu assimilieren, jagt das moderne Subjekt der Chimäre der von Kant verbrieften Autonomie nach und verfolgt den von Hegel proklamierten Traum der Selbstkoinzidenz. Versöhnt mit der Welt, aber auch mit sich selbst, überall zu Hause, ist dieses selbsterfüllte Subjekt, das auch die Verschiedenheit der Anderen auf dem Altar seiner abgeschlossenen Souveränität geopfert und vernichtet hat, der Protagonist jenes egozentrischen Totalitarismus, dessen logische Konsequenz Auschwitz darstellt. Demgegenüber ist es endlich vonnöten, den Vorrang des Anderen anzuerkennen. Dieser Vorrang wurde jedoch allzu oft missverstanden. Als wäre Lévinas' Diskurs nichts anderes als eine erbauliche Predigt über den Altruismus. Hinter der Geste der Überwältigung verweist Lévinas auf die des Empfangs.[316] Die Welt hat nicht mit dem »Ich« begonnen, das im Gegenteil immer schon einberufen und vom Anderen in Frage gestellt wird und dem zu antworten es aufgerufen ist. Darin liegt seine Verantwortung, ohne dass es dabei überhaupt wählen könnte – denn nur mit dieser Hinwendung konstituiert es sich überhaupt als ein Ich. Der Empfang des Anderen begründet das »Ich«, noch bevor es sich fragen kann, wie es sich verhalten und ob es den Anderen aufnehmen solle oder nicht. Wer sich diese Fragen stellt, hängt noch immer der Vorstellung an, er sei jenes autonome, bereits dauerhaft etablierte und niedergelassene Subjekt. Es ist indes nicht möglich, die Aufnahme auf eine der Souveränität nachgeordnete und akzessorische Geste zu reduzieren. Im Gegenteil, die Aufnahme bildet das grundlegende ethische Schema, das die Prolegomena jeder zukünftigen Ethik zu bestimmen hat. Und umgekehrt gilt: Wenn es keine Aufnahme gibt, kann es auch keine Ethik geben. Für Lévinas bildet also nicht Odysseus, dessen Irrfahrt den Durchgang durch das Fremde im Hinblick auf die Wiederaneignung seiner selbst symbolisiert, sondern Abraham, der in seiner ursprünglichen Exzentrizität auf den Anderen zugeht, das Paradigma dieser Ethik, die zur Ersten

Philosophie wird. Das Angesicht des Anderen in seiner irreduziblen Einzigartigkeit verweist auf das Unendliche, das jedes Selbst stets überschreitet und niemals integrierbar ist. Die Ankunft des Anderen ist ein beunruhigendes Ereignis, das die ruhiggestellte Gewissheit des Selbst erschüttert und die Evidenz widerruft, an seinem angestammten Platz zu sein. Es handelt sich um eine Ausweisung des Selbst, das als Reaktion darauf »Invasion« schreien kann, wenn es sich für ein souveränes Selbst hält. Es kann aber auch antworten, indem es Scham ob seiner Selbsterfülltheit empfindet – die Scham des Gastgebers –, dem Anderen Platz macht und dieses Ereignis als den Augenblick seiner Wahl begreift.

Obgleich Lévinas in Empfang und Aufnahme die unabdingbaren Eröffnungsgesten der Ethik ausmacht, weicht er vor einem *éthos* der Gastfreundschaft zurück. Sein resignierter Messianismus setzt sich durch: Ein Recht und eine Ethik, die der Gastfreundschaft entsprechen, scheinen mit dem Staat unvereinbar zu sein und bleiben daher stets zukünftig. Bei genauerer Betrachtung ist Derridas Position dem nicht unähnlich, der dies auch mit klaren Worten zum Ausdruck bringt:

> Irgendjemand hat gesagt, dass eine bestimmte Ethik von Lévinas im Widerspruch zur republikanischen Staatsbürgerschaft stünde. Ich glaube, dass zwischen einer gewissen (von Lévinas definierten) ethischen Reinheit und dem Recht tatsächlich eine Spannung liegt ... Der Übergang von der reinen Gastfreundschaft zu Recht und Politik ist eine Perversion, insofern damit Bedingungen eingesetzt werden.[317]

Die Kluft zwischen bedingter und absoluter oder unbedingter Gastfreundschaft könnte tiefer nicht sein. Derrida wird sie niemals ausfüllen oder überbrücken. Hier tritt die Aporie der Gastfreundschaft zutage, die, um sich verwirklichen zu können, sich einer Perversion verschreiben muss:

Das Gesetz der Gastfreundschaft, das formale Gesetz, das das allgemeine Konzept der Gastfreundschaft regiert, erscheint als ein paradoxes, pervertierbares oder pervertierendes Gesetz. Es scheint nämlich zu bestimmen, dass die absolute Gastfreundschaft mit dem Gesetz der Gastfreundschaft als Recht oder Pflicht, mit dem Gastfreundschafts-«Pakt», brechen muss. Mit anderen Worten: Die absolute Gastfreundschaft erfordert, dass ich mein Zuhause (*chez-moi*) öffne und nicht nur dem Fremden (der über einen Familiennamen, den sozialen Status eines Fremden usw. verfügt), sondern auch dem unbekannten, anonymen absolut Anderen (eine) Statt gebe (*donne lieu*), dass ich ihn kommen lasse, in ankommen und an dem Ort (*lieu*), den ich ihm anbiete, Statt haben (*avoir lieu*) lasse, ohne von ihm eine Gegenseitigkeit zu verlangen (den Eintritt in einen Pakt) oder ihn nach seinem Namen zu fragen. Das Gesetz der absoluten Gastfreundschaft gebietet, mit der rechtlich geregelten Gastfreundschaft, mit dem Gesetz oder der Gerechtigkeit als Recht, zu brechen.[318]

Es handelt sich um eine unauflösbare Antinomie: Das Gesetz der unbedingten Gastfreundschaft ist, um sich verwirklichen zu können, auf die Gesetze der bedingten Gastfreundschaft angewiesen, und zwar im Rahmen einer paradoxen Beziehung, die zugleich eine der Kollision wie auch der Kollusion ist – ohne jeden Ausweg. Denn jene Antinomie ist eine »nicht dialektisierbare Antinomie«.[319] Derrida geht so weit zu schreiben: »Es ist, als wäre Gastfreundschaft unmöglich«.[320]

Andererseits zeigt diese Antinomie nur den fundamentalen Widerstreit zwischen Gerechtigkeit und Recht: Untrennbar mit dem sie verwirklichenden Gesetz verbunden, bleibt die Gerechtigkeit in ihrer Reinheit dennoch vollkommen irreduzibel. So kann bedingungslose Gastfreundschaft auch nicht in die politische Praxis übersetzt werden. »Unmöglichkeit« lautet das Wort, das immer wieder auftaucht und das auf die Tragik dieser Über- beziehungsweise Umsetzung verweist. Die radikale Zäsur besteht zwischen einer ethischen Instanz, die in ihrer reinen Irreduzibilität über- oder außerpolitisch erscheint, und ihrer politischen Umsetzung, die dazu bestimmt ist, immer unvollkommen und unannehmbar zu bleiben. Das Ereignis bricht sich an der Institution. Auch wenn Derrida es hierbei nicht versäumt, nach der Offenheit oder Abgeschlossenheit der Gemeinschaft zu fragen, so ist es letzten Endes doch das Ereignis – das Hereinbrechen des Anderen, der Eintrittspunkt in den Horizont von Recht und Politik –, das auch den Fluchtpunkt darstellt, da der Andere stets die Politik übersteigt.

In Bezug auf die Politik oder das »Politische« ist hervorzuheben, dass Derrida weitgehend innerhalb des staatlichen Paradigmas verbleibt.[321] Das Erfordernis einer kontinuierlichen Dekonstruktion der Souveränität, zumeist unter der Ägide Carl Schmitts, legt ihn darauf fest, jene Grenzen nicht zu überschreiten. Politik scheint dann eine Angelegenheit des Staates zu sein. Der Versuch, das Phantom der Selbstgründung ans Licht zu ziehen, treibt ihn dazu an, die vertikale Achse der Souveränität auszuloten. Während die *arché* der Souveränität sich entzieht, absinkt und zum Fundament gerinnt, radikalisiert sich ihre Position, macht sie sich die Ethik in ihrer absoluten Reinheit zunutze. Gegen die Macht des Souveräns, die sich verbirgt, tarnt und so jeden Widerstand neutralisiert, ist der Einbruch des Ereignisses abzuwarten. Auch die Gastfreundschaft als eine überpolitische oder antipolitische Instanz kann nicht zu einer Chance werden, eine Horizontalität zu eröffnen, um in das anarchische Jenseits der Souveränität hinauszugehen.

Also bleibt nur, jedes Mal von Neuem die Gewalt anzuprangern: die der bedingungslosen Gastfreundschaft, die einen, da sie nicht zwischen Freund und Feind unterscheidet, tödlichen Gefahren aussetzt, sowie die der bedingten Gastfreundschaft, die diskriminiert, befragt, identifiziert, auswählt. Die Antinomie bleibt unauflösbar, obgleich Derrida insbesondere in seinen letzten Diskussionsbeträgen durchaus bestürzt auf das Szenarium blickt, in dem der Migrant dem Staat gegenübertritt.[322]

Wenn Gastfreundschaft ein »poetisches« Ereignis ist, dann scheint die Übersetzung in Politik eine Herausforderung an den Grenzen des Möglichen zu bedeuten.[323] Die Aufnahme kann der Prüfung des Fremden nicht standhalten. Wenn man bedenkt, dass Derrida der

Philosoph ist, der die Übersetzung dezidiert als politisches Modell vorgeschlagen hat, erscheint diese grundsätzliche Unmöglichkeit als umso abwegiger.[324] Aber jenes Modell findet in diesem Zusammenhang keinen Widerhall und keine Anwendung, und Derrida verbleibt in dem weitgehend von Lévinas ererbten Engpass zwischen Ethik und Politik.

Ein solcher Hiatus zeitigt Auswirkungen, die heute als durchaus verhängnisvoll zu bezeichnen sind. Denn bedauerlicherweise wird damit der Vorstellung Nachdruck verliehen, dass Gastfreundschaft nicht nur unmöglich sei, sondern sich auch auf die Ethik oder vielmehr auf die Moral beschränke, kurzum, dass sie eine rein moralistische Anwandlung jener Gutmenschen darstelle, die sich im erbaulichen Gebrauch des Ausdrucks »der Andere« sonnen.[325] Da Gastfreundschaft in der Politik nicht anderweitig mobilisiert wird denn als absolute und entfernte Instanz, bleibt die Politik ihrerseits gegen sie immun und wird zu einem Handlungsfeld für diejenigen, die zutiefst normative Absichten hegen. So unterstützt die Philosophie schließlich das Gesetz, das an der jeweiligen Staatsgrenze endet.

All diejenigen, die wie die humanitären Nichtregierungsorganisationen die schwierige Aufgabe der Aufnahme übernehmen und diese an den Rändern der Infrapolitik praktizieren, all diejenigen, die sich auf Gerechtigkeit berufen und genau deswegen von allen Seiten ins Visier genommen werden, haben den Preis für diesen Engpass zu entrichten, der schließlich zu einer Desertion der Gastfreundschaft führen muss.

8. Über die Staatsbürgerschaft hinaus

Durch die Teletechnologien begünstigt und durch die Ausbreitung von planetarischen Netzwerken und transnationalen Dispositiven beschleunigt, hat die Globalisierung eine Dislokation und Delokalisierung ins Werk gesetzt, die selbst den Zusammenhang zwischen Nahem und Fernem, zwischen Gegenwart und Zukunft verändern konnte. Insbesondere in der gewandelten Beziehung zu Ort und Örtlichkeit, im veränderten Zugehörigkeitsgefühl, ist eine Konvergenz dieser explosiven Effekte mit denen der Migration zu erkennen. Letztere wäre ohne den beschleunigten technischen Prozess, der stets konvulsiv und widersprüchlich ist, im Übrigen vollkommen unvorstellbar.

Die Rückwirkungen vollziehen sich vor aller Augen: Im Einklang mit der Enteignung des Eigenen (von der Identität bis zur Abstammung, von der Sprache bis zum Gedächtnis), schreiten Hybridisierung, Kontakt, »Kontamination« und jene beispiellose Deterritorialisierung weiter voran, sodass das Hier und Jetzt unsicher wird und jede Verankerung verloren scheint. Genau dann kehren die alten Gespenster von Blut und Boden zurück. Und während im Rahmen dieses epochalen Zusammenstoßes gegensätzlicher Entwicklungen die Grenzen zwischen Innen und Außen, zwischen Vertrautem und Fremdem ausgehöhlt werden, scheint das *ethos* des Aufenthalts kompromittiert, die Wohnung bedroht und ein Zuhause von Prekarität und Invasion gefährdet, das plötzlich viel mehr als eine schlichte Wohnstatt bedeutet. Denn es ist das Zuhause, das Bei-sich-selbst-Sein, das für immer in der kalten planetarischen Leere verloren erscheint, die keine staatliche Grenze zu besetzen vermag. Die instinktive Reaktion darauf besteht darin, sich in einen beengten Raum, in eine geschlossene Nische zurückzuziehen, möglichst geschützt vor der Schockwelle, die den Staat, die Souveränität, die Nation und nicht zuletzt auch die Staatsbürgerschaft trifft.

So gesehen ist es kein Zufall, dass man den heutigen Bürger mit demjenigen tiefer Krisenzeiten wie dem hellenistischen Zeitalter oder der späten römischen Kaiserzeit verglichen hat, in denen das Ressentiment und Desinteresse für die öffentlichen Angelegenheiten die Heimat in das Universum ausdehnten.

In diesem Kontext waren es die griechischen Philosophen, die sich zu »Weltbürgern« erklärten. Schon Hippias deutet in einem platonischen Dialog zum ersten Mal die Möglichkeit einer Bürgerschaft an, die den *nómos* der Stadt überschreitet.[326] Der Ausdruck »Kosmopolit«, der aus den beiden Termini *polítes* und *kósmos* zusammengesetzt ist, taucht jedoch zuerst bei dem Kyniker Diogenes von Sinope auf, der nach seinem Heimatort gefragt antwortete: »Ich bin ein Weltbürger.«[327] So hielt er seine Kondition als ein *polítes* und die Verbindung mit der *pólis* aufrecht, machte jedoch den gesamten Kosmos zu seiner Stadt. Diese Ausdehnung betraf auch die Verbindung mit den anderen. Zenon von Kition erklärte alle Menschen zu seinen »Mitbürgern«.[328] Doch diese, eines juridisch-politischen Status beraubte Bürgerschaft bezeichnete vielmehr eine moralische Haltung, eine Art und Weise, sich selbst im Kosmos und in der Menschheit aufgehoben zu sehen. Der »Weltbürger« fühlte sich überall und nirgends zu Hause; er war nicht mehr an ein einziges Heimatland gebunden. Über die Moral hinaus blieb der Kosmopolitismus ein politisches Versprechen.

Die Wende vollzog sich erst im Zeitalter der Aufklärung. Es war Kant, der ein »Weltbürgerrecht« entwarf, dessen Zweck darin lag, einen stabilen Frieden zu gewährleisten, damit der auf das Territorium eines anderen gelangende Fremde nicht zugleich auch als Feind behandelt würde. Auch Kant verfolgt daher die Frage nach einer Weltbürgerschaft nur inkonsequent, die ein vages Bestreben bleibt, die Metapher einer individuellen Vision, die sich nicht notwendig auch ins Politische übersetzen lässt. Der von Hans Kelsen im frühen 20. Jahrhundert wiederbelebte politische Kosmopolitismus hat sich in den letzten Jahrzehnten vor allem im angloamerikanischen Raum weiterentwickelt und seine Fürsprecher in denjenigen gefunden, die in einem postnationalen Zeitalter Reformen für unabdingbar halten, die mit der wirtschaftlichen Globalisierung Schritt halten und supranationale politische Institutionen etablieren können.[329] Über den weiter zu beschreitenden Weg und selbst über das letzte Ziel dieses Prozesses besteht jedoch keine Einigkeit. Und dies umso weniger, als im Rahmen des politischen Kosmopolitismus der Albtraum eines Weltstaates wieder auftauchte. Das Problem der staatlichen Souveränität stellte sich dann auf planetarischer Ebene erneut – und liefe zudem auf eine Zentralisierung der Macht hinaus. Darin besteht die Gefahr, auf die unter anderem Hannah Arendt nachdrücklich verwiesen hat.[330]

Das erklärt, warum es die Reflexion auf eine post- oder supranationale Politik in aller Regel vorzieht, sich – eher als auf einen Kosmopolitismus – zurückhaltend auf die Demokratie zu berufen und ihr Projekt als eine »kosmopolitische Demokratie« zu umschreiben, unter der man eine schrittweise Demokratisierung der weltumspannenden *governance* versteht.

Da sich der Bürger innerhalb der Mauern der Stadt, der er angehört, konstituiert und nicht im offenen Raum der Welt, erscheint Weltbürgerschaft als ein Widerspruch in sich. Daher wurde sie entweder als ein negativer Begriff, als eine Nicht-Staatsbürgerschaft, oder aber als reine Metapher betrachtet. Die gegenwärtige Tendenz geht dahin, sie stattdessen als ein regulatives Ideal anzusehen, das jedoch aus einem konkreten Bedürfnis heraus entspringt: aus dem im Gang befindlichen Übergang von nationalen zu supranationalen Formen. Dieser Übergang lässt auch die Staatsbürgerschaft nicht unverändert, die daher von Grund auf neu zu überdenken ist.

In diese Richtung, die darauf abzielt, den Zusammenhang zwischen Nation und Staatsbürgerschaft kritisch zu revidieren, hat insbesondere Habermas wichtige Schritte unternommen. In einem grundlegenden Aufsatz mit dem Titel »Staatsbürgerschaft und nationale Identität« wies er auf die Gefahren hin, die mit einer politischen Staatsbürgerschaft verbunden sind, die in einem nunmehr postnationalen Horizont, in dem der moderne Staat am Rande der Auflösung steht, noch immer an die Geburt gebunden bleibt. Wie aus der Etymologie hervorgeht, kommt *natio*, Nation, von dem Verb *nasci*, geboren werden. Der Territorialstaat wurzelt und gedeiht auf der Grundlage einer wirkmächtigen Fiktion: der ethnischen Homogenität. Die Nation, diese »vorpolitische« Entität, wird zum Merkmal der politischen Identität der Bürger, ja sogar zur Quelle staatlicher Souveränität.[331] Die verhängnisvolle Identifikation von *démos* und *éthnos*, von Volk und Ethnie, ist jedoch weder Teil des Begriffs der Demokratie noch der politischen Staatsbürgerschaft. Es geht nämlich nicht hervor, warum eine Gemeinschaft durch genetische Abstammung zusammengehalten werden sollte und nicht durch die Beteiligung von Bürgern, die ihre Rechte ausüben. Es ist unnötig eigens zu betonen, dass hier das *jus sanguinis* und das *jus soli*, das Recht des Blutes und das des Bodens, auf dem Prüfstand stehen und mithin jene von der griechischen *pólis* übernommenen Kriterien der Zugehörigkeit – und nicht die der Partizipation. Habermas skizziert in groben Zügen die beiden gegensätzlichen Modelle der Staatsbürgerschaft, die sich im Laufe der Zeit durchgesetzt haben: einerseits das »republikanische« Modell, das Aristoteles im dritten Buch seiner *Politik* eingeführt hat, und andererseits das von Locke entwickelte »liberale« Modell. Im ersten Modell ist der Bürger in die sich selbst bestimmende Kollektivität integriert. Im zweiten Modell hingegen handelt es sich um den immer ein wenig außerhalb des kollektiven Rahmens verbleibenden Bürger als einen Kunden, der gegen seinen Willen einen Vertrag unterzeichnet hat und Befugnisse an den Staat abtritt, von dem er im Gegenzug bestimmte Leistungen erhält. Unschwer ist im republikanischen Modell dasjenige zu erkennen, das sich in Europa hat durchsetzen können, während sich das liberale Modell im angloamerikanischen Kontext behaupten konnte. Habermas unterstreicht die Bedeutsamkeit des ersteren, die in der kollektiven Selbstbestimmung liegt. Auch heute noch müsse bekräftigt werden, dass »politische Autonomie ein Selbstzweck ist, den niemand für sich allein, in der privaten Verfolgung je eigener Interessen, sondern nur alle gemeinsam auf dem Wege einer intersubjektiv geteilten Praxis verwirklichen können«.[332] Politische Autonomie verlangt Gemeinschaft, sie erfordert Partizipation. Dabei dürfen jedoch die Unzulänglichkeiten des im Boden versteinerten und im Blut verödeten republikanischen Modells nicht übersehen werden. Über diese genetisch-nationalistische Verstocktheit müsse man unbedingt hinausgelangen, denn politische Staatsbürgerschaft ist nicht auf die Verwurzelung in einer nationalen Identität angewiesen. Das wiederum würde sie offen für Fremde machen, die aufgerufen sind, nicht die ethnische Tradition, die jeweilige Lebensform und ihre Werte zu teilen, sondern die politische Kultur – darin läge die einzig unabdingbare Voraussetzung. Habermas verleiht gegen Ende schließlich seiner Hoffnung Ausdruck, dass eine demokratische, nicht partikularistisch abgeschlossene Staatsbürgerschaft »den Weg bereiten [kann] für einen Weltbürgerstatus, der heute schon in weltweiten politischen Kommunikationen Gestalt annimmt«.[333]

Habermas' Vorschlag einer als »Verfassungspatriotismus« verstandenen Entnationalisierung der Staatsbürgerschaft – denn verfassungsmäßig wäre die Identität, die danach bleibt – wurde von vielen Interpreten aufgegriffen, darunter auch von Seyla Benhabib, die im Zeichen einer endgültigen Trennung zwischen *démos* und *éthnos* offen von »globalen Bürgern« gesprochen hat.[334] Unter Beibehaltung der Souveränität des Volkes als *démos*, kann Demokratie nicht mehr auf einen *éthnos*, auf eine ethnische Zugehörigkeit von Gedächtnis und Schicksal, beschränkt werden.

Diejenigen, die – wenn auch mit unterschiedlichen Akzenten – Weltbürgerschaft in einem kosmopolitischen Horizont anvisieren, haben all jene Erfahrungen, die über die exklusive oder nationale Staatsbürgerschaft hinausgehen, mit Interesse verfolgt und in Betracht gezogen.[335] Ein Feld der Auseinandersetzung stellt die vom Vertrag von Maastricht 1992 instituierte Unionsbürgerschaft dar, die einen entscheidenden Schritt in Richtung europäischer Integration bedeutete. Einige haben jedoch im entsprechenden Artikel 9 eine Verdoppelung der Nation, einen Überschuss an Nationalismus gesehen, während andere auf das erklärtermaßen supranationale, wenn auch oft nur symbolisch bleibende Bestreben aufmerksam gemacht haben, das darin zum Ausdruck gelange. Mit Sicherheit aber handelt es sich um eine staatsüberschreitende Bürgerschaft, die zu wirksameren Resultaten führen und neue Perspektiven hätte eröffnen können.

Anstatt politische Formen anzustreben, die über die bekannten staatlichen hinausgehen, haben sowohl Benhabib als auch Derrida ihr Augenmerk auf die Stadt gerichtet. In einer politisch zersplitterten Landschaft scheint die Stadt der privilegierte Ort zu sein, an dem die Bürgerschaft effektiv gelebt und ausgeübt wird. Benhabib hat den Fall von New Haven untersucht, wo Einwanderer einen Personalausweis erhielten, der den Zugang zum Gesundheitswesen, zu Schulbildung für ihre Kinder, zu einem Bankkonto und ähnlichem ermöglicht, was sowohl ihr Leben als auch das der Gemeindeverwaltung vereinfacht.[336] Es handelt sich nicht um einen Reisepass, der die amerikanische Staatsbürgerschaft verleiht, sondern um eine Charta, die einen Bürgerstatus gewährleistet und bestimmte Rechte zuerkennt, die teilweise auch politischer Natur sind. Diese infranationale Erfahrung stellt für Benhabib einen wichtigen Präzedenzfall dar, denn sie zeige, dass sich neue Räume für eine Weltbürgerschaft gerade in lokalen Gemeinschaften eröffnen, die am geeignetsten dafür sind, Rechte zuzugestehen.

Derrida schlägt mit seinen Überlegungen zum Kosmopolitismus einen anderen Weg ein: Während er einerseits die Autonomie der Stadt neu bewertet, blickt er andererseits auf ein Netz von Zufluchtsstädten, die vielleicht in der Lage wären, jene Gastfreundschaft auf sich zu nehmen und zu gewährleisten, welcher der Staat sich entzieht. Im Bewusstsein, sich auf Treibsand zu bewegen, und zwar aufgrund jener Potenz der »Mondialisierung«, welche die Politik deterritorialisiert, delokalisiert und verlagert hat – »das Politische hat keinen Ort mehr, es hat sozusagen keinen stabilen oder essenziellen *tópos* mehr«[337] –, fragt sich Derrida, was »Bürger« in diesem Kontext noch bedeuten könne. Die Antwort steht ganz im Zeichen der Vorsicht: »Für den Augenblick sage ich ›Bürger‹ in einer etwas unbestimmten Weise«. Und er fährt mit der Behauptung fort, dass »jenes Recht nicht nur das eines Staatsbürgers sein sollte, sondern auch das der ›Fremden‹«. Was damit auf dem Spiel steht, sei »eine neue Ethik, ein neues Recht, ja sogar ein neuer Begriff der ›Gastfreundschaft‹«.[338] Die Dekonstruktion macht jedoch hier ebenso wie anderswo an den Grenzen des Staates Halt, an seiner ins Wanken geratenen und gekränkten Souveränität, um dessen Besessenheit von Sicherheit, seine Logik der Ausgrenzung und seine überwachte Gastfreundschaft anzuprangern. Obwohl er die Notwendigkeit anerkennt, politisch über das Politische hinaus zu denken, zieht Derrida es dennoch vor, die epochale Verschiebung hin zu anderen Formen zur Kenntnis zu nehmen, die sich hinter dem Bröckeln der Staatlichkeit gerade soeben abzeichnen. Der Punkt ist, wie er mehrmals wiederholt, dass der Staat für ihn ein *phármakon* darstellt, Gift und Heilmittel zugleich, eine immunitäre Maschine, auf die noch nicht verzichtet werden könne.

Das hindert ihn jedoch nicht daran, jene neue Gastfreundschaft und Staatsbürgerschaft in Betracht zu ziehen, die einen Durchgang über die nationalen Grenzen hinaus öffnen. Genau an dieser Stelle lässt sich die Reflexion auf den Kosmopolitismus verorten. Selbstverständlich geht es nicht um die Verbürgung eines Weltstaates, sondern um die Wiederbelebung der Bürgerschaft, die nach den Kriterien von Blut und Boden nicht denkbar ist. Die Position Derridas scheint sich so der von Habermas anzunähern. Ein wichtiger Unterschied tritt jedoch sogleich zutage: Während Habermas mit seinem kosmopolitischen Konstitutionalismus darauf abzielt, die Staatsbürgerschaft zu demokratisieren, indem er sie von der Nation befreit, dabei aber weiterhin von einer liberalen Demokratie ausgeht, die schlicht auszuweiten wäre, zeigt sich Derrida sowohl dem Kosmopolitismus als auch der Demokratie gegenüber wesentlich kritischer und greift für beide auf die Formel des Kommenden und des »Zu-künftigen« zurück. Die Ausweitung muss zugleich auch eine tiefgreifende Veränderung und Transformation bedeuten. Der Schwerpunkt verschiebt sich jetzt in Richtung Migration und Völkerrecht. Gerade weil es nicht mehr möglich ist, Politik noch an die Voraussetzung des Ortes gebunden zu denken, ist es geboten und notwendig, »über die Staatsbürgerschaft hinaus«[339] zu gehen.

9. Die Grenzen des Kosmopolitismus

Die Radikalität Derridas kommt zum Vorschein, als er, um über das Politische hinauszugehen, ein Netzwerk der Zufluchtsstädte vorschlägt und damit das bereits von Lévinas untersuchte biblische Beispiel aufgreift. Auf den Spuren der talmudischen Hermeneutik interpretierte Lévinas diese Freistädte zu Recht als eine Form von Asyl, mit all der Ambivalenz, die diese Institution seit jeher kennzeichnet.[340] Derrida hingegen möchte darin die Möglichkeit einer anderen Bürgerschaft erkennen. Im Gegensatz zum Staat von der Stadt auszugehen und ein Netz von unabhängigen und doch miteinander verbündeten »Zufluchtsstädten« zu imaginieren: Dies sei zugleich der erste Schritt in Richtung einer Wiederbelebung der »Ethik der Gastfreundschaft«. Explizit nimmt er dabei Bezug auf die Hebräische Bibel und auf jene Freistädte, in denen Zuflucht finden konnte, wer von »blinder Gerechtigkeit« oder von Blutrache für ein »Verbrechen, dessen er unschuldig« oder dessen »unwillentlicher Urheber« er war, verfolgt wurde. Derrida besteht nachdrücklich auf diesem »Bürgerrecht auf Immunität und auf Gastfreundschaft«.[341]

Er ist sich jedoch offensichtlich nicht bewusst, dass er die Asylpolitik fortschreibt und die exklusive Logik der Ausnahme bekräftigt, indem er den Fremden demjenigen annähert, der sich eines Verbrechens schuldig gemacht hat, und die Gastfreundschaft mit Immunität verbindet. Die Gastfreundschaft auf der Grundlage des Asyls zu verstehen, als handele es sich nur um eine vorübergehende Zuflucht, um einen immunisierenden und immunitären Schutz, verändert jedoch weder den *éthos* des Aufenthalts noch die Stadt, in der die Bürger dank dieser Autoimmunabwehr stattdessen ungestört weiterleben. Nicht die »Zufluchtsstädte« öffnen die Tore zu einer anderen Staatsbürgerschaft. Auf diese Weise wird lediglich der metaphysischen Trennung zwischen Innen und Außen Nachdruck verliehen und die axiologische Grenze zwischen Bürger und Fremdem nachgezogen.[342]

Von denselben Seiten der Hebräischen Bibel ausgehend, ist es hingegen der *ger*, der ansässige Fremde, der jene Grenze überschreitet, ja diese regelrecht implodieren lässt, indem er Gastfreundschaft und Bürgerschaft so eng zusammenschließt, dass sie schließlich zur Deckung kommen. Das Modell dafür liefert die biblische Stadt, in welcher der Bürger vergisst, ein Bürger zu sein, und in dieser Trennung von sich stets als ein Fremder ansässig ist. Es bedarf keinerlei weiteren Geste, um gastfreundlich zu sein. Denn die Gastfreundschaft ist in die Bürgerschaft eingeschrieben.

Über das alte Konzept der Staatsbürgerschaft hinauszugehen, bedeutet auch, die Grenzen des Kosmopolitismus aufzuzeigen. Denn letzten Endes geht es weder darum, zu »Bürgern« oder zu »Weltbürgern« erklärt zu werden, noch um die Ausweitung der »Weltbürgerschaft«; es geht vielmehr darum, in jenen Raum vorzustoßen, in dem es keine Alternative zum gemeinschaftlichen Zusammenwohnen mehr geben kann. Das ist es, was zählt: zusammenzuwohnen. In diese Richtung bewegt sich die neue Internationale, wie Derrida sie versteht, als ein Bündnis und gemeinschaftliches Teilen jenseits des starren Schemas der Staatsbürgerschaft. Die Protagonisten dieser Internationale aber werden die ansässigen Fremden sein.

In seiner leeren Unbedarftheit eröffnet und gewährleistet der Kosmopolitismus keine Politik der Aufnahme. Wer die Misshandlungen des Krieges erleiden musste, wer Hunger und Elend ausgesetzt war, verlangt nicht danach, sich an einem beliebigen Ort frei bewegen zu können; er hofft vielmehr darauf, am Ende seines Weges in eine Welt zu gelangen, die wieder eine gemeinsame sein kann. Er erhebt nicht den Anspruch, sich der Gemeinschaft der Weltbürger anzuschließen, erwartet jedoch, mit anderen zusammenwohnen zu können. Kosmopolitismus ist eine Art von Kommunitarismus, und zwar in dem Sinne, dass dieser den Vorrang der menschlichen Gemeinschaft vor allen anderen Institutionen behauptet; was wiederum nicht notwendig die Aufnahme verbürgt. Eine andere Art und Weise, die Gemeinschaft zu verstehen, ist möglich.

10. Gemeinschaft, Immunität, Aufnahme

Die traditionelle politische Philosophie hat das Thema der Aufnahme vernachlässigt und übergangen. Allenfalls deutete sie darauf hin, dass es sich um ein Problem handele, das sich nur am Rande der Gemeinschaft stellt, um ein Randthema. Das wiederum kann nicht überraschen, wenn man bedenkt, dass das über Jahrhunderte – von Hobbes bis Rawls – dominierende Paradigma des Vertrages darauf abzielte, den Einschluss einer Menschenmenge in die Stadt zu rechtfertigen, die sich zu diesem Zweck endgültig von der Außenwelt abgrenzt und mit allen anderen Bindungen bricht. Auf diese Weise kann sie »Wir« sagen, jenes Pronomen verwenden, das in die Lage versetzt, in der ersten Person Plural zu sprechen und ein den anderen entgegengesetztes kollektives Subjekt entstehen zu lassen. Das »Wir«, das gleichzeitig ein- und ausschließt, erhebt sich an der Grenze.

Es wurde bereits darauf hingewiesen, dass der Vertrag eine mächtige Fiktion darstellt, oder besser gesagt, eine doppelte oder sogar dreifache Fiktion, die sich zudem in der Zeit erneuert. So wird die Unterzeichnung einer Übereinkunft durch neutrale und eigenschaftslose Personen, die sich bereit erklärt haben sollen, auf einen Teil ihrer Vorrechte – angefangen bei der Freiheit – im Austausch gegen vom Souverän garantierte Güter wie bürgerlichen Frieden, Sicherheit und Gemeinwillen zu verzichten, in eine mythische Vergangenheit rückprojiziert. Daher das Auftauchen des Leviathan, des Ungeheuers des ursprünglichen Chaos, der gewunden Seeschlange, die dazu imstande sei, Ordnung zu schaffen und im Namen jenes »Wir« zu regieren. Doch Angst bezeichnet eher die Wirkung als die Ursache dieses großen sekuritären Leviathans. Die Fiktion setzt sich jedoch weiter fort und nährt den Glauben, dass auch die anderen Gemeinschaften denselben Vertrag auf der Grundlage eines identischen Rechts abgeschlossen hätten. Ein jeder befindet sich im Zeichen von Ordnung und Stabilität innerhalb seiner eigenen Grenzen, die unveränderlich sein müssen. Genau aus diesem Grund erscheint es nicht notwendig, den Vertrag jedes Mal zu erneuern. Das wäre nur unnötiger Aufwand. Wer von denjenigen abstammt, die Teil der Gemeinschaft sind, oder allerhöchstens – in seltenen Ausnahmefällen – wer auf diesem Boden innerhalb der Grenzen geboren wurde, wird »Wir« sagen können, ohne eigens eine Unterschrift leisten zu müssen. Der eigentliche Vertrag wurde ein für alle Mal von den sogenannten »Gründervätern« abgeschlossen, die ihren Kindern und Kindeskindern durch diesen Akt die Staatsbürgerschaft zusicherten. Das athenische Modell bleibt vorherrschend: Der Vertrag ist zugleich ein Vaterschaftsnachweis, der das Vaterland begründet. Und – eine Fiktion innerhalb der Fiktion – die Geburt gilt als Unterschrift. Es genügt, innerhalb der Gemeinschaft geboren zu sein, um den Vertrag automatisch zu verlängern. Eine in der Tat bizarre Vorstellung, die jedoch gewaltigen Einfluss ausüben sollte. Bei genauerem Hinsehen liegt der Kunstgriff in einer unrechtmäßigen Umkehrung: Der Vertrag erfordert und setzt bereits die Nation sowie das Geburtsrecht voraus, indem er sich darauf beschränkt, eine familiäre Gemeinschaft, die sich durch direkte Abstammung reproduziert, zur politischen Gemeinschaft schlechthin zu erheben. Die mythischen Vertragsunterzeichner, die Gründerväter, die als isolierte, Krieg und Schrecken ausgesetzte Individuen dargestellt werden, sind in Wirklichkeit bereits Mitglieder einer Nation, die dazu berufen ist, sich durch die Kontinuität der Generationen fortwährend zu erneuern.

Die Politik endet an den Grenzen dieser natürlichen und doch fiktiven Gemeinschaft. Probleme werden entweder aus einem streng internen Blickwinkel heraus behandelt oder aber umgangen und unterlaufen. Soziale Gerechtigkeit wird auf die Verteilung der Güter unter den Mitgliedern der Gemeinschaft begrenzt, die Gültigkeit der Normen beschränkt sich auf die Beschlussfassung der Bürger. Die mögliche Aufnahme des Fremden oder aber seine Zurückweisung steht der Gemeinschaft zu, da diese die Selbstbestimmung und die Legitimität ihrer Grenzen berühren. Kurz gefasst: Die Vertragstheorie unterstützt und begünstigt den Versuch der durch Geburt begründeten Gemeinschaft, sich ohne Unterlass zu immunisieren, um ihre Integrität gegen alles zu schützen, was sie von außen gefährden könnte. Während sich der politische Körper konstituiert, etablieren sich auch jene Prinzipien, die dessen Immunisierung garantieren.

Die Aufnahme fällt unter die Probleme, die gerade soeben berührt und dann sofort umgangen werden. Es hätte auch gar nicht anders sein können, da die traditionelle politische Philosophie vom Körper der Gemeinschaft ausgeht, der in seiner Unversehrtheit erhalten und in seiner Handlungsfähigkeit gestärkt werden soll. Die Aufnahme, die als ständige Bedrohung und als Ursache der Auflösung angesehen wird, wird von der Gemeinschaft entkoppelt. Es kann keine Gemeinschaft geben, wenn Aufnahme gewährt wird. Auch diese Vorstellung ist dazu bestimmt, über lange Zeit Bestand zu haben.

Aber von welcher Gemeinschaft ist hier überhaupt die Rede? Und wer spricht von ihr? Welche Philosophie? Für das traditionelle politische Denken, das innerhalb jener Grenzen verbleibt, erweist sich die Aufnahme letztlich als Ungedachtes. Sie zu denken, wäre deshalb Aufgabe einer gewissermaßen unpolitischen Philosophie, die sich der Lage zeigt, diesen Körper von seinen Rändern aus zu hinterfragen und sich der Gefahr des sich im Außen eröffnenden Schwindels zu stellen.

Eine unpolitische Philosophie, oder besser gesagt: eine Philosophie des »Unpolitischen« hat Roberto Esposito skizziert, indem er vor allem nach der Bedeutung der Gemeinschaft fragte.[343] Zusammen mit der Aufnahme erscheint auch die Gemeinschaft als ein Ungedachtes. Im Kaleidoskop der unterschiedlichen liberalen, kommunitaristischen oder kommunistischen Interpretationen betrachtet, tritt sie stets als kollektives Eigentum oder kollektive Identität auf. Als gehöre die Gemeinschaft ausschließlich einer Gruppe von Individuen, die aufgrund eben dieser Tatsache ihre eigene Identität in dieser wiedererkennen können. Hier bedeutet »gemeinsam« nichts anderes als »eigen«. Die Gemeinschaft wird semantisch auf die Bedeutungen von Zugehörigkeit und Identität festgelegt. Sollte sie aber nicht etwas vollkommen anderes bedeuten? Ist »kommun« oder »gemeinsam« nicht gerade das Gegenteil von »eigen«?

Bevor er dem zustimmt und eine dominante Interpretation festigt, wählt Esposito den Weg der Etymologie. Das Lateinische suggeriert, dass *communitas* aufgrund des *cum* ein Teilen impliziert. Es geht dabei jedoch nicht darum, etwas zu teilen, wie wenn nach dem Prinzip eines gesetzlichen Miteigentumsrechts verteilt wird. Die Vorsilbe *cum-* bezieht sich vielmehr auf *munus* und mithin auf den Terminus, von dem sich Esposito zufolge auch die Wurzel von *com*mun*itas* herleitet. Geteilt wird demnach der *munus* – ein komplexer und nicht einfach zu übersetzender Begriff, der keine Sache bezeichnet, sondern vielmehr eine Leere, einen Mangel, der die Gemeinschaft durchzieht und die Konstitution eines vollständigen Körpers verhindert. Der *munus* ist wie eine Schuld, die nie zurückgezahlt werden kann, wie jene wechselseitige Verpflichtung, die unumgänglich bindend ist, ohne sich in einer endgültigen Entschädigung zu erschöpfen, und die sogar noch weiter zunimmt, je mehr man ihr zu entsprechen versucht. Der *munus* ist maßlos, überfließend, überschüssig – er ist nichts, was kollektiv besessen werden könnte; im Gegenteil, er ist das geteilte »Nichts«, dasjenige Nichts, das die Leere zutage treten lässt, auf der die Gemeinschaft aufruht. Der Blick in diesen Abgrund macht verständlich, dass allein das Band der Mitverantwortung, aufgrund dessen ein jeder mit dem anderen verbunden ist, den Absturz verhindert.

Man könnte also sagen: *res communis, res nullius*. Das, was gemeinsam ist, gehört niemandem, oder genauer gesagt: das, was gemeinsam ist, ist niemandem zu eigen und entzieht sich jedweder Aneignung. In genau diesem Sinne kann die Gemeinschaft, wird sie in der vom *munus* eröffneten Perspektive betrachtet – das heißt im Rahmen jener Ethik, die, während sie bindet und verbindet, immer einen leeren Raum belässt –, weder als Eigentum noch als Identität verstanden werden. Das »Wir« ist darin ebenso sinnlos wie das »Zwischen-« oder »Unter-Uns« und das »Unser«; der *munus* erfordert vielmehr ein »Zusammen-mit«. Im Grunde unempfindlich für eine Grammatik des Possessiven, lässt die Gemeinschaft weder Raum für eine einfache Beziehung noch für Integration; sie schließt nicht auf der Grundlage einer bereits stabil gefestigten Bindung ein und aus. Die beispiellose Öffnung des *munus* ist eine radikale Leere, der Beweis für einen Entzug, für eine kontinuierliche Enteignung.[344]

Das buchstäbliche Gegenteil des Gemeinsamen und Kommunen ist das Immune – nicht das Individuelle. Individuelles und Kollektives bilden vielmehr zwei spiegelbildliche Modalitäten des immunitären Regimes, Qualitäten eines Körpers, der versucht, die Wunde zu schließen, um sich selbst zu schützen, einer selbsterfüllten Subjektivität, die sich in allem restlos gehört und stolz mit sich selbst identisch ist, während sie ihre behauptete Identität in der ersten Person zur Schau stellt – sei es im Singular oder im Plural.

Das immunitäre Projekt erhellt folglich den Abweg, dem das Gemeinsame bis zu dem Punkt gefolgt ist, dass es schließlich eine Form der Zugehörigkeit anzeigt. Es genügt, hierbei an die Strömung des Kommunitarismus zu denken. Aber auch im Allgemeinen scheint es der Moderne nahezu selbstverständlich, dass sich das Gemeinsame auf gemeinsame Zugehörigkeit und Miteigentum bezieht. Dieser Widersinn konnte daher paradoxerweise die semantische Geschichte und den konzeptuellen Weg der Gemeinschaft prägen, die schließlich als Immunität verstanden wurde. Das aber sanktionierte auch ihre Abschließung. Denn sich selbst zu immunisieren bedeutet, sich mit allen Fasern im Fundament der Identität zu verwurzeln, sich als alleinige Eigentümer und Bewahrer auszugeben, um sich so vor der

Gefahr des Kontakts, einer Exposition gegenüber dem Anderen zu schützen. Die Philosophie hat der Immunisierung des *cum* der *communitas* Vorschub geleistet und dazu beigetragen, das einfache Band zwischen den Individuen zu schützen, indem sie es gegen den *munus* gerichtet hat, der stattdessen jenen Raum des »Mit«, des Mit-den-anderen-Seins offen lässt und niemals abschließend ausgefüllt werden kann. Esposito interpretiert in dieser Perspektive die politischen und juridischen Institutionen, die zu Mitteln und Instrumenten des immunitären Projekts geworden sind.[345] Doch trotz aller Versuche, sie vor dem Außen zu bewahren, hat die Gemeinschaft nicht aufgehört, in ihrem Inneren von jener Leere durchzogen zu sein, die ihren abgründigen Grund bildet.

Es ist der bereits vollends immunisierte Blick der Moderne, der die Grenze nicht überschreitet und die Dimension des Kommunen – des Mit-Seins in seiner ganzer Potenzialität – verdeckt. Das, was die immunisierende Politik abgesondert hat, um sich so konstituieren zu können, all das, was mit der Absicht verdrängt wurde, den politischen Körper zu verteidigen, bezeichnet Esposito als »unpolitisch«. Ein Verzeichnis dieses Grenzüberschreitenden würde äußerst lang ausfallen: von der Angst bis zum Tod, von der Verantwortung bis zur Brüderlichkeit, von der Schuld bis zur Ekstase. Das Unpolitische macht das Ungedachte der politischen Philosophie aus und ist dabei wesentlich politischer, als diese zugestehen möchte, denn es umfasst alles, was auf den *munus* und damit auf die gemeinsamen Bedingtheiten verweist.

Das Nichtanzueignende schlechthin aber ist der Tod. Die begründende Immunität patriotischer Mythen suggeriert, dass der politische Körper über den Tod der einzelnen Körper hinaus fortbestehen könne. Daher das Opfer des Individuums in der Rolle des Soldaten, im Namen der Gemeinschaft, die für diese Toten Denkmäler errichtet und deren abgetrennte Glieder wieder in den Körper der Nation integriert. Der Vertrag immunisiert gegen die Angst vor einem gewaltsamen Tod, dem jeder von uns in seiner Besitz-Preisgabe und Einsamkeit ausgesetzt wäre, er weckt diese und nutzt sie zugleich als Machtinstrument. Die politische Gemeinschaft, die sich auf Angst gründet, bleibt von ihr besessen und bewohnt. Je mehr sie nach außen gedrängt wird, desto stärker zwängt sie die Individuen im Inneren wie in einem Schraubstock zusammen. In der Angst vor einem gewaltsamen Tod kulminiert die Angst vor dem Anderen. Es ist also letzten Endes die Alterität, die zurückgedrängt und ausgeschlossen wird. Wenn Angst das Band konstituiert, das die Gemeinschaft trägt, wird Aufnahme unmöglich. Der Andere bedeutet Ansteckung, Infektion, Kontamination. Die Grenze wird, auch symbolisch, zum unverzichtbaren immunitären Damm, um das Innere zu schützen und jedwede Alterität – die des Anderen und die absolute des Todes – auszuschließen. In einem solchen immunitären Kontext der Spätmoderne, in dem die Gefahr der Atombombe vielleicht abgenommen haben mag, scheint Einwanderung nunmehr die beunruhigendste Bedrohung darzustellen.[346] Jene unbestimmte und dunkle Masse, die anlandet und das Territorium betritt, erweckt die Angst vor dem nationalen Tod wieder, lässt das uralte Trauma wieder aufleben, gegen das der politische Körper immunisiert zu sein glaubte.

Der Fremde ist der Eindringling. Weil er von seinem äußeren Rand aus die Immunität des gemeinschaftlichen Bandes direkt infrage stellt, verweist er auf den in den Tiefen des politischen Körpers verborgenen *munus* und deutet in seiner Ortlosigkeit auf die Leere im Zentrum der Gemeinschaft; von dort aus bittet er um eine Zuflucht, die unmöglich zu verweigern ist, wenn überhaupt noch ein Sinn für das Gemeinsame vorhanden ist. Der Fremde bedeutet die Chance, die Gemeinschaft wieder zu öffnen.

Die Welt zu einer gemeinsamen zu machen, bedeutet dann, die Immunität, um die herum der politische Körper konstruiert wurde, abzubauen, einzureißen und einzuschmelzen – für Esposito eine »unpolitische« Aufgabe, insofern sie den gewöhnlichen Gebrauch von Gemeinschaft und die Rechtfertigung, welche die politische Philosophie dafür liefert, in Frage stellt. Wenn eine Politik der Aufnahme unmöglich und unwirklich erscheint, wird hingegen eine Unpolitik der Aufnahme wirklich und notwendig. Aus diesem Grund ist es vonnöten, auf die Bedeutung des Zusammenwohnens und den Sinn des Ortes zu reflektieren. Denn nur ein verantwortliches Teilen der gemeinschaftlichen Orte kann de-immunisieren, indem es neue Räume der Solidarität, unerwartete Zeiten der Freiheit eröffnet.

11. Als Europa unterging ...

Es ist nicht möglich, ein genaues Datum anzugeben. Es geschah in der Morgendämmerung oder vielleicht auch bei Sonnenuntergang, als das Meer vor Lampedusa die Leben eines weiteren Bootes an sich riss und verschluckte. Sodann gab es die Treibgüter und Leichname wieder frei. So ging Europa unter, nachdem es sich hinter immer höheren Mauern, videoüberwachten Grenzen und mit elektronischen Sensoren gespickten Zäunen verschanzt hatte – und zwar ebenso oft, wie die Anzahl der Schiffbrüchigen zu bemessen ist. Mit ihren spezifischen Zielsetzungen und gegen Einwanderung gerichteten Operationen verkörpert die 2004 gegründete Europäische Agentur für die Grenz- und Küstenwache Frontex mit Sitz in Warschau ganz offenkundig den Triumph des immunitären Denkens.

Was ließe sich jetzt, nach den unzähligen Schiffbrüchen, noch von Europa sagen? Ein Schleier aus Trauer, Wehmut und Melancholie umhüllt die Gedanken, auch jene derer, die nicht an die Opfer denken, die glauben, dass sie keine Verantwortung zu übernehmen hätten. Jenseits des Schweigens der Trauer aber hebt ein Schwall feindseliger Stimmen und abgedroschenen Gepolters an.

Es scheint, dass von Europa nur mehr im Konditional gesprochen werden könne. Was es heute ist – was es hätte sein können. Die Zukunft, die viele vorausgesehen hatten, wurde von einer ebenso finsteren wie zynischen Gegenwart dementiert, verleugnet und aufgekündigt. Es ist regelrecht schmerzhaft, heute bestimmte Essays erneut zu lesen, die erst vor wenigen Jahren veröffentlicht wurden: von Gadamer, Habermas, Derrida, Brague, um nur an einige wenige zu erinnern. Gewiss, Europa hat sich stets in einer Krise gewähnt – schon allein wegen seines rätselhaften Ursprungs, seiner leidvollen Geschichte, seiner exzentrischen Identität. Und dennoch: Gerade weil sich die Europäer im Unterschied zu den so stolz authentischen und bewusst »nicht-europäischen« Griechen immer anders und fremd gefühlt hatten, vertrauten etliche Philosophen, Schriftsteller und Intellektuelle auf die in diesem eigenartigen Kontinent, dieser asiatischen Halbinsel enthaltenen Möglichkeiten.[347] Die Erweiterung der Europäischen Union ließ auf einen neuen Kurs schließen. Vielleicht hätten von den Peripherien aus, von Rostock und Belfast, von Riga und Palermo, neue Herausforderungen in Angriff genommen werden können. Das Projekt schien klar: Europa, »Heimat der Verschiedenheit«.[348]

Europa, ein Eigenname, der versprach, nicht nur zum beispiellosen gemeinsamen Ort einer Wiederentdeckung der Politik zu werden, sondern auch zu einem Laboratorium, in dem neue, von Abstammung und Geburt losgelöste Formen der Bürgerschaft erprobt und der toxische Mythos der Nation abgestreift werden sollte – all dies ist Europa nicht geworden, diese Versprechen hat es nicht gehalten. Als es an der Zeit war, die Menschenrechte auf die Probe zu stellen und diejenigen aufzunehmen, die Zuflucht suchten, hat sich die Heimat jener Rechte selbst verraten. Vorhersagen, Prophezeiungen und Prognosen konnten sich nicht erfüllen; die Liste dessen, was hätte sein können und nicht gewesen ist, wäre noch lange fortzuführen.

Wenn man vom Konditional zum Präsens Indikativ übergeht, muss man zugeben, dass Europa zum Namen einer Anhäufung von Nationen, zu einer uneinigen Versammlung von Miteigentümern geworden ist, die sich unter dem Einfluss von kurzlebigen Verträgen und wackeligen Kompromissen den Platz streitig machen, um jeweils die eigene behauptete Identität zu verteidigen. Kein Sinn für das Gemeinsame, kein Gedanke an Gemeinschaft. Es fehlt nur noch, dass anstelle der Europäischen Verfassung eine Verordnung der Miteigentümerschaft eingeführt wird, im Rahmen derer sich eine jede Nation durch die Mitgliedschaft in einem gemeinschaftlichen Verband zunehmend immunisieren kann. Es gibt kaum eine politische Initiative, die noch nicht gekippt worden wäre. Während man sich eine neue »postnationale« Politikform erhoffte, die sich – wie Habermas argumentierte – bereits in Richtung einer kosmopolitischen Verfassung bewegen würde, wurde stattdessen der Nationalstaat gestärkt, der

Wächter einer sekuritären Immunität, die Schutz vor äußeren Bedrohungen gewährt – angefangen bei den Migranten. Während man eine europäische Unionsbürgerschaft imaginierte, die allein auf dem Kriterium des Wohnsitzes basierte und daher auch für Fremde offen, ja sogar darauf angelegt sei, den beispiellosen Status eines »europäischen Bürgers« ohne Nationalität innerhalb Europas zu erfinden, endete alles mit einer sinnlosen Verdoppelung der Zugehörigkeit, in einem doppelten Geburtsprivileg. Um gar nicht erst von den Grenzen zu sprechen: Die fortschreitende Öffnung des Schengen-Raums, die seit 1985 die Freizügigkeit hätte erleichtern sollen, hat zu einer obsessiven Immunisierung der Grenzen geführt.

Wer ist für diese Verzerrungen verantwortlich zu machen? Sicherlich nicht nur die Brüsseler Bürokratie, nicht nur die einander abwechselnden Regierungen, sondern auch die fernbleibenden, passiven und gleichgültigen Bürger. Die Ereignisse des letzten Jahrzehnts, insbesondere die große Wirtschafts- und Finanzkrise, haben ihren Beitrag dazu geleistet, dass alle weiterreichenden Projekte von längerem Atem gescheitert sind. Im Gegensatz dazu, was die Souveränisten glauben wollen, besteht das Problem Europas nicht darin, dass es die Souveränität der einzelnen Nationalstaaten infrage gestellt hätte, sondern vielmehr darin, dass es ihm nicht gelungen ist, diesen alten Moloch von Grund auf aus den Angeln zu heben – gespensterhafter und blutleerer als je zuvor, sich umso mehr an seine Macht klammernd, immer entschlossener, das Gesetz zu diktieren. Europa blieb eine Geisel der Nationen, die innerhalb entleerter, ja sogar entstellter Institutionen im Rahmen eines ewigen und vergeblichen Rechtsstreits miteinander konkurrieren. Keinerlei Versuch also, neue politische Formen der Gemeinschaftlichkeit und des Zusammenwohnens zu erdenken und zu erproben.

Die »Migrationskrise« stellt den augenfälligsten Beweis für dieses Scheitern dar. Auch wenn die Verweigerung der Aufnahme den einzelnen Nationen zuzurechnen ist – angefangen bei Ungarn, Polen und der Slowakei –, kommt man nicht umhin anzuerkennen, dass sich Europa in seiner Überstaatlichkeit nicht in der Lage zeigte, den Nationen zum Trotz zum Zufluchtsort zu werden und sich der Gastfreundschaft zu verpflichten. Doch zumindest dieses eine Mal hätte es sich auf die Menschenrechte berufen und sie gegenüber der Nation geltend machen können. Nein, keinerlei *refugium* für den Fremden; wieder einmal triumphierte das *jus* des Bürgers. Es obsiegte jener dunkle *horror loci*, der die Europäer über die letzten Jahrhunderte hinweg bedrückte.

Europa, *Finis terrae*, war schon immer ein Grenzland, ein Hafen des Aufbruchs zu neuen Entdeckungen und neuen Visionen, oder vielmehr ein Horizont, was im Griechischen eben Grenze bedeutet. Obwohl er rätselhaft bleibt, bezeichnete der Name *Europa* in der Antike keinen Ort, sondern eine Himmelsrichtung: diejenige der ins Meer eintauchenden Sonne. Um sodann wieder aufzugehen. So blickten die Griechen auf jenes Westufer der Ägäis, das immer ein wenig im dämmrigen Halbdunkel des Abends lag, wo das Licht in der Ferne aber umso heller schien.

Und es bleibt ein Horizont. Wie er anderswo nicht zu erahnen zu sein scheint. Der Horizont einer Gemeinschaft, die sich von der Nation, der Geburt und der Abstammung losgesagt hat und sich der im Namen des Blutes begangenen Verbrechen sowie der im Namen des Bodens geführten Kriege erinnert, die sich des Exils bewusst ist, die offen ist für Gastfreundschaft, die sich in die Lage versetzt, politischen Formen stattzugeben, in denen das Immune dem Kommunen und Gemeinsamen den Vortritt lässt.

12. Den Anderen Platz machen

Die Ankunft der Migranten wird vom immunitären Gemeinsinn als Bedrohung angesehen. Dieser Gemeinsinn trennt sich immer wieder vom Sinn für das Gemeinsame, indem er wirtschaftliche, kulturelle, religiöse und identitäre Fragen aufwirft, die zwar sehr »realistisch« anmuten, aber eben auch immer immunisierende Schranken darstellen. Feindseligkeit widerruft a priori die Gastfreundschaft. Die Fragen überstürzen sich, alle mit dem gleichen Tenor: »Ja, das wäre in der Tat sehr großzügig. Aber wie sollen wir sie aufnehmen, wenn wir nicht über ausreichend Mittel verfügen?«; »Was soll man tun, wenn es weder Wohnung noch Arbeit gibt, nicht einmal für uns?«; »Und wie sollte man sie überhaupt integrieren?« Dieser immunitäre Gemeinsinn, der jede Ethik hinter sich lässt, kann sich mitunter bis zur Perversion aufschwingen, die Verweigerung der Einreise als eine Form der Fürsorge und die Ausweisung als Zuvorkommenheit und Rücksicht gegenüber dem Migranten auszugeben. Der politische Zweck dieses immunitären Gemeinsinns liegt jedoch offen zutage: das als abgeschlossener Raum eines kollektiven Eigentums verstandene Staatsgebiet zu verteidigen.

Aber der ankommende Migrant beansprucht keinen Platz an der Sonne, er bittet schlicht um einen Platz. Dieser Unterschied ist entscheidend. Mit den möglichen Zweideutigkeiten spielt die immunitäre Politik der Zurückweisung. Einen »Platz an der Sonne« zu erobern bedeutet, im Leben zu reüssieren, in der Arbeit Erfolg zu haben, eine prestigeträchtige Position zu bekleiden und vor allem jenen Platz der Erde zu besetzen, der ungestörtes Wohlergehen ermöglicht. Es ist kein Zufall, dass es die Philosophen waren, die – angefangen mit Pascal – die unheilvollen Auswirkungen des »Platzes an der Sonne« anprangerten und ihn als Prinzip der Aneignung dessen interpretierten, was gemeinsam bleiben sollte; als das Prinzip, aus dem alle Konflikte entstehen. Pascal schreibt:

> *Mein, dein.* »Dieser Hund gehört mir«, sagten diese armen Kinder. »Das ist mein Platz an der Sonne.« Das sind der Anfang und das Abbild der Usurpation der ganzen Erde.[349]

Ganz anders verhält es sich mit der einfachen Bitte um einen Platz, oder besser: um einen Ort zum Leben in der Gemeinschaft, jener Gemeinschaft, die eine – wie stark auch immer verdrängte – Leere in sich birgt und in der es deshalb nicht legitim ist, den anderen einen Platz zu verweigern. Es genügt, sich nur ein wenig zu dezentrieren und zumindest für einen kurzen Augenblick dem eigenen Ego nicht den unbedingten Vorrang zu geben. Nur das bedeutet Aufnahme. Eben weil ihnen ein Platz zum Leben eingeräumt wird, können die

Ankommenden später am gemeinsamen Leben teilnehmen, Güter und Verpflichtungen teilen. Aber was später kommt, kann weder vorhergesehen noch im Vorhinein bestimmt werden und hat nichts mit der Geste der Aufnahme als solcher zu tun, die dem Anderen zuallererst Platz macht.

Die Nähe zum Fremden bedeutet immer eine anspruchsvolle Bewährungsprobe, denn bei ihr geht es in erster Linie um ein Einräumen, um ein Zugeständnis an Raum. Es kursieren verschiedene Versionen einer kurzen exemplarischen Anekdote, die in dieser Hinsicht zum Nachdenken anregt.[350]

Im Abteil eines Zuges reisen bequem zwei Passagiere, die, nachdem sie ihre Koffer verstaut haben, nach und nach die freien Plätze in Beschlag nehmen; Zeitungen, Mäntel und Handtaschen liegen hier und da verstreut herum. Plötzlich jedoch öffnet sich die Tür und zwei neue Passagiere treten ein. Ihre Ankunft bedeutet einen ärgerlichen Rückschlag für die anderen, eine Unannehmlichkeit, die sie zu vermeiden gehofft hatten. Sie sind gezwungen, die Plätze freizumachen, ihre Sachen wegzuräumen. Kurz, sie müssen den verfügbaren Raum aufteilen, den sie bis vor wenigen Augenblicken noch als ihr Territorium betrachtet hatten. Obwohl sie einander nicht kennen, scheinen die beiden ursprünglichen Passagiere jetzt durch ein einzigartiges Solidaritätsgefühl miteinander verbunden zu sein. Gegenüber den Neuankömmlingen bilden sie eine kompakte Gruppe. Sie besitzen bereits das Selbstverständnis eines Eingeborenen, der den ganzen Raum für sich beansprucht. Die Spannung ist nun deutlich spürbar. Die Neuankömmlinge murmeln unterwürfig ein paar Entschuldigungen, die anderen antworten mit gekünstelten Gesten und ein paar schiefen Seitenblicken. Doch die Hausordnung der Bahn sowie die geschriebenen und ungeschriebenen Verhaltensnormen der Zivilisation bändigen den territorialen Instinkt. Die Gewöhnung trägt zur Akzeptanz der beiden Eindringlinge bei, die jedoch stigmatisiert bleiben. Nach einer Weile aber öffnet sich die Tür wieder und zwei neue Passagiere treten ein. Die Situation ändert sich augenblicklich. Diejenigen, die zuvor die Fremden waren, fühlen sich nun ihrerseits zusammen mit den beiden von Beginn an im Zug befindlichen Passagieren als Miteigentümer des Abteils. Obwohl sie nicht viel gemeinsam haben, bilden sie stillschweigend den Clan der Autochthonen, die entschlossen sind, ihre erworbenen Privilegien zu verteidigen. Wieder einmal müssen sie sich jedoch widerwillig zusammendrängen und Platz machen. Die beiden Passagiere, die einst Fremde waren und sodann zu Neo-Autochthonen befördert wurden, zeigen keinerlei Solidarität mit den Neuankömmlingen, die ihrerseits gezwungen sind, sich der gleichen Ablehnung, dem gleichen Widerstand zu stellen, die jene bereits erlebt haben und deren sie sich deshalb auch erinnern können sollten.

Was sich in dem Zugabteil abspielt – nicht etwa ein steriles Experiment, sondern die Erfahrung vieler –, ist in mehrerlei Hinsicht bedeutsam. Zunächst einmal zeigt sich, dass Nähe kein Zustand ist, sondern eine »Unruhe«.[351] Erstaunlich ist zudem die hartnäckige Verteidigung des soeben erst besetzten »Territoriums«, eine Verteidigung, die sich auf groteske Weise wiederholt, einmal, zweimal, immer wieder. Als wäre das Zugabteil kein transitorischer Aufenthalt, ein Durchgangsort, um einen anderen Ort zu erreichen und daher zum Ortswechsel und zur Mobilität bestimmt. Was jedoch jene stille Hartnäckigkeit nicht verhindert, mit der die Passagiere ihre prekäre Heimat verteidigen. Das Paradox erreicht seinen Gipfelpunkt, wenn man in Betracht zieht, dass der Passagier die Negation des Sesshaften ist. Und doch vernachlässigen die in das Abteil Eintretenden nicht nur die Prekarität des eroberten Gebietes, sondern vergessen zudem schnell, dass sie selbst Fremde für die anderen waren und präsentieren sich stolz und hochmütig als Eingeborene. Das starke Gefühl von Fremdartigkeit, das jedes Mal durch die neuen Passagiere hervorgerufen wird, tritt zutage.

Diese Anekdote ermöglicht die Betrachtung eines Aspekts, der gerade in der globalisierten Welt nicht entgehen darf. Der Andere, dem man Platz macht, ist fast immer ein nie zuvor gesehener Fremder. Es ist nicht notwendig, ihn zu kennen, ihn zu schätzen oder auch nur die geringste Verbindung zu ihm zu haben, um durch das Band der Aufnahme miteinander verknüpft zu sein. Die Ethik des Raumes ist unabhängig von Sympathie oder Abneigung, sie ignoriert die Qualitäten oder Mängel des Anderen. Deshalb ist die Nähe zum Fremden paradoxerweise so einfach und gleichzeitig so anspruchsvoll.

Den Neuankömmlingen Platz zu machen bedeutet, sich ein wenig zurückzuziehen, sich selbst nur etwas zurückzunehmen. Was vielleicht mit dem Risiko von Unbequemlichkeit und Unbehagen verbunden sein mag. Und das umso mehr, wenn es scheinbar an Platz mangelt und die Mitglieder einer Gruppe das Gefühl teilen, innerhalb eines Festkörpers aneinandergedrängt zu sein. Außerhalb dieser immunitären Sichtweise, welche die dem Gemeinsamen stets zugrunde liegende Leere beseitigt, eröffnet sich die nicht-identitäre Logik des eingeschlossenen Dritten, die – anstatt den apriorischen Ausschluss des Gemeinsinns fortzusetzen, der starr an der Trennung zwischen Innen und Außen, zwischen Freund und Feind festhält – aufzeigt, dass das Selbst und der Andere keine Gegensätze bilden, sondern sich wechselseitig implizieren. Bis hin zum Tausch ihrer Rollen – also wie die Passagiere im Zugabteil, die sich, während sie sich noch für Eingeborene halten, als Fremde entdecken und umgekehrt. Dem Anderen Platz zu machen bedeutet, jedes Mal wieder gemeinsame Räume zu eröffnen; der immunisierte Raum kann sich nämlich leicht kristallisieren, zu einer neuen Front werden. Selbst in einem Zugabteil können Grenzen errichtet werden.

Dies gilt umso mehr in der Landschaft der Globalisierung, in der die Nähe zum Fremden ein völlig alltägliches Phänomen darstellt. Viele haben darüber nachgedacht, zuletzt Zygmunt Bauman.[352] Noch bis vor nicht allzu langer Zeit hielt der Alltag nur wenige und zudem auf vertraute oder bekannte Personen beschränkte Begegnungen bereit. Die Ankunft eines Fremden war daher ein Ereignis. Heute hingegen reicht es aus, in einer beliebigen Stadt, die nicht einmal eine globale Metropole sein muss, spazieren zu gehen, um auf eine große Zahl von Unbekannten zu treffen, die wahrscheinlich auch nach dieser zufälligen Begegnung solche bleiben werden. Die Informationsnetze, vom Telefon bis zum Internet, haben diese Effekte noch erheblich verstärkt. Da inzwischen »alle menschlichen Gemeinschaften« in das globale Netzwerk eingetreten sind, ist ein Punkt erreicht, »an dem wir alle uns realistisch vorstellen können, mit jedem einzelnen unter unseren sechs Milliarden Mitmenschen in Kontakt zu treten«.[353] Innerhalb des globalen Stammes haben Mobilität und Dichte das menschliche Zusammenwohnen bereits verändert.

13. Was heißt Zusammenwohnen?

Die politische Anklage, die Hannah Arendt im letzten Teil ihres umstrittenen *Berichts von der Banalität des Bösen* gegen Adolf Eichmann richtet, ist allzu oft unbeachtet geblieben. Vielleicht, weil sie nicht in der gebotenen Deutlichkeit artikuliert und nicht in all ihren Aspekten entwickelt wird, vielleicht auch, weil sie von anderen, nicht minder schwerwiegenden Kritikpunkten überschattet wird, oder vielleicht schließlich, weil sie im letzten, ungeheuer harten Absatz des Buches auftaucht, in dem Arendt für den Naziverbrecher die Todesstrafe fordert.

Es sei daran erinnert, dass Himmler, als er 1939 das Reichssicherheitshauptamt (RSHA) einrichtete, Eichmann eine zentrale Dienststelle des Amtes IV anvertraute. Es handelte sich um ein besonders heikles Referat, das sich sowohl mit der »Feindbeseitigung« als auch mit der »Evakuierung von Minderheiten« befassen sollte. Mitunter wurde auch der Ausdruck »Zwangsemigration von Völkern« verwendet. Im Übrigen hatte Hitler bereits in früheren Jahren eine »negative Bevölkerungspolitik« skizziert, deren von jeder traditionellen Eroberungsidee weit entferntes Hauptziel darin bestand, einen »volklosen Raum« zu schaffen, ein unbewohntes Gebiet, in dem sich sodann Deutsche ansiedeln sollten. Bevor Eichmann zum Bevollmächtigten des Völkermords in den besetzten Gebieten ernannt wurde, war er Minister für Auswanderung gewesen. Es wäre daher ein Fehler – warnt Arendt –, die Maßnahmen gegen die jüdische Bevölkerung als alleiniges Produkt des Antisemitismus zu betrachten. Dieser Interpretationsfehler führt auch heute noch dazu, in der Shoah ein potenziertes Pogrom zu sehen, das paroxysmale Resultat einer jahrhundertealten Verfolgung, und darüber hinaus zur Verkennung der Besonderheiten der Vernichtung. Bei näherer Betrachtung bildet die »Endlösung« die letzte Etappe einer Emigrationspolitik, die das Deutsche Reich »säubern« sollte.

So wird Arendts Bemühen verständlich, die Nürnberger Gesetze von 1935 mit der anschließenden Massenvertreibung zusammenzuschließen. Zunächst hatte das Reich die Diskriminierung der jüdischen Minderheit legalisiert und damit ein »nationales« Verbrechen begangen, sodann schritt es zur erzwungenen Emigration und Vertreibung und verübte damit ein Verbrechen, das über die Grenzen hinausging und auch andere Nationen mit einbezog. Die Flüchtlinge mussten nämlich in Ländern Zuflucht suchen, die nicht immer bereit waren, diese auch aufzunehmen. Für beide Formen können jedoch Präzedenzfälle in der neueren Geschichte angeführt werden. Das neuartige Verbrechen nahm Gestalt an, als das Naziregime beschloss, nicht nur alle Juden aus Deutschland zu vertreiben, sondern das jüdische Volk vom gesamten Erdboden zu beseitigen. Dieses planetarische Verbrechen, das später als »Verbrechen gegen die Menschheit« bezeichnet werden sollte, insofern es »gegen den Status des Menschseins« insgesamt gerichtet war, kannte Arendt zufolge in der Geschichte keinen Präzedenzfall.[354]

Arendts Argumentation verfolgt einen relativ expliziten Zweck: das Jerusalemer Gericht in seinem Anspruch zu kritisieren, über ein Verbrechen zu urteilen, das, obwohl es am Körper des jüdischen Volkes begangen wurde, die gesamte Menschheit betraf und deshalb ein internationales Tribunal erfordert hätte. Über dieses Urteil hinaus darf die Kontinuität nicht entgehen, die Arendt zwischen den drei Phasen jener »negativen Bevölkerungspolitik« aufzuzeigen versucht. Worin besteht der rote Faden, der Diskriminierung, Vertreibung und Völkermord verbindet? Das Buch schließt mit einem Epilog, in dem eine Art Urteilsspruch seinen Platz findet, zu dessen Verkündung die Richter den Mut hätten aufbringen sollen und der letztlich von Arendt selbst darlegt wird:

> Sie haben das während des Krieges gegen das jüdische Volk begangene Verbrechen das größte Verbrechen der überlieferten Geschichte genannt, und Sie haben Ihre Rolle darin zugegeben. [...] Sie haben sich, als Sie Ihre Lebensgeschichte erzählten, als einen Pechvogel dargestellt, und in Kenntnis der Bedingungen, unter denen Sie lebten, sind wir bis zu einem gewissen Grad sogar bereit, Ihnen zuzugestehen, dass es höchst unwahrscheinlich ist, dass Sie unter günstigeren Umständen je in diesem oder einem an-

deren Strafprozess als Angeklagter erschienen wären. Aber auch wenn wir unterstellen, dass es reines Missgeschick war, das aus Ihnen ein willfähriges Werkzeug in der Organisation des Massenmords gemacht hat, so bleibt eben doch die Tatsache bestehen, dass Sie mithalfen, die Politik des Massenmords auszuführen und also diese Politik aktiv unterstützt haben. Denn wenn Sie sich auf Gehorsam berufen, so möchten wir Ihnen vorhalten, dass die Politik ja nicht in der Kinderstube vor sich geht und dass im politischen Bereich der Erwachsenen Gehorsam nur ein anderes Wort ist für Zustimmung und Unterstützung. So bleibt also nur übrig, dass Sie eine Politik gefördert und mitverwirklicht haben, in der sich der Wille kundtat, *die Erde nicht mit dem jüdischen Volk und einer Reihe anderer Volksgruppen zu teilen,* als ob Sie und Ihre Vorgesetzten *das Recht gehabt hätten, zu entscheiden, wer die Erde bewohnen soll und wer nicht.* Keinem Angehörigen des Menschengeschlechts kann zugemutet werden, mit denen, die solches wollen und in die Tat umsetzen, die Erde zusammen zu bewohnen. Dies ist der Grund, der einzige Grund, dass Sie sterben müssen.[355]

Die von Arendt verwendeten Ausdrücke lauten *inhabit* oder auch *share the earth*, bewohnen und die Erde teilen. Unschwer lassen sich darin die Begriffe ausmachen, die für die Schülerin Heideggers philosophisch keineswegs zweitrangig bleiben konnten: die Erde und das Wohnen. Wenn auch nicht die gesamten Vorlesungen, so waren Arendt doch sowohl die in *Sein und Zeit* enthaltene als auch die im *Brief über den »Humanismus«* entwickelte Reflexion bekannt, in deren Rahmen Heidegger auf den griechischen Ausdruck *éthos* einging, aus dem die Ethik, oder besser: die »ursprüngliche Ethik« hervorgehe.

Bereits zuvor hatte Heidegger in seinem Seminar über Heraklit diese ansonsten verschwiegene oder vergessene Verbindung zur Geltung gebracht und den Grundbegriff *éthos* mit Aufenthalt, Wohnung wiedergegeben. Dabei orientierte er sich an Fragment 78 von Heraklit: Der *éthos* ist der »Aufenthalt des Menschen«, seine »Wohnung«. »Ethik« bedeutet also, sich auf dieses *éthos* zu verstehen.[356]

Während für Kant die Menschenwürde die Grundlage jeder ethischen Verpflichtung bildet, kann es für Heidegger weder Würde noch Menschlichkeit geben, es sei denn, jener Aufenthalt wird gewahrt, in dessen Offenheit die Welt erst zum Vorschein kommt, während sich in ihr zugleich das Dasein entfaltet. Im *Brief über den »Humanismus«* verbindet Heidegger unter ausdrücklicher Bezugnahme auf die berühmte Passage von *Sein und Zeit*, in der er das Existieren als »In-Sein« interpretiert hatte, die Ethik mit dem Wohnen, und zwar unmittelbar nachdem er in der Heimatlosigkeit das »Weltschicksal« ausgemacht hatte.[357] Die Heimatlosigkeit eines jeden macht es notwendig, zur Quelle der Ethik zurückzugehen, wo diese nicht mit moralischen Sitten und Gewohnheiten, sondern mit dem Wohnen und dem Aufenthalt verbunden ist. Die Ethik liegt im Aufenthalt des Menschen auf der Erde.

In ihrem Versuch, die Besonderheit der nationalsozialistischen Vernichtung zu erfassen, die anderweitig auch nur als das schrecklichste Pogrom der jüdischen Geschichte erscheinen könnte, schreibt Arendt auf der Suche nach dem roten Faden, der die Vertreibung mit den Gaskammern verbindet, dem Thema des Wohnens eine politische Wende ein, das damit nicht zufällig auch zum Thema des Zusammenwohnens wird. Darin liegt also das Verbrechen in seiner ganzen abgründigen Ungeheuerlichkeit: in dem Anspruch festlegen zu können, mit wem man zusammenwohnen will.

In genau diesem Sinne ist der Nationalsozialismus als das umfassendste Projekt einer biopolitischen Umgestaltung des Planeten zu betrachten. Die »negative Bevölkerungspolitik« zielte nicht einfach auf Verfolgung; sie war vielmehr von der Idee geleitet, dass das jüdische Volk keinen Platz mehr auf Erden haben sollte. Ähnliches war noch nie zuvor geschehen. Arendt sieht darin zu Recht die eigentliche Voraussetzung des Völkermords, den Auftakt zu Hitlers Todeswerkstätten. Eichmann und die Seinen hatten das Prinzip des Zusammenwohnens als Entwicklungskern eines Säuberungs-, Vertreibungs- und Vernichtungsplans ausgearbeitet, der auf ethnische Homogenität abzielte und daher alle heterogenen, allogenen, fremden Menschen betraf: Behinderte, Kranke, Homosexuelle, Dissidenten, Kommunisten,

Sinti und Roma, Juden. Kurz: Jeder, dessen Existenz die Homogenität der Nation bedrohte, musste vernichtet werden. Bereits zuvor hatte Arendt geschrieben: »Zuerst und vor allem findet der Raub der Menschenrechte dadurch statt, dass einem Menschen der Standort in der Welt entzogen wird«.[358] Auch hier findet das Thema des *éthos*, des menschlichen Aufenthaltes auf der Erde, seinen Widerhall. In ihrem persönlichen Urteil gegen Eichmann spitzt es sich jedoch weiter zu: Nicht nur wurde den Opfern ihr »Standort in der Welt« entzogen, sondern dies geschah zudem im Rahmen eines politischen Projekts, das von jenen konzipiert und umgesetzt wurde, die glaubten, souverän auswählen zu können, mit wem sie die Erde teilen wollten. Das Verbrechen richtet sich in zweifacher Hinsicht gegen die Menschheit: zum einen, weil es den Standort in der Welt raubt, und zum anderen und vor allem wegen der Anmaßung, darüber entscheiden zu können, mit wem man zusammenwohnen will. Es ist gerade diese Entscheidung, die das Verbrechen so gewaltig macht, dass Arendt die Todesstrafe fordert.[359]

Der entscheidende Punkt ist, dass Arendt eine beunruhigende Kontinuität erkennt, auf deren Grund sich das völkermörderische Vernichtungsprojekt abzeichnet: zuallererst eine Kontinuität mit dem Nationalstaat, der mit seiner Begründung auf ein homogenes Ideal schon als solcher dazu getrieben wird, diejenigen, die nicht der Nation angehören, zu vertreiben und gnadenlos auszuwerfen, als wären sie Abfall, unerwünschte Rückstände, deren Spuren verwischt und deren Erinnerung ausgelöscht werden müssen, um die eigene Geschichte rein und unverdorben zu bewahren. Dies erklärt die wiederkehrende Produktion von Flüchtlingsmassen, die dazu bestimmt sind, weiter zuzunehmen. Daher auch Arendts Beharren auf dem Zusammenhang zwischen Vertreibung und Vernichtung. So wie der Nationalismus nach der Shoah nicht enden sollte, stelle der Nationalstaat eine umso bedenklichere Gefahr dar, weil er angesichts der zunehmenden Vermischung der Völker innerhalb seiner selbst dennoch versuche, Nation und Staat zur Deckung zu bringen, selbst um den Preis des Einsatzes von Gewalt. Für die Flüchtlinge waren schon damals äußerst schwierige Zeiten zu erwarten.

Aber Kontinuität betrifft immer auch die Zukunft. Was bleibt vom Hitlerismus? Die Idee, dass man sich aussuchen könne, mit wem man zusammenwohnen will. Arendt schreibt das nicht direkt. Aber zwischen den Zeilen stößt man auf Besorgnis und bange Furcht angesichts eines Projekts, das, einmal in die Geschichte eingeführt, jederzeit wiederbelebt werden könnte. Das finale Resultat der Vernichtung darf nicht dazu führen, die politische Konstellation aus den Augen zu verlieren, in der diese konzipiert wurde. Das Zusammenwohnen kann keine Wahl darstellen, geschweige denn eine freie Entscheidung. Im Liberalismus wurde dank der Fiktion des willentlich geschlossenen Vertrages die Vorstellung ventiliert, dass man mit ebenso großer Autonomie entscheiden könne, wen man zulässt und wen man ausschließt. Arendt hat sich nicht getäuscht. Dieses Vermächtnis ist geblieben und taucht in den liberalen Thesen zur Einwanderung wieder auf, die das Prinzip der Freiheit des Zusammenwohnens dankbar aufgreifen, und zwar oftmals ohne weiter über die Auswirkungen nachzudenken, zu denen es in der Vergangenheit führen konnte. Aber diese Freiheit für sich selbst zu beanspruchen bedeutet, sich bereits in Richtung einer Politik des Völkermords zu begeben. Das immunisierende Prinzip bleibt dasselbe.

Mit Arendt und über Arendt hinaus ist zu betonen, dass das wechselseitige gemeinschaftliche Band jedweder Vereinbarung und jedem willentlichen Akt vorausgeht, auf die es daher auch nicht zurückgeführt werden kann. Ungewollte Nähe und nicht gewähltes Zusammenwohnen bilden die Vorbedingungen der politischen Existenz. Lange bevor ein Vertrag geschlossen wird, ist ein jeder immer schon unentrinnbar mit den vielen – nie gekannten und nicht erwählten – anderen verbunden, von denen seine Existenz abhängt, und deren Existenz umgekehrt bewahrt und verteidigt werden muss – jenseits jedes möglichen Zugehörigkeitsgefühls. Zusammen die Erde zu bewohnen, erlegt die permanente und unumkehrbare Verpflichtung auf, mit allen – mehr oder minder fremd, mehr oder weniger heterogen –, die auf der Erde die gleichen Rechte haben, zu koexistieren. Man kann wählen, mit wem man zusammenleben möchte, mit wem man das eigene Dach oder die Nachbarschaft teilen möchte, aber man kann nicht wählen, mit wem man zusammenwohnen will. Dies zu verwechseln, stellt einen schweren Irrtum dar. In diesem Sinne geht das Zusammenwohnen, jenes am Grunde jeden gemeinschaftlichen Bandes befindliche Mit-Sein, das die menschliche Existenz kennzeichnet, jeder politischen Entscheidung voraus, die, wenn sie nicht auf einen riskanten Abhang zusteuern will, dieses zu wahren hat.

Die diskriminierende Geste beansprucht den jeweiligen Ort in exklusiver Weise für sich. Wer sie ausführt, erhebt sich zum souveränen Subjekt, das, indem es eine souveräne Identität seiner selbst mit jenem Ort beansprucht, mit dem es eins zu werden fantasiert, Eigentumsrechte einfordert. In diesem Anspruch verbirgt sich atavistische Gewalt. Jenes souveräne Subjekt – ob es sich nun um ein »Ich« oder um ein »Wir« handelt, ob es sich im Singular oder Plural proklamieren mag – ist nichts als ein Usurpator, der die Absicht hat, den Platz des Anderen einzunehmen, ihn zu ersetzen, seine Spuren auszulöschen. Als ob der Andere, der ihm an eben diesem Ort immer schon zuvorgekommen ist, keine Rechte hätte, ja als ob es ihn nie gegeben hätte. Zusammen mit dem Anderen löscht es so auch jede Ethik aus. Denn niemand ist je auserwählt worden, und auf der Erde hat ein jeder nur vorübergehend einen Platz eingenommen, an dem zuvor ein anderer lebte, einen Ort, dessen Besitz er deshalb auch nicht für sich beanspruchen kann. Den Vorrang des Anderen an dem Ort, den man bewohnt, anzuerkennen heißt, sich nicht nur einer Ethik der Nähe, sondern zudem einer Politik des Zusammenwohnens zu öffnen. Das im Zusammenwohnen einbegriffene »Zusammen« ist dabei in seinem weitesten und zugleich tiefsten Sinne zu verstehen, der außer einer wechselseitigen Teilhabe auch eine tatsächliche Gleichzeitigkeit meint. Es kann nicht um ein starres Nebeneinander gehen. In einer vom Exil geprägten Welt bedeutet Zusammenwohnen, räumliche Nähe in einer zeitlichen Übereinstimmung zu teilen, in der sich die Vergangenheit eines jeden in der geteilten Gegenwart mit Blick auf eine gemeinsame Zukunft artikulieren kann.

14. Ansässige Fremde

Der Fremde unterliegt der Gefahr, zu einer Grenzfigur zu erstarren. Der Staatenlose findet schließlich auch in einer nicht mehr staatszentrierten Perspektive der offenen Stadt allenfalls in der dichotomischen Verbindung von Fremden *und* Bürgern einen Platz; oder vielleicht müsste man eher sagen: Bürgern *und* Fremden, denn Erstere machen per definitionem das pulsierende und gastfreundliche Herz der Stadt aus. Auch ein Rückgriff auf den Begriff des *denizen*, der die Unzulänglichkeit des Bürgers negativ hervorhebt, kann nicht zu einer Überwindung der Dichotomie dienen.[360] Die Zentrierung, diese althergebrachte logisch-territoriale Ordnung, macht den Fremden zum peripheren Noch-nicht-Urbanisierten und drängt ihn in die Bidonvilles zurück. Die Möglichkeiten, dass der Fremde diese konzentrische und selbstzentrierte Ordnung aus den Angeln hebt, werden damit hochgradig reduziert. Und zwar nicht nur wegen der populären und populistischen Fremdenfeindlichkeit, mit der er konfrontiert ist: Die Barackensiedlung, in die er verbannt wird, könnte sich nicht nur als eine politische, sondern ebenso als eine metaphysische erweisen.

Das gilt paradoxerweise auch für jene Philosophien, die als Zeichen der Gastfreundschaft den »Anderen« durchgängig mit einem Großbuchstaben schreiben. Der Andere und Fremde wird idealisiert, sublimiert, verherrlicht und mitunter zum »absoluten Ankömmling« stilisiert, der auf die Probe stellt und eine ethische und singuläre Prüfung einleitet. Denn derjenige, der den Fremden aufnehmen sollte und seinerseits die Fremdheit in seinem Inneren ergründet und sich damit eine Vertrautheit mit dem Fremden eingesteht, erkennt die Gastfreundschaft schließlich als unmöglich. Der Fremde, der absolute Ankömmling erweist sich als unmöglich aufzunehmen, wenn nicht mit einer einzigartigen, außergewöhnlichen, grenzenlosen und hyperbolischen Geste. Der Hiatus zwischen Recht und Gerechtigkeit vertieft sich, der Bruch ist irreparabel. Und die Gerechtigkeit geht geschlagen daraus hervor. Deshalb dankt sie ab und gibt – unfähig dazu, sich zu übersetzen – dem Gesetz nach; selbst wenn sie fortfährt, es von den Rändern aus zu bedrängen, überlässt sie der Politik das

Wort und räumt ein, selbst vollkommen unpolitisch zu sein. So aber liefert sie den Anderen einer unmöglichen Gastfreundschaft an das Gesetz aus und macht ihn zu einem gesetz-losen Fremden, zu einem illegalen Migranten.

Darin besteht das verhängnisvolle Resultat, zu dem – wenn auch unbeabsichtigt – die Entkopplung von Gastfreundschaft und Migration führen konnte. Als ob es hinreichend wäre, für die ethische Reinheit der Gastfreundschaft einzutreten, indem eine Kontamination mit dem Problem der Migration vermieden wird. Das wiederum konnte jedweder Art von abfälliger Kritik am Humanismus der »Gutmenschen« Auftrieb verleihen. Als ob es angesichts des rasanten Anstiegs der Anlandungen vorzuziehen wäre, stattdessen am »absoluten Ankömmling« festzuhalten. Wenn es einerseits dem Migranten zusteht, als Fremder, oder besser: als ansässiger Fremder anerkannt zu werden, muss es andererseits unbedingt vermieden werden, vom Migranten, von seiner Konkretheit, seiner Körperlichkeit, seinem nackten Leben abzusehen und aus ihm das bloß mythisch aufgeladene und auratische Wesen des Fremden zu extrahieren.[361]

Aber im metaphysischen Bidonville, in dem der Migrant die Grenze der Politik markiert, jenseits derer sich das Unpolitische öffnet, droht eine weitere Gefahr, die der ersten in vielerlei Hinsicht entgegengesetzt ist. Es handelt sich um die Gefahr einer Essentialisierung des nackten Lebens. Die Folgen wären gravierend, insofern der Migrant riskieren würde – seiner Rechte beraubt, noch nicht urbanisiert, weiterhin außerhalb der *pólis* stehend –, in einen unpolitischen Abgrund zu stürzen, aus dem er sodann nicht wieder aufsteigen könnte. Die Barackensiedlung stellte keine vorübergehende politische Not mehr dar, sondern das Vorzimmer eines unausweichlichen Ausschlusses aus der Menschheit.

Wahrscheinlich hat niemand besser als John Steinbeck das Abdriften des Migranten beschrieben, der von einem halbzivilen schrittweise in einen wilden Zustand regrediert. Es handelt sich um die Geschichte der amerikanischen Familie Joad, die aufgrund der Krise von 1929 wie viele andere gezwungen ist, in den Westen zu ziehen, um zu überleben. Es geht also um Binnenmigration, die jedoch nicht minder trostlos und tragisch ist. Während sich ihre materiellen und moralischen Bedingungen gleichermaßen verschlechtern, fallen die Migranten einem animalischen Zorn zum Opfer, der sie dazu treibt, eine Regel nach der anderen zu brechen und so zu Gesetzlosen zu werden. Zuerst wecken sie Mitgefühl, dann Ekel und schließlich nur noch Hass. Aus dem bürgerlichen Konsortium ausgestoßen, ohne nennenswerten Widerstand leisten zu können, der über ihre dumpfe Wut und ihr dunkles Leiden hinausginge, fügen sie sich der Verabschiedung zunächst vom Status des Bürgers und sodann von der menschlichen Kondition überhaupt. Von den anderen werden sie als »innere Barbaren« angesehen, als Nomaden, die – da ihnen der Wohlstand der Sesshaftigkeit nicht zuteilgeworden ist – dem »Naturzustand« geweiht sind.[362] Für Steinbeck erweist sich dies als das verhängnisvolle Schicksal des Migrierens.

Eine analoge Neigung zeigt sich auch in Arendts Denken, deren Haltung gegenüber den Fremden, den Ausgeschlossenen, den Parias, welche die von ihr verfassten Seiten bevölkern, nicht selten ambivalent erscheint – insbesondere in Bezug auf die Staatenlosen, die gerade wegen ihrer Staatenlosigkeit einer unaufhaltsamen Regression ausgesetzt sind. Dieser Lesart liegt das Schema einer langen Tradition zugrunde, die Kultur und Natur gegeneinander ausspielt. Die Gefahr, der auch Arendt nicht zu entgehen vermag, besteht darin, es unkritisch erneut auf diejenigen anzuwenden, die, einmal von der politischen Gemeinschaft ausgeschlossen, in einen wilden Zustand, in eine rein biologische Existenz zurückzufallen scheinen. Der Staatenlose wäre kein *zôon politikón* mehr, sondern auf einen Menschen in seiner »abstrakten Nacktheit« und »bloßen Existenz« reduziert. Die verwendeten englischen Ausdrücke lauten *abstract nakedness* und *mere existence*. Vielleicht, weil sie vor allem auf die Konzentrationslager blickt, in denen die »totale Herrschaft« in ihrer ganzen Potenz zur Vernichtung der menschlichen Spezies am Werke ist, sieht Arendt den letzten Schritt im unumkehrbaren Übergang von der biografischen Existenz zum bloßen biologischen Leben, vom *bíos* zur *zoé*. Auf diese Weise jedoch löst sie die Existenz nicht nur aus jeder Bindung heraus, sondern essentialisiert schließlich auch das biologische Leben. Sie führt so zwei Abstraktionen zugleich durch, die nicht einmal von den Lagern bestätigt werden, wo die Zeugnisse – nicht nur das von Primo Levi – doch durchweg das Gegenteil bezeugen. Andererseits fragt man sich, wo es ein auf biologische Natürlichkeit reduziertes menschliches Leben außerhalb jeglicher Beziehung überhaupt geben könnte.

Diese interpretative Neigung, die zur Essentialisierung des »bloßen«, des »nackten Lebens« führt, scheint auch in einigen Strömungen der Biopolitik eine Gefahr darzustellen, wenn die Figur des *homo sacer* – sofern man ihn nur als *denizen* betrachtet, also als seines Einflusses in der menschlichen Vereinigung beraubter Nicht-Bürger, der dem Tod geweiht, in seiner stummen Nacktheit isoliert und von einem tragischen Schicksal überwältigt wird – weder Widerstand leisten könnte noch die Fähigkeit zur Revolte besäße. Der Ausgeschlossene hingegen fällt wegen seiner Fremdheit, die noch immer eine Form von Beziehung bedeutet, nicht dem Abgrund anheim und wird nicht vom Strudel fortgerissen, sondern kann das Privileg der Marginalität für sich verbuchen, das heißt jener Heterotopie, die den Blick auf die Stadt schärft. Er bleibt also ein Fremder.

Es handelt sich jedoch um einen Fremden, der als solcher dem Bürger nicht entgegengesetzt ist. Im Gegenteil, er hat viel mit diesem gemein. Und zwar nicht nur eine existenzielle Gemeinschaftlichkeit, aufgrund derer der eine im jeweils anderen die Fremdheit erkennt, die ihn innerlich spaltet und ihn, indem sie ihn auf die Vertrautheit mit dem Fremden verweist, dazu auffordert, gastfreundlich zu sein. Ist das beunruhigende und schutzlose Ausgesetztsein im planetarischen Exil einmal anerkannt, wird diese Gemeinschaftlichkeit zudem auch politisch. Greifbar und anschaulich werden lässt sie die Figur des ansässigen Fremden, der die Tore einer Stadt öffnet, in der das Recht auf Asyl keinen Sinn mehr besäße und das Problem der Gastfreundschaft überwunden wäre. Denn es handelt sich um eine Stadt, in der man allein als Fremder ansässig sein kann. Genau darin liegt die politisch-existenzielle Bedingung eines jeden Bewohners, der zugleich Fremder und Ansässiger ist.

Eine Politik der Absonderung und Abschottung muss hier erkennen, dass Wohnen nicht bedeutet, sich niederzulassen, sich zu etablieren, sesshaft zu werden, einen Status zu erwerben, sich zum Staat zu machen. Das als Besitz des Ortes verstandene Wohnen bildet das Kriterium für die Aufteilung der Erde, für den Aufstieg von Vaterländern, die Errichtung von Grenzen und die Konfrontation von Nationalstaaten. Fest an den Boden geheftet, an der Immanenz der Macht hängend und seine Souveränität eifersüchtig bewachend, gründet sich der Staat auf den Ausschluss des Fremden.

Der Einbruch des ansässigen Fremden bedeutet eine Verletzung des *nómos* der Erde, einen Aufbruch der staatszentrierten Ordnung der Welt. Weil der ansässige Fremde auf das unvordenkliche Exil eines jeden verweist, erinnert er sich selbst und die anderen daran, dass auf der nicht anzueignenden und unveräußerlichen Erde ein jeder nur zeitweiliger Gast und Bewohner ist. Keine Archäologie hält dem stand: Niemand ist autochthon. So demaskiert er die Mythologie des Ursprungs, leugnet den Anspruch auf Autochthonie und verweist auf den Abgrund, auf dem die Gemeinschaft beruht, deren *munus* nichts anderes ist als dieses Wohnen.

Der ansässige Fremde zersetzt die *arché*, indem er anerkennt, dass ihm andere immer schon vorausgegangen sind, indem er eingesteht, dass er nicht »von diesem Ort« ist und umgekehrt, dass er dessen Besitz nicht für sich beanspruchen kann. Er zeugt damit von der Möglichkeit eines anderen Wohnens, das nicht nur von räumlich-zeitlicher Vorläufigkeit geprägt ist und damit nicht nur eine Migration darstellt, da es sich nicht auf den Übergang von der Sesshaftigkeit zum Umherirren reduzieren lässt. Der Fremde ist ansässig, wohnt aber so, dass er von der Erde getrennt bleibt. Diese nicht-identitäre Beziehung zur Erde eröffnet mit der Annahme der Fremdheit ein Zusammenwohnen, das nicht im Bann der Verwurzelung verbleibt, sondern in der Öffnung einer vom Besitz des Territoriums befreiten Bürgerschaft und einer Gastfreundschaft existiert, die bereits auf eine andere Weise des In-der-Welt-Seins und eine andere Weltordnung vorausdeutet.

Nachwort zur deutschen Ausgabe

Die deutsche Ausgabe dieses Buches gibt mir Gelegenheit, wenn auch wieder nur kurz und bündig, auf einige der darin umrissenen Begriffe zurückzukommen, angefangen bei denen der »Migration« und des »ansässigen Fremden«.

Auch wenn es sich geschichtlich gesehen keineswegs um ein neues Phänomen handelt, haben die globalen Ereignisse des 21. Jahrhunderts Bedeutung und Relevanz der Migration schon jetzt radikal verändert. Heute ist das Recht zu migrieren weniger selbstverständlich denn je und ruft allerorten erbitterte Konflikte auf den Plan. Wie ich darzulegen versucht habe, ist das *jus migrandi* das Menschenrecht des neuen Jahrhunderts, das – von den Aktivisten der NGOs und Vereine, internationalen Bewegungen und einer immer besser informierten und aufmerksameren öffentlichen Meinung unterstützt – einen Kampf erfordern wird, der demjenigen für die Abschaffung der Sklaverei in nichts nachsteht.

Der Beitrag, den die Philosophie dazu leisten kann, indem sie dem Migranten endlich das Bürgerrecht gewährt, liegt insbesondere darin, allzu bequeme Abkürzungen und unheilvolle Vereinfachungen anzuzeigen. Gegen diejenigen, die für geschlossene Grenzen eintreten und Mauern (auch im Denken) errichten, genügt es nicht, eine abstrakt bleibende Bewegungsfreiheit zu verteidigen, denn diese Verteidigung entspräche nur der anderen Seite des liberalen Denkens. Das liefe nicht nur darauf hinaus, Migration auf die gewöhnliche Banalität des freien Verkehrs zu reduzieren, sondern auch darauf, das entscheidende Thema der Aufnahme zu überspringen. Es reichte mithin aus, dass ein jeder frei dazu wäre, sich auf einem Planeten zu bewegen, der als schrankenloser Tauschplatz, als unermesslicher Markt von Wahlmöglichkeiten und Gelegenheiten verstanden wird. Doch wer die Gräuel des Krieges erleiden und Hunger und Elend ertragen musste, verlangt nicht danach, wo auch immer frei zu verkehren; er hofft hingegen darauf, dort anzukommen, wo die Welt wieder eine gemeinsame sein kann. Er strebt nicht danach, sich mit den anderen Weltbürgern in einer leeren kosmopolitischen Umarmung zusammenzuschließen, und beansprucht auch keinen Platz an der Sonne; er bittet nur um einen Platz in einer neuen Gemeinschaft, in der Erwartung, mit den anderen zusammenwohnen zu können.

Im Laufe etlicher Debatten und im Rahmen einer immer lebendigeren und intensiveren internationalen Diskussion über diese Themen bin ich daher dafür eingetreten, dass Migrieren keine einfache Bewegung, kein biologisches Datum darstellt, sondern auf die Landschaft verweist, in der man dem Fremden begegnet und in der sich die ethisch-politische Praxis der Gastfreundschaft eröffnet. Ein Migrieren gibt es sicherlich nicht ohne Ortswechsel; jedoch auch nicht ohne den Anderen und ohne jene Begegnung, die sich – gerade aufgrund des geteilten Ortes – zu einer Konfrontation zuspitzen könnte. Migrieren ist ein existenzieller und politischer Akt, den ich mit meinem Beitrag in seiner verästelten Komplexität einzuholen versucht habe.

Es kann kein Recht des Migrierens ohne eine Gastfreundschaft geben, die nicht im reduktiven Sinne eines reinen »Besuchsrechts« verstanden wird, wie Kant vorschlug, sondern als Wohnrecht. Eine solche Gastfreundschaft kann sich wiederum nur über die Anerkennung der Tatsache einstellen, dass wir im planetarischen Exil der Globalisierung allesamt ansässige Fremde sind. Die alte, neue Figur des »ansässigen Fremden« hebelt die Logik unerschütterlicher Zäune aus, innerhalb derer das Wohnen dem Autochthonen, dem Bürger vorbehalten bleibt. Der Kurzschluss verbindet den Fremden mit dem Ansässigen – und verwandelt dadurch beide. Die Gastfreundschaft ist in die Bürgerschaft einzuschreiben, wodurch auch Letztere nicht unverändert bleiben kann. Es geht nicht darum, die Staatsbürgerschaft zu demokratisieren, indem sie von der Nation entkoppelt wird, sondern darum, über den alten Begriff von Staatsbürgerschaft hinauszugehen. Es handelt sich auch nicht darum, zu »Bürgern« oder zu »Weltbürgern« erklärt zu werden oder die »Weltbürgerschaft« auszuweiten, sondern darum, weiter zu gehen und in jenen Raum vorzustoßen, in dem das Zusammenwohnen neu gedacht werden kann.

In diesem Buch habe ich versucht, im Phänomen des Migrierens, das der *arché*, dem die Souveränität begründenden Prinzip entzogen ist, den Ausgangspunkt einer neuen Route der Philosophie auszumachen und im Migranten den Protagonisten einer neuen anarchischen Szenerie zu sehen. In diese Richtung bin ich sodann mit meinen letzten Büchern weiter vorgedrungen. Insbesondere mit *Von der politischen Berufung der Philosophie*, das – indem es die Philosophen daran erinnern will, »Migranten des Denkens« zu sein und über die *pólis*, über den inzwischen geschlossenen Globus einer zeitlichen Präventivpolizei hinauszublicken – bereits die Grundlinien eines neuen Anarchismus auszuziehen versucht. Gleiches gilt für das jüngst auf Italienisch erschienene Buch *Il tempo della rivolta* [*Die Zeit der Revolte*], in dem ich ein weiteres explosives Thema unserer gegenwärtigen Welt hinterfrage: Die Revolte lässt – wie die Migration – erahnen, was im »Außen« geschieht, um die überwachten Grenzen der politischen Architektur herum. Die »neuen Ungehorsamen«, die sich an den Rändern des öffentlichen Raumes bewegen und diese auf dem Landweg wie auf See mitunter bereits überschreiten, destabilisieren die staatszentrierte Ordnung. Nicht zufällig bergen sie die Migranten, unterstützen sie und nehmen sie auf, nicht zufällig werden sie dafür kriminalisiert und der Illegalität beschuldigt. Ihr ziviler Ungehorsam mündet bereits in die anarchische Revolte.

Als letzte Version des zeitgenössischen Elends, die sogar über die wirtschaftliche Erniedrigung hinausgeht, stellt der Migrant in seiner unrechtmäßigen Nacktheit das Gespenst des Gastes dar, den seiner Sakralität und seines epischen Anderswo entkleideten Fremden. Sein Leben ist nicht allein subaltern, wie das des Arbeiters, das trotz allem einen Kampf ermöglicht, sondern es ist ein Leben in Schatten und untergründiger Unsichtbarkeit. Für den »klandestinen« Migranten bedeutet sein vollständiges Verschwinden somit den einzigen tragischen Ausweg. Wie sich diese Unsichtbarkeit sichtbar machen ließe, ist die erste große Frage, der sich eine nicht auf ein technisch-moralisches Problem reduzierte Aufnahmepolitik stellen muss.

Wer emigriert, dem wird stets der Prozess gemacht, was auch immer seine Wechselfälle und Geschicke sein mögen, ob er nun aus

Zwang oder Freiheit gehandelt haben mag. Die Migration kommt einer Ursünde gleich, einer an die Anarchie grenzenden Anomalie: Über die Ortsverlagerung hinaus wird sie auch als moralische Devianz und politische Subversion angesehen. Alle weitere Schuld ist in jener ersten unauslöschlichen Sünde enthalten, die ein dauerhaftes Stigma bleibt. Der Immigrant wird beschuldigt, den Platz des Anderen zu besetzen, der ihm nicht zusteht, und daher erscheint er in den Augen der vermeintlich Autochthonen als ein Fremdkörper, der die öffentliche Ordnung stört. Der neue Mikro- und Makrorassismus trifft auf hier äußerst fruchtbaren Nährboden.

Dieses Buch wurde unmittelbar nach der großen Migrationskrise verfasst, die im Sommer 2015 eine Zeitenwende innerhalb der europäischen Geschichte markierte. Seither hat sich die Situation nicht grundlegend gewandelt. Im Gegenteil, die vom neuen Coronavirus, diesem souveränen Biovirus entfesselte globale Pandemie hat die Ideologie der Mauern, die immunitäre Politik der Zurückweisung sowie den xenophoben Souveränismus noch verschärft. Ressentiment, Hass und Wut konnten sich weiter ausbreiten, regressive Ideen, rohe und erbarmungslose Schlagworte, grobschlächtige Argumente sich weithin durchsetzen. In der Heimat der Menschenrechte haben gefährliche Bewegungen der extremen Rechten erneut die Bühne betreten, deren politisches Programm im Fremdenhass zu gerinnen scheint: der Fremde als Sündenbock jeglichen Unbehagens. Die Gespenster von Blut und Boden, der Mythos von Autochthonie und Abstammung konnten so wieder auferstehen. Es zeigt sich jene nationalistische Tiefenader, die im abgründigen Hohlraum, in den Eingeweiden Europas nie zu pulsieren aufgehört hat. Doch der in Italien, Deutschland, Frankreich und in vielen weiteren Staaten erneut zutage tretende Nationalismus beschränkt sich nicht auf seine reaktive Variante, sondern nimmt zunehmend offensiv antieuropäische Züge an. Wer gegen die alten Liebhaber der Souveränität, gegen die Nostalgiker der Identität und ihrer Riten heute Europa verteidigen möchte, muss daher zugleich auch die Menschenrechte verteidigen.

Man kann durchaus sagen, dass es in der Politik an einer Gegenerzählung gefehlt hat. Letzten Endes überwog eine vorzeitige

Kapitulation, ein unbeholfenes und scheinheiliges Einverständnis. Es kann keine Glaubwürdigkeit beanspruchen, wer im Inneren plakativ verkündet, den Rassismus bekämpfen zu wollen, während er nach außen hin eine immunitäre Politik durchsetzt, welche die Migranten in den türkischen und libyschen Internierungslagern ihrem Schicksal überlässt. Es ist kein Zufall, dass das negative Bild des Migranten von einer zunehmenden Verrohung der europäischen Gesellschaften begleitet wird.

Ich bin davon überzeugt, dass das Thema der Migration daher in philosophischer, politischer, ethischer und kultureller Hinsicht entscheidend bleiben wird. Europa muss in der Tat verteidigt werden – nicht jedoch im Zeichen einer zurückweisenden und sich verschließenden Konservierung, sondern in dem der Transformation. Und das nicht nur, weil sich die geoökonomischen und geopolitischen Bedingungen geändert haben, sondern weil jenes Projekt im Namen der sozialen Gerechtigkeit, der Solidarität und der Gastfreundschaft stets neu zu lancieren und zu aktualisieren ist. Der neue »Pakt« zwischen den Bürgern und Europa kann heutzutage nicht mehr von den Migranten absehen und muss deswegen notwendig im Zeichen des gemeinschaftlichen Zusammenwohnens stehen.

Anmerkungen

1 Melville, *Moby-Dick*, S. 66.
2 Kafka, *Amerika*, S. 5.
3 Zur Geschichte von Ellis Island vgl. Cannato, *American Passage. The History of Ellis Island*.
4 Vgl. Whitman, *Hitler's American Model. The United States and the Making of Nazi Race Law*, S. 34 ff. und S. 59 ff.
5 2001 wurde auf der Insel das American Family Immigration History Center eröffnet. In Bezug auf Ellis Island ist auch an den Film *Golden Door* (orig. *Nuovomondo*) von Emanuele Crialese aus dem Jahr 2006 zu erinnern.
6 Vgl. Art. 13 der am 10. Dezember 1948 unterzeichneten »Allgemeinen Erklärung der Menschenrechte« sowie Art. 12 des am 16. Dezember 1966 in New York verabschiedeten »Internationalen Pakts über bürgerliche und politische Rechte«.
7 Art. 33 der Genfer Flüchtlingskonvention vom 28. Juli 1951.
8 Vgl. Hobbes, *Vom Menschen. Vom Bürger*, S. 128 f. (*De Cive*, V, 9).
9 Vgl. Hobbes, *Leviathan*, Kap. XIII und Kap. XXI.
10 Vgl. Ashley, »The Powers of Anarchy. Theory, Sovereignty, and the Domestication of Global Life«, S. 94–128.
11 Vgl. Harvey, *The Condition of Postmodernity*; Habermas, *Die postnationale Konstellation*.
12 Auch in den wenigen Fällen, in denen das Lemma überhaupt auftaucht, nimmt es eine weitgehend soziologische Färbung an. Vgl. Art. »Migrazioni«, in: *Enciclopedia filosofica*, Bd. VIII, Mailand 2006, S. 7436 f. Der Eintrag fehlt hingegen vollständig in Joachim Ritter (Hg.), *Historisches Wörterbuch der Philosophie*, 13 Bde., Basel 1971–2007.
13 Vgl. Cicero, *De divinatione*, I, 8.
14 Cicero, *De re publica*, VI, 9. Von *apoikía*, das heißt Migration im metaphysischen und theologischen Sinne, spricht auch Philon von Alexandria.

15 Vgl. Röttgers, »Kants Zigeuner«, S. 60–86.
16 Rawls, *Das Recht der Völker*, S. 8.
17 Vgl. Art. »Immigration«, in: *Stanford Encyclopedia of Philosophy*, {https://plato.stanford.edu/entries/immigration/}.
18 Vgl. Cassee, Hoesch und Oberprantacher, »Das Flüchtlingsdrama und die Philosophie«, S. 52–59. Ein interessantes Bild vermittelt auch der Sammelband von Cassee und Goppel (Hg.), *Migration und Ethik*.
19 Die preisgekrönten Artikel sind veröffentlicht in: Grundmann und Stephan (Hg.), *»Welche und wie viele Flüchtlinge sollen wir aufnehmen?«: Philosophische Essays*.
20 Vgl. Schramme, »Wenn Philosophen aus der Hüfte schießen«, S. 377–384.
21 Lukrez, *De rerum natura*, II, 1.
22 Vgl. Hans Blumenberg, *Schiffbruch mit Zuschauer*.
23 Pascal, *Pensées/Gedanken*, S. 129 f. (Nr. 205).
24 Arendt, *Vom Leben des Geistes. Das Denken. Das Wollen*, S. 55.
25 Vgl. Aristoteles, *Politik*, 1324a 16; vgl. Arendt, *Vom Leben des Geistes*, S. 62.
26 Ebd., S. 193.
27 Ebd., S. 100.
28 Vgl. Arendt, *Das Urteilen. Texte zu Kants Politischer Philosophie*, S. 71.
29 Vgl. Platon, *Gesetze*, 735e–736c. Vgl. dazu auch weiter unten Kap. III, 6. – Die Werke Platons werden durchgängig nach folgender Ausgabe zitiert: Platon, *Werke in acht Bänden*.
30 Zur Figur des Exilanten vgl. weiter unten Kap. II, 8.
31 Vgl. Heidegger, »Das Zeitalter des Weltbildes«, S. 75–113.
32 Vgl. Sloterdijk, *Sphären II. Globen. Makrosphärologie*, S. 820 ff.
33 Pigafetta, *Il primo viaggio intorno al mondo, con il Trattato della sfera*, S. 126.
34 Vgl. Benhabib, *Die Rechte der Anderen. Ausländer, Migranten, Bürger*, S. 56 ff.
35 Vgl. Agamben, *Homo sacer. Die souveräne Macht und das nackte Leben*, S. 81 ff.
36 Vgl. Arendt, *Wir Flüchtlinge*, S. 9. In der deutschen Übersetzung wird *refugee* durchgehend mit »Flüchtling« wiedergegeben.

37　Ebd., S. 15.
38　Ebd., S. 26 f.
39　Ebd., S. 30.
40　Vgl. Arendt, *Elemente und Ursprünge totaler Herrschaft*, S. 405.
41　Vgl. Agamben, »Jenseits der Menschenrechte«, S. 25 f.
42　Arendt, *Elemente und Ursprünge totaler Herrschaft*, S. 428.
43　Ebd., S. 402.
44　Ebd., S. 439.
45　Ebd., S. 428.
46　Ebd., S. 444.
47　Vgl. ebd., S. 428 f.
48　Vgl. Mouffe, *Das demokratische Paradox*.
49　Womöglich begann die Demokratie jedoch auch anderswo, worauf bereits Spinoza hingewiesen hatte. Vgl. dazu Di Cesare, »De Republica Hebraeorum. Spinoza e la teocrazia«, S. 213–228.
50　Balibar, *Sind wir Bürger Europas? Politische Integration, soziale Ausgrenzung und die Zukunft des Nationalen*, S. 156.
51　Vgl. Whelan, »Democratic Theory and the Boundary Problem«, S. 13–72.
52　Vgl. Rousseau, *Vom Gesellschaftsvertrag*, S. 55.
53　Kant, *Die Metaphysik der Sitten*, S. 432 (§ 46, A 166/B 196).
54　Rousseau, *Vom Gesellschaftsvertrag*, S. 35.
55　Vgl. Lefort, »Droits de l'homme et politique«, S. 45–83.
56　Vgl. Abizadeh, »Democratic Theory an Border Coercion. No Right to Unilaterally Control Your Own Borders«, S. 37–65; ders., »Closed Borders, Human Rights, and Democratic Legitimation«, S. 147–165.
57　Gleiches hat Antonio Negri in Bezug auf die konstituierende Macht festgestellt, die nur existiert, um wieder zu verschwinden. Vgl. Negri, *Konstituierende Macht. Eine Gegengeschichte der Moderne*.
58　Vgl. Walzer, *Sphären der Gerechtigkeit. Ein Plädoyer für Pluralität und Gleichheit*, S. 65–107.
59　Vgl. Walzer, »The Distribution of Membership«, S. 159–162; ders., »Universalism, Equality and Immigration. Interview with Herlinde Pauer-Studer«, S. 194–210. Zur angloamerikanischen Debatte vgl. Greblo, *Etica dell'immigrazione. Una introduzione*.

60 Walzer, *Sphären der Gerechtigkeit*, S. 66.
61 Ebd.
62 Ebd., S. 76.
63 Ebd., S. 78.
64 Vgl. Schmitt, »Der Gegensatz von Parlamentarismus und moderner Massendemokratie (1926)«, S. 59.
65 Walzer, *Sphären der Gerechtigkeit*, S. 82.
66 Ebd., S. 81.
67 Ebd., S. 92.
68 Ebd., S. 76.
69 Vgl. dazu auch Habermas, »Staatsbürgerschaft und nationale Identität«, S. 653 ff.
70 Miller, *Fremde in unserer Mitte. Politische Philosophie der Einwanderung*, S. 101 und S. 110.
71 Vgl. Meilaender, *Toward a Theory of Immigration*, S. 163.
72 Vgl. Wellman, »Freedom of Association and the Right to Exclude«, S. 11–155. Für eine erste Formulierung der Thesen vgl. Wellman, »Immigration and Freedom of Association«, S. 109–141.
73 Wellman, *Freedom of Association and the Right to Exclude*, S. 13.
74 Ebd., S. 110.
75 Ein Beispiel aus der Vergangenheit für einen aufgrund der begangenen Verbrechen nicht-legitimen Staat wäre etwa das Dritte Reich; aber auch die Gegenwart kennt zahlreiche illegitime Staaten.
76 Vgl. Wellman, *Freedom of Association and the Right to Exclude*, S. 123.
77 Vgl. Habermas, »Der europäische Nationalstaat. Zu Vergangenheit und Zukunft von Souveränität und Staatsbürgerschaft«, S. 128–153.
78 Vgl. Habermas, *Staatsbürgerschaft und nationale Identität*, S. 657 ff.
79 Vgl. weiter unten Kap. III, 6.
80 Vgl. z. B. Becker, *Property Rights. Philosophic Foundations*.
81 Vgl. Pevnick, *Immigration and the Constraints of Justice. Between Open Borders and Absolute Sovereignty*, S. 28 ff.
82 Kant, *Zum ewigen Frieden. Ein philosophischer Entwurf*, S. 214 (BA 41).
83 Rousseau, *Abhandlung über die politische Ökonomie*, S. 38.

84 Hobbes, *Leviathan*, S. 151 (Kap. XVIII, 7).
85 Vgl. *Tehillim/Psalme*, 115, 16. Die zitierten Bibelstellen werden wiedergeben nach *Die Bibel*, übers. v. Martin Luther, Stuttgart 1985 sowie – wo möglich – nach der alternativen Übertragung von Buber/Rosenzweig: *Die Schrift*, 4 Bde., übers. v. Martin Buber und Franz Rosenzweig, Heidelberg 1978–1981.
86 Vgl. Locke, *Zwei Abhandlungen über die Regierung*, S. 219 (Kap. 5, 32).
87 Vgl. ebd., S. 220 ff. (Kap. 5, 35 f).
88 Vgl. Morus, *Utopia*, S. 161.
89 Vgl. Finley, »Colonies: an Attempt at Typology«, S. 167–188.
90 Kant, *Die Metaphysik der Sitten*, S. 373 (§ 13, AB 83).
91 Kant, *Zum ewigen Frieden*, S. 214 (BA 41).
92 Kant, *Die Metaphysik der Sitten*, S. 475 f. (§ 62, A 230/B 260).
93 Ebd., S. 380 (§ 17, AB 94).
94 Ebd., S. 353 (§ 1, AB 55).
95 Ebd., S. 360 (§ 6, AB 66).
96 Ebd., S. 369 (§ 10, AB 78).
97 Ebd., S. 360.
98 Vgl. ebd., S. 366 (§ 9, AB 74); vgl. S. 379 (§ 17, AB 93).
99 Vgl. ebd., S. 375 (§ 15, AB 87).
100 Saint-Exupéry, *Der kleine Prinz*.
101 Vgl. Beitz, »Cosmopolitan Ideals and National Sentiment«, S. 591–600.
102 Vgl. Carens, *Fremde und Bürger. Weshalb Grenzen offen sein sollten*. Dieser Beitrag ist als ein Kapitel in das umfassende und systematisch angelegte Buch Carens, *The Ethics of Immigration*, eingegangen. Eine ähnliche Position vertritt auch Cassee, *Globale Bewegungsfreiheit. Ein philosophisches Plädoyer für offene Grenzen*.
103 Carens, *Fremde und Bürger*, S. 7.
104 Ebd., S. 9.
105 Vgl. dazu auch Shachar, *The Birthright Lottery. Citizenship and Global Inequality*, S. 7 ff.
106 Für die Thesen der *left-libertarians* vgl. Steiner, *An Essay on Rights*.

107 Vgl. Nozick, *Anarchie, Staat, Utopia*, S. 53 ff.
108 Vgl. Rawls, *Eine Theorie der Gerechtigkeit*, S. 159 ff.
109 Vgl. Carens, *Fremde und Bürger*, S. 20 ff.
110 Vgl. Beitz, *Political Theory and International Relations*, S. 129–136.
111 Vgl. Nida-Rümelin, *Über Grenzen denken. Eine Ethik der Migration*, S. 95 ff. Während Nida-Rümelin bekanntlich in der SPD aktiv ist, hat die Neue Rechte in Deutschland die Losungen gegen Migranten dankbar und mit Erfolg aufgegriffen. Ein Beispiel dafür ist das Buch des inzwischen verstorbenen Historikers Sieferle, *Das Migrationsproblem*.
112 Collier, *Exodus. Warum wir Einwanderung neu denken müssen*, S. 119.
113 Vgl. Allevi und Dalla Zuanna, *Tutto quello che non vi hanno detto sull'immigrazione*, S. 12 ff.
114 Singer, *Praktische Ethik*, S. 292.
115 Vgl. Pogge, *Weltarmut und Menschenrechte. Kosmopolitische Verantwortung und Reformen*.
116 Vgl. zu diesen Klassifikationen Beck, *Eine Theorie der globalen Verantwortung*.
117 Caparrós, *Der Hunger*, S. 8 f.
118 Habermas, *Faktizität und Geltung*, S. 668.
119 Habermas, »Anerkennungskämpfe im demokratischen Rechtsstaat«, S. 150.
120 Ebd., S. 154.
121 Ebd., S. 156.
122 Ebd., S. 154
123 Vgl. Žižek, *Der neue Klassenkampf. Die wahren Gründe für Flucht und Terror*, S. 12 f.
124 Vgl. Mezzadra, *Diritto di fuga. Migrazioni, cittadinanza, globalizzazione*. Vgl. auch Orchard, *A Right to Flee. Refugees, States, and the Construction of International Cooperation*.
125 Vgl. Balibar, »Die Antinomie der Staatsbürgerschaft«, S. 15 f.
126 Vgl. zu dieser Unterscheidung weiter unten Kap. II, 7.
127 Vgl. dazu weiter unten Kap. III, 9.
128 Vgl. La Boétie, *Von der freiwilligen Knechtschaft*.

129 Das ist die von Biologen und Kognitivisten vertretene These. Vgl. z. B. Calzolaio und Pievani, *Libertà di migrare. Perché ci spostiamo da sempre ed è bene così*.

130 Vgl. Wenden, *Le droit d'émigrer*.

131 Todorov, *Die Eroberung Amerikas. Das Problem des Anderen*, S. 79.

132 Vgl. Maior, *In secundum librum Sententiarium*, Distinctio 44, CLXXVI. Vgl. dazu Bacelli, »I diritti di tutti, i diritti degli altri. L'universalismo di Francisco de Vitoria«, S. 85–98.

133 de Vitoria, »De Indis recenter inventis relectio prior«, S. 260 (III, 5).

134 Vgl. Cavallar, *The Rights of Strangers. Theories of International Hospitality, the Global Community and Political Justice since Vitoria*.

135 Vgl. Thumfart, »On Grotius's ›Mare Liberum‹ and Vitoria's ›De Indis‹. Following Agamben and Schmitt«, S. 65–87.

136 Grotius, *Mare liberum*, Kap. V.

137 Ebd.

138 Grotius, *De iure belli ac pacis libri tres*, II, 2, 16.

139 Pufendorf, *De iure naturae et gentium libri octo*, III, 3, 9.

140 Vgl. Kant, *Zum ewigen Frieden*, S. 213 f. (BA 41).

141 Vgl. zu dieser Etymologie Benveniste, *Indoeuropäische Institutionen. Wortschatz, Geschichte, Funktionen*, S. 71 ff.

142 Vgl. Kant, *Zum ewigen Frieden*, S. 214 (BA 41).

143 Vgl. ebd., S. 210 (BA 33).

144 Das verdeutlicht Chauvier, *Du droit d'être étranger. Essai sur le concept kantien d'un droit cosmopolitique*, S. 176 ff.

145 Vgl. Derrida, *Cosmopolites de tous les pays, encore une effort!*, S. 53 ff.

146 De Luca, *Solo andata. Righe che vanno troppo spesso a capo*, S. 35.

147 Vgl. Castles, De Haas und Miller, *The Age of Migration. International Population Movements in the Modern World*, S. 13. Vgl. auch de Wenden, *La question migratoire au XXIe siècle. Migrants, réfugiés et realtions internationales*.

148 Vgl. United Nations, *International Migration Report 2015: Highlights Key Facts*, {https://www.un.org/en/development/desa/popu-

lation/migration/publications/migrationreport/docs/Migration-Report2015_Highlights.pdf.}

149 Die beste und zuverlässigste Quelle für eine solide Datengrundlage ist die Webseite des UNHCR: {www.unhcr.org.}.

150 Wichtige Schritte in diese Richtung hat der große Sprachphilosoph Wilhelm von Humboldt unternommen, dessen Ideen sodann von Franz Rosenzweig im Rahmen der eindrucksvollen theologisch-politischen Grammatik in seinem Buch *Der Stern der Erlösung* wieder aufgenommen wurden. Das sind die beiden wertvollen, weitgehend unbekannten und übergangenen Quellen der von Martin Buber angestrengten Reflexion auf das »Du«.

151 Vgl. Cavalli-Sforza und Padoan, *Razzismo e noismo. Le declinazioni del noi e l'esclusione dell'altro*, S. 54 ff.

152 Vgl. Scarry, »Das schwierige Bild des Anderen«, S. 229–263. Vgl. dazu auch Di Cesare, *Tortura*.

153 Für einen Überblick vgl. noch immer Theunissen, *Der Andere. Studien zur Sozialontologie der Gegenwart*.

154 Vgl. Carrère, *Brief an die Zoowärterin von Calais*.

155 Vgl. das Interview mit Justus Becker von Mathilde Doiezie, »Un graffiti en hommage à Aylan Kurdi pour interpeller sur le sort des migrants«, in: *Le Figaro* vom 12. März 2016.

156 Vgl. Kingsley: »The Death of Alan Kurdi: One Year on, Compassion towards Refugees Fade, in: *The Guardian* vom 2. September 2016; {https://www.theguardian.com/world/2016/sep/01/alan-kurdi-death-one-year-on-compassion-towards-refugees-fades}.

157 Vgl. dazu Di Cesare, *Terrore e modernità*, S. 185 ff.

158 Emblematisch dafür steht das Interview, das Peter Sloterdijk im Januar 2016 gab und in dem er die Notwendigkeit geschlossener Grenzen verteidigte. Vgl. Sloterdijk, »Es gibt keine moralische Pflicht zur Selbstzerstörung«, in: *Cicero* vom 28. Januar 2016, {https://www.cicero.de/innenpolitik/peter-sloterdijk-ueber-merkel-und-die-fluechtlingskrise-es-gibt-keine-moralische}.

159 Hegel, *Vorlesungen über die Philosophie der Geschichte*, S. 115.

160 Ebd.

161 Vgl. Schmitt, *Der Nomos der Erde im Völkerrecht des Jus Publicum Europaeum*.

162 Valéry, »Der Friedhof am Meer«, S. 18–23.
163 Zur philosophischen Definition des Juden als Grundlage der Nürnberger Gesetze vgl. Di Cesare, *Heidegger, die Juden, die Shoah*, S. 175 ff.
164 Vgl. Grundmann und Stephan (Hg.), »*Welche und wie viele Flüchtlinge sollen wir aufnehmen?*«, S. 7–12.
165 In dieser Hinsicht paradigmatisch ist der Versuch von Ott, *Zuwanderung und Moral*, S. 15 und S. 47.
166 Vgl. Roth, *Reisen in die Ukraine und nach Russland*.
167 Vgl. Agier und Madeira (Hg.), *Définir les réfugiés*.
168 Vgl. Haddad, *The Refugee in Internationale Society. Between Sovereigns*.
169 Brodsky, »Der Zustand, den wir Exil nennen, oder Leinen los«, S. 33 f.
170 Ebd., S. 34.
171 Vgl. Conrad, *Amy Foster*.
172 Zum Thema des Exils als existenzielle und politische Kondition vgl. weiter unten Kap. III, 1 und III, 2.
173 Vgl. Said, »Reflections on Exile«, S. 173–186.
174 Vgl. dazu Srubar (Hg.), *Exil, Wissenschaft, Identität. Die Emigration deutscher Sozialwissenschaftler 1933–1945*.
175 Adorno, *Minima Moralia. Reflexionen aus dem beschädigten Leben*, S. 56.
176 Vgl. *Bemidbar/Numeri* 35, 15–25. Diese »Freistädte« weisen jedoch eine komplexere Funktionsweise als die *ásila* auf und basieren auf subtilen Unterscheidungskriterien. Vgl. weiter unten Kap. IV, 7.
177 Foucault, *Histoire de la folie à l'âge classique*, S. 74 [Der gesamte entsprechende Abschnitt, dem das Zitat entstammt (im Original immerhin 8 Seiten), ist in der »geringfügig gekürzten« deutschen Ausgabe nicht enthalten; vgl. Foucault, *Wahnsinn und Gesellschaft. Eine Geschichte des Wahns im Zeitalter der Vernunft*, S. 80; Anm. d. Übers.].
178 Vgl. Sayad, *La double absence. Des illusions de l'émigré aux souffrances de l'immigré*, S. 162 ff.
179 Ellison, *Der unsichtbare Mann*, Zürich 1995, S. 7.
180 Vgl. Platon, *Der Staat*, 359b–360d.

181 Vgl. Rancière, »Fremdenfeindlichkeit und Politik. Gespräch mit Yves Sintomer«, S. 65–82.
182 Zu den mit diesem Fehlschlagen verbundenen jüngeren Phänomene, insbesondere zur zunehmenden Radikalisierung vgl. Di Cesare, *Terrore e modernità*, S. 97 ff.
183 Vgl. Le Blanc, *Dedans, dehors. La condition de l'étranger*, S. 77 ff. sowie Pestre, *La vie psychique des réfugiés*.
184 Nahezu in allen von ihnen sucht man vergeblich nach dem entsprechenden Lemma. Vgl. beispielsweise *The Cambridge Dictionary of Philosophy*, in dem nur der Eintrag *Alienation* (S. 20) vertreten ist.
185 Vgl. Ritter (Hg.), *Historisches Wörterbuch der Philosophie*, Bd. 2, Sp. 1102; der äußerst kurze Eintrag wurde von Albert Menne verfasst und ist rein logisch gehalten. Eine Ausnahme stellt Bernhard Waldenfels, Art. »Fremd/Fremdheit«, in: Sandkühler (Hg.), *Enzyklopädie Philosophie*, S. 407–410 dar.
186 Aristoteles, *Physik*, 207a 8.
187 Platon, *Apologie*, 17b.
188 Vgl. Platon, *Sophistes*, 241d.
189 Joly, *Études Platoniciennes. La question des étrangers*, S. 78.
190 Vgl. Sophokles, *König Ödipus*, S. 167–225; ders., *Ödipus auf Kolonos*, S. 345–411.
191 Simmel, *Soziologie. Untersuchungen über die Formen der Vergesellschaftung*, S. 509.
192 Ebd., S. 509.
193 Vgl. Schütz, »Der Fremde. Ein sozialpsychologischer Versuch«, S. 73–92.
194 Husserl, *Cartesianische Meditationen und Pariser Vorträge*, S. 131.
195 Schütz, »Der Fremde«, S. 73.
196 Waldenfels, *Grundmotive einer Phänomenologie des Fremden*, S. 57. – Was an dieser lexikalischen Verbindung nicht vollends überzeugt, ist der Ausdruck »Radikalität« und dessen metaphorischer Verweis auf die Wurzeln.
197 Zum Thema der Geburt vgl. Cavarero, *Tu che mi guardi, tu che mi racconti. Filosofia della narrazione*, S. 29 ff.
198 Vgl. Kristeva, *Fremde sind wir uns selbst*.
199 Waldenfels z. B. beschränkt sich auf die existenziellen Konsequenzen.

200 Foucault, »Von anderen Räumen«, S. 935.
201 Ebd., S. 942.
202 Foucault, *Wahnsinn und Gesellschaft*, S. 29.
203 Vgl. Bachelard, *Die Poetik des Raumes*, S. 207 f.
204 Arendt, *Wir Flüchtlinge*, S. 35 f.
205 *Die Bibel*, S. 135 (3. Mose, 25, 23); Buber/Rosenzweig: »Nicht werde das Land in die Dauer verkauft, denn mein ist das Land, denn Gäste und Beisassen seid ihr bei mir.«
206 Vgl. Di Cesare, »Esilio e globalizzazione«, S. 273–286.
207 *Bereschit/Genesis*, 12, 1; Buber/Rosenzweig: »Geh vor dich hin aus deinem Land, aus deiner Verwandtschaft, aus dem Haus deines Vaters in das Land, das ich dich sehn lassen werde.«
208 Zur antiken Stadt vgl. Fustel de Coulanges, *Der antike Staat. Kult, Recht und Institutionen Griechenlands und Roms* sowie Ampolo (Hg.), *La città antica. Guida storica e critica*.
209 Vgl. Engels, »Zur Wohnungsfrage«, S. 209–287.
210 Vgl. Cortelazzo und Zolli, *Dizionario etimologico della lingua italiana*, S. 35.
211 Vgl. Heidegger, *Sein und Zeit*, S. 73 (§ 12).
212 Vgl. Heidegger, »Bauen, Wohnen, Denken«, S. 149 f. und S. 163.
213 Ebd., S. 163.
214 Vgl. Heidegger, »Der Spruch des Anaximander«, S. 355 und S. 368.
215 Vgl. Cicero, *De re publica*, VI, 9.
216 Heidegger, *Brief über den »Humanismus«*, S. 343; vgl. auch ders., *Hölderlins Hymne ›Der Ister‹*, S. 35.
217 Zur Verwobenheit der Alterität in den Raum Heideggers vgl. Vallega, *Heidegger and the Issue of Space. Thinking on Exilic Grounds*, S. 65 ff.
218 Heidegger, *Hölderlins Hymne ›Der Ister‹*, S. 35.
219 Ebd., S. 31.
220 Heidegger, *Sein und Zeit*, S. 251 (§ 40).
221 Das entspricht dem Unterschied, der zwischen Heimkunft und Heimkehr verläuft. Vgl. Heidegger, »›Andenken‹«, S. 146.
222 Heidegger, *Hölderlins Hymne ›Der Ister‹*, S. 155 f.
223 Vgl. ebd., S. 180; vgl. auch Heidegger, »›Andenken‹«, S. 79.
224 Heidegger, *Hölderlins Hymne ›Der Ister‹*, S. 32.

225 Vgl. Heidegger, »›Andenken‹«, S. 136 f.
226 Heidegger, *Hölderlins Hymne ›Der Ister‹*, S. 59.
227 Vgl. Benjamin, »Kurze Schatten (II)«, S. 427 f.
228 Vgl. Heidegger, »Bauen, Wohnen, Denken«, S. 148 ff.
229 Martin Heidegger, »›... dichterisch wohnet der Mensch ...‹«, S. 193.
230 Vgl. Heidegger, *Hölderlins Hymnen ›Germanien‹ und ›Der Rhein‹*, S. 214 f.
231 Heidegger, »Hebel – Der Hausfreund«, S. 146.
232 Vgl. Dumézil, *Le festin d'immortalité. Esquisse d'une étude de mythologie comparée indo-européenne*.
233 Vgl. Hesiod, *Theogonie*, 372, 564 und 755.
234 Vgl. Platon, *Der Staatsmann*, 270e-271c.
235 Vgl. Herodot, *Historien*, VIII, 73.
236 Vgl. Demosthenes, *Epitaphios* (or. 60), 4.
237 Platon, *Menexenos*, 237b-c.
238 Platon, *Menexenos*, 238e-239a.
239 Vgl. Brelich, *Gli eroi greci. Un problema storico-religioso*, S. 138.
240 Vgl. Platon, *Der Staatsmann*, 262d-e.
241 Herodot, *Historien*, VII, 161.
242 Platon, *Menexenos*, 245d.
243 Zur Etymologie vgl. Gauthier, »Métèques, périèques et paroikoi. Bilan et points d'interrogation«, S. 27. Vgl. auch Kamen, *Status in Classical Athens*.
244 Vgl. Aristoteles, *Politik*, IV, 1295b 21–29.
245 Ebd., III, 1275a 7.
246 Vgl. Benveniste: »Deux modèles linguistiques de la cité«, S. 589–596.
247 Dionysios von Halikarnassos, *Römische Frühgeschichte*, II, 16 f.
248 Vgl. Nicolet, *Le métier de citoyen dans la Rome républicaine*, sowie Sherwin-White, *The Roman Citizenship*, insbesondere S. 147–153.
249 Zur Ambivalenz der Einwanderungspolitik vgl. Barbero, *Barbari. Immigranti, profughi, deportati nell'impero romano*.
250 Vgl. dazu Thomas, *›Origine‹ et ›commune patrie‹. Étude de droit public romain (89 av. J.-C. – 212 ap. J.-C.)*.
251 Cicero, *De legibus*, II, 5.

252 Der grundlegende Beitrag zu einer mythischen Lesart ist noch immer Dumézil, *La Religion romaine archaïque, avec un appendice sur la religion des Étrusques*.
253 Vgl. Dupont, *Rome, ville sans origine. L'Énéide, un grand récit de métissage?*, S. 28 ff.
254 Vgl. Dionysios von Halikarnassos, *Römische Frühgeschichte*, I, 4, 2 sowie Titus Livius, *Ab urbe condita*, I, 8, 5–7.
255 Dazu hat nicht zuletzt eine bestimmte Lesart der Texte des Paulus von Tarsus beigetragen.
256 *Schemot/Exodus*, 12, 49; Buber/Rosenzweig: »Einerlei Weisung sei dem Sproß und dem Gast, der in eurer Mitte gastet.«
257 *Wajikra/Levitikus*, 18, 26; Buber/Rosenzweig: »Ihr denn, wahret meine Satzungen und meine Rechtsgeheiße, tut nichts von all diesen Greueln, der Sproß und der Gastsasse, der in eurer Mitte gastet«. Vgl. ebd., 16, 29; 17, 15; 24, 16–22 sowie *Schemot/Exodus*, 12, 47–49.
258 *Schemot/Exodus*, 22, 20; Buber/Rosenzweig: »Einen Gastsassen placke nicht, quäle ihn nicht, denn Gastsassen wart ihr im Land Ägypten!«
259 *Schemot/Exodus*, 23, 9; Buber/Rosenzweig: »Den Gastsassen quäle nicht: ihr selber kennt ja die Seele des Gasts, denn Gastsassen wart ihr im Land Ägypten.«
260 *Devarim/Deuteronomium*, 24, 14 f.; Buber/Rosenzweig: »Presse nicht einen Löhner, einen gebeugten und bedürftigen, von deinen Brüdern oder von deiner Gastschaft, die in deinem Lande, in deinen Toren ist, an seinem Tag gib ihm seinen Lohn, nicht soll darüber die Sonne eingehn, denn gebeugt ist er, seinen Lebensatem hebt er danach, – daß er nicht über dich zu IHM rufe, Sünde also an dir sei.«
261 Vgl. *Schemot/Exodus*, 20, 10.
262 Vgl. *Bemidbar/Numeri*, 15, 29. Vgl. ebd., 9, 14; 19, 10 sowie auch *Schemot/Exodus*, 12, 19.
263 Vgl. *Bemidbar/Numeri*, 35, 15.
264 *Devarim/Deuteronomium*, 24, 17–22; Buber/Rosenzweig: »Biege nicht das Recht eines Gastsassen, einer Waise, beschlagnahme nicht das Gewand einer Witwe, gedenke, daß du Knecht warst

in Ägypten, ER dein Gott dich von dort abgegolten hat, darum gebiete ich dir diese Sache zu tun.

Wenn du deine Ernte auf deinem Feld einerntest, dabei vergissest du auf dem Feld eine Garbe, kehre nicht um, sie zu nehmen, dem Gast, der Waise und der Witwe werde es, damit ER dein Gott dich segne in allem Tun deiner Hände.

Wenn du deinen Ölbaum abklopfst, säubre nicht hinter dir nach, dem Gast, der Waise und der Witwe werde es.

Wenn du deinen Rebgarten einherbstest, pflücke nicht hinter dir nach, dem Gast, der Waise und der Witwe werde es. Gedenke, daß du Knecht warst im Land Ägypten, darum gebiete ich dir diese Sache zu tun.«

265 *Devarim/Deuteronomium*, 14, 29; Buber/Rosenzweig: »es komme der Lewit, denn kein Teil und Eigentum hat er neben dir«.

266 So wird in der jüdischen Tradition der Vers interpretiert: »dein Fremdling, der in der Stadt lebt«: *Schemot/Exodus*, 20, 10; Buber/Rosenzweig: »dein Gastsasse in deinen Toren«.

267 Trigano, »La logique de l'étranger dans le judaïsme. L'étranger biblique, une figure de l'autre?«, S. 101.

268 Vgl. ebd.

269 Das *Buch Rut* ist gewissermaßen als die Charta der hebräischen Souveränität anzusehen.

270 Vgl. *Bereschit/Genesis*, 2, 7 und 15.

271 *Schemot/Exodus*, 12, 38; Buber/Rosenzweig: »vieles Schwarmgemeng«.

272 Vgl. Bultmann, *Der Fremde im antiken Juda. Eine Untersuchung zum sozialen Typenbegriff ›ger‹ und seinem Bedeutungswandel in der alttestamentlichen Gesetzgebung*, S. 22.

273 *Devarim/Deuteronomium*, 17, 15; so auch Buber/Rosenzweig: »nicht dein Bruder«.

274 *Malakim aleph/1. Könige*, 3, 18: »und kein Fremder war bei uns im Hause«; Buber/Rosenzweig: »kein Fremder mit uns im Haus«.

275 *Wajikra/Levitikus*, 19, 34; Buber/Rosenzweig: »wie ein Sproß von euch sei euch der Gastsasse, der bei euch gastet, halte lieb ihn, dir gleich, denn Gastsassen wart ihr im Land Ägypten.«

276 *Wajikra/Levitikus*, 25, 23; Buber/Rosenzweig: »Nicht werde das Land in die Dauer verkauft, denn mein ist das Land, denn Gäste und Beisassen seid ihr bei mir.«

277 Das ist auch der Einwand, den Raschi in seinem Kommentar zum Vers *Bereschit/Genesis*, 23, 4 erhebt, in dem sich Abraham als *ger ʷᵉtôšāb* bezeichnet: »Ich bin ein Fremdling und Beisasse bei euch«; Buber/Rosenzweig: »Gast und Ansasse bin ich bei euch«.

278 Thukydides, *Der Peloponnesische Krieg*, S. 490 (VII, 77).

279 Weber, *Frontières*, S. 273.

280 Für einen geschichtlichen Überblick, der jedoch einer philosophisch-politischen Reflexion ermangelt, vgl. Quétel, *Murs. Une autre histoire des hommes*.

281 Vgl. dazu weiter oben Kap. II, 3.

282 Vgl. Brown, *Mauern. Die neue Abschottung und der Niedergang der Souveränität*.

283 Vgl. Foucher, *L'obsession des frontières*; ders., *Le retour des frontières*. Vgl. auch Graziano, *Frontiere*.

284 Vgl. Amilhat-Szary, *Qu'est-ce qu'une frontière aujourd'hui?*, S. 21 ff.

285 Die Skulptur ist ein Werk des Künstlers Mimmo Paladino. Die Initiatoren des Projekts waren die Nichtregierungsorganisationen Amani Onlus, Alternativa Giovani Lampedusa und Arnoldo Mosca Mondadori. Vor Lanzarote auf den Kanarischen Inseln, wo sich am Meeresgrund das *Museo Atlántico* befindet, realisierte der Künstler Jason deCaires Taylor eine Unterwasserskulptur, *The Raft of Lampedusa*, »Das Floß von Lampedusa«, die ein Schlauchboot mit dreizehn Flüchtlingen in Seenot darstellt und dem Gemälde *Das Floß der Medusa* des französischen Malers Théodore Géricault nachempfunden ist.

286 Vgl. dazu Camarrone, *Lampaduza*.

287 Vgl. Marramao, *Passaggio a Occidente. Filosofia e globalizzazione*, S. 94 ff. und 210 ff.

288 Der Begriff »Grenze« nimmt bereits bei Kant, der ihn durchgehend von »Schranke« unterscheidet, eine entscheidende Bedeutung innerhalb der philosophischen Reflexion an. Vgl. dazu Donatella Di Cesare, *Ermeneutica della finitezza*, S. 28 ff. Zum Begriff der Grenze vgl. auch Bodei, *Limite*.

289 Vgl. Attali, *L'homme nomade*, S. 453 ff.
290 Vgl. Augé, *Le Sens des Autres. Actualité de l'anthropologie*.
291 Vgl. Augé, *Pour une anthropologie de la mobilité*.
292 Vgl. Debray, *Lob der Grenzen*.
293 Eine weitere Ausnahme bildet Judith Butler, *Gefährdetes Leben. Politische Essays*.
294 Vgl. Agier, *Gérer les indésirables. Des camps de réfugiés au gouvernement humanitaire*. Vgl. dazu auch den eine Gesamttopografie entwerfenden Sammelband Agier (Hg.), *Un monde de camps*.
295 Deshalb können diese Themen auch nicht im Rahmen einer Philosophie der Migration behandelt werden.
296 Arendt, *Elemente und Ursprünge totaler Herrschaft*, S. 653.
297 Kotek und Rigoulot, *Das Jahrhundert der Lager. Gefangenschaft, Zwangsarbeit, Vernichtung*, S. 43.
298 Vgl. Agamben, *Homo sacer*, S. 175–189; ders., *Mittel ohne Zweck*, S. 37–43.
299 Für eine aktualisierte Kartografierung vgl. {www.migreurop.org}.
300 Vgl. Foucault, *Sicherheit. Territorium, Bevölkerung. Geschichte der Gouvernementalität*.
301 Vgl. Torpey, *The Invention of the Passport. Surveillance, Citizenship and the State*, S. 4 ff. Vgl. auch Claes, *Passkontrolle! Eine kritische Geschichte des sich Ausweisens und Erkanntwerdens*.
302 Vgl. Groebner, *Der Schein der Person. Steckbrief, Ausweis und Kontrolle im Mittelalter*.
303 Vgl. Louis Antoine de Saint-Just, »Rede vor dem Konvent vom 26. Germinal, Jahr II – 15. April 1794«; Wahnich, *L'impossible citoyen. L'étranger dans le discours de la Révolution française*.
304 Vgl. Faloppa, *Razzisti a parole (per tacere die fatti)*.
305 Vgl. Taguieff, *Le Racisme. Un exposé pour comprendre, un essai pour réfléchir*.
306 Vgl. Sibony, *Le Racisme, une haine identitaire*.
307 *Der Brief des Paulus an die Epheser*, 2, 19. Gegen manche andere Interpretation ist daran zu festzuhalten, dass der von Paulus verwendete griechische Ausdruck *paroikós* das hebräische *ger* übersetzt und dessen Bedeutungsgehalt beibehält.

308 Vgl. Derrida, *Schurken. Zwei Essays über die Vernunft*, S. 63.
309 Vgl. Derrida, *Gesetzeskraft. Der ›mystische Grund der Autorität‹*, S. 30.
310 Zum politischen Engagement Derridas in jenen Jahren vgl. Ramond, »Présentation. Politique et déconstruction«, S. 11–16.
311 Vgl. Derrida, *Le droit à la philosophie du point de vue cosmopolitique*.
312 Vgl. Derrida, *Von der Gastfreundschaft*, S. 60.
313 Vgl. Derrida, *Marx & Sons*, S. 78–83.
314 Derrida, »Das Wort zum Empfang«, S. 40.
315 Lévinas, *Éthique comme philosophie permière*, S. 74.
316 Vgl. Lévinas, *Totalität und Unendlichkeit. Versuch über die Exteriorität*, S. 217 ff.
317 Derrida, »Une hospitalité à l'infini«, S. 100.
318 Derrida, *Von der Gastfreundschaft*, S. 27.
319 Ebd., S. 60.
320 Ebd., S. 59.
321 Vgl. Derrida, *Das Tier und der Souverän. Seminar I: 2001–2002*.
322 Vgl. das Gespräch mit Thomas Assheuer, »Jacques Derrida: ›Ich misstraue der Utopie, ich will das Un-Mögliche‹«, in: *Die Zeit*, Nr. 11 vom 5.3.1998, S. 47–49.
323 Vgl. Derrida, »Responsabilité et hospitalité«, S. 121–124.
324 Für diesen Themenkomplex verweise ich auf Di Cesare, *Utopia del comprendere*, S. 61 ff. Das Modell der Übersetzung wird auch von Ricœur wiederaufgenommen; vgl. Ricœur, *Vom Übersetzen* sowie ders., »Étranger, moi-même«, S. 93–106.
325 Vgl. Derrida, *Sur parole. Instantenés philosophiques*, S. 63.
326 Vgl. Platon, *Protagoras*, 337c.
327 Diogenes Laertius, *Leben und Meinungen berühmter Philosophen*, S. 326 (VI, 63).
328 Vgl. Citieus, in: *SVF*, I, 54, 6 ff.; vgl. Plutarch, *De Alexandri Magni fortuna aut virtute*, I, 6, 329.
329 Vgl. Zolo, *Cosmopolis. La prospettiva del governo mondiale* sowie Archibugi, *Cittadini dell mondo. Verso una democrazia cosmopolitica*.
330 Vgl. Arendt, »Karl Jaspers: Bürger der Welt«, S. 99–112.

331 Vgl. Habermas, »Staatsbürgerschaft und nationale Identität«, S. 636.
332 Ebd., S. 641.
333 Ebd., S. 659.
334 Vgl. Benhabib, *Kosmopolitismus und Demokratie. Eine Debatte.*
335 Vgl. Joppke, *Citizenship and Immigration.*
336 In diesem Zusammenhang ist daran zu erinnern, dass auch einige europäische Städte, angefangen mit Amsterdam, Einwanderern eine Charta von Bürgerrechten zuerkennen. Vgl. Croce, »Toward a Converging Cosmopolitan Project. Dialogue between Seyla Benhabib and Daniele Archibugi«, S. 115–127.
337 Derrida, *Inconditionnalité ou soveraineté. L'Université aux frontières de l'Europe*, S. 30. Zum Gebrauch von »Mondialisierung« vgl. Resta, *La passione dell'impossibile. Saggi su Jacques Derrida*, S. 200 ff.
338 Derrida und Stiegler, *Écographies de la télévision. Entretiens filmés*, S. 36.
339 Derrida, *Schurken*, S. 124 f.
340 Vgl. Lévinas, »Asylstädte«, S. 51–78.
341 Derrida, *Cosmopolites de tous les pays, encore une effort!*, S. 44.
342 Derrida greift offensichtlich auf die Frei- oder Zufluchtsstädte zurück, da ihm das Modell der biblischen Stadt nicht bekannt zu sein scheint.
343 Vgl. Esposito, *Categorie dell'impolitico*, S. 7 ff.
344 Vgl. Esposito, *Communitas. Ursprung und Wege der Gemeinschaft.*
345 Vgl. Esposito, *Immunitas. Schutz und Negation des Lebens.*
346 Vgl. Esposito, »Il proprio e l'estraneo tra comunità e immunità«, S. 261–267.
347 Vgl. Aristoteles, *Politik*, 1327b, 20–33.
348 Vgl. Di Cesare, »Die Heimat der Verschiedenheit. Über die plurale Identität Europas«, S. 109–122.
349 Pascal, *Pensées/Gedanken*, S. 85 (Nr. 98).
350 Die Anekdote wurde auch aufgegriffen bei Enzensberger, *Die Große Wanderung. Dreiunddreißig Markierungen*, S. 11 ff.
351 Lévinas, *Jenseits des Seins oder anders als Sein geschieht*, S. 184.

352 Vgl. Bauman, *Die Angst vor den anderen. Ein Essay über Migration und Panikmache*, S. 69 ff.
353 Appiah, *Der Kosmopolit. Philosophie des Weltbürgertums*, S. 10.
354 Vgl. Arendt, *Eichmann in Jerusalem. Ein Bericht von der Banalität des Bösen*, S. 391.
355 Ebd., S. 403 f. (Kursivierungen von mir, DDC).
356 Vgl. Heidegger, *Heraklit*, S. 206.
357 Vgl. Heidegger, *Brief über den »Humanismus«*, S. 339–358.
358 Arendt, »Es gibt nur ein einziges Menschenrecht«, S. 760; vgl. dies., *Elemente und Ursprünge totaler Herrschaft*, S. 443.
359 Die Forderung Arendts kann an dieser Stelle nicht eingehend diskutiert werden. Vgl. dazu Butler, »Hannah Arendt's Death Sentences«. Butler hat sich dem Thema des Zusammenwohnens als Kohabitation vor dem Horizont des israelisch-palästinensischen Konflikts genähert; vgl. Butler, *Am Scheideweg. Judentum und die Kritik am Zionismus*, insbes. Kap. 6.
360 Vgl. Hammar, *Democracy and the Nation State. Aliens, Denizens, and Citizens in a World of International Migration*.
361 In diesem Fall fiele man stets in die Verwechslung zwischen dem Exilanten und dem Fremden zurück. In seinen letzten Lebensjahren deutete Derrida daher – wenn auch nur flüchtig – die mögliche Trennung von unbedingter Gastfreundschaft und Einwanderung an, ohne das Problem jedoch direkt anzugehen.
362 Vgl. Steinbeck, *Früchte des Zorns*.

Literaturverzeichnis

Abizadeh, Arash, »Democratic Theory an Border Coercion. No Right to Unilaterally Control Your Own Borders«, in: *Political Theory* 36 (1/2008), S. 37–65.
- »Closed Borders, Human Rights, and Democratic Legitimation«, in: David Hollenbach (Hg.), *Driven from Home. Protecting the Rights of Forced Migrants*, Washington 2010, S. 147–165.

Adorno, Theodor W., *Minima Moralia. Reflexionen aus dem beschädigten Leben*, Frankfurt/M. 1951.

Agamben, Giorgio, *Mittel ohne Zweck. Noten zur Politik*, übers. v. Sabine Schulz, Zürich und Berlin 2001.
- *Homo sacer. Die souveräne Macht und das nackte Leben*, übers. v. Hubert Thüring, Frankfurt/M. 2002.

Agier, Michel, *Gérer les indésirables. Des camps de réfugiés au gouvernement humanitaire*, Paris 2008.
- (Hg.), *Un monde de camps*, Paris 2014.

Agier, Michel und Madeira, Anne-Virginie (Hg.), *Définir les réfugiés*, Paris 2017.

Allevi, Stefano und Dalla Zuanna, Gianpiero, *Tutto quello che non vi hanno detto sull'immigrazione*, Rom und Bari 2016.

Amilhat-Szary, Anne-Laure, *Qu'est-ce qu'une frontière aujourd'hui?*, Paris 2015.

Ampolo, Carmine (Hg.), *La città antica. Guida storica e critica*, Rom und Bari 1980.

Appiah, Kwame Anthony, *Der Kosmopolit. Philosophie des Weltbürgertums*, übers. v. Michael Bischoff, München 2007.

Archibugi, Daniele, *Cittadini del mondo. Verso una democrazia cosmopolitica*, Mailand 2009.

Arendt, Hannah, »Es gibt nur ein einziges Menschenrecht«, in: *Die Wandlung* 4 (1949), S. 754–770.
- *Elemente und Ursprünge totaler Herrschaft*, Frankfurt/M. 1955.

- *Eichmann in Jerusalem. Ein Bericht von der Banalität des Bösen*, übers. v. Brigitte Granzow, München 1986.
- »Karl Jaspers: Bürger der Welt«, in: dies., *Menschen in finsteren Zeiten*, hrsg. v. Ursula Ludz, München und Zürich 1989, S. 99–112.
- *Vom Leben des Geistes. Das Denken. Das Wollen*, übers. v. Hermann Vetter, München und Berlin 1998.
- *Das Urteilen. Texte zu Kants Politischer Philosophie*, übers. v. Ursula Ludz, hrsg. v. Ronald Beiner, München 2012.
- *Wir Flüchtlinge*, übers. v. Eike Geisel, Stuttgart 2016.

Aristoteles, *Politik*, übers. v. Franz F. Schwarz, Stuttgart 1989.

Ashley, Richard, »The Powers of Anarchy. Theory, Sovereignty, and the Domestication of Global Life«, in: James Der Derian (Hg.), *International Theory. Critical Investigations*, London 1995, S. 94–128.

Attali, Jacques, *L'homme nomade*, Paris 2003.

Augé, Marc, *Le Sens des Autres. Actualité de l'anthropologie*, Paris 1994.
- *Pour une anthropologie de la mobilité*, Paris 2009.

Bacelli, Luca, »I diritti di tutti, i diritti degli altri. L'universalismo di Francisco de Vitoria«, in: Francesco Bilancia u. a. (Hg.), *Paura dell'Altro. Identità occidentale e cittadinanza*, Rom 2008, S. 85–98.

Bachelard, Gaston, *Die Poetik des Raumes*, übers. v. Kurt Leonhard, Frankfurt/M. 1987.

Balibar, Étienne, *Sind wir Bürger Europas? Politische Integration, soziale Ausgrenzung und die Zukunft des Nationalen*, übers. v. Holger Fliessbach und Thomas Laugstien, Hamburg 2003.
- *Gleichfreiheit. Politische Essays*, übers. v. Christine Pries, Berlin 2012.

Barbero, Alessandro, *Barbari. Immigranti, profughi, deportati nell'impero romano*, Rom und Bari 2010.

Bauman, Zygmunt, *Die Angst vor den anderen. Ein Essay über Migration und Panikmache*, übers. v. Michael Bischoff, Berlin 2016.

Beck, Valentin, *Eine Theorie der globalen Verantwortung. Was wir Menschen in extremer Armut schulden*, Berlin 2016.

Becker, Lawrence C., *Property Rights. Philosophic Foundation*, London und New York 1977.

Beitz, Charles R., *Political Theory and International Relations*, Princeton 1979.

– »Cosmopolitan Ideals and National Sentiment«, in: *The Journal of Philosophy* 80 (10/1983), S. 591–600.

Benhabib, Seyla, *Die Rechte der Anderen. Ausländer, Migranten, Bürger*, übers. v. Frank Jakubzik, Frankfurt/M. 2008.

– *Kosmopolitismus und Demokratie. Eine Debatte*, übers. v. Thomas Atzert, Frankfurt/M. und New York 2008.

Benjamin, Walter, »Kurze Schatten (II)«, in: ders., *Gesammelte Schriften*, Bd. IV.1, hrsg. v. Tillman Rexroth, Frankfurt/M. 1980, S. 425–428.

Benveniste, Émile, *Indoeuropäische Institutionen. Wortschatz, Geschichte, Funktionen*, übers. v. Wolfgang Bayer u. a., Frankfurt/M. 1993.

– »Deux modèles linguistiques de la cité«, in: Jean Pouillon und Pierre Maranda (Hg.), *Échanges et communications. Mélanges offerts à Claude Lévi-Strauss*, Den Haag 1970, S. 589–596.

Blumenberg, Hans, *Schiffbruch mit Zuschauer*, Frankfurt/M. 1979.

Bodei, Remo, *Limite*, Bologna 2016.

Brelich, Angelo, *Gli eroi greci. Un problema storico-religioso*, Mailand 2010.

Brodsky, Joseph, »Der Zustand, den wir Exil nennen, oder Leinen los«, übers. v. Sylvia List, in: ders., *Der sterbliche Dichter. Über Literatur, Liebschaften und Langeweile*, Frankfurt/M. 2000, S. 31–46.

Brown, Wendy, *Mauern. Die neue Abschottung und der Niedergang der Souveränität*, übers. v. Frank Lachmann, Berlin 2018.

Bultmann, Christoph, *Der Fremde im antiken Juda. Eine Untersuchung zum sozialen Typenbegriff »ger« und seinem Bedeutungswandel in der alttestamentlichen Gesetzgebung*, Göttingen 1992.

Butler, Judith, *Gefährdetes Leben. Politische Essays*, übers. v. Karin Wördemann, Frankfurt/M. 2005.

– »Hannah Arendt's Death Sentences«, in: *Studies in Comparative Literature* 48 (3/2011), S. 280–295.

– *Am Scheideweg. Judentum und die Kritik am Zionismus*, übers. v. Reiner Ansén, Frankfurt/M. 2013.

Calzolaio, Valerio und Pievani, Telmo, *Libertà di migrare. Perché ci spostiamo da sempre ed è bene così*, Turin 2016.

Camarrone, Davide, *Lampaduza*, Palermo 2014.

Cannato, Vincent J., *American Passage. The History of Ellis Island*, New York und London 2010.

Caparrós, Martín, *Der Hunger*, übers. v. Sabine Giersberg und Hanna Grzimek, Berlin 2015.

Carens, Joseph, *The Ethics of Immigration*, Oxford und New York 2013.

– *Fremde und Bürger. Weshalb Grenzen offen sein sollten*, übers. v. Andreas Cassee, Stuttgart 2019.

Carrère, Emmanuel, *Brief an die Zoowärterin von Calais*, übers. v. Claudia Hamm, Berlin 2017.

Cassee, Andreas, *Globale Bewegungsfreiheit. Ein philosophisches Plädoyer für offene Grenzen*, Berlin 2016.

Cassee, Andreas und Goppel, Anna (Hg.), *Migration und Ethik*, Münster 2014.

Cassee, Andreas, Hoesch, Matthias und Oberprantacher, Andreas, »Das Flüchtlingsdrama und die Philosophie«, in: *Information Philosophie* (3/2016), S. 52–59.

Castles, Stephen, De Haas, Hein und Miller, Mark, *The Age of Migration. International Population Movements in the Modern World*, London 2013.

Cavallar, Georg, *The Rights of Strangers. Theories of International Hospitality, the Global Community and Political Justice since Vitoria*, Aldershot und Burlington 2002.

Cavalli-Sforza, Luigi Luca und Padoan, Daniela, *Razzismo e noismo. Le declinazioni del noi e l'esclusione dell'altro*, Turin 2013.

Cavarero, Adriana, *Tu che mi guardi, tu che mi racconti. Filosofia della narrazione*, Mailand 2001.

Chauvier, Stéphane, *Du droit d'être étranger. Essai sur le concept kantien d'un droit cosmopolitique*, Paris 1996.

Claes, Thomas, *Passkontrolle! Eine kritische Geschichte des sich Ausweisens und Erkanntwerdens*, Berlin 2010.

Collier, Paul, *Exodus. Warum wir Einwanderung neu denken müssen*, übers. v. Klaus-Dieter Schmidt, München 2014.

Conrad, Joseph, *Amy Foster*, übers. v. Elise Eckert, Stuttgart 1908.

Cortelazzo, Manlio und Zolli, Paolo, *Dizionario etimologico della lingua italiana*, Bologna 1979.

Croce, Mariano, »Toward a Converging Cosmopolitan Project. Dialogue between Seyla Benhabib and Daniele Archibugi«, in: *Cahiers philosophiques* 122 (3/2010), S. 115–127.

Debray, Régis, *Lob der Grenzen*, übers. v. Nicole Neumann, Hamburg 2016.

De Luca, Erri, *Solo andata. Righe che vanno troppo spesso a capo*, Mailand 2016.

Derrida Jacques, *Gesetzeskraft. Der ›mystische Grund der Autorität‹*, übers. v. Alexander García Düttmann, Frankfurt/M. 1991.

- *Le droit à la philosophie du point de vue cosmopolitique*, Paris 1997.
- *Cosmopolites de tous les pays, encore une effort!*, Paris 1997.
- »Das Wort zum Empfang«, in: ders., *Adieu. Nachruf auf Emmanuel Lévinas*, übers. v. Reinold Werner, München und Wien 1999, S. 31–153.
- »Une hospitalité à l'infini«, in: Mohammed Seffahi (Hg.), *Autour de Jacques Derrida. Manifeste pour l'hospitalité*, Paris 1999, S. 97–120.
- »Responsabilité et hospitalité«, in: Mohammed Seffahi (Hg.), *Autour de Jacques Derrida*, S. 121–124.
- *Von der Gastfreundschaft*, übers. v. Markus Sedlaczek, Wien 2001.
- *Sur parole. Instantenés philosophiques*, Paris 2002.
- *Inconditionnalité ou soveraineté. L'Université aux frontières de l'Europe*, Athen 2002.
- *Marx & Sons*, übers. v. Jürgen Schröder, Frankfurt/M. 2003.
- *Schurken. Zwei Essays über die Vernunft*, übers. v. Horst Brühmann, Frankfurt/M. 2006.
- *Das Tier und der Souverän. Seminar I: 2001–2002*, übers. v. Markus Sedlaczek, Wien 2015.

Derrida, Jacques und Stiegler, Bernard, *Écographies de la télévision. Entretiens filmés*, Paris 1996.

Di Cesare, Donatella, »Die Heimat der Verschiedenheit. Über die plurale Identität Europas«, in: Werner Stegmaier (Hg.), *Europa-Philosophie*, Berlin und New York 2000, S. 109–122.

- *Utopia del comprendere*, Genua 2003.

- *Ermeneutica della finitezza*, Mailand 2004.
- »Esilio e globalizzazione«, in: *Iride* 54 (2008), S. 273–286.
- »De Republica Hebraeorum. Spinoza e la teocrazia«, in: *Teoria* 2 (2012), S. 213–228.
- *Heidegger, die Juden, die Shoah*, Frankfurt/M. 2016.
- *Tortura*, Turin 2016.
- *Terrore e modernità*, Turin 2017.
- *Von der politischen Berufung der Philosophie*, übers. v. Daniel Creutz, Berlin 2020.

Diogenes Laertius, *Leben und Meinungen berühmter Philosophen*, Bd. 1, übers. v. Otto Apelt, Berlin 1955.

Dumézil, Georges, *Le festin d'immortalité. Esquisse d'une étude de mythologie comparée indo-européenne*, Paris 1924.

- *La Religion romaine archaïque, avec un appendice sur la religion des Étrusques*, Paris 1966.

Dupont, Florence, *Rome, ville sans origine. L'Énéide, un grand récit de métissage?*, Paris 2011.

Ellison, Ralph W., *Der unsichtbare Mann*, übers. v. Georg Goyert, Zürich 1995.

Engels, Friedrich, »Zur Wohnungsfrage«, in: ders. und Karl Marx, *Werke*, Bd. 18, Berlin 1973, S. 209–287.

Enzensberger, Hans Magnus, *Die Große Wanderung. Dreiunddreißig Markierungen*, Frankfurt/M. 1992.

Esposito, Roberto, *Categorie dell'impolitico*, Bologna 1999.

- »Il proprio e l'estraneo tra comunità e immunità«, in: Alberto Folin (Hg.), *Hospes. Il volto dello straniero da Leopardi a Jabès*, Venedig 2003, S. 261–267.
- *Communitas. Ursprung und Wege der Gemeinschaft*, übers. v. Sabine Schulz und Francesca Raimondi, Berlin 2004.
- *Immunitas. Schutz und Negation des Lebens*, übers. v. Sabine Schulz, Berlin 2004.

Faloppa, Federico, *Razzisti a parole (per tacere die fatti)*, Rom und Bari 2011.

Finley, Moses I., »Colonies: an Attempt at Typology«, in: *Transactions of the Royal Historical Society* 26 (1976), S. 167–188.

Foucault, Michel, *Wahnsinn und Gesellschaft. Eine Geschichte des*

Wahns im Zeitalter der Vernunft, übers. v. Ulrich Köppen, Frankfurt/M. 1969.
- »Von anderen Räumen«, übers. v. Michael Bischoff, in: ders., *Schriften in vier Bänden. Dits et Écrits*, Bd. 4, Frankfurt/M. 2005, S. 931–942.
- *Sicherheit. Territorium, Bevölkerung. Geschichte der Gouvernementalität*, Bd. 1, übers. v. Claudia Brede-Konersmann und Jürgen Schröder, Frankfurt/M. 2006.

Foucher, Michel, *L'obsession des frontières*, Paris 2012.
- *Le retour des frontières*, Paris 2016.

Fustel de Coulanges, Numa Denis, *Der antike Staat. Kult, Recht und Institutionen Griechenlands und Roms*, übers. v. Ingrid-Maria Kraefft, Stuttgart 1981.

Gauthier, Philippe, »Métèques, périèques et paroikoi. Bilan et points d'interrogation«, in: Raoul Lonis (Hg.), *L'étranger dans le monde grec*, Nancy 1988, S. 23–46.

Graziano, Manlio, *Frontiere*, Bologna 2017.

Greblo, Edoardo, *Etica dell'immigrazione. Una introduzione*, Mailand und Udine 2015.

Groebner, Valentin, *Der Schein der Person. Steckbrief, Ausweis und Kontrolle im Mittelalter*, München 2004.

Grotius, Hugo, *Mare liberum*, Leiden 1609.
- *De iure belli ac pacis libri tres*, Amsterdam 1646.

Grundmann, Thomas und Stephan, Achim (Hg.), »*Welche und wie viele Flüchtlinge sollen wir aufnehmen?« Philosophische Essays*, Stuttgart 2016.

Habermas, Jürgen, *Faktizität und Geltung. Beiträge zur Diskurstheorie des Rechts und des demokratischen Rechtsstaats*, Frankfurt/M. 1992.
- *Die postnationale Konstellation. Politische Essays*, Frankfurt/M. 1998.
- »Der europäische Nationalstaat. Zu Vergangenheit und Zukunft von Souveränität und Staatsbürgerschaft«, in: ders., *Die Einbeziehung des Anderen. Studien zur politischen Theorie*, Frankfurt/M. 1996, S. 128–153.
- »Anerkennungskämpfe im demokratischen Rechtsstaat«, in: Charles Taylor, *Multikulturalismus und die Politik der Anerkennung*, übers. v. Reinhard Kaiser, Frankfurt/M. 2009, S. 123–163.

Haddad, Emma, *The Refugee in Internationale Society. Between Sovereigns*, Cambridge 2008.

Hammar, Tomas, *Democracy and the Nation State. Aliens, Denizens, and Citizens in a World of International Migration*, Aldershot und Brookfield 1990.

Harvey, David, *The Condition of Postmodernity*, Oxford 1989.

Hegel, Georg Wilhelm Friedrich, *Vorlesungen über die Philosophie der Geschichte*, in: ders., *Werke*, Bd. 12, Frankfurt/M. 1986.

Heidegger, Martin, *Sein und Zeit*, in: ders., *Gesamtausgabe*, Bd. 2, hrsg. v. Friedrich-Wilhelm von Herrmann, Frankfurt/M. 1977.

- »›Andenken‹«, in: ders., *Gesamtausgabe*, Bd. 4: *Erläuterungen zu Hölderlins Dichtung*, hrsg. v. Friedrich-Wilhelm von Herrmann, Frankfurt/M. 1981, S. 79–151.

- »Das Zeitalter des Weltbildes«, in: ders.: *Gesamtausgabe*, Bd. 5: *Holzwege*, hrsg. v. Friedrich-Wilhelm von Herrmann, Frankfurt/M. 1977, S. 75–113.

- »Der Spruch des Anaximander«, in: ders., *Gesamtausgabe*, Bd. 5: *Holzwege*, S. 321–373.

- »Bauen, Wohnen, Denken«, in: ders., *Gesamtausgabe*, Bd. 7: *Vorträge und Aufsätze*, hrsg. v. Friedrich-Wilhelm von Herrmann, Frankfurt/M. 2000, S. 145–164.

- »›… dichterisch wohnet der Mensch …‹«, in: *Gesamtausgabe*, Bd. 7: *Vorträge und Aufsätze*, S. 190–208.

- Martin Heidegger, *Brief über den »Humanismus«*, in: ders., Gesamtausgabe, Bd. 9: Wegmarken, hrsg. v. Friedrich-Wilhelm von Herrmann, Frankfurt/M. 1976, S. 313–364.

- »Hebel – Der Hausfreund«, in: ders., *Gesamtausgabe*, Bd. 13: *Aus der Erfahrung des Denkens*, hrsg. v. Hermann Heidegger, Frankfurt/M. 1983, S. 133–150.

- *Hölderlins Hymnen »Germanien« und »Der Rhein«*, in: ders., *Gesamtausgabe*, Bd. 39, hrsg. v. Susanne Ziegler, Frankfurt/M. ^{5}1999.

- *Hölderlins Hymne »Der Ister«*, in: ders., *Gesamtausgabe*, Bd. 53, hrsg. v. Walter Biemel, Frankfurt/M. 1984.

- *Heraklit*, in: ders., *Gesamtausgabe*, Bd. 55, hrsg. v. Manfred Frings, Frankfurt/M. 1979.

Hobbes, Thomas, *Vom Menschen. Vom Bürger*, übers. v. Max Frischeisen-Köhler und Günter Gawlick, Hamburg 1959.
- *Leviathan*, übers. v. Jutta Schlösser, Hamburg 1996.

Husserl, Edmund, *Cartesianische Meditationen und Pariser Vorträge*, hrsg. v. Stephan Strasser, Den Haag 1950 (Husserliana, Bd. 1).

Joly, Henri, *Études Platoniciennes. La question des étrangers*, Paris 1992.

Joppke, Christian, *Citizenship and Immigration*, Cambridge 2010.

Kafka, Franz, *Amerika*, Frankfurt/M. 1956.

Kamen, Deborah, *Status in Classical Athens*, Princeton und Oxford 2013.

Kant, Immanuel, *Die Metaphysik der Sitten*, in: ders., *Werke*, Bd. 4: *Schriften zur Ethik und Religionsphilosophie*, hrsg. v. Wilhelm Weischedel, Darmstadt 1956, S. 303–634.
- *Zum ewigen Frieden. Ein philosophischer Entwurf*, in: ders., *Werke*, Bd. 6, hrsg. v. Wilhelm Weischedel, Darmstadt 1964, S. 191–251.

Kotek, Joël und Rigoulot, Pierre, *Das Jahrhundert der Lager. Gefangenschaft, Zwangsarbeit, Vernichtung*, übers. v. Enrico Heinemann u. a., Berlin 2001.

Kristeva, Julia, *Fremde sind wir uns selbst*, übers. v. Xenia Rajewski, Frankfurt/M. 1990.

La Boétie, Étienne de, *Von der freiwilligen Knechtschaft*, übers. v. Horst Günther, Frankfurt/M. 1980.

Le Blanc, Guillaume, *Dedans, dehors. La condition de l'étranger*, Paris 2010.

Lefort, Claude, »Droits de l'homme et politique«, in: ders., *L'invention démocratique. Les limites de la domination totalitaire*, Paris 1981, S. 45–83.

Lévinas, Emmanuel, *Éthique comme philosophie première*, Paris 1998.
- »Asylstädte«, in: ders., *Jenseits des Buchstabens. Bd. 1: Talmud-Lesungen*, übers. v. Frank Miething, Frankfurt/M. 1996, S. 51–78.
- *Jenseits des Seins oder anders als Sein geschieht*, übers. v. Thomas Wiemer, Freiburg und München 1998.
- *Totalität und Unendlichkeit. Versuch über die Exteriorität*, übers. v. Wolfgang Nikolaus Krewani, Freiburg und München 2002.

Locke, John, *Zwei Abhandlungen über die Regierung*, übers. v. Hans Jörn Hoffmann, Frankfurt/M. ¹⁵2017.

Maior, John, *In secundum librum Sententiarium*, Paris 1519.

Marramao, Giacomo, *Passaggio a Occidente. Filosofia e globalizzazione*, Turin 2009.

Meilaender, Peter C., *Toward a Theory of Immigration*, Basingstoke 2001.

Melville, Herman, *Moby-Dick; oder: Der Wal*, übers. v. Friedhelm Rathjen, Salzburg und Wien 2016.

Mezzadra, Sandro, *Diritto di fuga. Migrazioni, cittadinanza, globalizzazione*, Verona 2006.

Miller, David, *Fremde in unserer Mitte. Politische Philosophie der Einwanderung*, übers. v. Frank Lachmann, Berlin 2017.

Morus, Thomas, *Utopia*. Lateinisch/Deutsch, übers. v. Gerhard Ritter, Stuttgart 2012.

Mouffe, Chantal, *Das demokratische Paradox*, übers. v. Oliver Marchart, Wien 2008.

Negri, Antonio, *Il potere constituente. Saggio sulle alternative del moderno*, Rom 2002 (dt. Übers. in Vorbereitung: *Konstituierende Macht. Eine Gegengeschichte der Moderne*, übers. v. Thomas Atzert, Wien und Berlin 2021).

Nicolet, Claude, *Le métier de citoyen dans la Rome républicaine*, Paris 1976.

Nida-Rümelin, Julian, Über *Grenzen denken. Eine Ethik der Migration*, Hamburg 2017.

Nozick, Robert, *Anarchie, Staat, Utopia*, übers. v. Hermann Vetter, München 2011.

Orchard, Phil, *A Right to Flee. Refugees, States, and the Construction of International Cooperation*, Cambridge 2014.

Ott, Konrad, *Zuwanderung und Moral*, Stuttgart 2016.

Pascal, Blaise, *Pensées/Gedanken*, übers. v. Sylvia Schiewe, ediert und kommentiert von Philippe Sellier, Darmstadt 2016.

Pestre, Elise, *La vie psychique des réfugiés*, Paris 2010.

Pevnick, Ryan, *Immigration and the Constraints of Justice. Between Open Borders and Absolute Sovereignty*, Cambridge 2011.

Pigafetta, Antonio, *Il primo viaggio intorno al mondo, con il Trattato della sfera*, hrsg. v. Mario Pozzi, Vicenza 1994.

Platon, *Werke in acht Bänden*, übers. v. Friedrich Schleiermacher, hrsg. v. Gunther Eigler, Darmstadt 1977.

Pogge, Thomas, *Weltarmut und Menschenrechte. Kosmopolitische Verantwortung und Reformen*, übers. v. Anna Wehofsits, Berlin und New York 2011.

Pufendorf, Samuel von, *De iure naturae et gentium libri octo*, London 1972.

Quétel, Claude, *Murs. Une autre histoire des hommes*, Paris 2012.

Ramond, Charles, »Présentation. Politique et déconstruction«, in: *Cités* 30 (2/2007), S. 11–16.

Rancière, Jacques, *Die Wörter des Dissenses. Interviews 2000–2002*, Wien 2012.

Rawls, John, *Eine Theorie der Gerechtigkeit*, übers. v. Hermann Vetter, Frankfurt/M. 1979.

– *Das Recht der Völker*, übers. v. Wilfried Hinsch, Berlin und New York 2002.

Resta, Caterina, *La passione dell'impossibile. Saggi su Jacques Derrida*, Genua 2016.

Ricœur, Paul, *Vom Übersetzen*, übers. v. Till Bardoux, Berlin 2017.

– »Étranger, moi-même«, in: *L'immigration, Défis et Richesses* (Semaines sociales de France 1997), Paris 1998, S. 93–106.

Roth, Joseph, *Reisen in die Ukraine und nach Russland*, hrsg. v. Jan Bürger, München 2015.

Röttgers, Kurt, »Kants Zigeuner«, in: *Kant-Studien* 88 (1/1997), S. 60–86.

Rousseau, Jean-Jacques, *Vom Gesellschaftsvertrag*. Französisch/Deutsch, übers. v. Hans Brockard, Stuttgart 2010.

– *Abhandlung über die politische Ökonomie*, in: ders., *Politische Schriften*, Bd. 1., übers. v. Ludwig Schmidts, Paderborn 1977, S. 9–57.

Said, Edward, *Reflections on Exile and Other Essays*, Cambridge (MA) 2001.

Saint-Exupéry, Antoine de, *Der kleine Prinz*, übers. v. Ulrich Bossier, Stuttgart 2015.

Saint-Just, Louis Antoine de, *Œuvres complètes*, hrsg. v. Michèle Duval, Paris 1984.

Sayad, Abdelmalek, *La double absence. Des illusions de l'émigré aux souffrances de l'immigré*, Préface de Pierre Bourdieu, Paris 1999.

Scarry, Elaine, »Das schwierige Bild des Anderen«, in: Friedrich Balke, Rebekka Habermas, Patrizia Nanz und Peter Sillem (Hg.), *Schwierige Fremdheit. Über Integration und Ausgrenzung in Einwanderungsländern*, Frankfurt/M. 1993, S. 229–263.

Schmitt, Carl, *Der Nomos der Erde im Völkerrecht des Jus Publicum Europaeum*, Berlin ⁵2012.

– »Der Gegensatz von Parlamentarismus und moderner Massendemokratie (1926)«, in: ders., *Positionen und Begriffe im Kampf mit Weimar – Genf – Versailles*, Hamburg 1940, S. 52–66.

Schramme, Thomas, »Wenn Philosophen aus der Hüfte schießen«, in: *Zeitschrift für Praktische Philosophie* 2 (2/2015), S. 377–384.

Schütz, Alfred, »Der Fremde. Ein sozialpsychologischer Versuch«, in: Peter-Ulrich Merz-Benz und Gerhard Wagner (Hg.), *Der Fremde als sozialer Typus. Klassische soziologische Texte zu einem aktuellen Phänomen*, Konstanz 2002, S. 73–92.

Shachar, Ayelet, *The Birthright Lottery. Citizenship and Global Inequality*, Cambridge (MA) 2009.

Sherwin-White, Adrian, *The Roman Citizenship*, Oxford 1973.

Sibony, Daniel, *Le Racisme, une haine identitaire*, Paris 2001.

Sieferle, Rolf Peter, *Das Migrationsproblem. Über die Unvereinbarkeit von Sozialstaat und Masseneinwanderung*, Waltrop und Berlin 2017.

Simmel, Georg, *Soziologie. Untersuchungen über die Formen der Vergesellschaftung*, Berlin 1908.

Singer, Peter, *Praktische Ethik*, übers. v. Oscar Bischoff u. a., Stuttgart 1994.

Sloterdijk, Peter, *Sphären II. Globen. Makrosphärologie*, Frankfurt/M. 1999.

Sophokles, *Tragödien*, übers. v. Ernst Buschor und Wolfgang Schadewaldt, Stuttgart und Zürich 1968.

Srubar, Ilja (Hg.), *Exil, Wissenschaft, Identität. Die Emigration deutscher Sozialwissenschaftler 1933–1945*, Frankfurt/M. 1988.

Steinbeck, John, *Früchte des Zorns*, übers. v. Klaus Lambrecht, München 1985.

Steiner, Hillel, *An Essay on Rights*, Oxford 1994.

Taguieff, Pierre-André, *Le Racisme. Un exposé pour comprendre, un essai pour réfléchir*, Paris 1997.

Theunissen, Michael, *Der Andere. Studien zur Sozialontologie der Gegenwart*, Berlin 1977.

Thomas, Yan, »*Origine*« et »*commune patrie*«. *Étude de droit public romain (89 av. J.-C. – 212 ap. J.-C.)*, Rom und Paris 1996.

Thukydides, *Der Peloponnesische Krieg*, übers. v. Georg Peter Landmann, Düsseldorf und Zürich 2002.

Thumfart, Johannes, »On Grotius's ›Mare Liberum‹ and Vitoria's ›De Indis‹. Following Agamben and Schmitt«, in: *Grotiana* 30 (1/2009), S. 65–87.

Todorov, Tzvetan, *Die Eroberung Amerikas. Das Problem des Anderen*, übers. v. Wilfried Böhringer, Frankfurt/M. 2002.

Torpey, John, *The Invention of the Passport. Surveillance, Citizenship and the State*, Cambridge 2000.

Trigano, Shmuel, »La logique de l'étranger dans le judaïsme. L'étranger biblique, une figure de l'autre?«, in: ders. (Hg.), *La fin de l'étranger? Mondialisation et pensée juive*, Paris 2013, S. 95–104.

Valéry, Paul, *Gedichte*, übers. v. Rainer Maria Rilke, Wiesbaden 1949.

Vallega, Alejandro, *Heidegger and the Issue of Space. Thinking on Exilic Grounds*, University Park (PA) 2003.

Vitoria, Francisco de, *De Indis et De jure belli relectiones*, hrsg. v. Ernest Nys, New York und London 1964.

Waldenfels, Bernhard, *Grundmotive einer Phänomenologie des Fremden*, Frankfurt/M. 2006.

Walzer, Michael, *Sphären der Gerechtigkeit. Ein Plädoyer für Pluralität und Gleichheit*, übers. v. Hanne Herkommer, Frankfurt/M. 2006.

– »The Distribution of Membership«, in: Thomas Pogge und Darrel Moellendorf (Hg.), *Global Justice. Seminal Essays*, St. Paul 1995, S. 159–162.

– »Universalism, Equality and Immigration. Interview with Herlinde Pauer-Studer«, in: Herlinde Pauer-Studer (Hg.), *Constructions of Practical Reason. Interviews on Moral and Political Philosophy*, Stanford 2003, S. 194–210.

Wahnich, Sophie, *L'impossible citoyen. L'étranger dans le discours de la Révolution française*, Paris 1997.

Weber, Olivier, *Frontières*, Paris 2016.

Wellman, Christopher H., »Immigration and Freedom of Association«, in: *Ethics* 119 (1/2008), S. 109–141.

- »Freedom of Association and the Right to Exclude«, in: ders. und Phillip Cole (Hg.), *Debating the Ethics of Immigration. Is There a Right to Exclude?*, Oxford 2011, S. 11–155.

Whelan, Frederick G., »Democratic Theory and the Boundary Problem«, in: James R. Pennock und John W. Chapman (Hg.), *Liberal Democracy*, New York 1983, S. 13–72.

Whitman, James Q., *Hitler's American Model. The United States and the Making of Nazi Race Law*, Princeton und Oxford 2017.

Wihtol de Wenden, Catherine, *Le droit d'émigrer*, Paris 2013.

- *La question migratoire au XXIe siècle. Migrants, réfugiés et realtions internationales*, Paris 2013.

Žižek, Slavoj, *Der neue Klassenkampf. Die wahren Gründe für Flucht und Terror*, übers. v. Regina Schneider, Berlin 2015.

Zolo, Danilo, *Cosmopolis. La prospettiva del governo mondiale*, Mailand 2002.

Die Übersetzung dieses Buches ist dank einer Förderung des italienischen Ministeriums für Auswärtige Angelegenheiten und Internationale Kooperation entstanden.

Questo libro è stato tradotto grazie ad un contributo del Ministero degli Affari Esteri e della Cooperazione Internazionale italiano.

Erste Auflage Berlin 2021
Copyright © 2021
MSB Matthes & Seitz Berlin
Verlagsgesellschaft mbH
Göhrener Str. 7 | 10437 Berlin
info@matthes-seitz-berlin.de
Copyright der italienischen Originalausgabe
Stranieri residenti. Una filosofia della migrazione
© Bollati Boringhieri, Turin 2017

Alle Rechte vorbehalten.

Umschlaggestaltung: Dirk Lebahn, Berlin
Satz: Monika Grucza-Nápoles, Berlin
Druck und Bindung: GGP Media GmbH, Pößneck
ISBN 978-3-7518-0317-5
www.matthes-seitz-berlin.de

Donatella Di Cesare
Von der politischen Berufung der Philosophie

Aus dem Italienischen von Daniel Creutz
175 Seiten, gebunden mit Schutzumschlag

Während in der vollends globalisierten, kapitalisierten und integrierten Welt Krise auf Krise folgt und menschenfeindliche Positionen immer mehr Raum gewinnen, verhält die Philosophie sich eigentümlich konformistisch. In ihrer ebenso leidenschaftlichen wie scharfsinnigen Abhandlung ruft Donatella Di Cesare die Philosophie dazu auf, sich wieder ins politische Handgemenge zu begeben. Getragen von radikalem Existenzialismus und einem neuen Anarchismus zeigt sie, dass in die abendländische Philosophie seit ihrem antiken Anfang eine politische Berufung eingeschrieben war, deren Verdrängung sie um ihr Wertvollstes, um ihre aufklärerische Potenz, bringt. Doch Kritik und Dissens allein reichen nicht mehr aus. Der Niederlage des Exils, der inneren Emigration eingedenk kehren die Philosophen jetzt zurück, um ein Bündnis mit den Unterdrückten zu schmieden. Ein fulminantes Plädoyer für die politische Relevanz der Philosophie, ihre radikale Zeitgenossenschaft und ihre atopische Widerstandskraft.

»Di Cesares Buch ist eine kleine, elegante – und elegant übersetzte – Philosophiegeschichte, in der das Fremdeln als theoretische Kunst in seinen verschiedenen Formen und politischen Facetten erkundet wird.«

– Dieter Thomä, *Frankfurter Allgemeine Zeitung*

Iris Därmann
Undienlichkeit
Gewaltgeschichte und politische Philosophie

510 Seiten, gebunden mit Schutzumschlag

Widerstand gegen Gewalt, Sadismus und Grausamkeit äußerte sich in der Geschichte vergleichsweise selten in Form offener Rebellion. Sei es im transatlantischen Sklavenhandel, sei es in den nationalsozialistischen Konzentrationslagern, angesichts fehlender Handlungsmöglichkeiten, Todesangst und Entrechtung bestand der einzige Ausweg oftmals darin, sich dem Zugriff der Gewalthaber durch Flucht, Sabotage, aber auch durch Abtreibung, Kindstötung, Hungerstreik, Selbstverstümmelung und Suizid zu entziehen. Iris Därmann umreißt die Gewaltgeschichte menschlicher Dienstbarmachung und Versklavung und verschränkt sie mit Körperpolitiken und Widerstandsformen der Undienlichkeit. So entsteht nicht nur eine blutige Gegengeschichte zu den sonstigen Meistererzählungen des abendländischen Denkens, sondern auch ein Panorama des Schreckens, das selbst noch in den Momenten versuchter Selbstbefreiung an die Grenzen des Aushaltbaren rührt, das wir uns aber vor Augen führen müssen, wenn wir verstehen wollen, auf welchen Fundamenten unsere Zivilisation auch fußt.

»Die Monstrosität der von Iris Därmann zum Beleg ihrer Thesen herangezogenen Fälle ist so groß, dass die Lektüre bisweilen unerträglich wird. Doch mit ihrer Geschichte der Gewalt zeigt die Autorin Kontinuitäten auf, die so bisher kaum gesehen worden sind.«

– Karl-Heinz Kohl, *FAZ*

Emmanuel Carrère
Brief an eine Zoowärterin aus Calais

Aus dem Französischen von Claudia Hamm
71 Seiten, Klappenbroschur

»Nicht auch noch Sie! Calais ist zu einem Zoo geworden, und ich bin eine Kassenfrau in diesem Zoo«, schreibt eine Bewohnerin von Calais an Emmanuel Carrère, als er im Frühjahr 2016 in der nordfranzösischen Stadt eintrifft, um eine Reportage zu schreiben. Früher berühmt für die Herstellung von Webspitze, ist Calais heute für seinen ›Dschungel‹ berüchtigt, das mittlerweile geräumte, größte Flüchtlingscamp Europas, Sinnbild für das Versagen von Politik, für empathielos zur Schau gestelltes Mitleid, für ein Europa im Zangengriff seiner eigenen Werte und Interessen, aber auch für das Ankämpfen gegen all das. Nein, Carrère schreibt nicht über den ›Dschungel‹, sondern antwortet mit einer politischen Reportage in Briefform, in der er die Einwohner von Calais, ihre Verelendung, Arbeitslosigkeit und Fremdenfeindlichkeit, aber auch ihren Idealismus und ihre hochgehaltenen Hoffnungen zu verstehen versucht. Er trifft Menschen aus allen Schichten und mit verschiedensten politischen Ansichten und zeichnet ein überraschendes Bild einer französischen Gesellschaft, der die Arbeit ausgegangen ist.

»Carrère ist eine großartige Reportage gelungen: großartig in ihrer Offenheit, ihrer Empathie, ihrer Beobachtungsschärfe.«
– Andreas Wirtensohn, *Wiener Zeitung*

Najem Wali
Die Balkanroute
Fluch und Segen der Jahrtausende

Aus dem Arabischen von Markus Lemke
175 Seiten, Klappenbroschur

»Die Balkanroute ist dicht« kann man heute mit kaum versteckter Erleichterung allenthalben hören. Doch die Balkanroute, die seit tausenden Jahren von Menschen bereist wurde, ist nicht dicht, sie war es nie, und sie wird es nie sein. Najem Wali war im September 1976 auf dieser Route mit dem Bus unterwegs. Allerdings nicht auf der Flucht, sondern auf dem Rückweg von Frankreich in seine Heimat, den Irak. Angeregt durch die Flüchtlingsströme bereist Wali abermals die Route und begibt sich im Gebiet zwischen der Türkei und Griechenland an die Nahtstelle zwischen Orient und Okzident. In seinem sehr persönlichen Bericht erzählt er von seinen Eindrücken, seinen Begegnungen mit Vertriebenen, Schutzsuchenden und Zurückgebliebenen und von der bewegten Geschichte der Levante, in der sich seit jeher reicher kultureller Austausch mit blutigen Vertreibungen abwechselten. Die Balkanroute war vieles, nur geschlossen war sie nie, denn so wie Tragödien keine Grenzen kennen, lassen sich auch Träume über Zäune schmuggeln.

»Geschickt zeigt der Autor, dass der Balkan seit jeher ein Bindeglied zwischen Ost und West war und die seit Jahrtausenden währende Migration eine treibende Kraft der Veränderung, ein Keim der Zivilisation.«

– Marc Engelhardt, *Deutschlandfunk*

Marc Augé
Die Zukunft der Erdbewohner
Ein Manifest

Aus dem Französischen von Daniel Fastner
94 Seiten, Klappenbroschur

Wie würde sich uns die Welt mit ihren Problemen und Möglichkeiten präsentieren, wenn wir aus dem Weltall auf sie blickten? Marc Augé zeigt in seinem visionären Manifest, dass die Erdlinge angesichts der ökologischen, demografischen, wirtschaftlichen und politischen Herausforderungen nur eine Zukunft haben, wenn sie sich als wirklich globale Gemeinschaft sehen und auch endlich dementsprechend handeln. Während wir mit den unablässigen technologischen Umwälzungen und der vollständigen globalen Vernetzung kaum mehr Schritt halten können, hat sich die Weltbevölkerung in drei Klassen aufgeteilt: wenige Mächtige, eine Masse von satten Konsumenten und das große Heer derer, die von Arbeit und Gütern ausgeschlossen sind. Nur wenn wir uns sowohl auf der kleinsten persönlichen Ebene wie im weltgesellschaftlichen Maßstab gegenseitig als Erdlinge erkennen, kann eine neue übergreifende Solidarität erwachsen – im Zentrum steht dabei eine Ressource, die unendlich oft teilbar ist, ohne weniger zu werden: das weltweite Wissen.

»Wir trauen uns nicht mehr, uns die Zukunft vorzustellen, diagnostiziert der Anthropologe und Ethnologe Marc Augé. Er plädiert dagegen für einen globalen Zusammenschluss jenseits nationaler Egoismen und kultureller Unterschiede.«

– Tabea Grzeszyk, *Deutschlandfunk Kultur*

Wolfgang Engler
Die offene Gesellschaft und ihre Grenzen

207 Seiten, Klappenbroschur

Im Jahr 1990 trug die »offene Gesellschaft« in Europa mit dem Fall des Ostblocks einen grandiosen Sieg davon. Die von dem Philosophen Karl R. Popper ersonnene Gesellschaftsvision schien nun überall Wirklichkeit zu werden. Ihre Vorzüge waren angesichts der Erfahrungen mit Diktatur und wirtschaftlichem Niedergang offenkundig und wegweisend. Heute, nur 30 Jahre später, hat die liberale, demokratische, marktbasierte Gesellschaft viel von ihrem Glanz und ihrer Anziehungskraft verloren, ihre Institutionen wirken ausgehöhlt, überall bekommen autoritäre Strömungen Zulauf. Wolfgang Engler rekonstruiert mit dem Werkzeug Poppers, durch welche gesellschaftlichen Gegebenheiten und welche historischen Entwicklungen Poppers Modell in die Krise geriet. Die Umbrüche in Ost und Mitteleuropa von 1989/90 vertagten diesen Perspektivenwechsel. Man feierte die neu gewonnenen Freiheiten und verschwieg wortreich deren Grenzen. Das bedeutete eine Verkennung der realen Machtverhältnisse sowie der Probleme und Unzulänglichkeiten offener Gesellschaften – die sich wie in der Corona Pandemie immer öfter schließen. Diese Denkblockaden gilt es analytisch aufzulösen – mit Karl R. Popper, gegen Popper, über Popper hinaus.